СВЯТИТЕЛЬ ИГНАТИЙ БРЯНЧАНИНОВ

# АСКЕТИЧЕСКИЕ ОПЫТЫ

ТОМ 2

ORTHODOX LOGOS PUBLISHING

# АСКЕТИЧЕСКИЕ ОПЫТЫ
## ТОМ 2

*святитель Игнатий Брянчанинов*

Икона на обложке книги:
«Игнатий (Брянчанинов)», *Неизвестный автор*

© 2025, Orthodox Logos Publishing, The Netherlands

www.orthodoxlogos.com

ISBN: 978-1-80484-214-0

This book is in copyright. No part of this publication may
be reproduced, stored in a retrieval system or transmitted in any form or
by any means without the prior permission in writing of
the publisher, nor be otherwise circulated in any form of binding
or cover other than that in which it is published without a similar
condition, including this condition, being imposed
on the subsequent purchaser.

СВЯТИТЕЛЬ ИГНАТИЙ БРЯНЧАНИНОВ

# АСКЕТИЧЕСКИЕ ОПЫТЫ

ТОМ 2

ORTHODOX LOGOS PUBLISHING

# СОДЕРЖАНИЕ

Вступление ... 7
Биография: Святитель Игнатий (Брянчанинов) ... 10

**Аскетические опыты (Том 1)**

Блажен муж ... 14

Иосиф, священная повесть, заимствованная из книги Бытия ... 24

Послание к братии Сергиевой Пустыни из Николо-Бабаевского монастыря ... 60

Слово о страхе Божием и о любви Божией ... 64

Судьбы Божии ... 90

Совещание души с умом ... 123

Зрение греха своего ... 133

О образе и подобии Божиих в человеке ... 143

Размышление, заимствованное из 1-го послания св. Апостола Павла к Тимофею, относящееся преимущественно к монашеской жизни ... 153

О существенном делании монаха ... 164

Дух молитвы новоначального ... 177

Слово о келейном молитвенном правиле ... 187

Слово о церковной молитве ... 195

Слово о молитве устной и гласной ... 201

Слово о поучении, или памяти Божией ... 207

Слово о молитве умной, сердечной и душевной . . 220

Слово о молитве Иисусовой . . . . . . . . . . . . . . . . . 252

Странник . . . . . . . . . . . . . . . . . . . . . . . . . . . . . . . . 337

Таинственное объяснение 99-го псалма . . . . . 346

Слово о спасении и о христианском
совершенстве . . . . . . . . . . . . . . . . . . . . . . . . . . . . 352

Слово о различных состояниях естества
человеческого по отношению к добру и злу . . . . 388

Примечания . . . . . . . . . . . . . . . . . . . . . . . . . . . . . 439

# ВСТУПЛЕНИЕ

«Аскетические опыты» Том 2 – продолжение духовного пути, начатого в первом томе, где святитель Игнатий (Брянчанинов) вновь обращается к самым сокровенным аспектам монашеской и христианской жизни. В этом втором томе автор раскрывает новые грани духовного опыта, предлагая читателю глубоко осмыслить жизнь, предназначенную для постижения истинной святости, любви к Богу и преодоления внутренних страстей.

С первых страниц Том 2 погружает нас в мир божественных тайн и испытаний души. Здесь, начиная с размышления о том, что означает быть «блаженным мужем», автор демонстрирует, что истинное счастье христианина заключается не в земных удовольствиях, а в постоянном стремлении к единению с Господом. Особое внимание уделяется примерам священной повести об Иосифе, заимствованной из книги Бытия, что становится живым свидетельством о Божием промысле и силе веры.

Далее, в послании к братии Сергиевой Пустыни из Николо-Бабаевского монастыря, святитель предлагает наставления, основанные на многовековом опыте подвижничества, где слова становятся мостом между земным существованием и небесной реальностью. В разделе «Слово о страхе Божием и о любви Божией» автор указывает на то, что истинное благоговение перед Богом не должно вызывать устрашения, а, напротив, обогащать сердце любовью и состраданием ко всему творению.

Особое место в этом томе занимают размышления о судьбах Божиих и о том, как ум и душа могут прийти к истинному согласию. В разделах «Совещание души с умом» и «Зрение греха своего» звучат призывы к самоанализу и покаянию, где каждый верующий находит возможность увидеть свои слабости и обрести силы для духовного обновления. Через изучение образа и подобия Божиих в человеке, святитель вновь подчеркивает, что наше предназначение – отражать божественную светлость и участвовать в вечном творческом замысле Творца.

Вторая часть тома посвящена практическим аспектам монашеской жизни. Здесь подробно рассматриваются вопросы существенного делания монаха, духа новоначального, а также особенности разных форм молитвы. Разделы «Слово о келейном молитвенном правиле», «Слово о церковной молитве» и «Слово о молитве устной и гласной» дают практические рекомендации, как сохранить и приумножить внутреннюю молитвенность в условиях повседневных испытаний и соблазнов. В этих статьях автор не только излагает теоретические основы, но и делится личными наблюдениями, как через молитву ум и сердце могут достичь состояния подлинного единения с Богом.

Особое внимание Том 2 уделяет теме христианского совершенства и спасения. В разделах «Слово о спасении и о христианском совершенстве» и «Странник» Святитель обращается к вечным вопросам духовного роста, подчеркивая, что совершенство достигается не мгновенно, а через постоянное обновление, покаяние и борьбу с внутренними страстями. Последняя часть тома, посвященная различным состояниям естества человеческого по отношению к добру и злу, представляет собой глубокое исследование человеческой природы. В ней автор рассматривает состояние человека по сотворению, после падения и после искупления, а также объясняет, каким образом покаяние способно обновлять наш естество и очищать душу от всего злого.

Это произведение – не просто теоретическое рассуждение, а живое руководство для каждого, кто хочет приблизиться к Богу, освободиться от оков страстей и научиться истинной смиренности. «Аскетические опыты» Том 2 призывают читателя к активному внутреннему диалогу, где каждое слово становится шагом на пути к духовной зрелости, а каждое наставление – искренним советом от отца, прошедшего долгий и тернистый путь аскезы.

Погружаясь в этот том, верующий получает возможность увидеть, как Божья истина проявляется в каждом аспекте жизни: от священных писаний и молитв до повседневного внутреннего состояния души. Святитель Игнатий обращает внимание, что аскеза – это не самоцель, а средство для достижения глубинного понимания Божественной воли, способное преображать жизнь человека, даруя ему истинную радость и покой.

Таким образом, Том 2 «Аскетических опытов» является продолжением духовного наставления, где через богатый материал, глубокие размышления и практические советы автор помогает каждому, кто ищет путь к внутреннему обновлению, обрести истинное единение с Богом и осознать величие и милость Творца.

# СВЯТИТЕЛЬ ИГНАТИЙ (БРЯНЧАНИНОВ)

Святитель Игнатий (Брянчанинов) – выдающийся православный святой, чья жизнь стала примером подвижничества и глубокой веры для поколений верующих. Родившись в начале XIX века в семье благочестивых дворян, Дмитрий Александрович Брянчанинов с ранних лет отличался особой духовной чувствительностью и стремлением к знаниям, которые в дальнейшем привели его к монашеской жизни. Уже в юности он проявлял глубокий интерес к святоотеческим трудам и регулярно уединялся для молитвы и созерцания, что предвещало его будущий подвиг в жизни Церкви.

Получив достойное образование и имея возможность постичь как светские, так и духовные науки, молодой Дмитрий осознал, что истинное предназначение его души лежит вне мирских забот. Отказавшись от возможной светской карьеры, он принял постриг в Александро-Свирском монастыре, где получил новое имя – Игнатий. Именно в монастыре он стал познавать азы аскезы, учился у старцев и постепенно начал постигать тайны духовного бытия, которые впоследствии нашли отражение в его трудах.

Духовное возрастание Игнатия сопровождалось не только внутренними переживаниями, но и активным участием в жизни монашества. Уже будучи монахом, он проявил себя как усердный труд и искренний пример смирения, что не осталось незамеченным среди его братьев по духу. Вскоре он был избран игуменом, а затем и епископом, что стало подтверждением его духовного авторитета и мудрости. Служение на высоких церковных постах не омрачило его личной преданности молитве и аскезе, напротив, именно на этих должностях он смог более полно посвятить себя духовному труду, наставляя и поддерживая как монахов, так и мирян.

Особое место в жизни святителя занимает его служение в регионах, где вера испытывалась на прочность, а духовное возрождение было особенно необходимо. Его пастырская деятельность отличалась глубокой любовью к ближним, стремлением к исправлению нравственных пороков и безграничной милосердностью. Несмотря на все трудности и испытания, Игнатий оставался верен своему призванию, даря надежду тем, кто искал утешения в Божьей благодати.

После многих лет служения и непрестанного труда над собой, в период относительного уединения, святитель Игнатий обратил свой взор к литературному творчеству. Именно в эти годы были написаны его знаменитые «Аскетические опыты», ставшие источником духовной поддержки для многих поколений. Его труды отличаются глубиной богословских размышлений, ясностью изложения и практической направленностью, что делает их актуальными и сегодня. Он умел просто и доступно объяснять сложные вопросы духовной жизни, что позволило его наставлениям проникнуть в сердца как монахов, так и мирян.

Жизнь святителя Игнатия не была лишена трудностей – постоянные испытания, болезни и тяжесть служения не сломили его дух, а лишь закалили веру и сделали его учение еще более ценным. Его самоотверженность, мудрость и неустанное стремление к совершенству стали живым примером для всех, кто стремится к духовному обновлению. После его кончины, которая произошла в середине XIX века, труды святителя продолжили распространяться, обогащая духовный опыт верующих и вдохновляя многих на путь аскезы.

Сегодня память о святителе Игнатии (Брянчанинове) чтят не только в православных монастырях, но и в сердцах тех, кто ищет истины и стремится к внутреннему преображению. Его жизнь – это пример истинного подвижничества, любви к Богу и бесконечной преданности духовному пути, а его литературное наследие продолжает служить путеводной звездой для всех, кто хочет приблизиться к вечной мудрости и свету.

Таким образом, биография святителя Игнатия – это не только история личного подвига, но и живое свидетельство того, что каждый из нас может, через смирение, покаяние и постоянное духовное самосовершенствование, приблизиться к Богу и обрести истинное счастье. Его жизнь и труды продолжают вдохновлять, указывая путь к спасению и духовному возрождению даже в самые трудные времена.

# АСКЕТИЧЕСКИЕ ОПЫТЫ

ТОМ 2

# БЛАЖЕН МУЖ[1]

Поет вдохновенный Божественный певец, ударяет в звучные струны.

Когда оглушал меня шум мира, я не мог внимать ему. Теперь, в тишине уединения, начинаю прислушиваться к певцу таинственному. И звуки, и песнь его делаются мне как бы понятнее. Как бы открывается во мне новая способность, способность внимать ему и способность понимать его. Расслушиваю в звуках его новое чувство, в словах новый смысл, дивный, дивный, как Божия премудрость.

Саул! Престань неистовствовать: да отступит от тебя дух лукавый... поет святой Давид, бряцает в стройные гусли.

Саулом называю мой ум, тревожимый, возмущаемый помышлениями, исходящими от миродержца. Он — ум мой — поставлен Богом при установлении царства израильского — при сотворении, и потом при искуплении человека — в царя, владыку души и тела; преслушанием Богу, нарушением заповедей Божиих, нарушением единения с Богом он лишил себя достоинства и благодати. Душевные и телесные силы ему не покорны; сам он под влиянием лукавого духа.

Поет святой Давид, вещает слова Неба. И звуки псалтыри его — звуки небесные! Предмет песнопения: *блаженство человека*.

Братия, послушаем учение Божественное, изложенное в Божественном песнопении. Послушаем глаголы, послушаем звуки, которыми глаголет, которыми гремит к нам Небо.

О вы, ищущие счастья, гонящиеся за удовольствиями, жаждущие наслаждений! Придите: послушайте священной песни, послушайте учения спасительного. Доколе вам скитаться, рыскать по долам и горам, по непроходимым пустыням и дебрям? Доколе мучить себя трудом непрестанным и тщетным, не венчаемым никакими плодами, никакими приобретениями прочными? Склоните покорное ухо: послушайте, что говорит Дух Святой устами Давида о человеческом блаженстве, к которому стремятся, которого алчут все человеки.

Да умолкнет все кругом меня! И внутри меня да умолкнут самые помышления мои! Да молчит сердце! Да живет, действует одно благоговейное внимание! Да входят в душу, при посредстве его, святые впечатления и мысли!

Был Давид царем и не сказал, что престол царей – престол блаженства человеческого.

Был Давид полководцем и героем, от юных лет до старости препирался с иноплеменниками в кровавых сечах, сколько дал битв, столько одержал побед, на берега Евфрата с берегов Иордана передвинул границы своего царства и не сказал, что в славе победоносца и завоевателя – блаженство человека.

Собрал Давид бесчисленное богатство, собрал его мечом своим. Золото лежало в кладовых его как бы медь, а серебро накидано в них было как бы чугун. Но не сказал Давид, что в богатстве – блаженство человека.

Имел Давид все земные утешения – ни в одном из них не признал блаженства человеческого.

Когда Давид был отроком, когда занятием его было – пасти овец отца его Иессея: внезапно, по повелению Божию, приходит пророк Самуил, святым елеем помазует убогого пастуха в царя израильскому народу. Час помазания своего на царство Давид не назвал часом блаженства.

Дни детства проводил Давид в пустыне дикой. Там мышцы его начали ощущать в себе доблесть мышц богатыря: без оружия, с одними руками, кидался он на льва и медведя, удавлял льва и медведя. Там душу его начало двигать, наполнять небесное вдохновение. Руки, сокрушавшие льва и медведя, устроили псалтырь, прикасались к струнам, напряженным и приведенным в согласие действием Духа: издались гармонические, усладительные, духовные, разумные звуки. Далеко, далеко, через времена, через столетия и тысячелетия, понеслись эти звуки, повторились и повторяются бесчисленными голосами, прославили имя Давида по всем концам земли, по всем векам ее христианского быта. Жизни пустынной, жизни, полной подвигов чудных, чудного вдохновения, Давид не назвал блаженством человека.

«Блажен муж», воспевает он, – в каком бы месте, в каком бы звании, в каком бы состоянии и сане ни был этот муж, «иже не иде на совет нечестивых, и на пути грешных не ста, и на седалищи губителей не седе» (*Пс. 1, 1*).

«Блажен муж», который хранится от греха, который отражает от себя грех, в каком бы образе, в каком бы облачении не предстал ему грех: предстанет ли он в беззаконном поступке, представится ли в помышлении, советующем беззаконие или в чувстве, приносящем наслаждение, упоение греховное.

Если с таким крепким мужеством слабая жена отражает от себя грех, то и она «блажен муж», воспетый Давидом.

Участники этого блаженства, участники мужеского о Христе возраста – отроки и дети, твердо противостоящие греху. Нет лицеприятия у правосудного Бога.

«Блажен муж», которого вся воля в Законе Божием (*Пс. 1, 2*). Блаженно сердце, созревшее в познании воли Божией, увидевшее «яко благ Господь» (*Пс. 33, 9*), стяжавшее это видение вкушением заповедей Господних, соединившее волю свою с волей Господа. Такое сердце: муж. Блаженно сердце, разженное ревностью Божественной! Блаженно сердце, сгорающее ненасытимым желанием воли Божией! Блаженно сердце, сладостно и нестерпимо страждущее любовью к Богу! Такое сердце: место, селение, чертог, престол блаженства!.. Сидит с раннего утра орел на вершине высокого утеса, сверкающие очи его жадно ищут добычи, потом он поднимается в синее небо, плавает, распростерши широкие крылья, в обширных пространствах, ищет добычи. Когда увидит ее, – стрелой, молнией, спускается на нее, другой стрелой подымается с нею, исчезает. Накормил птенцов своих, и снова на страже своей: на скале или в небе. Таково сердце, заразившееся язвой неисцельной любви к заповедям Бога! И в этой-то любви – *блаженство*. В заповедях – не одно делание: в них сокровен и при посредстве их является духовный разум: «от заповедей Твоих разумех», – говорит Пророк: «Всем сердцем взысках тебе... Путь заповедей Твоих текох, егда расширил еси сердце мое!.. Поучахся в заповедех Твоих, яже возлюбих зело!.. Благ мне закон уст Твоих паче тысящ злата и сребра!.. Возлюбих заповеди Твои паче злата и топазия!.. В сердце моем скрых словеса Твоя, яко да не согрешу Тебе!.. Возрадуюся аз о словесех Твоих, яко обретаяй корысть многу!.. Настави мя на стезю заповедей Твоих, яко тую восхотех» (*Пс. 118:104, 10, 32, 47, 72, 127, 11, 162, 35*).

Восходит солнце: люди спешат к занятиям своим. У каждого своя цель, свое намерение. Что душа в теле, то цель и намерение во всяком человеческом занятии. Один трудится, заботится для снискания тленных сокровищ; другой – для доставления себе обильных наслаждений; иной – для приобретения земной, суетной славы; наконец, иной говорит, думает, что его действия имеют целью государственную и общественную пользу. Наперсник Закона Божия во всех упражнениях, во всех делах своих имеет целью Богоугождение. Мир обращается для него в книгу заповедей Господних. Прочитывает он эту книгу делами, поведением, жизнью. Сердце его чем более прочитывает эту книгу, тем более просвещается духовным разумом, тем более разгорячается к течению по пути благочестия и добродетели. Оно стяжает огненные крылья веры, начинает попирать всякий страх враждебный, переноситься через всякую пропасть, дерзать на всякое благое начинание. Блаженно такое сердце! Такое сердце: «блажен муж».

Приходит ночь с ее тенями, с бледным светом, который издают ночные светильники неба, собирает людей с поверхности земной в их шатры, в их приюты. В этих приютах скука, пустота души; стараются заглушить свое мучение безумным развлечением; праздность, испорченность нравов предаются шумным увеселениям, и сосуды храма Божия – ум, сердце, тело – употреблены Валтасаром на употребление преступное. Раб земли, раб временных житейских попечений, едва вырвавшийся из забот, в которых он утопал в течение дня, приготовляет в тишине ночной новые заботы к следующему дню; и дни его, и ночи, вся жизнь – жертва суете и тлению. Теплится смиренная лампада перед святыми иконами, разливает томный свет в ложнице праведника. И он со своей заботой, с непрестающим, со снедающим его попечением. Он приносит в ложницу воспоминание дневной деятельности своей, сличает ее со скрижалями, на которых начертана откровенная человеку воля Бога – с Писанием; недостатки в своих поступках, в помышлениях, в сердечных движениях врачует покаянием, омывает слезами; для возобновления и усиления подвигов просит у Неба новых сил, нового света. Благодатный свет, вышеестественная сила нисходит от Бога в душу, приносящую молитвы с болезненным ощущением нищеты, слабости, удобопадательности человеческой. Так «день дни отрыгает глагол, и нощь нощи возвещает разум» (*Пс. 18, 3*). Такая жизнь – непрестающий успех, непрерывные приобретения, приобретения вечные. Так живущий: «блажен муж».

И будет этот муж «яко древо насажденное при исходищих вод» (*Пс. 1:3*). Такое древо не боится палящих лучей солнца, не боится засухи: корни его всегда напитаны влагой; не ждут они дождей, не терпят никогда недостатка в питании, того недостатка, от которого древа, растущие на горных и сухих местах, часто болеют, часто вянут, умирают. Древу, растущему на высоте, открытому для влияний ветров и солнца, изредка пьющему дождь небесный, изредка освежающемуся росой небесной, подобен человек, расположенный к благочестию, но ведущий жизнь невнимательную, рассеянную, мало и поверхностно занимающийся изучением Закона Божия. Иногда и он освежается росою умиления; иногда и на его иссохшую душу падает живительный слезный дождь покаяния; иногда и его ум и сердце возбуждены движением к Богу; но это состояние не бывает, не может быть постоянным, даже продолжительным. Мысли и ощущения религиозные, когда не просвещены ясным и полным познанием воли Божией, не имеют никакой определенности, никакой основательности, и потому не имеют силы и жизни. Поучающийся в Законе Божием день и ночь подобен древу, насажденному «при исходищих вод». Непрестанно бьют у самых корней его прохладные свежие воды; непрестанно его ум и сердце – эти корни человека – погружены в Закон Божий, напиваются святым Законом Божиим; непрестанно кипят для него чистые, полные силы, струи жизни вечной. Эти воды, эта сила, эта жизнь: Дух Святой, обитающий в Священном и святом Писании, обитающий в заповедях Евангелия. Кто углубляется постоянно в Писание, изучает его в смирении духа, испрашивая у Бога разумение молитвой; кто направляет по евангельским заповедям все дела свои, все сокровенные движения души, тот непременно соделывается причастником живущего в них Святого Духа. «Причастник Аз есмь, – возвестил о Себе Дух Святой, – всем боящимся Тебе и хранящим заповеди Твоя» (*Пс. 118, 63*)[2].

Изучение Закона Божия требует терпения. Это изучение есть стяжание души своей: «в терпении вашем, – повелевает Господь, – стяжите души ваша» (*Лк. 21, 19*). Это – наука из наук! Это – небесная наука! Это – наука, сообщенная человеку Богом! Стези ее совершенно отдельны от тех обыкновенных стезей, которыми идут науки земные, науки человеческие, науки, рожденные нашим падшим разумом из собственного его света, для нашего состояния в падении. Кичат, напыщают ум науки человеческие, осуществляют, растят человеческое я! Божественная наука открывается душе, предуготовленной, сотренной, углажденной самоотвержением, как бы лишившейся самобытности по причине своего смирения, содеявшейся зеркалом, не имеющим никакого собственного вида, способным по этой причине принимать и отражать Божественные начертания. Божественная наука – Премудрость Божия, Божие Слово. Говорит о ней сын Сирахов: «Премудрость сыны своя вознесе, и заступает ищущих ея. Любяй ю любит жизнь, и утренюющии к ней исполнятся веселия; держайся ея наследит славу, и идеже входит, благословит его Господь; служащии ей послужат Святому, и любящих ю любит Господь; слушаяй ея судити имать языки, и внимаяй ей вселится надеявся». Такова Божественная наука! Такова премудрость Божия! Она – откровение Божие! В ней – Бог! К ней доступ – смирением! К ней доступ – отвержением своего разума! Неприступна она для разума человеческого! Отвергнут он ею, признан безумием! И он, дерзостный, гордый враг ее, богохульно признает ее юродством, соблазняется на нее за то, что она явилась человекам на кресте, и озаряет их с креста. Доступ к ней – самоотвержением! Доступ к ней – распятием! Доступ к ней – верой! Продолжает сын Сираха: «Аще уверуеши, наследиши ю» (*Сир. 4, 12–17*).

Истинная, Богоугодная вера, в которой нет никакой лести и обмана, заключается в исполнении заповедей Евангелия, в трудолюбивом и постоянном насаждении их в душе своей, в борьбе с разумом, с богопротивными ощущениями, движениями сердца и тела. И разум, и сердце, и тело падшего человека враждебно настроены к Закону Божию. Разум падший не приемлет разума Божия; падшее сердце противится воле Божией; само тело, подвергшись тлению, стяжало свою отдельную волю, данную ему грехопадением обильно сообщившим человеку смертоносное познание добра и зла. Тесен и прискорбен путь наш к премудрости Божией! Ведет нас к ней святая вера, попирая, сокрушая противодействие и разума, и сердца, и тела падших. Здесь нужно терпение! Здесь нужны твердость, постоянство, долготерпение! «В терпении вашем стяжите души ваша». Кто хочет принести плод духовный – да совершит с терпением продолжительную, преисполненную различных переворотов и бед войну против греха! Тот только может узреть плод Духа на древе души своей, кто возлелеет этот плод, святой, нежный, многим и мужественным терпением! Послушаем, послушаем еще Премудрого! «Премудрость, – вещает он, – стропотно ходит с ним» – учеником своим – «в первых, боязнь же и страх наведет нань. И помучит его в наказании своем: до́ндеже веру имет души его, и искусит его во оправданиих своих. И паки возвратится прямо к нему, и возвеселит его: и открыет ему тайны своя» (*Сир. 4, 18–21*).

Проходят дни, месяцы, годы, настает «свое время», время известное Богу, «положившему времена и лета во власти Своей» (*Деян. 1, 7*), и «древо, насажденное при исходящих вод», приносит плод свой. Этот плод – явственное причастие Святого Духа, обетованное Сыном Божиим всем истинно-верующим в Него. Благолепен, дивен плод Духа! Изменяет всего человека! Переносится Священное Писание из книги в душу; начертываются невидимым перстом на ее скрижалях – на уме и сердце – слово Бога и воля Бога, Слово и Дух. Совершается над таким человеком обетованное Сыном Божиим: «реки от чрева его истекут воды живы. Сие же рече о Дусе, Его же хотяху приимати верующии во имя Его» (*Ин. 7, 38–39*), – объясняет слово Спасителя возлюбленный ученик Его, наперсник Премудрости и подаваемого Ею Богословия. Самый «лист» такого древа «не отпадет» (*Пс. 1, 3*). Лист, по учению Отцов, – телесные подвиги: и они получают свою цену, нетление и жизнь, по обновлении, возрождении души Духом Святым. Воля такого человека сливается воедино с волей Божией: он желает одного угодного Богу, исполняет одну только волю Божию. Потому-то он имеет Бога споспешником во всех своих начинаниях «и вся, елика творит, успеет» (*Пс. 1, 3*).

Не такое подобие для нечестивых! Не сравнивает их вдохновенный Давид с древами или с чем другим, имеющим свойство, признаки жизни! Другое, другое для них сравнение! «Не тако, нечестивии, не тако, – воспевает царственный Пророк, – но яко прах, егоже возметает ветр от лица земли» (*Пс. 1, 4*). Нечестивые! Вы – пыль безжизненная, поднятая вихрем бурным – шумной суетой мира – с лица земли, крутящаяся в воздухе, несущаяся густым, заслоняющим солнце, всю природу, облаком.

Не смотри на это облако! Не верь обману очей твоих! Для них пустая пыль, ничтожная пыль ложно представляется облаком. Закрой на минуту глаза, и пролетит облако пыли, носимое сильным, мгновенным дыханием вихря, не повредив твоего зрения. Через минуту ты откроешь очи, посмотришь – где облако обширное? Поищешь его следа, и нет облака, нет после него никакого следа, нет никакого признака бытия его.

Грозной песнью, грозными звуками продолжает Давид изрекать грозное, роковое определение на нечестивых. «Сего ради не воскреснут нечестивии на суд, ниже грешницы в совет праведных» (*Пс. 1, 5*). Нет участия для нечестивых «в воскресении первом» (*Апок. 20*), которое описал святой Иоанн в Апокалипсисе, в воскресении духовном, совершающемся во время земной жизни, когда прикоснется к душе вседетельный Дух и обновит ее в пакибытие. Воскресает душа, оживает в жизнь Божественную. Ее ум и сердце просвещаются, соделываются причастниками духовного разума. «Духовный разум – ощущение живота бессмертного»[3], – по определению Духоносцев. Самый этот разум – признак воскресения. Так, напротив, плотское мудрование – невидимая смерть души (*Рим. 8, 6*). Духовный разум – действие Святого Духа. Он видит грех, видит страсти в себе и других, видит свою душу и души других, видит сети миродержителя, низлагает всякое помышление, взимающееся на разум Христов, отражает от себя грех, в каком бы видоизменении он не приблизился: потому что духовный разум – царство, свет Святого Духа в уме и сердце. «Не воскреснут нечестивии» для духовного рассуждения! Это рассуждение – «совет» одних «праведных», их достояние. Оно неприступно, непостижимо для нечестивых и грешных. Оно – Боговидение, и только «чистии сердцем узрят Бога» (*Мф. 5, 8*).

Путь нечестивых ненавистен Богу, столько чужд и мерзостен Ему, что Писание представляет Бога отвратившимся от него, как бы не знающим его. Напротив того, путь правды столько приятен Богу, что Писание говорит о нем: «Весть Господь путь праведных» (*Пс. 1, 6*). И точно, Он Един весть этот путь! – Блаженный путь! Ты приводишь к Богу! Ты сокровен в бесконечном Боге! Твое начало – Бог, и конец твой – Бог! Ты бесконечен, как бесконечен Бог.

Путь нечестивых имеет грань, имеет горестный предел! Эта грань на краю глубокой, мрачной пропасти, вечного хранилища вечной смерти. И «погибнет» он – путь нечестивых – навсегда в этой страшной пропасти, приведши наперед к ней и погубивши в ней всех шествовавших им.

«Весть Господь путь праведных, и путь нечестивых погибнет» (*Пс. 1, 6*). «Блажен муж, иже не иде на совет нечестивых», не увлекается их образом мыслей, их нравственными правилами, их поведением, «но в законе Господни вся воля его».

Так воспевает небесный, чудный Певец: к святой вдохновенной песне его прислушивался пустынножитель.

1847 года. Николаевский Бабаевский монастырь

# ИОСИФ, СВЯЩЕННАЯ ПОВЕСТЬ, ЗАИМСТВОВАННАЯ ИЗ КНИГИ БЫТИЯ

Священная повесть, заимствованная из книги Бытия (гл. 32–50)[4]

Чудно приходит к праведникам посреди их бедствий мысль благодарения Богу[5] – сказал Апостол: «сия бо есть воля Божия о Христе Иисусе в вас» (*1Сол. 5, 18*). Делание благодарения объяснено с особенной удовлетворительностью в ответах прп. Варсонофия Великого. Она исторгает сердца их из печали и мрака, возносит к Богу, в область света и утешения. Бог всегда спасает прибегающих к Нему с простотой и верой.

Возвращался святой патриарх Иаков из Месопотамии в землю ханаанскую, в землю рождения своего, в предопределенное Богом свое наследие (*Быт. 32*). Внезапно пришла к нему весть, что гневный Исав, брат его, идет к нему навстречу, что при нем четыреста вооруженных мужей. Еще в лета юношества, Исав, волнуемый завистью, покушался на жизнь Иакова. Чтобы избегнуть преждевременной, насильственной смерти, Иаков удалился в Месопотамию. Он пробыл там двадцать лет. Время могло бы исцелить уязвленное злобой сердце Исава... нет, он идет навстречу брату с вооруженной дружиной. Многочисленность толпы, воинственный вид ее, обличали злонамеренный умысел. Время не исцелило ненависти в Исаве: возмужал он, возмужала в нем и ненависть к брату.

Испугался Иаков: не знал, что делать: он решился разделить имение свое, состоявшее из домочадцев и многочисленных стад, на два полка. «Если разъяренный Исав, – рассуждал он – изрубит один полк, может быть истощится гнев его, и он не прикоснется к другому полку». За двумя полками стояли жены и дети Иакова, позади всех стояла вторая супруга его, Рахиль, с единственным сыном своим Иосифом, юнейшим из сыновей Иакова. Они заняли последнее место, как младшие, но это место дала им также особенная предусмотрительная любовь супруга и отца, как безопаснейшее. Глаз любви сметлив, сметлив и глаз ревности. Сделав такое распоряжение, праведник спешит в обычное пристанище праведников, спешит встать пред Богом в благоговейной молитве. «Довлеет ми, – исповедуется он Богу, – от всея правды, от всея истины, юже сотворил еси рабу Твоему: с жезлом бо сим преидох Иордан сей: ныне же бех в два полка» (*Быт. 32:10*). Отовсюду окруженный напастью, праведник изливает сердце свое перед Богом, сводит расчет свой с судьбой, находит себя вполне удовлетворенным, находит, что Бог, заповедовавший ему путешествие в Месопотамию и возвращение из нее, сделал все по обетованию Своему. «Довлеет ми от всея правды, от всея истины, юже сотворил еси рабу Твоему». Глубокое, истинное смирение! Оно одно достойно предстоять Богу, оно одно достойно беседовать с Богом: никогда оно не оставляется Богом. Ему внимает милостиво Бог, изливая обильные щедроты на молящегося со смирением. Изменилось, по мановению Божию, сердце Исава: доселе оно пылало враждой, теперь внезапно запылало любовью к брату. Исав кидает меч, бежит в объятия брата, и плачут два брата в объятиях друг у друга (*Быт. 34–35*).

Вот Иаков уже давно – в ханаанской земле. Уже скончалась его любимая супруга, Рахиль, родами второго сына Вениамина. Уже много скорбей испытал Иаков от буйных сыновей, которые вели себя в обетованной земле, как бы в земле приобретенной завоеванием (*Быт. 34–35*). В окрестностях кущи его, раскинутой близ Хеврона, они пасли многочисленные стада свои, иногда уходя и довольно далеко, на другие, более тучные пастбища. Иаков пребывал постоянно дома, где удерживали его и лета, и духовное преуспеяние. Оно привлекало ум и сердце старца к Богу, и потому полюбил он уединение в куще. Некогда и несродно такому человеку вдаваться в житейские попечения. Неотлучно при нем был – его утешение – любимый сын, прекрасный душой и телом, Иосиф. Услуга старцу-отцу и внимание глубокому, святому учению отца-Боговидца составляли все занятие, все наслаждение юноши. В душу его падало слово благочестия, как падает семя на тучную землю, и скоро принесло плод: засияла в душе Иосифа святая чистота. В чистоте сердца начинает отражаться Бог, как в зеркале тихих, прозрачных вод отражается солнце. Добродетель Иосифа возбудила в братьях не соревнование, а зависть: так, по несчастью, всего чаще случается в человеческом обществе. Братья изобрели и вознесли злую клевету на Иосифа – какую именно, умалчивает Писание. Но проницательный и благодатный Иаков не был обманут хитро сплетенной выдумкой, он продолжал любить – любить Иосифа, и в знак особенной любви подарил сыну пеструю одежду. Яркость и разнообразие цветов особенно уважались и доныне уважаются на кочевом востоке. Не была ли одежда эта символом испещренной противоположными обстоятельствами жизни, предстоявшей юноше? Вдохновение внушило прозорливому старцу изобразить пророчество не словом – символом: пестрой одеждой. Отсюда начинаются странные приключения Иосифа. Он служит прообразованием, дальней библейской тенью Господа нашего Иисуса Христа, а для деятельной жизни является примером благочестивого и добродетельного человека, подвергающегося разнообразным, странным бедствиям, во время которых сохраняет он верность к благочестию и добродетели, никогда и нигде не оставляется Богом, повсюду храним, и наконец прославляется дивно. Послушаем, послушаем любопытное сказание о чудных и наставительных приключениях облеченного пророком-отцом в пеструю одежду.

Братья Иосифа (*Быт.* 37), увидев, что отец их любит его более всех других сынов, возненавидели его: при каждом слове с ним, при каждом взгляде на него, закипало в них мрачное смущение. А он не понимал объявшего их недуга: чистая душа его видела всех чистыми, благонамеренными. С доверчивостью открывал он перед ними сердце. Это незлобивое сердце уже избрано Богом в сосуд таинственных откровений. Благодать Святого Духа, сообразно юношеским летам Иосифа, начала являть свое присутствие и действие в знаменательных сновидениях. Живо рисовались таинственной рукой странные сновидения в девственном воображении. Иосифу было семнадцать лет, когда приснился ему первый пророчественный сон. С откровенностью, не подозревающей никакого зла, он пересказывает его братьям: видно, сон оставил в душе юноши необычайное впечатление, которое нуждалось в объяснении. Он хотел вызвать, услышать это объяснение из уст старших братьев. «Привиделось мне, – говорил он им, – будто все мы вяжем снопы на поле; мой сноп вдруг поднялся и встал прямо, а ваши снопы обратились к снопу моему и поклонились ему». Братья отвечали: «Неужели ты будешь в самом деле царствовать над нами или сделаешься господином нашим?» И удвоили братья ненависть к нему за благодатный сон, за уязвившую их, перетолкованную, искаженную ими, святую откровенность его. Иосиф видит новый сон. С детской невинностью, как бы в оправдание первого сна и в доказательство, что знаменательные сны приходят к нему невольно, независимо от него, рассказывает он сон отцу и братьям: «Видел я, – говорит он, – будто солнце, луна и одиннадцать звезд поклонились мне». Отец, услышав рассказ сына, остановил юношу. «Что – сон, виденный тобою? – сказал он ему. – Неужели я, мать твоя и братья твои поклонимся тебе до земли?» Опытный и духовный отец остановил сына не потому, что признал сон его суетным мечтанием, собственным произведением души, недугующий высокоумием, но чтобы предохранить юную душу от впадения в высокоумие и вместе строгим замечанием сколько-нибудь погасить зависть и ненависть в братьях.

Так христианские аскетические наставники заповедуют не обращать особенного внимания на все вообще явления, представляющиеся чувствам душевным и телесным: заповедуют соблюдать при всех вообще явлениях благоразумную холодность, спасительную осторожность[6]. Бывают сновидения от Бога, чему служат примером и доказательством сны Иосифа, но состояние видящего сны и видения опасно, очень близко к самообольщению. Зрение недостатков наших – вот безопасное видение! «Дух сокрушен и смирен» (*Пс. 1, 19*) – вот состояние существенно полезное, чуждое самообольщения, состояние, о котором благоволит Бог! Рассуждение, способное постигать, расценивать и объяснять видения, свойственно одним преуспевшим в духовном подвиге: оно приобретается долгим временем, оно – дар Божий. Имел этот Божий дар святой Иаков: он остановил сына, рассказывавшего пророчественное сновидение, а сам – свидетельствует Писание – соблюдал в памяти слова его, носившие на себе помазание Духа.

Не такое действие произвел новый сон на братьев Иосифа: он только умножил в них ненависть и зависть к нему. Однажды они угнали стада в Сихем. Иаков сказал Иосифу: «Братья твои в Сихеме; хочу послать тебя к ним». Иосиф отвечал: «Я готов». «Поди, – продолжал Иаков, – посмотри, здоровы ли твои братья и здоровы ли наши овцы. Потом воротись и скажи мне».

Легко иногда расстаются люди: расставаясь, они как бы не расстаются, прощаясь, почти не прощаются. А такое прощание бывает часто прощанием навсегда; часто следует за ним продолжительная, исполненная горестей разлука. Не знал старец, отпуская Иосифа, что он долго-долго не увидит любимого сына! Мог ли он думать, что, посылая Иосифа к братьям, посылает его к убийцам? Ему была известна ненависть их к юноше: но могла ли ему прийти мысль, чтобы эта ненависть возросла до замысла, до заговора, до решимости совершить братоубийство? Незлобие старца было незлобие опытное – не то детское незлобие, которого исполнен был Иосиф, шедший прямо на нож, как агнец. Мудрый Иаков, при всем духовном преуспеянии своем, при всей опытности, накопленной в многолетнюю страдальческую жизнь, не мог представить себе, чтоб буйные сыновья его были способны к ужасному преступлению братоубийства. Свойственно святыне не мыслить зла о ближних; ей свойственно самых явных, открытых злодеев считать менее злыми, нежели каковы они на самом деле. И видим мы многих святых людей, не обманутых явным грехом, обманутых многой любовью своею, своею доверчивостью к ближним. Старец! надолго ты расстаешься с любимым твоим сыном, Иосифом! Ты имеешь дар и пророчества и прозорливости; но на это время Бог, непостижимо устрояющий участь человека, закрыл от тебя будущее непроницаемою завесою. Ты отпустил Иосифа на несколько дней – увидишь его после многих скорбных годов. А он увидит землю Ханаанскую, то место, где раскинута куща твоя, когда настанут дни погребения твоего – и только на короткие дни этого погребения! Сюда принесутся кости его; сюда возвратится с ними многочисленное потомство его, и вооруженною рукой вступит во владение наследием праотца своего – теперь юноши Иосифа.

Пошел Иосиф из дома отцовского, из Хеврона, пришел в Сихем. Там уже не было его братьев. Он не знал, где найти их – и начал искать и расспрашивать. Внезапно встретился с ним незнакомый человек, который спросил его, кого он ищет. Иосиф отвечал ему: «Ищу братьев моих; скажи мне, не знаешь ли, где они со стадами своими?» Незнакомец отвечал: «Ушли отсюда; я слышал они говорили между собою: пойдем в Дофаим». По словам этого человека, которого как будто судьба нарочно привела на встречу Иосифу, чтобы направить его к его предопределению, юноша начинает снова искать братьев – жертва жрецов своих – и находит их в Дофаиме. Издали узнали они его, начали сговариваться об убийстве. Раздались в собрании братьев ужасные слова о брате: «Вот, идет сновидец. Убьем его и скажем: его съел хищный зверь. Посмотрим, что будет тогда с его снами!» Вслед за ужасными словами поднялись и преступные руки. Но Рувим, старший сын Иакова, отнял его у них. «Не будем убивать его, – сказал он им, – собственными руками! Спустите его в один из здешних рвов, рук же ваших не возлагайте на него!» И помышлял смягчившийся Рувим возвратить старцу-отцу любимого сына. Они сняли с Иосифа пеструю одежду и бросили его в глубокий, сухой колодезь – живого в ужасную могилу. Во рву Иосиф, в челюстях смерти!.. Святой юноша, тяжким опытом начинается твоя духовная опытность! Чудная твердость души твоей, перенесшая такую лютую скорбь! Твердость в бедствиях дается непорочной, безукоризненной совестью. Научи нас стяжать и чистоту твою и твердость – могучие опоры для сердца в превратностях жизни.

Иосиф во рву. Что делают братья? Они сели есть... Созревшая ненависть!.. Когда какая-нибудь страсть созреет в душе, душа уже не чувствует своего смертного недуга. Страшнее быть сердцем в этой глубине злобы, чем телом, при душе ангельской, во рву глубоком. Сыны Иакова совершили злодеяние, как бы исполнили долг: столько природниласьим ненависть к брату. «И седоша ясти хлеб» (*Быт. 37:25*), – говорит Писание.

Когда совершалась эта трапеза, конечно, на ней не присутствовало ничего доброго. Буйно совершалась она. Как иначе могли обедать убийцы? Громкий хохот прерывал страшное молчание, то был хохот души, которая сбросила с себя одежду стыдливости, наслаждается усвоившейся, насытившейся злобой. Выскакивали по временам адские слова – как бы из темной пропасти – из сердец, решившихся на братоубийство. Мрачны, зверовидны были лица обедающих. Зрение и слух их угрюмо, дико блуждали всюду. Не управляло уже здесь благоразумие. Какое благоразумие! Когда страсти овладеют человеком, тогда ум, лишенный владычества, служит угодливым и изобретательным слугой страстям для удовлетворения их лукавых, прихотливых, преступных требований.

Пируют сыновья Иакова над могилой с живым мертвецом, и вот мечущиеся взоры их внезапно усматривают путешественников. То были измаильтяне, купцы. Они показались от Галаада, на дороге к Египту. Их верблюды были обильно навьючены стираксой, бальзамом и ладаном: эти товары везли они для продажи в Египет. На бешеной трапезе послышался голос: «Что нам пользы, если убьем брата и скроем кровь его? Продадим его этим измаильтянам! Руки же наши да не будут на нем: ведь он брат нам и плоть наша!» Голос этот был голос Иуды, четвертого в сынах Иакова; Иуда предложил продажу брата-праведника. Чрез многие столетия явится другой Иуда, он скажет о другом Праведнике, о самом Богочеловеке: «Что ми хощете дати, и аз вам предам Его?» (*Мф. 26:15*).

Зазвенели златницы... уже вытащен из колодца Иосиф и поспешно продан аравитянам. Ни одного спорного слова ни о цене, ни о пленнике не произнесено ни с той, ни с другой стороны. Не умолчало бы Писание о достойном памяти слове, если бы оно было сказано. Писание в этой повести передает и те слова, которые сколько-нибудь стоят замечания. Звучат златницы... их было двадцать. Как схож звон этот со звоном тридцати сребренников!... Блаженный юноша, проданный за двадцать златниц! Ты удостоился быть прообразованием Проданного за тридцать сребренников!

Рувима не было за обедом. Не был он участником в умысле и заговоре преступном, не был и на пиру, на котором праздновалось удавшееся злодейство. Тайно приходит он ко рву, и зовет погребенного. Нет ответа. Опять зовет... нет ответа! В отчаянии он рвет на себе одежду, прибегает к братьям, говорит им: «Нет юноши во рву! Куда теперь денусь я?..» В ответ зазвучали златницы. Их было двадцать: девять братьев, присутствовавших при продаже, доказали, что они не забыли отсутствовавшего десятого.

Между тем сыновья Иакова придумывали как скрыть от старца-отца поступок свой с Иосифом. Они закололи козленка, в крови его обагрили пеструю одежду, и послали ее отцу с жестким вопросом: «Мы нашли это; узнавай – одежда ли это сына твоего, или нет?» – он узнал ее, он сказал: «Это – одежда сына моего: зверь лютый съел его? Лютый зверь похитил Иосифа!» Растерзал Иаков на себе одежды, надел на себя вретище и многие дни оплакивал сына. Собрались к нему сыновья и дочери, они утешали старца. Но он не хотел утешиться, говорил: «Сойду с стенанием к сыну моему в ад». Долго повторял он эти слова и долго плакал.

Измаильтяне привели Иосифа в Египет (*Быт. 39*), там перепродали его Пентефрию, вельможе фараона – фараонами именовались цари египетские – начальнику телохранителей царских. И Господь был с Иосифом, таинственно бдел над ним, помогал ему. Скоро заметил господин благословение неба над рабом своим, и очень полюбил его. Следствием этой особенной любви было то, что Пентефрий вручил Иосифу управление всем домом своим и всем имением. Господь, ради Иосифа, благословил достояние египтянина: излилась благодать Божия на все имение его, на дом его и на поля его. Пентефрий предался расположению своему со всею беззаботливой доверчивостью, даже сам не осматривал ничего, не обращал ни на что внимания. Иосиф был очень статен, прекрасен собой. Красота его привлекла взоры жены Пентефрия. Страсть объяла ее: открыто, прямо объявила она юноше страсть свою. Юноша не согласился на беззаконие. Он увещевал жену, пылавшую безумным и преступным вожделением, он говорил ей: «Господин мой так вверился мне и так почил на моих заботах, что даже не знает ничего, что у него в доме. Все добро свое он сдал безотчетливо в мои руки: в его доме нет никого выше меня; все в моем ведении, кроме тебя, супруги его. Как же мне поступить по словам твоим? Как мне согрешить пред Богом?» – Не слышит преступная жена мудрых слов сына Иаковлева: другое говорит в ней овладевшая ею страсть. Она слышит только голос страсти: слова Иосифа пролетели мимо слуха ее, как пустые звуки без смысла и значения. От времени до времени повторяет жена предложение, всегда с одинаково открытой, пламенной наглостью. Однажды Иосиф занимался в доме по должности своей; случилось, что тут никого не было из домашних, исключая госпожи. Она схватывает его за одежду, умоляет, требует, чтоб желание ее было тут же исполнено, Иосиф вырывается из рук ее, убегает; верхняя одежда его осталась в руках египтянки. Неудовлетворенная преступная любовь внезапно превращается в бешеную ненависть: та, которая за минуту искала насладиться прелестями прекрасной плоти, теперь неистово жаждет напиться кровью. Вопиет исступленная египтянка, громким визгом и криком сзывает домашних. Прибегают они. «Глядите, – говорит им египтянка, – этот молодой евреянин введен в дом наш, чтоб поругаться над нами!.. Он пришел ко мне... он сказал мне... я закричала громким голосом... услышав вопль мой, он убежал от меня... вот верхняя его одежда в руках моих!» Она сохранила эту одежду до возвращения Пентефрия. В другой раз одежда – немой, услышанный лжесвидетель на Иосифа. Когда возвратился вельможа, жена пересказала ему событие. Она говорила жалобно и тихо: «Ко мне приходил молодой евреянин, которого ты ввел к нам, чтоб обесчестить нас, и предлагал мне беззаконие. Когда же я громко закричала, он убежал, оставив у меня свою верхнюю одежду». Услышав сказание правдоподобное, в котором простотой и холодностью рассказа искусно прикрывались страшная буря душевная и адская клевета, видя в руках жены доказательство происшествия – одежду Иосифа, доказательство, против которого, по-видимому, не было опровержений, Пентефрий пришел в сильное негодование. Расспросы и суд признал он излишними, ненужными, – так преступление раба в глазах его было ясно, живо, очевидно. Он велел ввергнуть Иосифа в темницу, в которой содержались государственные преступники – в твердыню – так называет эту темницу Писание.

Господь, избравший Иосифа с дней его детства, Господь, помогавший ему в плену и в доме Пентефрия, не оставил его и в темнице. Расположилось к Иосифу сердце начальника темницы: он вверил юному узнику всю темницу, всех узников, заключенных в ней, и, подобно Пентефрию, почил со всей доверенностью на заботах Иосифа. Спустя несколько времени, провинились пред египетским царем двое вельмож его: старейшина виночерпий и старейшина над хлебами (*Быт. 40*). Разгневанный фараон заключил их в ту же темницу, в которой содержался Иосиф. Начальник темницы поручил их Иосифу. Когда они пробыли несколько дней в темнице, в одну и ту же ночь каждый из них увидел сон. Утром приходит к ним Иосиф и примечает, что они оба в смущении. Он спрашивает вельмож фараоновых: «Отчего на лицах ваших печаль?» Они отвечают: «Каждый из нас видел сон, но некому истолковать снов наших». Иосиф сказал: «Не Бог ли дает дар изъяснять те сны, которые посылаются от Него? Расскажите мне сны ваши». Из слов Иосифа видно его духовное преуспеяние, плод искушений. Когда в детстве он видел сны, то ощущал только, что в них есть значение, и пересказывал их отцу и братьям, как бы ища объяснения, но не смея присовокуплять никакого толкования. А здесь едва услышал, что старейшины видели сон, и уже надеется найти разрешение загадочных сновидений в Боге, к Которому он приблизился, Которому усвоился скорбями, верой, чистотой, молитвой. Сны ввели его в горнило скорбей; сны выведут его из этого горнила, в который Промысл обыкновенно ввергает людей, предназначаемых им для дел великих. Начал старейшина виночерпий рассказывать сон свой: «Привиделось мне, – сказал он, – что передо мной виноградный сад; в саду вижу три лозы, сочные пустившие отрасли и давшие зрелый плод. Чаша фараонова была в руке моей. Я взял кисть винограда, выжал сок в чашу и подал ее фараону». Иосиф отвечал: «Вот значение этого сна: три лозы – три дня. Пройдут еще три дня, и вспомнит фараон о тебе, возвратит тебе прежний сан твой старейшины виночерпия: ты будешь подавать чашу фараону по-прежнему. Тогда, в благополучии твоем, вспомни о мне. Окажи мне милость: поведай о мне фараону, и изведи меня из этих угрюмых стен. Я украден из еврейской земли, и здесь не сделал ничего худого, а меня ввергли в эту ужасную темницу». Старейшина над житницами, услышав истолкование благоприятное, также пересказал свой сон Иосифу: «И я, — говорил он, — видел сон. Мне представилось, что держу на голове три корзины с хлебами. В верхней корзине было всякого рода печенье, употребляемое фараоном. Внезапно налетели птицы, начали клевать печенье». Иосиф отвечал: «Вот значение сна: три корзины — три дня. Пройдут еще три дня — и снимет фараон с тебя голову твою! труп твой повесят на древе; птицы небесные съедят тело твое». Настал третий день: это был день рождения фараона. Он дал пир своим придворным; в беседе с ними вспомнил царь о двух заключенных старейшинах: старейшине виночерпию возвратил прежний сан, и тот снова стал подавать чашу фараону, а старейшину над житницами велел казнить, по предсказанию Иосифа. И забыл старейшина виночерпий о Иосифе. Еще нужно было праведнику томление в темнице! Еще нужны ему были уединение и мрак тюрьмы, чтобы душа его глубже погрузилась в молитву, ею еще более приблизилась к Богу, еще светлее озарилась разумом духовным.

Прошло два года, фараон видит сон (*Быт. 41*). Ему представилось, будто он стоит при реке: вот выходят из реки семь коров, тучных, прекрасных и стали ходить по прибрежному пастбищу. За ними вышли из реки другие семь коров, тощих, неприятного вида, — тоже начали ходить с первыми по берегу реки. Внезапно тощие коровы пожрали тучных, и незаметно было, чтобы тучные взошли в них: они сохранили свой прежний вид изнурения. Проснулся фараон. Потом опять засыпает, видит другой сон: видит будто из одного стебля выросли семь колосьев, наполненных зрелыми зернами, за ними выросли другие семь колосьев, тонких, как бы иссушенных зноем и ветром. Эти тонкие колосья поглотили в себя семь первых полных колосьев. Проснулся фараон, смутилась душа его; с наступлением утра он приказывает созвать всех ученых и мудрецов Египта и пересказывает им сон свой. Но они не могли истолковать сновидения, произведшего в царе задумчивость и смущение. Тогда старейшина виночерпий сказал фараону: «Теперь вспоминаю согрешение мое! Когда ты, царь, прогневался на рабов твоих, на меня и на старейшину над житницами, повелел заключить нас в темницу, которая при доме начальника телохранителей, каждый из нас, в одну и ту же ночь, увидел сон. Там с нами был молодой евреянин, раб начальника телохранителей; мы рассказали ему сны свои, и он истолковал их. Мне предсказал возвращение сана, а товарищу моему – казнь. Так и случилось с обоими нами».

Фараон послал в темницу за Иосифом, велел привести его к себе. Вывели Иосифа из твердыни: вывела его рука Божия. По обычаю страны остригли ему волосы, переменили на нем одежду: он предстал пред лицом фараона. Египетский царь пересказал ему сны свои и жаловался на мудрецов, что они не могли истолковать этих видений. «Я слышал о тебе, – говорил фараон Иосифу, – что ты объясняешь сны, когда тебе перескажут их». Иосиф отвечал: «Без Бога не может фараон получить удовлетворительного ответа». Невольно Иосиф обнаруживает свое духовное состояние! Он исповедует явное, чудное, существенное Божественное действие, действие Святого Духа, не зависящее от человека, посещающее человека по Высшей воле, и открывающее ему тайны. Это невидимое общение с Богом, это благодатное действие ощущал в душе своей Иосиф: до такой высоты духовного преуспеяния возвели его постоянство в добродетели, бедствия, страдания или, правильнее, благодать Святого Духа, меняющая постоянно добродетельных, в особенности же страдальцев невинных. «Оба сна твоих, – сказал он фараону – имеют одно значение; сны твои – один сон. Семь коров тучных предзнаменуют семь лет плодородных; семь полных колосьев предзнаменуют то же. Семь коров тощих и семь колосьев иссохших означают семь лет голода. Бог показывает фараону то, что Он вознамерился совершить. Наступят семь лет: в течение их будут в Египте обильные жатвы. Придут другие семь лет, и от скудости их забудется обилие первого семилетия. Голод поразит, сгубит землю. Самые следы предшествовавшего обилия изгладятся последующей за ним скудостью: потому что голод будет очень сильный. Дважды повторился сон фараона: это подтверждение изречения Божия, и знак, что Бог ускорит привести в исполнение Свое определение. Царь! Высмотри у себя разумного человека, и поручи ему землю египетскую. Пусть в течение семи плодоносных лет собирается пятая часть всего урожая; собираемая пшеница должна поступить в ведение фараона и храниться в городах. Таким образом составятся хлебные запасы для семи лет неурожайных, и земля не погибнет от голода». Понравились слова Иосифа фараону и окружающим его. Фараон сказал им: «Где же нам найти другого человека, который бы, как этот, имел в себе Духа Божия?» Потом, обращаясь к Иосифу, говорит ему: «Бог открывает тебе тайны, и потому нет человека, который бы сравнился с тобой мудростью и разумом. Будь главой в доме моем; пусть повинуются тебе все люди мои! Разве одним престолом я буду выше тебя. Поставляю тебя над всей землей египетской».

Фараон снял перстень с руки и надел его на руку Иосифа, облек его в червленую одежду, возложил на него золотую гривну, и повелел посадить его на вторую колесницу свою: в ней возили нового сановника по городу; перед колесницей шел глашатай, возвещая народу сан и власть Иосифа. Тогда Иосифу исполнилось тридцать лет. Фараон женил своего наперсника на Асенехе, дочери жреца илиопольского, и переименовал его, назвав – «Псонфомфаних». Что бы значило это наименование? Оно значит «Спаситель мира»[7]. Прообразовал Иосиф нишествие на землю Богочеловека к падшему и заблудшему роду человеческому, когда послан был отцом к братьям, пасшим скот вдали от отцовской кущи. Прообразовал Его, когда был продаваем братьями иноплеменникам. Прообразовал Его погребение своим заключением в темнице; внезапным возвышением и славою своею прообразовал славу Его воскресения. Дочь жреца илиопольского, вступившая в супружество с Иосифом, предызображала *Церковь* Христову, составившуюся из язычников. Спасением народа от смерти предзнаменовалось спасение человечества от смерти вечной. Раздаятель вещественного хлеба был предызображением Того, Кто и «Хлеб сшедый с небеси», и Раздаятель этого небесного хлеба (*Ин. 6:41*). Из среды таинственных ветхозаветных прообразований в первый раз услышалось утешительное имя: Спаситель мира! Дивно Промысл Божий предвещал великое дело Божие, искупление человечества, библейскими прообразовательными тенями. В какой дали времен начали являться эти тени! Как живо обрисовывали они истину! Какой таинственностью покрыты были для современников! Как они стали ясны, очевидны, когда Бог открыл человекам разумение вдохновенных Им Писаний.

Иосиф приступил к исполнению обязанностей, к которым призвал его Сам Бог, и которые, по устроению Божию, возложил на него владетель Египта. Он предпринял путешествие по всему Египту и, обозрев страну, сделал нужные распоряжения. Земля в продолжении семи лет давала обильную жатву. В течение этих семи лет Иосиф скоплял хлебные запасы, которые хранил в городах за надежным присмотром и стражей в обширных кладовых. Он собрал бесчисленное количество пшеницы: она лежала в складочных местах подобно горам песка. В течение тех же плодородных семи лет Асенефа родила двух сынов. Иосиф назвал первенца Манассией. Называя так, он включил в имя старшего сына глубокую мысль: «так устроил меня Бог, что я забыл страдания мои». Второго он назвал Ефремом, соединяя с этим именем другую глубокую и благочестивую мысль: «Бог возрастил меня в земле смирения моего». Такие мысли заключают в себе эти имена, по значению своему на еврейском языке[8].

Протекли семь лет плодородных, как проходит все, что подчинено времени: наступили голодные годы. По предсказанию Иосифа, голод начал свирепствовать по всей земле. Народ египетский возопил к фараону, прося хлеба. Фараон отвечал подданным: «Идите к Иосифу и делайте то, что он скажет вам». Иосиф отворил запасные житницы, начал продавать оттуда хлеб египтянам. Голод свирепствовал по лицу земли. Жители соседних стран, услышали, что в Египте продается хлеб, и, утесняемые голодом, начали приезжать в Египет для покупки пшеницы. Мудрый, предусмотрительный правитель заготовил запасной хлеб в количестве, способном не только прокормить свой народ, но и привлечь деньги других народов в египетское государство.

В числе прочих земель, угнетенных голодом, томилась земля ханаанская. Терпело недостаток в пище и семейство святого патриарха. Слух, что в Египте продается хлеб дошел до старца (*Быт. 42*). Он сказал сыновьям своим: «Я слышал, есть пшеница в Египте: что вы не обратите на это внимания? Сходите туда, купите сколько-нибудь хлеба для поддержания жизни нашей; иначе – чтобы не пришлось нам умереть с голоду». Повинуясь воле отца, десять братьев Иосифа отправились в Египет для покупки хлеба. Вениамина не отпускал Иаков с братьями; он сказал: «Чтобы не случилось с ним по дороге чего худого».

Прибыв в Египет, сыновья Иакова пришли с прочими покупателями на то место, где продавался хлеб. Продажей хлеба занимался сам Иосиф. Когда братья предстали перед ним, он тотчас узнал их; но они нисколько не подозревали, что стоят пред братом, проданным в рабы за двадцать златниц. И как им было узнать его? Когда они расстались с ним, ему едва минуло семнадцать лет; теперь он приближался к сорокалетнему возрасту. Измененный годами, он не менее изменен был величием и блеском сана, первого в царстве египетском, которое опередило почти все другие государства образованностью, могуществом, внутренним устройством. Представ перед Иосифом, братья низко поклонились ему, челом до земли. Иосиф вспомнил сны свои... Мудрый, добродетельный Иосиф! Он отложил до другого времени объявить себя братьям. Сколько эта великая душа имела над собою власти! Не снедалось ли сердце его желанием тотчас дать о себе радостнейшую весть престарелому, святому родителю, который более двадцати лет ничего не знал о нем, и, считая погибшим безвозвратно, печалился неутешно? Он не внимает влечению милостивого, великодушного сердца, избирает образ действования, необходимо нужный для пользы, и своей, и братьев своих. Иосиф знал грубые, необузданные нравы этих людей; то были полудикие пастухи, взросшие на кочевьях, проведшие всю жизнь при стадах, на приволье буйной свободы, под открытым небом, в безлюдных пустынях. Они не знали никакой власти над собой, не знали никакой бразды: отцу оказывали неповиновение; причиняли ему частые оскорбления; всякое пожелание свое, как бы оно преступно ни было, приводили в исполнение; руки их нередко бывали обагрены кровью невинных. Такими изображает Писание сыновей Иакова. Им нужен был урок. Для собственного благополучия их необходимо было познакомить их с покорностью, с благонравием. Жестокие души, привыкшие попирать совесть и страх Божий, иначе не могли быть потрясены, приведены в чувство и самопознание, как пыткой страха человеческого. Предвидя продолжительный голод, Иосиф предвидел и необходимость переселения семейства Иаковлева из Палестины в Египет. Не поэтому ли он назвал братьев своих, при первом их приезде в Египет, соглядатаями?.. Если бы братья его внесли с собой в новое отечество свою необузданность, свое буйство, скоро навлекли бы на себя негодование египтян; скоро низринулось бы благополучие семейства Иаковлева, благополучие самого Иосифа; семейство это и он подверглись бы величайшим бедствиям. Приобретенное долговременными страданиями должно было оградить, сохранить мудрым поведением.

Иосиф обошелся с братьями важно, сурово, как строгий властелин. «Откуда вы?» – спросил он их. Они отвечали: «Из земли ханаанской: пришли купить хлеба». Он возразил: «Вы соглядатаи: пришли высмотреть нашу страну!» Они отвечали: «Нет, господин! рабы твои пришли купить хлеба. Все мы братья, сыновья одного старца. Мы пришли с мирным расположением: рабы твои не соглядатаи». Он сказал: «Нет, нет: вы пришли высмотреть землю!» Они отвечали: «Нас двенадцать братьев. Рабы твои – из земли ханаанской. Меньший из нас остался при отце, а одного... не стало». Иосиф заметил: «В ваших словах есть ложь! Правду я сказал, что вы соглядатаи. Клянусь неприкосновенностью фараона, вы не выйдете отсюда, если меньший брат ваш не приедет ко мне. Этим вы должны оправдать себя. Пошлите одного из среды вас: пусть приведет брата. Вы же останетесь здесь под стражей, доколе не объяснится, справедливы ли слова ваши, или нет. Если они окажутся несправедливыми... Клянусь неприкосновенностью фараона, вы соглядатаи!» – и с этими словами отдал их под стражу.

Прошли три дня. На третий он призывает их и говорит: «Я из числа боящихся Бога. Вот как поступите: если вы с мирным расположением, то идите, отвезите купленную вами пшеницу; один же из вас будет удержан здесь под стражей. В следующий раз приведите ко мне брата вашего: этим вы докажете истину слов ваших. Если же не приведете меньшего брата, то ниже увидите лица моего!» Иосиф говорил с братьями своими при посредстве переводчика. Он еще не отпустил их окончательно, и, в то время, как занялся с другими покупателями, сыновья Иакова начали потихоньку беседовать между собой на еврейском языке. Могли ли они предполагать, что грозный египетский вельможа понимает их! А он напряженным слухом и вниманием следит за каждым словом; каждое их слово уловляет душа его, полная святой любви, действующая со святой, спасительной мудростью. «Право, – говорили друг другу сыновья Иакова, – преследует нас грех, который мы совершили над братом нашим! Мы пренебрегли глубокой скорбью его, мы не послушали его, когда он умолял нас: за него пришла на нас эта напасть!» Рувим сказал прочим: «Не говорил ли я вам, не обижайте юноши? Вы меня не послушали: вот кровь его взыскивается». Пронзали чувствительное сердце Иосифа слова братьев. Он вышел на минуту от них и облегчил обременившееся сердце потоками слез. Потом опять пришел к ним, избрал из среды их Симеона, приказал возложить на него перед глазами их оковы. В поступках мудрого Иосифа все имеет свою причину. О причине, по которой цепи сделались уделом дикого и свирепого Симеона, не другого кого из братьев, умалчивает Писание; но из того же Писания видно, что именно ему нужен был более строгий урок. Все десять братьев позволяли себе тяжкие проступки, но Симеон запятнал себя ужасным убийством Сихемлян, чем подверг все семейство святого патриарха страшной опасности, от которой оно было избавлено особенным заступлением Промысла. И не его ли руки поднимались на другое убийство, более ужасное и преступное?.. Иосиф отдал тайное приказание наполнить пшеницей мешки братьев и в мешок каждого вложить деньги, отданные за пшеницу, сверх того дать им на дорогу пищи. Видно каждый отдельно заплатил за взятую им пшеницу: это черта – одна из тех, которыми изображаются перед нами отдаленные обычаи библейской древности.

Навьючив ослов пшеницей, сыновья Иакова отправились в обратный путь. На первом стане один из них, с намерением накормить осла, снял с него мешок, который как-то развязался, и увидел узелок своих денег в мешке, поверх пшеницы. Он закричал братьям: «Мои деньги мне возвращены! вот они... в мешке моем». Ужаснулось сердце их, они смутились, и говорили друг другу: «Что Бог творит с нами?» Прибыв в землю ханаанскую, к отцу, они рассказали все случившееся с ними, говорили: «Муж, господин земли той, обошелся с нами очень сурово, даже посадил нас в тюрьму, как соглядатаев. Мы сказали ему: Нет! Господин, мы не соглядатаи! мы пришли с мирным расположением. Нас двенадцать братьев, мы сыновья отца нашего; одного из нас... не стало, а меньшой при отце, в ханаанской земле. Отвечал нам тот муж, господин земли: Вот что будет для меня доказательством, что вы не соглядатаи, а люди с мирным расположением: одного из вас оставьте здесь у меня; сами, взяв купленную для дома вашего пшеницу, идите; но меньшего брата вашего приведите ко мне. По этому узнаю, что вы не соглядатаи, но люди мирные: и тогда отдам вам брата вашего, остающегося у меня теперь заложником, и вы будете торговать свободно в египетской земле». Когда они высыпали пшеницу из мешков, у каждого вместе с пшеницей выпал узелок с его деньгами, отданными за пшеницу. Увидев узелки своих денег, они испугались. Увидел эти узелки отец их и также испугался. «Вы, – сказал он им, – сделали меня совсем бездетным! Иосифа нет; Симеона нет: и Вениамина ли хотите взять? За вас обрушились на голову мою все эти беды». Рувим отвечал ему: «Двух сыновей моих убей, если не приведу Вениамина к тебе обратно». Старец отвечал: «Не пойдет сын мой с вами! Брат его умер; он остался один: если случится ему зло на дороге, в которую вы отправляетесь, то вы сведете старость мою с печалью в ад».

Голод усиливался, усиливался, одолел землю (*Быт. 43*). Кончилась в дому Иакова пшеница, привезенная из Египта, и сказал старец сыновьям своим: «Сходите опять в Египет, купите нам сколько-нибудь хлеба». Иуда отвечал ему: «Муж, господин той земли, сказал нам, подтверждая клятвой слова свои, что мы не увидим лица его, если не придет с нами меньший брат наш». Иаков заметил: «Зачем вы сделали это злое дело, зачем сказали мужу, что есть у вас брат?» Они отвечали: «Муж делал нам строгие и подробные допросы. Он выспрашивал: жив ли еще отец ваш? Есть ли еще у вас брат? Мы отвечали на вопросы его. Разве знали мы, что он скажет: приведите брата вашего?» Потом Иуда начал уговаривать отца своего: «Отпусти юношу со мною; мы встанем, пойдем, достанем хлеба на пропитание тебя и себя, чтобы нам не умереть с голоду. Я возьму на мою ответственность Вениамина: от моей руки взыщи его. Если не приведу его назад и не поставлю перед тобой, да будет гнев твой на меня во всю жизнь мою. Если бы мы не промедлили столько, то два раза успели бы побывать в Египте». На это сказал отец: «Когда уж так, то вот как сделайте: возьмите здешние произведения и принесите тому мужу в дар. Возьмите ладан, мед, стираксу и орехи. Возьмите двойные деньги, чтобы можно было возвратить деньги, найденные в мешках ваших: может быть, они попали туда по какому недоразумению. И брата вашего возьмите. Собирайтесь в путь и идите к мужу. Бог мой да преклонит мужа к милосердию, чтобы он отпустил брата вашего и Вениамина. Я вполне сделался бездетным!»

Сыновья Иакова взяли с собой дары и двойные деньги, отправились в Египет. Прибыв туда, предстали Иосифу. Увидел Иосиф Вениамина, брата своего по матери, и возмутилась душа его. Он призвал управляющего своим домом и сказал ему: «Веди этих людей в дом мой и приготовь хороший обед: в полдень они будут обедать со мною». Домоправитель исполнил по приказанию Иосифа, повел братьев в дом его. Они, видя, что их ведут в дом Иосифа, говорили друг другу: «Нас ведут сюда по случаю денег, найденных в наших мешках, чтоб возвести на нас клевету, обвинить нас, взять в рабы, и завладеть ослами нашими». Поэтому, у ворот дома, не входя в них, они приступили к домоправителю и говорили ему: «Умоляем тебя, выслушай нас. Когда мы приходили в первый раз за покупкой хлеба и, взяв насыпанными наши мешки, отправились в обратный путь, на первом стане развязали мешки наши и внезапно увидели деньги свои, каждый в своем мешке; эти деньги мы принесли теперь обратно, весом. А для покупки нового хлеба принесли другие деньги. Кто же отданное нами серебро за первый хлеб вложил в мешки наши, мы не знаем». «Успокойтесь, – отвечал домоправитель, – не опасайтесь ничего. Бог ваш, Бог отцов ваших послал вам богатство в мешки ваши. А деньги, внесенные вами, значатся у меня в приходе, и считаются в числе полученных». Он вывел к ним Симеона. Потом была принесена вода, им умыли ноги, а ослам дали корм. Они выложили дары и, приготовив их, ожидали выхода Иосифова к полудню.

Когда Иосиф возвратился в дом, братья поднесли ему дары и поклонились челом до земли. Он спросил их: «Здоровы ли вы? — потом прибавил, — здравствует ли старец, отец ваш, о котором вы мне сказывали? Неужели он жив еще?» Они отвечали: «Еще жив и здравствует раб твой, отец наш». «Благословен этот человек пред Богом!» – сказал Иосиф. Они низко поклонились ему. Сыскав глазами между ними Вениамина, Иосиф спросил: «Это ли меньший брат ваш, которого вы обещали привести ко мне? – и на утвердительный ответ их промолвил: Бог да помилует тебя, дитя мое!» Смутился Иосиф; сильно забилось его сердце; слезы хлынули из глаз. Поспешно ушел он в свою спальню, там насытился слезными потоками; потом умыл лицо, вышел к братьям и, удерживая себя, сказал: «предложите трапезу». Для него приготовлено было отдельно, а отдельно для сыновей Иакова, и отдельно для египтян, которые в тот день обедали у вельможи. Египтяне, повествует Писание, не могли быть за одним столом с евреями; они, по своему поверью, гнушались всякого пастуха-овцевода. Сыновей Иакова посадили прямо против Иосифа, по годам их. Удивились они, увидев себя рассаженными по старшинству. Им подавали кушанья, каждому отдельно часть его: части накладывал сам Иосиф, и Вениамину накладывал больше, нежели прочим братьям. Поставлено было и вино. Отлегло сердце у сыновей Иакова за трапезой роскошной и приветливой. Не привыкшие стеснять себя, пустынные пастухи поели досыта и выпили обильно. Эта трапеза прообразовала духовную трапезу Христа Спасителя, предлагаемую христианам на Божественной Литургии. Господь благоволил соделаться братом нашим, Он приобрел владычество над миром – таинственным Египтом, – а братьям Своим, которые страждут под бременем греха, «уготовал трапезу и упояющую державную чашу» (*Пс. 22, 5*), пресвятое тело Свое и пресвятую кровь Свою. Христиане, причащаясь этой Божественной пищи, причащаются живота вечного, освобождаются от грехов и, в упоении наслаждением духовным, забывают скорби, гнетущие их при странствовании в Египте – в стране чужой, в стране изгнания: эта страна, исполненная горестей и бедствий, видимых и невидимых – жизнь земная.

Иосиф между тем отдал тайное приказание своим подчиненным (*Быт. 44*): «Наполните мешки этих людей пшеницей, всыпьте больше, лишь бы в силах были увезти. Деньги каждого положите в мешок сверху пшеницы. В мешок меньшего вложите, кроме денег, и серебряную мою чашу». Все было исполнено по приказанию Иосифа. Наступило утро: сыновья Иакова пустились в путь с навьюченными хлебом ослами. Когда они вышли из города, и были еще недалеко, Иосиф говорит домоправителю своему: «Ступай скорее в погоню за этими людьми, настигни их и скажи: что это? Вы за мое добро воздали злом? Зачем вы украли мою серебряную чашу? Не та ли эта чаша, из которой пьет господин мой? Да в ней же он и волхвует». Домоправитель, настигнув их, повторил от слова до слова приказанное Иосифом. Они отвечали: «Напрасно так говорит господин! Нет, рабы твои не сделали этого. Если деньги, найденные нами в мешках наших, мы принесли опять из земли ханаанской, то с чего нам красть из дому господина твоего серебро и золото? У кого найдешь чашу, тот да будет казнен, и мы отдадимся в рабство господину нашему». Домоправитель отвечал: «Пусть будет по слову вашему: у кого найдется чаша, тот да поступит в рабы к господину моему». Они поспешно сняли мешки с ослов, и каждый развязал мешок свой. Домоправитель начал обыскивать со старшего, дошел до младшего; чаша нашлась в мешке Вениамина. В отчаянии они растерзали на себе одежды, положили мешки на ослов и возвратились в город. Иосиф был в доме своем: они пришли к нему и пали перед ним на землю. «Что вы сделали? – сказал он им, – разве вы не знали, что нет на земле гадателя, подобного мне?» Иуда отвечал: «Господин! нам нечего отвечать тебе, нечего говорить, нечем оправдаться! Бог карает тайное согрешение рабов твоих. Отдаем себя в рабы господину нашему. Пусть будем рабами твоими, мы и тот, у кого нашлась чаша». «Зачем мне, – сказал Иосиф, – быть несправедливым? Тот, у кого нашлась чаша, пусть будет рабом моим, а вы идите свободно к отцу». Тогда Иуда, приступив к нему, сказал: «Господин! Умоляю тебя, позволь мне сказать перед тобою несколько слов и не прогневайся на раба твоего: я знаю, что ты второй по фараоне. Господин! Ты спрашивал рабов твоих: имеете ли вы отца или брата? И мы сказали господину: есть у нас престарелый отец и меньшой брат, родившийся когда уже отец был в преклонных летах. Их было два у матери: старший... умер; этот остался один, и отец полюбил его. Ты сказал рабам твоим: приведите его ко мне, хочу видеть его. Мы сказали господину: невозможно юноше оставить отца своего; если он покинет отца – отец умрет. Ты же сказал рабам твоим: если не придет меньший брат ваш, то вы не увидите более лица моего. Когда мы пришли к рабу твоему, отцу нашему, то передали ему слова господина нашего. Отец сказал нам: идите опять, купите хлеба. Мы отвечали: нельзя нам идти! Если меньший брат наш пойдет с нами, то пойдем: потому что без него мы не будем допущены пред лицо мужа. Твой раб, отец же наш, сказал нам: вы знаете, что жена моя родила мне двоих. Один пошел от меня к вам: вы сказали, что он съеден зверем; с тех пор и поныне я не видал его. Если и этого возьмете и случится с ним дорогой какое зло, вы сведете старость мою с печалью в ад. Итак, если я пойду теперь к рабу твоему, отцу нашему, а юноши не будет со мною – ведь душа его привязалась к душе... этого! – и увидит отец мой, что нет с нами юноши, он умрет. И сведут рабы твои старость раба твоего, отца нашего, с печалью в ад. Я, раб твой, взял юношу у отца, сказав ему: если не приведу его к тебе и не поставлю пред тобою, пусть будет гнев твой на мне во все дни жизни моей. Пусть же я буду рабом твоим вместо юноши... да! рабом господину... А юноша пусть идет с братьями своими. Как мне идти к отцу без юноши? Не снести мне той горести, которая поразит отца моего». Иосиф не мог далее удерживать и скрывать себя (*Быт. 45*). Всем присутствующим он приказал выйти; даже из приближенных и домашних не было никого, когда он открыл себя братьям. Все удалились; тогда с плачем и воплем воскликнул Иосиф братьям: «Я – Иосиф!.. неужели еще жив отец мой?» Братья пришли в совершенное недоумение, не могли ничего отвечать ему. Иосиф сказал им: «Приблизьтесь ко мне». Они подошли к нему. «Я – Иосиф, – повторил он им, – я – брат ваш, которого вы продали в Египет. Не скорбите же, что вы продали меня сюда... Чтобы это вас не тревожило, не мучило! Бог, промышляющий о спасении вашем, послал меня сюда. Вот второй год на земле голод, и еще осталось пять лет, в которые напрасно будут пахать землю, в которые жатвы не будет. Бог послал меня перед вами приготовить вам убежище на земле и прокормить наше многочисленное семейство. Не вы продали меня сюда: сюда послал меня Бог, сделал как бы отцом фараону, господином над всем домом его и владыкой всей египетской земли. Поспешите возвратиться к отцу моему и скажите ему: вот что говорит тебе сын твой, Иосиф: «Бог сделал меня господином Египта: приди ко мне, не медли. Ты поселишься в гесемской земле, будешь близ меня, ты и сыновья твои, и сыны сынов твоих, и овцы твои, и волы твои, и все стада твои. Я буду доставлять тебе пропитание, потому что еще в течение пяти лет будет голод на земле. Ваши глаза видят, и глаза Вениамина, брата моего, видят, что я, моими устами говорю вам это. Расскажите отцу моему всю славу и власть, которые даны мне в Египте, которые вы видели собственными вашими глазами. Поспешите, приведите отца моего сюда». Он бросился на шею к Вениамину, и, обняв его, плакал, и Вениамин обнял его и также плакал. Потом со слезами он обнимал всех братьев своих. Тогда открылись уста их, доселе запечатленные страхом и недоумением: они вступили в беседу с Иосифом.

Дошел слух до дома фараонова о прибытии братьев Иосифа; обрадовались фараон и двор его. Фараон сказал Иосифу: «Скажи братьям своим: так поступите, наполните мешки ваши хлебом, идите в землю ханаанскую и, взяв отца вашего, переселитесь ко мне со всем имением вашим. Богатства Египта отворены для вас». Иосиф подарил братьям, каждому, по две перемены платья, а Вениамину пять перемен и триста золотых монет. Отцу своему он послал многие дары на десяти ослах и дал десять мулов с хлебом на дорогу. Одарив так братьев своих, он отпустил их; отпуская, сказал: «На пути не ссорьтесь между собой». Нужно было вольным питомцам пустыни такое наставление: конечно, теперь они дали ему должный вес, помнили и сохранили его.

Возвратились сыновья Иакова в ханаанскую землю, к отцу своему, сказали ему: «Сын твой Иосиф жив: он-то и управляет всей египетской землей». Ужаснулся Иаков, не поверил им. Они уверяли его, пересказывали в точности все слова Иосифа. Когда же старец увидел богатые дары и колесницы, посланные за ним Иосифом, тогда ожил дух его, и сказал Иаков: «Велико для меня, если жив еще Иосиф! пойду, увижусь с ним, прежде нежели умереть мне».

Патриарх поднялся со всеми домочадцами, со всем имуществом; достигнув так называемого Клятвенного Колодца, принес близ него жертву Богу (*Быт. 46*). В ночном видении Бог сказал старцу: «Иаков! Иаков! Я Бог отцов твоих. Не убойся переселиться в Египет: там сотворю тебя в народ многочисленный. Я сойду с тобою в Египет и Я выведу тебя оттуда. Иосиф своими руками закроет глаза твои».

Семейство Иакова, при переселении своем в пределы Египта, состояло, включая сюда и Иосифа с его сыновьями, из семидесяти пяти душ мужеского пола. Достигнув гесемской земли, он послал Иуду известить Иосифа о своем прибытии. Иосиф велел запрячь колесницы и выехал навстречу старцу-отцу в область гесемскую; увидев его, кинулся ему на шею с воплем и рыданием. Иаков сказал Иосифу: «Теперь пусть умру, потому что я увидел лицо твое: еще ты жив!» Когда все семейство прибыло в Египет, Иосиф сказал братьям: «Пойду к фараону, извещу его о вашем приветствии, скажу: братья мои и весь дом отца моего, обитавшие в ханаанской земле, пришли ко мне. Они – скотоводы: такое занятие нашего рода исстари. Они пригнали сюда и стада свои. Если призовет вас фараон, и спросит, какое ваше занятие, отвечайте ему: мы, рабы твои, с детства и поныне занимаемся скотоводством; им занимались и отцы наши. А он скажет вам: поместитесь в Гесеме аравийском». Этот значительный участок плодороднейшей земли, очень удобный для скотоводства, никогда не был населен. Причиной помещения семейства патриархова в отдельной и необитаемой стране, говорит Писание, было известное поверье египтян, признававших нечистыми тех, которые занимались овцеводством. Иосиф доложил фараону, что отец его и братья со стадами своими прибыли из ханаанской земли и остановились в стране Гесем (*Быт. 47*). Из братьев он избрал пять человек и представил их фараону. Фараон спросил братьев Иосифовых: «Чем вы занимаетесь?» Они отвечали: «Мы, рабы твои, занимаемся овцеводством: это занятие было нашим с детства, и занятием отцов и праотцов наших. Ныне мы пришли обитать в земле твоей: в ханаанской стороне крайне усилился голод, и тамошние пастбища недостаточны для стад наших. Позволь рабам твоим поселиться в земле гесемской». Фараон отвечал, обратясь к Иосифу: «Отец твой и братья твои пришли к тебе. Перед тобой вся земля египетская; посели их на лучшем месте. Пусть поселятся в земле Гесем. Если же между ними есть люди способные, то поставь их в старейшины над стадами моими». Ввел Иосиф и Иакова перед фараоном: старец благословил царя египетского. Фараон спросил Иакова о числе лет его. «Мне, – отвечал старец, – сто тридцать лет. Не много лет мне! Жизнь моя преисполнена бедствий: я не проживу столько, сколько прожили отцы мои». И, снова благословив царя, старец вышел от него. Иосиф исполнил все по приказанию фараона относительно помещения отца своего в земле гесемской. Там часто любимый сын навещал старца-отца своего и доставлял ему все нужное для его содержания.

Очень занимательны разные подробности о гражданском устройстве Египта во времена Иосифа, сохраненные для нас книгой Бытия. В этих подробностях виден образец, как первоначально возникали государства, как люди переходили из состояния дикой свободы в состояние подданства; как это подданство было сначала неполным и более подходило к патриархальному подчинению; как потом сделалось подданством безусловным; наконец, тут же видно, что учредителем самодержавного или монархического правления в Египте был мудрый, святой Иосиф. Тогдашний двор фараона, хотя уже и представляет некоторое величие и пышность, но не успел еще уклониться от патриархальной простоты: его высший царедворец лично занимается продажей хлеба; другой царедворец носит корзины с хлебом на голове своей, третий собственными руками выжимает сок из винограда в чашу, подает эту чашу царю не только во дни торжественных пиршеств, но, как видно, ежедневно. Народонаселение в Египте было еще очень незначительно, отчего целая плодородная область Гесем оставалась ненаселенной, а жители городов имели возможность заниматься пашней и скотоводством. Книга Бытия дышит юностью политического мира. Сказание Боговдохновенного писателя этой книги, Моисея, своей естественностью переносит внимательного читателя в отдаленную, священную древность, к этим людям, жившим в чудной простоте, к этой недавно начавшейся жизни, чуждой всех утонченностей. Эта жизнь и эта простота полны силы! Кто погружается часто в созерцание библейских сказаний, тот непременно ощутит в душе своей особенное, странное впечатление. Это впечатление состоит в обонянии какой-то свежести, молодости, как бы от дыхания воздухом прекрасного летнего утра. Душа юнеет от пристальных взоров на юность мира, от беседы с юным миром; ее силы бодреют, укрепляются, как дух старца оживает среди общества детей. Приятно насладиться свежестью юного мира, отдохнуть в ней от впечатлений современного, дряхлого, рассыпающегося.

Сильный голод продолжался; особенно страдали от него Египет и Палестина: в этих странах ни у кого не было хлеба, кроме заготовленного Иосифом. Не осталось ни золота, ни серебра в обеих землях: все деньги перешли в руки Иосифа, а он внес их в казнохранилище фараона, которое, нужно заметить, было в самом доме царя египетского. Египтяне, не имея денег, имели нужду в хлебе: они продали фараону прежде скот свой, потом земли, наконец самих себя. Вот начало безусловного подданства в Египте. Только земли жрецов остались их собственностью: они получали хлеб от фараона безмездно, в подаяние. По скончании голодных лет, когда египтяне укрепили за фараоном и земли свои и самих себя, Иосиф выдал им на посев семена с тем, чтобы они пятую часть урожая представляли ежегодно в дань казне. Эта вновь учрежденная мера относительно к дани и самый переворот относительно к власти, были приняты с удовольствием и благодарностью народом новорождающегося самодержавного государства. «Сохранил ты жизнь нашу, – говорили египтяне Иосифу, – ты благодетель наш; будем рабами фараону». Писатель книги Бытия замечает, что эта дань оставалась неизменной и в его времена, то есть, по истечении почти четырех столетий. Из сочинений несравненно позднейших писателей, Геродота и Диодора, видно, что тот же способ взимания податей продолжался до их времени, видно, что земля в Египте была собственностью царей египетских. Доходы царей египетских с земли, говорит Диодор, были столько удовлетворительны, что всякую другую дань с народа сделали ненужной[9]. В этом распоряжении виден глубокий, светлый ум Иосифа, его необыкновенная способность к управлению, способность, которая обнаружилась в нем с самой юности, и которую так скоро и справедливо приметили и начальник телохранителей и начальник темницы. Он учреждает налог сильный, но чрезвычайно удобный для взноса по свойству страны. Какая дань свойственнее для плодородного Египта, как не дань хлебом? Легко было вносить ее там, где урожай обыкновенный – сам сто: легко было доставлять с полей, лежащих при судоходной реке, каковы все поля Египта, расположенные по берегам Нила, в города с хлебными кладовыми, стоящие при той же реке; легко было вознаграждать недоимки, которые могли случаться в неурожайные годы, уплатой в годы непомерного урожая. Если можно назвать какие урожаи непомерными, то название это преимущественно перед всеми урожаями мира принадлежит урожаям нив египетских. Сбыт хлеба внутри был вполне удобен для фараона из пристаней, лежавших при этой же судоходной реке. Впоследствии, когда основались гавани и у Средиземного моря, на берегах которого обитал весь просвещенный и торгующий мир того времени, Египет стал житницей этого мира и оставался его житницей, доколе Средиземное море оставалось его центром; а оно было центром образованного, действующего мира почти до новейших времен, почти через всю жизнь мира. Установление Иосифа имело необыкновенную основательность при всей простоте своей: потому и было долговечно. Самое время благоговеет перед мудрым государственным постановлением, и через многие столетия хранит его в неприкосновенной, столько благотворной для государств, неизменяемости. Через явное для всех государственное благодеяние, Иосиф усилил и образовал власть фараонов, обеспечил новое государство капиталом и постоянными, обильными доходами.

Семнадцать лет прожил Иаков в земле египетской и, достигнув стасорокасемилетнего возраста, почувствовал приближение кончины. За несколько дней перед смертью, он призывает возлюбленного сына своего, Иосифа и говорит ему: «Сделай надо мною милость и истину: не хорони меня в Египте. Да почию с отцами моими! Вынеси меня из Египта и похорони в гробе их». Движимый верой – не каким-нибудь мелочным, земным пожеланием – вдохновенный старец завещает перенесение тела своего в Палестину и погребение его в пещере хевронской области. Так объясняет его завещание святой Апостол Павел, упоминающий о словах этого завещания, как о внушенных Свыше и заключающих в себе глубокую таинственность. Святой сын обещает свято исполнить волю святого отца (*Евр. 11, 21*). Иаков потребовал, чтобы обещание было скреплено клятвой, и дал клятву Иосиф: тогда Иаков, сидевший на одре своем, поклонился на верх жезла Иосифова. Жезл был в руке вельможи – или по тогдашнему обычаю, или как знак высокого сана.

По прошествии немногих дней известили Иосифа, что отец его пришел в совершенное изнеможение (*Быт. 48*). Он взял с собой двух сыновей своих, Манассию и Ефрема, отправился к умирающему отцу. Дряхлый старец лежал на смертном одре в расслаблении. Ему сказали: «Идет к тебе сын твой Иосиф». Старец собрался с силами, сел на одре. Укрепила ли его любовь к сыну? Или в эту минуту снизошло на него осенение благодати? Умирающий ожил жизнью Божественного вдохновения. Часто в избранниках Божиих к естественному действию человека внезапно присовокупляется сверхъестественное действие Святого Духа. Это могущественное действие выводит человека из его обыкновенного состояния и делает оружием Божиим. Такими были предсмертные минуты Иакова. Когда Иосиф вошел к нему, он сказал сыну: «Мой Бог явился мне в Лузе, в земле ханаанской, благословил меня, и сказал мне: Я умножу тебя, произведу из тебя племена народов и дам тебе, а после тебя, потомству твоему, эту землю в вечное владение. На этом основании два сына твои, родившиеся тебе до пришествия моего в Египет, пусть будут моими. Ефрем и Манассия будут моими, как мои – Рувим и Симеон. Сыновья, которые родятся тебе после их, будут твоими и призовутся к наследию под именами этих двух братьев, в их участки. Мать твоя Рахиль скончалась в ханаанской земле, когда я шел из Месопотамии и приближался к Ефрафе. Это то же, что и Вифлеем. Тут, при пути, похоронил я ее». Увидев сыновей Иосифа, он спросил его: «Кто это с тобой?»

Иосиф отвечал: «Это сыновья мои, которых Бог даровал мне здесь». И сказал Иаков: «Подведи их ко мне: я благословлю их». Глаза патриарха померкли от старости: он не видел ясно. Когда Иосиф подвел к нему детей, он обнял их, поцеловал их и сказал Иосифу: «Вот я не надеялся увидеть лицо твое, а Бог показал мне и детей твоих». Иосиф отвел их от колен старца, и они поклонились ему до земли! Потом, взяв Ефрема в правую руку против левой Иакова, а Манассию в левую против правой Иакова, он подвел их снова к старцу, и простер вдохновенный старец руки для благословения, сложив их крестообразно: правую руку положил он на голову Ефрему, а левую на голову Манассии. В первый раз является при благословении крестное знамение, обычное знамение благословения в Новозаветной Церкви! «Бог, – говорил святой патриарх, – Бог, которому благоугодили отцы мои Авраам и Исаак, Бог, покровительствующий и помогающий мне с младенчества моего и доселе, избавляющий меня от всех напастей, да благословит этих детей! Да назовутся они по имени моему и по имени отцов моих Авраама и Исаака; да произойдет от них многочисленное потомство». Когда Иосиф увидел, что старец наложил правую руку на Ефрема, это показалось ему неправильным; он взял отцовскую руку, чтоб переложить ее с головы Ефрема на голову Манассии и сказал: «Отец мой! Ты не так положил руки. Вот первенец: на него возложи правую руку». Старец не захотел этого сделать. «Знаю, – сказал он, – сын мой, знаю: и от этого будет многочисленное потомство, и этот будет велик. Но меньший брат его будет больше: потомство его составит целый народ». Он снова благословил их. «В вас, – сказал он, – да благословится Израиль! Будут говорить: да совершит Бог над тобой то, что Он совершил над Ефремом и Манассией». А Иосифу сказал: «Я умираю. Бог будет с вами и возвратит вас из этой земли в землю отцов ваших. В той земле даю тебе участок лишний перед братьями твоими: его взял я у Аммореев мечом и луком моим». Слово мужей духоносных, замечает один великий наставник аскетов[10], подобно слову престарелого Иакова: они словом своим передают слушателям духовную силу, живущую в них, приобретенную ими в борьбе со грехом, победами над невидимыми Амморреями – помышлениями и ощущениями порочными.

Час кончины святого патриарха приближался. В этот предсмертный час излился на него обильно Святой Дух и как бы вполне овладел им. В те последние минуты земной жизни, в которые душа готова была выйти из обветшавшего тела, низшел Дух Божий, остановил разлучение, излил в отходящую душу, в остающееся тело жизнь благодатную. Умирающий ожил жизнью будущего века. Поспешно потребовал к себе старец всех сыновей своих; поспешно они стеклись к нему, окружили его. Он еще сидел на одре. Когда они собрались, Иаков произнес им вдохновенное, пророческое завещание. Это завещание дышит юношеской силой и поэзией, вечной юностью небожителей и святой поэзией их. Тут – нет человека! Тут язык человека был только орудием. Так и слышен говорящий Бог. Так и слышен Бог, изрекающий волю Свою, с властью распоряжающийся будущими судьбами человеков и их отдаленного потомства! Завещание патриарха – небесная песнь, воспетая Духом во всеуслышание мира. Эта песнь возвещает миру Искупителя, и народам, погруженным в идолослужение, озарение светом христианства. «Соберитесь, – сказал умирающий старец сыновьям своим, сказал как бы уже из области того века, – соберитесь, окружите меня; я возвещу вам будущее. Соберитесь, сыны Иакова, послушайте меня, послушайте Израиля, послушайте отца вашего. Рувим устраняется от прав первенства за угождение чувственности: не получили их Симеон и Левий. Их наклонность к кровопролитию поражена проклятием, потомству их суждено рассеяние по племенам прочих братьев. Над Иудой разверзлось все обилие благословения: ему обещано гражданское могущество, знаменитость, первенство между братьями, в особенности же ему предопределено быть праотцем Спасителя, Который, – возвестил пророчествующий старец, – «ожидание народов». Вдохновенный патриарх изрекал благословение сыновьям, отдельно каждому, исчисляя сыновей по старшинству. Достигнув имени Иосифа, он снова призвал на него и на его потомство благословение неба и земли. Верно и сильно выразилось это благословение в том благоденствии, которым впоследствии пользовалось многочисленное потомство Иосифа.

С окончанием пророческого завещания, речь Иакова изменилась: уже не одушевляет ее восторг, торжественность, небесное величие. Она подобна телу, оставленному душой. Бог, говоривший устами старца, прекратил Свои таинственные вещания: умолк вдохновенный пророк: начинает в изнеможении говорить умирающий старец: «Я обращаюсь, – были последние слова Иакова, – к людям моим; погребите меня в пещере, которая на поле Ефрона хеттеянина. Там похоронены Авраам и Сарра; там похоронены Исаак и Ревекка; там похоронил я Лию». Сказав это, Иаков положил на одр ноги и скончался. «Он присоединился к людям своим», – говорит Писание, к тем святым праведникам, которых земля произвела и воспитала для неба, которых она уже предала в область вечности.

Увидев, что Иаков скончался, Иосиф пал на лицо отца своего, целовал лицо, уста, запечатленные смертью, орошал это лицо обильными слезами (*Быт. 50*). Он повелевал врачам приготовить тело, по обычаю Египта, к погребению. Врачи в течение сорока дней совершали приготовление, предохраняющее тело от гниения. Весь Египет участвовал в печали Иосифовой; семьдесят дней оплакивали египтяне кончину святого старца, родоначальника израильского. По прошествии дней плача, Иосиф испросил себе у фараона позволение исполнить завещание отца и свой клятвенный обет ему, похоронить драгоценное тело праведника в ханаанской земле. Фараон пожелал, чтобы шествие его наперсника в землю ханаанскую было сопровождаемо должным великолепием. Весь двор царя египетского, все вельможи его сопутствовали Иосифу; при них было множество колесниц и всадников. Все сыновья Иакова, все внуки его, способные к путешествию, участвовали в нем. Достигнув места погребения, они почтили священное тело семидневным плачем, «плачем великими», – так называет его Писание. То поле, на котором остановилось это многочисленное собрание, и где оно совершало свой погребальный плач, назвали жители страны «Плачем Египетским».

Исполнив обет, Иосиф возвратился в Египет. Еще продолжало беспокоить братьев совершенное ими над ним злодеяние. Они подозревали вельможу-брата в памятозлобии, а эта чистая, святая душа была способна только к благости! Полагая, что Иосиф не хотел зрелищем мщения возмутить спокойствие престарелого отца, что он отлагал мщение до удобного времени, они пришли к нему и сказали: «Отец перед кончиной заповедал: скажите Иосифу: прости им согрешение их, прости им неправду их; они совершили над тобою преступление, но ты прости им вину их ради Бога отцов твоих». Когда они говорили это, Иосиф плакал. Они пали перед ним и сказали: «Вот, мы отдаемся тебе в рабы!» Великодушный Иосиф, Иосиф, достойный благословений земли и неба, достойный благословения всего племени христианского, благословения всех, читающих сказание его назидательных деяний, отвечал братьям: «Не бойтесь! Я – Божий. Вы сговорились сделать мне зло, а Бог совещал о мне благое. И исполнилось Его определение! Множеству людей доставлено пропитание, сохранена жизнь. Не бойтесь: я буду покровителем вашим и семейств ваших». Живая вера в Бога и зрение чистым душевным оком Промысла Божия возносят человека превыше всех бедствий, превыше страшного душевного бедствия: памятозлобия и мести.

Книга Бытия умалчивает о дальнейших обстоятельствах жизни Иосифовой: вероятно – жизнь его протекла в тишине и нерушимом благополучии. Писание говорит только, что Иосиф остаток дней своих провел в Египте, видел внуков Ефремовых, видел сынов Махира, старшего сына Манассиина и скончался ста десяти лет. Отходя в вечность, он завещал своим: «Я умираю. Бог посетит вас и выведет из этой земли в землю, которую Он обещал даровать вам. Тогда, при переселении вашем, возьмите кости мои отсюда с собой в землю обетованную». Сделав это завещание, он почил; тело его, предохраненное от гниения, было положено в ящик, приготовлено к заповеданному перенесению. И три столетия ожидало тело Иосифа перенесения, о котором завещание было дано и принято с такой верой.

Пусть умру и буду погребен в Египте, стране моего пришельничества. Но завещаю детям моим я – бездетный – завещаю племени моему, чтобы они переселились в землю обетованную и перенесли туда с собою мое тело. Детьми и племенем называю помышления, рождающиеся в уме моем, чувствования, рождающиеся в сердце моем. Дети мои! Племя мое! Оставьте землю Гесем, ее тучные пастбища, лишь удобные для скотоводства. Переселитесь из Египта, из этого дольнего мира, где господствует плоть и грех, переселитесь на Небо! Тело мое да снидет на время в землю, из которой оно взято. Когда же, возбужденное трубой воскресения, оно восстанет от сна смертного, вы – помышления и чувствования мои – окрыленные Духом, вознесите воскресшее тело на небо! Небо обетованно Богом всему человеку: не только душе его, но и телу! Так! Придет время – посетит Бог человека, соберет тело его, рассыпавшееся в прах, смешавшееся с землей, оживит это тело. И если помышления и чувствования человека достойны неба, помазаны, запечатлены Духом, то и тело его изменится, прославится, окрылится, вместе с душою возлетит на небо.

# ПОСЛАНИЕ К БРАТИИ СЕРГИЕВОЙ ПУСТЫНИ ИЗ НИКОЛО-БАБАЕВСКОГО МОНАСТЫРЯ

Возлюбленнейшие Отцы и Братия!

Благодарю вас за памятование ваше о мне грешном, за любовь Вашу ко мне. Благословение Божие да почиет над Вами и над всеми, переплывающими житейское море с целью спасения, с целью достижения Божественной пристани. Кто же зрит единственно к выгодам, преимуществам, наслаждениям преходящего мира, к тому нет у меня слова.

Во время путешествия моего из Сергиевой пустыни, чрез Москву, в Бабаевский монастырь, я посетил многие иноческие обители и видел на опыте то, что святые Отцы описывают в своих Боговдохновенных книгах. Видел, что во всяком месте: и в пустыни уединенной, и среди шумящего многолюдства — те из христиан, которые вникают в Слово Божие и стараются осуществлять его жизнью, наполняют мешцы́ свои — ум и сердце — напутствием к блаженной вечности. Напротив того, те, которые небрегут о упражнении в Слове Божием, о исполнении святых Божиих заповедей, пребывают в горестном омрачении греховном, в плену у греха, в совершенном бесплодии, несмотря на то, что живут в глубокой пустыне. Пустынножитие, не соединенное с духовными занятиями, вскармливает, тучнит, усиливает греховные страсти[11]. Так наставляют нас святые Отцы; так есть на самом деле. Слово Божие – живот вечный: питающийся им «жив будет во веки» (*Ин. 6, 51*). Где бы ни питался человек Словом Божиим, в пустыни ли, или посреди многолюдства, везде Слово Божие сохраняет свое святое свойство: свойство живота вечного. А потому никакое место не препятствует этому животу вечному сообщать причащающимся ему жизнь духовную, единую истинную жизнь. Пребывая с вами, всегда напоминал я вам, увещевал вас заниматься Словом Божиим: оно может даровать нашей шумной обители достоинство обители уединенной: оно может построить духовную ограду вокруг обители нашей, не имеющей вещественной ограды. Эта духовная ограда будет крепче и выше всякой ограды, воздвигнутой из кирпичей и камней; никакой порок не проникнет в обитель нашу, никакая добродетель не утратится из нее. Находясь в отсутствии, не нахожу ничего лучшего, как повторить вам письменно то, что говорил устами. Братия! Не проводите жизни вашей в пустых занятиях; не промотайте жизни земной, краткой, данной нам для приобретений вечных. Она пробежит, промчится и не возвратится; потеря ее – невознаградима; проводящие ее в суетах и играниях, лишают сами себя блаженной вечности, уготованной нам Богом. Употребите ее на изучение воли Божией, благой и совершенной, изложенной в Священном и святом Писаниях. «Таяжде бо писати вам, – сказал святой Апостол, – мне убо неленостно, вам же твердо» (*Флп. 3, 1*).

Когда милосердый Господь, даровав мне некоторое поправление телесного здоровья моего, возвратит в ваше благословенное общество и сподобит узреть лица ваши, как лица святых Ангелов: и тогда мое слово к вам будет то же самое, какое оно было прежде. И прежде увещевал я вас, чтобы вы, претерпевая в Богоданном нам убежище, искали мира душевного в Слове Божием, не увлекаясь суетными помыслами и мечтами, которые обещают дать мир и отнимают его. «Безумного часть – мала перед очами его»[12], – сказал великий Исаак. Напротив того, в душе, принимающей с благодарением дары Божии, возрастает ценность этих даров. Так говорю о нашем пристанище, Сергиевой пустыни. Благодарение Богу за эту пристань может сделать пристань тихой, приятнейшей; смущенные взгляды ропота и недовольства передают свою мутность, свою мрачность и тому, за что, по всей справедливости, следовало бы благодарить, прославлять Бога.

Древо, пересаждаемое с места на место, растрачивает свои силы, хотя бы по природе оно было и сильно, лишается возможности приносить плоды. «В терпении нашем» повелел нам «стяжевать души наши» Божественный Учитель наш (*Лк. 21, 19*). Он возвестил, что творящие плод, «творят его в терпении» (*Лк. 8, 15*). Он возвестил: «претерпевый до конца, той спасен будет» (*Мф. 24, 13*); «кто же поколеблется», – возвестил наконец Он же, – «о том не благоволить душа Моя» (*Евр. 10, 38*).

Погружаюсь в созерцание нивы Христовой. Сколько на ней посеяно семян, сколько выросло колосьев! Как они прекрасно зеленеют, шумят утешительно и наслаждительно, волнуемые ветром. Приходит для этих колосьев время зрелости, время жатвы; они оставляют поле, на котором родились и выросли, сбираются на гумно, сушатся, обмолачиваются, вывеваются. Точно такова наша жизнь. Сколько нужно различных переворотов, чтоб человек увидел всю суетность мира, всю его ничтожность, достиг, наконец, как гумна, недра святой обители. Тяжеловесное, плодоносное зерно, как бы ни перевевали его, всегда падает на гумно, а плевелы и зерна бессильные, пустые, легкие, уносятся с гумна ветром; сперва показываются они облаком, чем-то значащим; потом редеют, редеют, теряются из виду, пропадают. Скорби, встречающиеся в обществе, не могут быть извинением малодушия. Быт и место бесскорбные на земле – несбыточная мечта, которой ищут умы и сердца, чуждые Божественного просвещения, обольщенные бесами. Нам заповедано искать мира душевного во взаимном ношении немощей. Не переменами места, рождающимися единственно от осуждения ближних, исполняется закон Христов. Нет!

«Друг друга тяготы носите и тако исполните закон Христов» (*Гал. 6, 2*). Убегает от исполнения закона Христова безумно ищущий места бесскорбного. Место и жизнь бесскорбные – на небе: оттуда «отбеже всякая печаль и воздыхание» (*Ис. 35:10*). Земля – место воздыханий, и блаженны воздыхающие на ней: они утешатся на небе. Место и жизнь бесскорбные – когда сердце обрящет смирение, и смирением войдет в терпение.

Всему этому, всему, что ни есть благое и спасительное научает нас Слово Божие. И потому Сам Господь повелевает, все Пророки и Апостолы, все святые Отцы увещевают, заповедуют, умоляют пребывать постоянно в Слове Божием, которое источник всех благ, которое – жизнь, которое – свет на земле, в этой юдоли плача, глада, тьмы, смерти. «И свет во тме светится, и тма его не объят» (*Ин. 1, 5*). Водимый лучом этого света, выходит странник земной на пажить спасительную, духовную, отсюда предначинает жизнь вечную. Примите, братия, слова мои, которые – не что иное, как отголосок учения всех Святых. Так пустынный дикий вертеп – жилище гадов и всякой нечистоты – повторяет эхом своим вдохновенные звуки Божественных песнопений.

Испрашивающий Ваших святых молитв и поручающий себя Вашим святым молитвам Архимандрит Игнатий 1847 года. Николаевский Бабаевский монастырь

# СЛОВО О СТРАХЕ БОЖИЕМ И О ЛЮБВИ БОЖИЕЙ

Служение человека Богу, законоположенное Богом, ясно и просто. Но мы сделались так сложны и лукавы, так чужды духовного разума, что нуждаемся в тщательнейшем руководстве и наставлении для правильного и благоугодного служения Богу. Весьма часто мы приступаем к служению Богу при посредстве такого способа, который противен установлению Божию, воспрещен Богом, который приносит душам нашим не пользу, а вред. Так, некоторые, прочитав в Священном Писании, что любовь есть возвышеннейшая из добродетелей (*1Кор. 13,13*) что она — Бог (*1Ин. 4, 8*), начинают и усиливаются тотчас развивать в сердце своем чувство любви, им растворять молитвы свои, богомыслие, все действия свои.

Бог отвращается от этой жертвы нечистой. Он требует от человека любви, но любви истинной, духовной, святой, а не мечтательной, плотской, оскверненной гордостью и сладострастием. Бога невозможно иначе любить, как сердцем очищенным и освященным Божественной Благодатью. И Любовь к Богу есть дар Божий: она изливается в души истинных рабов Божиих действием Святого Духа (*Рим. 5, 5*). Напротив того, та любовь, которая принадлежит к числу наших естественных свойств, находится в греховном повреждении, объемлющем весь род человеческий, все существо каждого человека, все свойства каждого человека. Тщетно будем стремиться к служению Богу, к соединению с Богом этой любовью!

Он свят, и почивает в одних святых. Он независим: бесплодны усилия человека приять в себя Бога, когда нет еще благоволения Божия обитать в человеке, хотя человек – богозданный храм, сотворенный с той целью, чтобы обитал в нем Бог (*1Кор. 3, 16*). Этот храм находится в горестном запустении: прежде освящения он нуждается в обновлении.

Преждевременное стремление к развитию в себе чувства любви к Богу уже есть самообольщение. Оно немедленно устраняет от правильного служения Богу, немедленно вводит в разнообразное заблуждение, оканчивается повреждением и гибелью души. Мы будем доказывать это Священным Писанием и писаниями святых Отцов; будем говорить, что шествие ко Христу начинается и совершается под водительством страха Божия; наконец, покажем, что любовь Божия есть тот блаженный покой в Боге, в который входят совершившие невидимый путь к Богу.

Ветхий Завет – в нем истина изображена тенями, и события с внешним человеком служат образом того, что в Новом Завете совершается во внутреннем человеке – повествует о страшной казни, которой подверглись Надав и Авиуд, два сына Аароновы, жрецы народа израильского. «Каждый из них, – сказано в книге Левит, – взял свою кадильницу, вложил в нее фимиам, принес пред Господа огнь чуждый, которого Господь не повелел приносить». Только освященный огнь, хранившийся в Скинии Свидения, мог быть употребляем при священнослужении Израильтян. «И изшел огнь от Господа, и попалил их, и они умерли пред Господом» (*Лев. 10, 1–2*). Чуждый огнь в кадильнице жреца израильского изображает любовь падшего естества, отчуждившегося от Бога во всех своих свойствах. Казнью жреца дерзостного изображается умерщвление души, безрассудно и преступно приносящей в жертву Богу вожделение нечистое. Поражается такая душа смертью, погибает в самообольщении своем, в пламени страстей своих. Напротив того, священный огнь, который один употреблялся в священнодействиях, означает собой благодатную любовь. Огнь для Богослужения взимается не из падшего естества – из Скинии Божией. «Огнь, снисшедши в сердце, – говорит святой *Иоанн Лествичник*, – восстановляет молитву. Когда же она восстанет и вознесется на небо: тогда совершается сошествие огня в горницу души»[13]. «Се, вси вы», говорит Пророк, – которые «ходите», то есть, руководствуетесь в жизни вашей «светом огня вашего, и пламенем» падшего естества, «его же разжегосте», вместо того, чтобы угасить его – все вы погибнете в огне и пламени адском. Неправильным и преступным действием в себе самих «вы огнь разжизаете и укрепляете» для себя «пламень» геенны (*Ис. 50, 11*)[14].

Тому же научает и Новый Завет притчей о вшедшем на брак в одеянии небрачном, хотя вшедший и был из числа званных. Сказал царь слугам, указывая на недостойного: «Связавше ему руце и нозе, возмите его и вверзите во тму кромешнюю» (*Мф. 22, 13*). Связанием рук и ног означается отъятие всякой возможности к преуспеянию духовному. Точно: приходит в это состояние принявший ложное направление, устремившийся прямо из состояния греховности, и еще в этом состоянии, к любви, которая совершает соединение человека с Богом, но человека, уже предочищенного покаянием. Ввержением во тьму кромешную означается ниспадение ума и сердца в заблуждение и самообольщение. При заблуждении и самообольщении каждая мысль, каждое чувство, вполне мрачны, вполне враждебны Богу. Слуги, власти которых предается несчастный, – демоны: хотя они и заражены безумной ненавистью к Богу, но вместе пребывают его слугами по Его неограниченным всемогуществу и премудрости; они овладевают только теми человеками, которые за произвольное их поведение, предаются власти демонов. Предается этой власти вступивший в направление, воспрещенное Богом, как увлеченный самомнением, как произвольно отвергший повиновение Богу.

Превознесена и прославлена святая любовь в Священном Писании. Апостол Павел, исчислив в первом послании к Коринфянам дары Святого Духа, упомянув о дарах чудотворения, пророчества, рассуждения духов, знания разных языков, сказал: «Ревнуйте же дарований больших: и еще по превосхождению путь вам показую» (*1Кор. 12, 31*). Что же может быть выше пророка, чудотворца, говорящего на иностранных языках по дару Святого Духа, а не по обычному изучению человеческому? – «Аще языки человеческими и ангельскими глаголю, – отвечает великий Павел, – любве же не имам, бых яко медь звенящи, или кимвал звяцаяй. И аще имам пророчество, и вем тайны вся и весь разум, и аще имам всю веру, яко и горы преставляти, любве же не имам, ничто же есмь. И аще раздам вся имения моя, и аще предам тело мое, во еже сжещи е, любве же не имам, никая польза ми есть. Любы николиже отпадает, аще же пророчествия упразднятся, аще ли язы́цы умолкнут, аще разум испразднится. От части бо разумеваем, и от части пророчествуем: егда же приидет совершенное, тогда, еже от части, упразднится» (*1Кор. 13, 1–3, 8–10*). Что – это совершенное? «Любовь есть соуз» (совокупность) «совершенства» (*Кол. 3, 14*). Должно достигнуть совершенства во всех добродетелях, чтобы вступить в совершенство всех совершенств, в слияние их, в любовь. «Всяк любяй от Бога рожден есть и знает Бога» (*1Ин. 4, 7*). «Бог любы есть, и пребываяй в любви в Бозе пребывает, и Бог в нем пребывает» (*1Ин. 4, 16*). «О сем разумеем, яко в Нем пребываем, и Той в нас, яко от Духа Своего дал есть нам» (*1Ин. 4, 13*). Единый истинный признак достижения любви, данный нам самим святым Духом, есть явное присутствие в нас Святого Духа. Тот, кто не соделался храмом Святого Духа, да не льстит себе, да не обманывает себя: он не может быть обителью любви, он чужд ее. Изливается в сердца наши любовь вместе с Духом Святым. Она – Его свойство. В кого нисходит Святой Дух, в том является Его свойство – любовь (*Рим. 5, 5*). «Кто стяжет любовь, тот, вместе с этим облекается в Самого Бога», – сказал святой *Исаак Сирин*[15].

Может быть на это возразят: «Мы христиане; мы обновлены святым крещением, которым исцеляются все недуги падшего естества, восстанавливаются образ и подобие Божии в первоначальном изяществе их, насаждается в человека Святой Дух, уничтожается повреждение свойств, а потому и любви». Так! Но благодатное состояние обновления и пакибытия, доставляемое святым крещением, нуждается в поддержании жительством по евангельским заповедям. «Аще заповеди Моя соблюдете, – сказал Господь, – пребудете в любви Моей. Будете во мне и Аз в вас. Яко же розга не может плода сотворити о себе, аще не будет на лозе: тако и вы, аще во Мне не пребудете. Аще кто во Мне не пребудет, извержется вон, яко же розга, и изсышет, и собирают ю и во огнь влагают, и сгарает» (*Ин. 15, 10, 4, 6*). Не поддерживающий приобретений, дарованных святым крещением, жизнью по заповедям, утрачивает приобретенное. «Неизреченная и страшная слава, – говорит святой *Иоанн Златоуст*, – доставляемая крещением, пребывает в нас один или два дня; потом мы ее погашаем, наводя на нее бурю житейских попечений и закрывая лучи густыми облаками»[16]. Ожив в пакибытие крещением, мы снова умерщвляем себя жизнью по плоти, жизнью для греха, для земных наслаждений и приобретений. Святой апостол Павел сказал: «Должни есмы не плоти, еже по плоти жити. Сущии же во плоти Богу угодити не могут. Мудрование бо плотское смерть есть» (*Рим. 8, 12, 8, 6*). Благодать крещения остается без действия, как светлое солнце, закрытое тучами, как драгоценный талант, закопанный в землю. Грех начинает действовать в нас со всей силой или и еще сильнее нежели до принятия крещения, сообразно тому, в какой степени мы предаемся греховности. Но данное нам сокровище духовное не отнимается от нас окончательно до самой смерти, и мы можем раскрыть его снова во всей силе и славе покаянием[17]. Раскаяние в греховной жизни, печаль о грехах произвольных и невольных, борьба с греховными навыками, усилие победить их и печаль о насильном побеждении ими, принуждение себя к исполнению всех евангельских заповедей – вот наша доля. Нам предлежит испросить прощение у Бога, примириться с Ним, верностью к Нему загладить неверность, дружество со грехом заменить ненавистью ко греху. Примирившимся свойственна святая любовь. Не столько мы ищем ее, сколько Бог ищет, чтобы мы сделались способными принять ее, и приняли ее. Обличив в заблуждении того, кто был удовлетворен собой по своим самомнению и слепоте, призвав его к ревностному покаянию, Господь произнес следующее утешение и обетование: «Се стою при дверех, и толку: аще кто услышит глас Мой, и отверзет двери, вниду к нему, и вечеряю с ним, и той со Мною. Побеждающему дам сести со Мною на престоле Моем, яко же и Аз победих и седох со Отцем Моим на престоле Его» (*Апок. 3, 20–21*). Это говорит всесвятая Любовь. Ощущение любви, которое приписывает себе грешник, не перестающий утопать в грехах, которое приписывает он себе неестественно и гордо, есть не что иное, как одна обманчивая, принужденная игра чувств, безотчетливое создание мечтательности и самомнения. «Всяк согрешаяй не виде Его, ни позна Его» (*1Ин. 3, 6*) – Бога, Который есть «Любовь».

Обратимся к гражданам пустынь, вертепов, пропастей земных, к тем из человеков, «ихже не бе достоин весь мир» (*Евр. 11:38*), к преподобным инокам, которые занимались высочайшей из наук, наукой, принесенной Господом с неба. Эта наука – познание Бога и, при посредстве истинного, опытного Богопознания, познание человека. Безуспешно трудились и трудятся над приобретением этого познания мудрецы мира сего при свете собственного разума, омраченного падением. Здесь нужен свет Христов! Единственно при сиянии этого света человек может увидеть Бога, увидеть себя. Озаряемые Христовым светом, преподобные пустынножители трудились на селе сердца своего, обрели на нем драгоценный бисер – любовь к Богу. В Боговдохновенных писаниях своих они предостерегают нас от тех бедствий, которые обыкновенно последуют за преждевременным исканием любви. С особенной ясностью рассуждает об этом предмете святой Исаак Сирин. Из сочинений его мы выписываем несколько свидетельств и душеполезнейших наставлений.

«Премудрый Господь, – говорит великий Наставник монашествующих, – благоволит, чтобы мы снедали в поте лица хлеб духовный. Установил Он это не от злобы, но чтобы не произошло несварения, и мы не умерли. Каждая добродетель есть матерь следующей за нею. Если оставишь матерь, рождающую добродетели, и устремишься к взысканию дщерей, прежде стяжания матери их, то добродетели эти соделываются ехиднами для души. Если не отвергнешь их от себя – скоро умрешь[18]. Духовный разум естественно последует за деланием добродетелей. Тому и другому предшествуют страх и любовь. Опять страх предшествует любви. Всякий, бесстыдно утверждающий, что можно приобрести последующее, не упражняясь предварительно в предшествующем, без сомнения положил первое основание погибели для души своей. Господом установлен такой путь, что последнее рождается от первого»[19].

В 55-м Слове, которое служит ответом на послание преподобного Симеона Чудотворца, святой Исаак говорит: «Ты написал в послании твоем, что душа твоя возлюбила возлюбить Бога, но что ты не достиг того, чтобы любить, хотя и имеешь великое желание любить. К этому присовокупляешь, что отшельничество в пустыне вожделенно тебе, что чистота сердца началась в тебе, и что память Божия очень воспламеняется в сердце твоем, разжигает его. Если это истинно, то оно велико. Но мне не хотелось бы, чтоб оно было написано тобой: потому что тут нет никакого порядка. Если же ты поведал для вопроса, то порядок вопроса – иной. Говорящий, что душа его не имеет еще дерзновения в молитве, потому что не победила страстей, как смеет сказать, что душа его возлюбила возлюбить Бога? Нет способа возбудиться в душе божественной любви, вслед которой ты таинственно шествуешь в отшельничестве, если душа не победила страстей. Ты же сказал, что душа твоя не победила страстей, а возлюбила возлюбить Бога: в этом нет порядка. Говорящий, что страстей не победил, а возлюбить Бога любит, – не знаю, что и говорит. – Возразишь: я не сказал «люблю», но «люблю возлюбить». И это не имеет места, если душа не достигла чистоты. Если же хочешь сказать обыкновенное слово, то не ты один говоришь, но и каждый говорит, что желает любить Бога; говорят это не только христиане, но и неправо поклоняющиеся Богу. Это слово говорится обыкновенно каждым. Но при таких словах движется только язык, между тем, как душа не ощущает того, что говорится. Многие больные не знают даже того, что они больны. *Злоба* есть болезнь души, и *прелесть* – утрата истины. Весьма многие, зараженные этими недугами, провозглашают свое здравие, и многими бывают похваляемы. Если душа не уврачуется от злобы и не стяжет естественного здравия, в котором она создана, если не возродится в здравие Духом, то человеку невозможно пожелать чего-либо вышеестественного, свойственного Духу, потому что душа, доколе находится в недуге по причине страстей, дотоле не способна ощущать ощущением своим духовное, и не умеет желать его, но желает только от слышания и чтения Писаний».

«Деяние креста – сугубо, сообразно составу естества, разделяемому на две части. Одно состоит в претерпении скорбей телом, совершается действием душевной силы ревности и называется собственно деяние. Другое же приобретается тонким деланием ума, непрестанным помышлением о Боге и пребыванием в молитве, что совершается силой желания, и называется видение. Первое, то есть, деяние, очищает страстную часть души силой ревности, второе же очищает мысленную часть души действием душевной любви или вожделением душевным. Каждый, прежде совершенного обучения в первой части, переходящий ко второй, увлекаясь ее сладостью, чтобы не сказать от лености, подвергается гневу за то, что, не умертвив прежде «уды» свои, «яже на земли» (*Кол. 3, 5*), то есть, не уврачевав немощи помыслов терпеливым пребыванием в делании крестного поношения, дерзнул возмечтать в уме своем славу креста. Сие-то значит сказанное древними Святыми: «Если ум захочет взойти на крест, прежде нежели исцелятся чувства от немощи, то постигает его гнев Божий. Восхождение на крест тогда навлекает гнев, когда совершается не первой частью терпения скорбей или распятием плоти, но стремлением к видению, второй частью, имеющей место по исцелении души. Такового ум осквернен постыдными страстями и устремляется к мечтам и помыслам самомнения. Ему заграждается путь запрещением: потому что он не очистил сперва скорбями ум, не покорил плотских похотений, но от слуха и буквы устремился прямо вперед, в путь, исполненный мрака, будучи сам слеп. И те, у которых зрение здраво, которые исполнены света и стяжали наставников, исполненных благодати, и те бедствуют и днем и ночью; очи их исполнены слез; в молитве и плаче они трудятся день и ночь по причине опасностей путешествия, по причине стремнин, более страшных, встречающихся им, по причине образов истины, оказывающихся перемешанными с обманчивыми призраками ее. Божие, говорят Отцы, приходит само собой, когда ты не ожидаешь его. Так! Но если место чисто, а не осквернено»[20].

Желающий приступить к Богу для служения Ему, должен предаться руководству страха Божия.

Чувство священного страха, чувство глубочайшего благоговения к Богу, указывается нам с одной стороны необъятным величием Существа Божия, с другой – нашей крайней ограниченностью, нашей немощью, нашим состоянием греховности, падения. Страх предписывается нам и Священным Писанием, которое начало заменять для нас голос совести и естественного закона, когда они омрачились, стали издавать неясные, по большей части лживые звуки, которое вполне заменило их, когда явилось, Евангелие. «Работайте Господеви со страхом, и радуйтеся Ему с трепетом» (*Пс. 2:11*), научает нас Святой Дух; покорным Его велению Он говорит: «Приидите, чада, послушайте Мене, страху Господню научу вас» (*Пс. 33, 12*); возвещает обетование даровать *страх* Божий тем, которые истинно вознамерятся усвоиться Богу: «Страх Мой дам в сердце их, ко еже не отступити им от Мене» (*Иер. 32, 40*). Начало великой науки – деятельного Богопознания – страх Божий. Эта наука называется в Священном Писании премудростью. «Начало премудрости страх Господень, разум же благ всем творящим и, хвала его пребывает в век века» (*Пс. 110:10; Притч. 1, 7*). «Венец мудрости страх Господень, возцветаяй мир и здравие исцеления. Страх Господень слава и похвала, и веселие и венец радости. Страх Господень дар от Господа и на стезях люпления поставляет» (*Сир. 1:18, 11, 13*). Страхом Господним научаемся уклоняться от грехов: «Страх Господень источник жизни, творит же уклонятися от сети смертные. Страх Господень ненавидит неправды, досаждения же и гордыни, и пути лукавых. В стразе Господни буди весь день» (*Притч. 14:27, 8:13, 23:17*). Страхом Господним наставляемся на путь заповедей Божиих: «Блажен муж бояйся Господа, в заповедех Его восхощет зело: сильно на земли будет семя Его» (*Пс. 111, 1, 2*). «Блажени вси боящиися Господа, ходящии в путех Его» (*Пс. 127, 1*). «Ополчится Ангел Господень окрест всех боящихся Его, и избавит их. Бойтеся Господа, вси святии Его, яко несть лишения боящимся Его» (*Пс. 33, 8, 10*).

Напрасно же исполненные самомнения и самообольщения мечтатели гнушаются страхом Божиим, как принадлежностью презренных рабов, когда к страху призывает нас Бог, возвещает, что Сам Он будет нашим учителем страха, что подаст нам духовный дар страха Божия. Не низко для человека, ничтожной твари, падшей, отверженной, погибшей, усвоившей себе вражду к Богу, перейти из состояния вражды и погибели к состоянию рабства и спасения. Уже это рабство – великое приобретение! Уже это рабство – великая свобода! Страх законополагается нам, как средство существенно нужное, необходимое для нас. Страх очищает человека, предуготовляет для любви: мы бываем рабами для того, чтобы законно соделаться чадами. По мере очищения покаянием, начинаем ощущать присутствие Божие; от ощущения присутствия Божия является святое ощущение страха. Опыт открывает высоту чувствования. Высоко и вожделенно ощущение страха Божия! При действии его часто ум притупляет свои очи, перестает произносить слова, плодить мысли: благоговейным молчанием, превысшим слова, выражает сознание своего ничтожества и невыразимую молитву, рождающуюся из этого сознания. Превосходно описывает такое состояние святой Исаак Сирин: «Смиренномудрый, когда приблизится к молитве или сподобится ее, то не осмеливается и помолиться Богу, или попросить чего. Он не знает, о чем бы помолиться; он молчит всеми помышлениями своими, ожидая только милости и той воли, которая изречется о нем от того Величия, Которому он поклоняется. Лицо его преклонено на землю, а внутреннее видение сердца вознесено к превознесенным вратам во Святая Святых. Там Тот, Которого селение – мрак, притупляющий очи Серафимов, Чья доброта побуждает легионы к ликостоянию их, возлагая молчание на все чины их. Дерзновение его простирается только до следующих слов, только об этом он осмеливается помолиться: «Господи, по воле Твоей да будет со мною»[21]. Страх Божий есть дар Божий. Как дар, он испрашивается молитвой. Желал сподобиться этого дара святой пророк Давид и потому умолял Бога: «Постави рабу Твоему слово Твое в страх, пригвозди страху Твоему плоти моя» (*Пс. 118, 38, 120*), то есть, мои плотские пожелания. Страх Господень есть один из семи даров Святого Духа, которые святой пророк Исаия исчисляет так: «Дух премудрости и разума, Дух видения и благочестия, Дух совета и крепости, Дух страха Божия» (*Ис. 11, 2*).

Господь наш Иисус Христос, принесший пришествием Своим на землю мир от Бога и благоволение Божие человекам, соделавшийся Отцом будущего века и Родоначальником святого племени спасающихся, призывающий чад Своих в любовь и соединение с Собою, предлагает, однако во врачевание поврежденной природы нашей, между прочими средствами, страх. Предающемуся порывам гнева и ненависти Он угрожает геенной огненной; попирающему совесть угрожает темницей; увлекающемуся нечистыми вожделениями угрожает вечной мукой (*Мф. 5:22, 25, 26, 29*). Непрощающему от искренности сердца ближним согрешения их, возвещает, что и его грехи не будут прощены (*Мф. 6:15*). Сребролюбцу и сластолюбцу напоминает смерть, могущую восхитить их в то время, как они не ожидают ее (*Лк. 12, 16–20*). Возвышен подвиг мученичества: и внушается он, и питается любовью. Но Спаситель мира, в наставлении, которое Он преподал мученикам, поощряет их к мужеству, воспомоществует в подвиге страхом. «Не убойтеся, – говорит Он, – от убивающих тело, души же не могущих убити: убойтеся же паче Могущаго и душу и тело погубити в геенне» (*Мф. 10, 28*). «Ей, глаголю вам, Того убойтеся» (*Лк. 12, 5*). Всем вообще последователям Своим Господь заповедал спасительный страх Божий, выражающийся в постоянных трезвении и бдительности над собой. «Да будут чресла ваша препоясана, – сказал Он, – и светильницы горящии: и вы подобни человеком, чающим Господа своего, когда возвратится от брака, да пришедшу и толкнувшу, абие отверзут Ему. Блажени раби тии, ихже пришед Господь обрящет бдящих» (*Лк. 12:35–37*). «Всем глаголю: бдите» (*Мк. 13:37*).

Величественно изображено в Евангелии от Матфея второе, славное пришествие Господа, нелицеприятный и страшный суд Его над племенами и народами. Эта необыкновенная картина, представленная с необыкновенной простотой и ясностью, невольно оживляется перед взорами ума, поражает сердце страхом. Созерцая эту картину, можно изобразить состояние, в которое она приводит душу, словами Иова: «Ужас мя срете и трепет, и зело кости моя стрясе: устрашишася же власи мои и плоти» (*Иов. 4, 14–15*). При наступлении суда для изгнанников с неба, страна изгнания и клятвы – земля – запылает, а небо свиется, как свивается одежда (*2Пет. 3, 10. Апок.*

*6, 14*). Мертвецы всех времен и народов, возбужденные животворящей трубой – Словом Божиим – восстанут из гробов и составят из себя необозримое и неисчислимое собрание (*1Сол. 4, 16. Ин. 5, 28*). Полки и воинства святых Ангелов придут на страшное зрелище, на великое служение. И ангелы отверженные предстанут на суд. Сын Божий воссядет на престоле славы, славы страшной по необъятному величию ее. Все разумные создания потрясутся от страха, увидев Создателя своего, вызвавшего их в бытие из ничтожества единым всемогущим Словом. Они будут предстоять перед Тем Словом, для Которого нет невозможного исполнения. Они будут предстоять перед Той Жизнью, при Которой, вне Ее, не может быть иной жизни. Справедливо сказали Отцы, что в это грозное время вся тварь, если бы она не была удержана всемогуществом Божиим, и предоставлена самой себе, обратилась бы в ничтожество[22]. Праведники, увидев лицом к лицу Правду совершенную, сочтут свою правду не имеющей никакого значения, а грешники оправданием, чуждым евангельского разума, осудят себя. Решится участь всех на вечность. Прежде наступления этого суда Божественный Апостол сознается, что он не может оправдаться, хотя и не знает за собой никакого греха: потому что Судия его – Бог (*1Кор. 4, 4*). Все святые, во время земного странствования своего, часто приходят воспоминанием и размышлением благочестивым на страшный суд Христов, – благовременным, спасительным страхом ограждают себя от страха, который возбудится в погибших отчаянием; благовременным осуждением себя они стараются благовременно снискать оправдание, плачем отвратить плач. Братия! Нужно, необходимо нам, немощным и грешным, частое воспоминание второго пришествия и страшного суда Христова: такое воспоминание есть благонадежнейшее приуготовление. Страшен тот Суд, который ожидает всех человеков после общего воскресения, страшен и тот суд, который ожидает каждого человека после его смерти. Последствия того и другого суда или вожделенны или бедственны. Если земные суды, на которых дело идет об одном тленном и временном, возбуждают нашу заботливость: тем более должен озабочивать нас суд Божий. С какой другой целью Господь возвестил нам о нем так ясно, как не с целью возбудить в нас душеспасительный страх, могущий предохранить нас от греховной, беспечной жизни, в которой – условие нашей погибели? Преподобный Илия, Египетский инок, безмолвствовавший в Фиваидской пустыне, говаривал: «Меня устрашают три времени: время исшествия души из тела, время суда Божия, и время изречения, какое последует о мне от Бога»[23].

Нужно ли предупреждать, что учение всех святых Отцов Православной Церкви о страхе Божием согласно с учением Священного Писания, когда учение Священного Писания служит источником для учения Отцов, когда обоих этих учений источник один – Святой Дух? «Страх Божий есть начало добродетели, – говорит святой Исаак Сирин. – Утверждают, что он – порождение веры, и насевается в сердце, когда ум устранится от попечений мира сего для собрания скитающихся помышлений своих из рассеянности в непрестанное изучение будущего возустроения... Умудрись положить в основание путешествия твоего страх Божий, и в немногие дни окажешься при вратах Царствия, не понуждавшись в продолжительном пути»[24]. Между наставлениями Преподобного *Пимена Великого* читаем следующие: «Мы нуждаемся в смиренномудрии и страхе Божием столько же, сколько в дыхании. Три главных делания инока: бояться Бога, молиться Богу и делать добро ближнему. Когда пчелы будут прогнаны дымом из улья, тогда взимается сладостный труд их: так и плотское наслаждение изгоняет страх Божий из души, и губит все благое дело ее. Начало и конец духовного пути – страх Господень. Писание говорит: «Начало премудрости страх Господень» (*Пс. 110, 10*). И опять, когда Авраам устроил алтарь, Господь сказал ему: «Ныне познах, яко боишися ты Бога» (*Быт. 22, 12*). На вопрос брата, кто говорит: «причастник аз есмь всем боящимся Тебе» (*Пс. 118, 63*), – Великий отвечал:

«Дух Святой говорит это о Себе». Также он передавал изречение святого *Антония Великого* о преподобном Памве, что при посредстве страха Божия Памва соделал себя обителью Святого Духа[25]. «Начало нашего спасения, – говорит преподобный Кассиан Римлянин, – есть страх Господень. Им доставляется и начало обращения, и очищение от страстей, и хранение добродетелей в тех, которые наставляются на путь совершенства. Он, когда проникнет в сердце человеческое, рождает в нем презрение ко всему вещественному, забвение родственников и ненависть к самому миру»[26]. В этом же Слове, объясняя заповедание Господа: «Иже не приимет креста своего, и вслед Мене грядет, несть Мене достоин» (*Мф. 10, 38*), преподобный Кассиан рассуждает так: «Крест наш есть страх Господень. Как распятый уже не может обращать или двигать членов по желанию души своей, так и мы должны направлять воли и желания наши не сообразно тому, что нам приятно и увеселяет нас в настоящее время, но сообразно Закону Господа, к чему он повелевает. Как пригвожденный к древу крестному уже не любуется настоящим, не помышляет о своих пристрастиях: он не развлекается заботами и попечениями о завтрашнем дне; в нем не действует никакое пожелание к приобретению имущества; он не воспламеняется никакой гордостью, никакой сварливостью; не скорбит о настоящих бесчестиях, о прошедших уже не помнит; хотя он еще дышит в теле, но считает себя по всем отношениям уже умершим, устремляя сердечные взоры туда, куда он не сомневается переселиться: так и нам должно быть распятыми страхом Господним ко всему этому, то есть, нам должно быть мертвыми не только к плотским страстям, но и к самым началам их, иметь очи души устремленными туда, куда переселения ежеминутно должны надеяться. Таким образом мы можем стяжать умерщвление всех наших похотений и плотских пристрастий»[27]. Легко можно усмотреть, что описываемое здесь преподобным Кассианом распятие на кресте страха Божия есть называемое Исааком Сириным деяние, состоящее, по выражению

Апостола, в распятии плоти «со страстьми и похотьми» (*Гал. 5, 24*), составляющее первую половину духовного пути, ведущего христианина к предназначенному ему совершенству.

Священное Писание, научающее нас, что «страх Господень чист, пребываяй в век века» (*Пс. 18, 10*), говорит также, «что страха несть в любви, но совершенна любы вон изгоняет страх, яко страх муку имать: бояйся же не совершися в любви» (*1Ин. 4, 18*). Это представляющееся при поверхностном взгляде разногласие святые Отцы объясняют так: «Два – *страха*: один вводительный, другой – совершенный; один свойствен начинающим, так сказать, благочествовать, другой составляет принадлежность совершенных Святых, достигших в меру любви. Например: кто исполняет волю Божию из-за страха мук, тот, как мы сказали, еще новоначальный: он еще не делает добра для самого добра, но по страху наказания. Другой же исполняет волю Божию из-за самой любви к Богу, любя собственно волю Божию, исполняет ее, чтобы благоугодить Богу. Таковой знает, что – существенное добро! Таковой познал, что значит быть с Богом! Таковой имеет истинную любовь, которую Святой называет совершенной. Эта любовь приводит его в совершенный страх: потому что таковой страшится и соблюдает верность воле Божией не из-за страха казней, не для того, чтобы избегнуть (вечной) муки, но потому что, как мы сказали, вкусив самой сладости пребывания с Богом, боится отпасть, боится лишиться ее. Этим страхом совершенным, действующим по причине любви, изгоняется вводительный страх. «Поэтому и сказано: «Совершенная любы вон изгоняет страх». Однако невозможно достигнуть совершенного страха иначе, как только страхом вводительным»[28]. Самое величие Божие наводит святой, благоговейный страх на те разумные создания Божии, которые, по причине чистоты и святости своей, удостоились ближайшего предстояния Богу. «Бог прославляем в совете святых, велий и страшен есть над всеми окрестными Его» (*Пс. 88:8*).

Неужели же нам, потому что мы грешники, вовсе не любить Бога? Нет! Будем любить Его, но так, как Он заповедал любить Себя; будем всеусильно стремиться к достижению святой любви, но тем путем, который указан нам Самим Богом. Не будем предаваться увлечениям обманчивым и льстивым самомнения! Не будем возбуждать в сердце пламени сладострастия и тщеславия, столько мерзостных перед Богом, столько пагубных для нас! Бог повелевает любить Себя следующим образом: «Будите в любви Моей, — говорит Он. — Аще заповеди Моя соблюдете, пребудете в любви Моей: яко же Аз заповеди Отца Моего соблюдох, и пребываю в Его любви» (*Ин. 15, 9–10*). Сам Сын Божий, вочеловечившись, показал образ этого жительства и подвига, «смирил Себе и послушлив быв даже до смерти, смерти же крестныя» (*Флп. 2, 8*). Отвергнем гордость, приписывающую нам достоинства; облобызаем смирение, открывающее нам наши падение и греховность. Любовь ко Христу докажем послушанием Христу; любовь к Отцу Богу докажем послушанием Сыну Богу, Который «от Себя не глаголах» к нам, но возвестил нам то, что заповедал возвестить Отец, Которого «заповедь есть живот вечный» (*Ин. 12, 49, 50*). «Имеяй заповеди Моя, — сказал Господь, — и соблюдаяй их, той есть любяй Мя. Аще кто любит Мя, слово Мое соблюдет. Не любяй Мя, словес Моих не соблюдает» (*Ин. 14, 21, 23–24*). Исполнение заповедей Спасителя — единственный признак любви к Богу, принимаемый Спасителем. «По этой причине все благоугодившие Богу, благоугодили не иначе, как оставив свою правду, поврежденную грехопадением, и устремясь к исканию правды Божией, изложенной в учении и заповеданиях Евангелия. В правде Божией они обрели любовь, сокровенную от падшего естества. И Господь, заповедав многое о любви, повелел прежде искать правды Божией, зная, что она — мать любви»[29]. Если желаем стяжать любовь к Богу, возлюбим евангельские заповеди: продадим наши похотения и пристрастия, купим ценой отречения от себя село — сердце наше, которое без этой купли не может принадлежать нам; возделаем его заповедями и найдем сокровенное на нем небесное сокровище – любовь (*Мф. 13, 44*).

Что же ожидает нас на этом селе? – Нас ожидают труды и болезни, нас ожидает супостат, который не легко уступит нам победу над собой, нас ожидает, для противодействия нам, живущий в нас грех. Живет он в уме, живет в сердце, живет в теле. Нужен усиленный подвиг, чтобы склонить гордый и слепой ум в послушание заповедям Христовым. Когда ум подчинится Христу – наступает новый подвиг: соглашение испорченного, упорного сердца с учением Христовым, покорение сердца Христову учению, которому оно враждебно. Наконец, если ум и сердце придут в состояние повиновения Христу, должно быть привлечено в него и брение, предназначенное для неба, тело. Каждый шаг в невидимой борьбе нашей ознаменован подвигом, ознаменован страданием, окроплен потом усиленного насилия над собой. То побеждаем, то побеждаемся; то является надежда на расторжение плена, то снова видим, что цепи наши крепки, нисколько не ослаблены теми средствами, которыми мы думали ослабить их. Нас низлагают и немощь естественная, и немощь произволения, и омрачение разума, произведенное прежней греховной жизнью, и расстройство сердца, стяжавшего порочные навыки, и влечения тела, вкусившего наслаждений скотоподобных, заразившегося вожделением их; нас наветуют падшие духи, желая удержать в порабощении. Вот тот тесный и прискорбный путь, устланный тернием, по которому ведет грешника к примирению с Богом молитвенный плач перед Богом, споспешествуемый делами покаяния, делами смирения, исполнением евангельских заповедей, внушаемый страхом Божиим.

Союз страха Божия с Божественной любовью превосходно изображен Духоносными Отцами Исааком Сириным и *Симеоном Новым Богословом*. Благолепными словами их украшаем наше убогое Слово. «Покаяние, – говорит святой Исаак, – дано человекам благодатью на благодать. Покаяние есть второе возрождение нас от Бога.

Мы ожидаем, что при посредстве покаяния нам будет даровано то, чего залог прияли верою. Покаяние есть дверь милости, отверстая усиленно ищущим его. Этой дверью входим в Божию милость; кроме этого входа не обретем милости: «вси бо, – по слову Божественного Писания, – согрешиша, оправдаеми туне благодатию Его» (*Рим. 3, 23–24*). Покаяние есть вторая благодать, и рождается в сердце от веры и страха. Страх есть отеческий жезл, управляющий нами, доколе не достигнем духовного рая благ; когда достигнем туда, он оставляет нас, и возвращается. Рай есть любовь Божия, в которой – наслаждение всех блаженств, где блаженный Павел напитался пищей превышеестественной. Вкусив там от древа жизни, он воззвал: «Ихже око не виде, и ухо не слыша, и на сердце человеку не взыдоша, яже уготова Бог любящим Его» (*1Кор. 2, 9*). Вкушение от этого древа возбранено было Адаму по кову (ко́вы (устар.) – коварные умыслы, козни.), устроенному диаволом. Древо жизни есть любовь Божия, от которой отпал Адам, и уже не встречала его радость, но работал он и трудился на земле терний. Лишившиеся любви Божией, если и правильно шествуют, но едят хлеб пота в делах своих, который повелено есть первозданному по отпадении его. Доколе не обретем любви, дотоле делание наше на земле терний; сеем и жнем посреди терний. Хотя бы сеятва наша была сеятвою правды, однако ежечасно бываем уязвляемы тернием, и, сколько бы ни трудились для правды, живем в поте лица нашего. Когда же обретем любовь, тогда питаемся небесным хлебом, укрепляемся без дел и труда. Христос есть «хлеб, сшедый с небесе, и даяй живот миру» (*Ин. 6, 51, 33*). Это – пища Ангелов. Обретший любовь, Христа вкушает на каждый день и час. «Кто снесть от хлеба сего, – говорит Он, – егоже Аз дам, жив будет во веки» (*Ин. 6, 51*). Блажен ядущий хлеб любви, который есть Иисус. А что имеющий пищей любовь, имеет пищей Христа, над всеми Бога, о том свидетельствует Иоанн, который говорит: «Бог Любы есть» (*1Ин. 4, 8*). Затем, живущий в любви наслаждается жизнью, источающейся из Бога, и, находясь в сем мире, уже здесь дышит воздухом воскресения. Этим воздухом наслаждаются праведные по воскресении. Любовь есть то Царство, таинственное вкушение которого Господь обещал Апостолам. Сказанное: «да ясте и пиете на трапезе Моей во Царствии Моем» (*Лк. 22, 30*), что означает, как не любовь? Достаточно этой любви, чтобы напитать человека, вместо пищи и пития. Она – «вино», веселящее «сердце человека» (*Пс. 103, 15*). Блажен, пивший это вино. Пили его невоздержные – и сделались благоговейными; пили грешные – и забыли пути преткновений своих; пили пьяницы – и сделались постниками; пили богатые – и пожелали нищеты; пили убогие – и обогатились надеждой; пили недужные – и сделались сильными; пили невежды – и упремудрились. – Как невозможно переплыть великое море без корабля: так никто не может достигнуть любви без страха. Смрадное море, находящееся между нами и мысленным раем, можем переплыть в корабле покаяния, имеющем гребцами – *страх*. Если эти гребцы – *страх* – не управляют кораблем покаяния, на котором переплываем море мира к Богу, то утопаем в смрадном море. Покаяние – корабль; *страх* – кормчий его; *любовь* – Божественная пристань. Страх вводит нас в корабль покаяния и перевозит через житейское смердящее море, направляя к Божественной пристани, к любви, к которой стремятся «вси труждающиеся и обремененнии» (*Мф. 11, 28*) покаянием. Если мы достигли любви, то достигли Бога; путь наш совершился: мы пристали к острову того мира, где Отец и Сын и Святый Дух».

Заглавие второго Слова в книге святого Симеона, написанной стихами, заключает в себе содержание всего нашего Слова, и потому помещаем во-первых это заглавие: «От *страха* рождается *любовь*; *любовию* же искореняется *страх* из души, и пребывает в Душе одна *любовь*, будучи Дух *Божественный и Святый*». Слово свое Святой начинает так: «Как воспою, как прославлю, как достойно восхвалю Бога моего, призревшего многие грехи мои? Как воззрю к небу? Как отверзу очи? Как отверзу уста, Отец? Как буду двигать устами? Как простру руки к высоте небесной? Какие придумаю слова? Какие принесу глаголы?

Как осмелюсь начать беседу? Как буду просить отпущения безмерных моих согрешений, прегрешений многих? Поистине соделал я дела, никак не заслуживающие прощения. Ты ведаешь, Спаситель, что говорю я! Я превзошел всякое естество, я соделал дела нижеестественные; я оказался худшим бессловесных, худшим всех животных морских, всех скотов земных, поистине худшим из гадов и зверей, преступив Твои заповеди больше естества бессловесных, осквернив тело мое и душу обесчестив. Как явлюсь Тебе? Как увижу Тебя? Как осмелюсь стать, окаянный, перед лицом Твоим? как не побегу от славы Твоей, от света, которым блистает Святой Дух Твой? Как не пойду во тьму один, соделавший дела тьмы? И буду отлучен от множества Святых! как стерплю глас Твой, отсылающий меня во тьму? Отсюда нося осуждение дел моих, весь ужасаюсь, весь трепещу. Одержимый страхом и ужасом, вопию Тебе: Спаситель мой! Знаю, что никто иной не согрешил перед Тобой, как я, ниже соделал деяния, которые соделал я, окаянный. Причиной был я погибели и других. Но и то опять знаю, в том удостоверился я, Боже мой, что ни великость согрешений, ни множество грехов, ни нечистота деяний, никогда не превзойдут Твоей человеколюбивой и великой, превысшей великой, превысшей слова и превысшей ума милости, которую Ты обильно изливаешь на согрешающих и кающихся с теплотой. Ты очищаешь их и просвещаешь, и соделываешь причастниками света, соделывая независтно общниками Божества Твоего. Ты часто беседуешь с ними, как с истинными друзьями Твоими, о чудном для Ангелов и для человеческих мыслей. О благость безмерная! О любовь неизъяснимая! Потому-то и припадаю, и вопию к Тебе! Как принял Ты блудного и блудницу пришедших, так прими меня, Щедрый, кающегося от души. Вменив, Христе мой, слез моих капли в источники, источающиеся непрестанно, омой ими душу мою. Омой ими и осквернение тела, произведенное страстями; омой от всякого лукавства и сердце: оно корень и источник всякого греха. Лукавство есть сеяние сеятеля лукавого. Где оно находится, там и прозябает и восходит на высоту, и произращает многие ветви лукавства и злобы. Его корни из глубин исторгни, Христе мой и очисти нивы моих души и сердца. Щедрый! Насади в них *страх* Твой. Сподоби ему вкорениться и возрасти удовлетворительно, чтоб высоко возрос он, хранением заповедей Твоих умножаясь, ежечасно, умножением же умножая точащиеся течения слез. Напаяваясь ими более и более, он возрастает и возвышается. Вместе со страхом, соразмерно ему, возрастает смирение. Смирению уступают все страсти, а с ними отгоняется и полк бесов. Все добродетели усматриваются последующими за ним, окружающими его, как царицу, как владычицу хранительницы, другини и рабыни. Когда же они соберутся и соединятся одни с другими, тогда процветает посреди них, как древо при источниках вод, *страх*, Тобою насажденный, и мало-помалу испускает странный цвет. Сказал я странный, потому что всякое естество рождает по роду, и семя всех дерев находится в каждом по роду; *страх* же Твой производит и цвет, странный естеству, и плод, подобно странный и чуждый себе. *Страх* этот естественно исполнен сетования, и стяжавших его заставляет непрестанно сетовать, как рабов достойных многих казней, как ожидающих ежечасно посечения смертью, видящих серп смертный, часа смертного не знающих, не имеющих надежды, ни извещения в совершенном прощении, но трепещущих предела, ужасающихся конца, по неизвестности изречения, которое последует на суде, о Боже мой. Цвет, производимый *страхом*, неизъясним по виду, еще более неизъясним по образу. Он зрится процветающим, но немедленно скрывается, что неестественно и не в порядке, что превыше естества, превосходит всякое естество. Однако цвет является прекрасным, превысшим всякого слова, восхищает к видению своему весь ум мой, не допуская помнить ничего того, о чем страх доставляет познание, но производит во мне тогда забвение всего этого, и улетает скоро. Древо *страха* опять остается без цвета. И скорблю, и воздыхаю, и усиленно вопию к Тебе! И опять вижу на ветвях древа цвет! О Христе мой! Имея взор устремленным к одному цвету, не вижу тогда древа этого. Но цвет чаще проявляется и, привлекая всего меня к себе вожделением, оканчивается в плоде *любви*. Опять этот плод не терпит пребывать на древе страха. Напротив – когда он созреет, тогда зрится один, без древа. *Страх* в *любви* отнюдь не обретается, так как, в противоположность этому, *душа не приносит плода без страха*. Поистине чудо, превысшее слова, превысшее всякого помышления! Древо с трудом процветает и приносит плод, плод же, напротив, искореняет все древо, и пребывает плод, пребывает один. Как плод без древа? Никак не могу объяснить. Однако он пребывает, однако он есть, *любовь* эта без *страха*, родившего ее. Эта любовь есть поистине величайшее веселье, исполняет стяжавшего ее радости и душевного наслаждения, изгоняет вне мира по ощущению, чего страх никак не может сделать. Он, находясь внутри видимых и внутри чувственных, как может стяжавшего страх поставлять вдали от всего и всего совокуплять с невидимыми посредством ощущения (духовного)? Поистине никак не может. Цвет и плод эти, порождаемые страхом, находятся вне этого мира. Они и ныне восхищают душу, и возносят, и поставляют вне этого мира? Как, скажи мне, эта любовь поставляет вне мира? Хотел я определенно узнать это. Это необъяснимо: *Любовь* – Божественный Дух».

Каким образом происходит самая перемена в сердце? Каким образом совершает оно непостижимый переход от страха к любви? Представим ответ из святой опытности святых Божиих. Наш современник и соотечественник, украшение и слава позднейшего монашества, *Георгий, затворник Задонского* монастыря, муж, достигнувший христианского совершенства так говорит о себе в беседе назидательной доверенности к ближнему: «Хочу сказать несколько слов о сущности любви. Это – самый тончайший огонь, превосходящий всякий ум и легчайший всякого ума. Действия этого огня быстры и чудны, они священны и изливаются на душу от Святого, Вездесущего Духа. Этот огонь лишь коснется сердца, всякое помышление и чувство беспокойные мгновенно перелагаются в тишину, в смирение, в радость, в сладость, превосходящую все. О многом относительно себя я был откровенен перед вами: намереваюсь и еще быть откровенным. Я провел здесь, в моем уединении, кажется уже шесть лет, когда Господу угодно было привести мое сердце в совершенное сокрушение. Тогда думал, что уже пропал и что гнев Божий пожжет мою законопреступную душу, унывающую и нерадеющую... Я впал в великое изнеможение и едва дышал, но непрестанно повторял в сердце: Господи Иисусе Христе Сыне Божий, помилуй мя грешного. Вдруг, в одно мгновение, вся немощь отпала, и огонь чистой любви коснулся моего сердца: я весь исполнился силы, чувств, приятности и радости неизъяснимой; я до такой степени был восхищен, что уже желал, чтобы меня мучили, терзали, ругались надо мною; желал этого, чтобы удержать в себе сладкий огонь любви ко всем. Он столько силен и сладок, что нет ни горести, ни оскорбления, которого бы он не претворил в сладость. Чем более подкладывают дров в огонь, тем огонь сильнее: так действуют на нас скорби и горести, наносимые человеками. Чем более нападений, тем более сердце разгорается святой любовью. И какая свобода, какой свет! Нет слов к изъяснению: радовался бы, если бы кто лишил меня очей моих, чтобы не видеть суетного света; рад был бы, если бы кто взял меня, как преступника, и заклал в стену, чтобы мне не слышать голоса, не видеть тени человеческой...»[30] «Любовь, – говорит святой Исаак Сирин, – не знает стыдливости, а потому не умеет доставлять членам своим вида благочиния. Любви свойственно по естеству отвержение стыдливости и забвение мер своих. Блажен, нашедший тебя – пристань бесконечной радости!»[31]

Божие приходит само по себе в то время, когда мы не ожидаем его и не надеемся получить его. Но чтобы последовало к нам благоволение Божие, нужно предочищение себя покаянием. В покаянии совмещаются все заповеди Божии. Покаянием вводится христианин сперва в страх Божий, потом в Божественную любовь.

Да возлежит на персях Иисусовых Иоанн, девственник и Богослов, ученик, «егоже любляше Иисус» (*Ин. 21, 20*). Да присоединятся к нему прочие Святые Божии, наперсники святой любви! Здесь не наше место. Наше место в сонме прокаженных, расслабленных, слепых, глухих, немых, беснующихся. Мы принадлежим к числу их по состоянию душ наших, и в числе их приступим к Спасителю нашему. С ними поставляет нас Мать наша, святая Церковь, влагая в уста чад своих умилительные, проникнутые чувством сознания своей греховности, молитвы акафиста Сладчайшему Иисусу. Дает нам духовная Мать наша верное положение, чтобы тем вернее было для нас получение милости. Господь усыновил нас Себе святым крещением; но мы нарушили священный союз с Ним нарушением Его святых заповедей союзом прелюбодейным с мерзостным грехом. «Князи Содомстии, людие Гоморстии» (*Ис.1, 10*), – так Господь называет народ, по впадении его в беззакония, тот народ, о котором Он возвестил прежде: «Бысть часть Господня людие его Иаков, уже наследия Его Израиль» (*Втор. 32, 9*).

Блудный сын, прожив в стране чужой имение отца, подвергшись несказанным бедствиям, когда начал размышлять о возвращении к отцу, то при этом размышлении наставляемый самым бедственным положением своим и великим богатством отца, предначертал себе самый благоразумный образ действия. «Восстав», – говорил он, обдумывая намерение, – «иду ко отцу моему, и реку ему: отче! согреших на небо и пред тобою: и уже несмь достоин нарещися сын твой: сотвори мя яко единого от наемник твоих» (*Лк. 15, 18–19*). Смирение, образовавшееся в мыслях, сын осуществил на самом деле, «и еще ему далече сущу, узре его отец его, и мил ему бысть» (*Лк. 15, 20*). Так и мы, потеряв в суетных и греховных занятиях данную нам Отцом Небесным красоту усыновления, когда решимся обратиться к Нему, то должны приступать к престолу славы и величества Его с глубоким смирением, с благоговейным страхом. Первым действием нашим должны быть сознание и исповедание согрешений наших, оставление греховной жизни, вступление в жизнь по евангельским заповедям. Душой молитв наших и прочих благочестивых подвигов должно быть чувство покаяния. От полноты убеждения мы должны считать себя недостойными любви, недостойными имени сынов и дщерей Божиих. «Сотвори мя», – говорит кающийся блудный сын, – «яко единого от наемник твоих», трудящихся на ниве покаяния, под надзором грозного приставника – страха. Не будем искать того, приобретение чего зависит не от нас, для чего мы еще не созрели. Доколе, подобно упоминаемому в Евангелии сотнику, находимся «под властию»; доколе нами преобладают грех и падшие духи, будем свидетельствовать и исповедовать с благоразумным сотником: «Господи, несмь достоин, да под кров мой внидеши, но токмо рцы слово, и исцелеет отрок мой» (*Мф. 8, 8*). Ты пречист и пресвят, почиваешь в одних чистых и святых; но я, оскверненный, «несмь достоин, да внидеши под кров мой».

«Думаю, – говорит святой Исаак, – как сын не сомневается о отце своем и не просит у него, говоря: научи меня художеству, или дай мне то и то, так и монах не должен рассуждать и просить у Бога – дай мне то и то. Он знает, что Бог промышляет о нас больше, нежели сколько печется отец о сыне. Следовательно, нам должно привести себя в смирение, восплакать о причинах невольных согрешений наших, соделанных нами или в помыслах или в делах, и из сердца сокрушенного сказать словами мытаря: «Боже, милостив буди мне грешнику»... (*Лк. 18, 13*). Как больной сын царя не говорит отцу своему: «Сделай меня царем», – но прилагает попечение о недуге своем, и по выздоровлении царство отца само собой делается его царством: так и кающийся грешник, приемля здравие души своей, входит со Отцом в страну естества чистого и царствует во славе Отца своего[32]. Аминь.

1844 года. Сергиева пустынь.

# СУДЬБЫ БОЖИИ

Нет слепого случая! Бог управляет миром, и все, совершающееся на небе и в поднебесной, совершается по суду премудрого и всемогущего Бога, непостижимого в премудрости и всемогуществе Своем, непостижимого в управлении Своем.

Бог управляет миром: разумные твари Его да покоряются Ему, и слуги Его да созерцают благоговейно, да славословят в удивлении и недоумении превышающее разум их, величественное управление Его!

Бог управляет миром. Слепотствующие грешники не видят этого управления. Они сочинили чуждый разума случай: отсутствие правильности во взгляде своем, тупости своего взгляда, взгляда омраченного, взгляда извращенного они не сознают; они приписывают управлению Божию отсутствие правильности и смысла; они хулят управление Божие, и действие премудрое признают и называют действием безумным.

«Господь Бог наш: по всей земли судьбы Его», – (*Пс. 104, 7*) проповедует царственный Пророк. «Судьбы Господни истинны, оправданы вкупе» (*Пс. 18, 10*). В них нет ничего несправедливого! В них нет ничего неразумного! Оправдываются они последствиями своими, своими духовными плодами; оправдываются они совершенством всесовершенного Источника своего.

«Похвали, Иерусалиме, Господа! хвали Бога твоего, Сионе! яко укрепи вереи врат твоих, благослови сыны твоя в тебе» (*Пс. 147, 1, 2*). Способна восхвалить Бога похвалой богоугодной одна православная Церковь; одни истинные сыны ее, верные недру ее – ее догматическому и нравственному преданию – способны наследовать благословение. «Бог, возвещаяй слово Свое Иакову, оправдания и судьбы Своя Израилеви» (*Пс. 147, 8. Быт. 32, 28*)[33], открывает учение спасения всем членам православной Церкви; но таинство евангельской правды и таинство судеб Своих открывает, насколько оно может быть постигнуто, одним избранникам, сподобившимся увидеть чистым умом Бога в промысле и управлении Его. «Не сотвори» Бог «тако всякому языку, и судьбы Своя не яви им» (*Пс. 147, 9*).

Видение судеб Божиих – видение духовное. Возводится Божественной благодатью, в свое время, к этому видению ум христианина, подвизающегося правильно[34]. Духовному видению ума сочувствует сердце духовным, святым ощущением, которым оно напаявается, как бы напитком сладостным и благовонным, изливающим в него и питание, и мужество, и веселье. Вглядываюсь в судьбы Твои, Господь мой: «судьбы Твоя – бездна многа» (*Пс. 35, 7*). Глубину их не возможет исследовать ни ум человеческий, ни ум ангельский, подобно тому, как чувственное око наше не может усмотреть сводов неба, скрывающихся за прозрачной, беспредельной синевой его.

Правильное и точное исполнение воли Божией не возможно без познавания судеб Божиих. Что – заповеди Божии? Это – воля Божия, объявленная Богом человекам для руководства в действиях, зависящих от произвола их. Что – судьбы Божии? Это – действия или попущения воли Божией, на которые произвол человека не имеет никакого влияния. Очевидно, что, для всецелого исполнения воли Божией человеком, необходимо человеку встать в правильное отношение и к заповедям Божиим, и к судьбам Божиим. «Сохраних пути Господни, – говорит истинный служитель Божий, – яко вся судьбы Его предо мною, и оправдания Его не отступиша от Мене» (*Пс. 17, 22–23*). «Судьбам Твоим, Господь мой, научи мя» (*Пс. 118, 108*). «Исповемся Тебе в правости сердца, внегда научитимися судьбам правды Твоея» (*Пс. 118, 7*).

«Раздражи Господа грешный» – произвольный служитель демонов – «несть Бога пред ним, оскверняются путие его на всяко время, отъемлются судьбы Твоя», Господь наш, «от лица его» (*Пс. 9, 25–26*). Пренебрежение заповедями Божиими по необходимости присоединяется к отвержению управления Божия миром и промысла Божия о мире: пренебрежение заповедями Божиими вытекает из этого отвержения, как естественное последствие. Правителем вселенной, начальной причиной всего, совершающегося в обществе человеческом и с каждым человеком в частности, произвольный, намеренный грешник признает или человеческий разум или слепой, бессмысленный случай. Становится этот грешник, по самому образу мыслей, по настроению души, в отношение, враждебное Господу, враждебное святому Евангелию Его; попирает бесстрашно этот грешник все заповеди Божии, удовлетворяет бесстрашно всем порочным пожеланиям своим.

Для кого нет Бога в промысле Божием, для того нет Бога и в заповедях Божиих. Кто увидел Бога в управлении Его миром, кто возблагоговел перед этим управлением, кто возблагоговел *перед судьбами Божиими*, тот только может «пригвоздить плоти своя к страху Божию» (*Пс. 118:120*): распять волю и мудрование греховные и веществолюбивые на кресте евангельских заповедей. Чтобы увидеть Бога в промысле Его, нужна чистота ума, сердца и тела. Для стяжания чистоты, нужна жизнь по заповедям Евангелия. Из видения судеб Божиих рождается в сугубом обилии матерь этого видения – жизнь благочестивая.

Управляет Бог вселенной; управляет Он и жизнью каждого человека во всей подробности ее. Такое управление, входящее в самые мелочные, ничтожнейшие, по-видимому, условия существования тварей, соответствует бесконечному совершенству свойств Божиих. Закон такого управления прочитывается в природе, прочитывается в общественной и частной жизни человеков, прочитывается в Священном Писании. «Не две ли птицы, – сказал

Спаситель, – ценятся единым ассарием, и ни едина от них падет на землю без Отца вашего». «Вам же», присные и верные служители Божии, «и власи главнии вси изочтены суть» (*Мф. 10, 29–30*). Верю всесвятым словам! Не могу не верить им: они изображают с точностью совершенство Бога моего. «От лица Твоего», Господь мой, «судьба моя изыдет» (*Пс. 16, 2*)! Весь принадлежу Тебе! Жизнь моя и смерть находятся ежечасно в руках Твоих! Во всех делах моих, во всех обстоятельствах моих Ты участвуешь: вспомоществуешь мне в благоугождении Тебе; долготерпишь мне при действиях моих своевольных, греховных, безумных. Постоянно направляет меня на путь Твой десница Твоя! Без содействия этой десницы, давно-давно заблудился бы я безвыходно, погиб бы безвозвратно. Ты, единый способный судить человека, судишь меня, и решаешь участь мою навеки по праведному суду Твоему, по неизреченной милости Твоей. Я – Твой и прежде бытия моего, и в бытии моем, и за пределом земного бытия или странствования моего!

Судьбы Божии – все, совершающееся во вселенной. Все совершающееся совершается вследствие суда и определения Божиих. Тайно от Бога и в независимости от Него не совершается и не может совершиться ничто. Одно совершается по воле Божией; другое совершается по попущению Божию; все совершающееся совершается по суду и определению Божиим. По этой причине судьбы Божии часто называются в Писании судом Божиим. Суд Божий всегда праведен; «праведен еси, Господи, – говорит Пророк, – и прави суды Твои» (*Пс. 118, 137*).

Действием воли Божией сотворены миры видимый и невидимый; сотворен и искуплен человек, совершены и совершаются все события, общественные и частные, из которых светит, как солнце с неба, Божия благость, Божие всемогущество, Божия премудрость. По попущению Божию, по произволу тварей, явилось зло со всеми последствиями его: по попущению Божию, по собственному произволению, пали ангелы, пал человек, не приняли Бога и отступили от Бога человеки, искупленные вочеловечившимся Богом; по попущению Божию, по злому произволению ангелов отверженных и падших человеков, растлилась земля преступлениями и нечестием этих ангелов и этих человеков. По попущению и суду Божию карают и будут карать вселенную различные скорби и бедствия, общественные и частные; по попущению и суду Божию постигнет отступников от Бога, врагов Божиих вечная мука в огненной, мрачной бездне адской, для которой они приготовили себя произвольно. Воззрел Апостол умом чистым, умом, озаренным лучами святой Истины, воззрел на недосягаемую высоту судеб Божиих, и, в священном ужасе от видения этих судеб, воскликнул: «О, глубина богатства и премудрости и разума Божия! яко неиспытани судове Его, и неизследовани путие Его. Кто бо разуме ум Господень? или кто советник Ему бысть?» (*Рим. 11:33–34*).

Воскликнул это Апостол, беседуя о страшном преступлении, о произвольном отвержении иудеями Искупителя, об отвержении исступленном, которое увенчалось злодейством чудовищным: убийством Искупителя. Говоря о преступлении человеков, вполне зависевшем от свободного произволения их, Апостол выражается так, как бы преступление совершено было Богом. «Затвори Бог всех» иудеев «в противление» (*Рим. 11:32*). «Даде им Бог дух умиления[35], очи не видети, и уши не слышати» (*Рим. 11, 8*). Попущение Божие названо действием Божиим. Неограниченный по силе и власти как бы ограничил Себя, не изменив произволения человеческого, не остановив действий человеческих, вступивших в упорное сопротивление, в ожесточенное противодействие воле и действию Бога. Произволение тварей, все усилия их не возмогли бы воспротивиться всемогущей деснице Творца. Этого не сделано. Это – судьбы Божии. Постижение их невозможно, как превышающее разум разумных созданий. Исследование того, что не может быть постигнутым – труд тщетный, чуждый смысла. Исследование судеб Божиих воспрещается Богом, как начинание, внушаемое слепотствующим высокоумием, как начинание, внушаемое ложным взглядом на предмет, как начинание, ведущее к неизбежному заблуждению, к богохульству, к душепогибели. Должно, по примеру Апостола, видеть и созерцать судьбы Божии оком веры, оком духовного разума, и, не дозволяя себе бесплодных суждений по началам человеческим, погружаться благоговейно в священное недоумение, в священный духовный мрак, который вместе и чудный свет, которым закрыт Бог от умственных взоров и человеческих и ангельских (*Пс. 17, 12*).

«Зло не имеет сущности, – сказали Отцы, – оно является от нашего нерадения о добродетели, и исчезает от нашего усердия к добродетели»[36]. Зло, будучи недостатком добра, может относиться только к ограниченным разумным тварям, в которых добро ограничено. Недостаток не имеет места в бесконечном, ни приступа к нему. Бог – бесконечен, и добро Его – бесконечно. Бесконечное по свойству своему не уменьшается при всевозможных численных вычитаниях из него и не увеличивается при всех таких приложениях к нему. Ни зло, ни добро тварей не имеет и не может иметь никакого влияния ни на Бога, ни на действия Его. Судьбы Божии стоят на высоте недоступной и неприкосновенной; они стоят на высоте, не зависящей от действий и демонских, и человеческих. Действие Божие пребывает со своим собственным свойством и значением, несмотря на то, каково бы ни было действие и человеческое и демонское, соединенное по наружности в одно действие с действием Божиим.

Разительный образец такого действия представляет собой великое событие: страдание и смерть Богочеловека. С одной стороны, этим страданиям и этой смерти благоволил подчиниться вочеловечившийся Бог по всесвятой воле Своей: с другой стороны, первосвященники иудейские, водимые также своим собственным произволением, подвергли вочеловечившегося Бога унизительнейшему бесчестию, истязаниям лютым и смерти позорной. В злодеянии человеков участвовали демоны, как начальники злодеяния (*Ин. 13, 2–27*). Здесь действие

Божие было соединено, по наружности, в одно действие с действием человеческим и демонским; но, в сущности, отличалось действие от действия всесовершенным различием. «Вы Святаго и Праведнаго отвергостеся, – сказал иудеям апостол Петр, – вы Начальника жизни убисте; Бог же, яже предвозвести усты всех пророк Своих пострадати Христу, исполни тако» (*Деян. 3, 14–15, 18*). Эту же мысль выразили и все Апостолы в молитве, которую они произнесли при вести об открывшемся гонении на Церковь в Иерусалиме. Они сказали в молитве своей: «Владыко, Ты, Боже, сотворивый небо и землю и море и вся, яже в них: иже Духом Святым усты отца нашего Давида, отрока Твоего, рекл еси: вскую шаташася язы́цы, и людие поучишася тщетным? предсташа царие земстии, и князи собрашася вкупе на Господа и на Христа Его. Собрашася бо воистинну во граде сем на Святаго Отрока Твоего Иисуса, егоже помазал еси, Ирод же и Понтийский Пилат, с языки и людьми Израилевыми, сотворити, елика рука Твоя и совет Твой преднарече быти» (*Деян. 4, 24–28*).

Судьбы и действия Божии идут путем своим; действия человеческие и демонские идут также путем своим. Преступления и злодеяния не престают быть преступлениями и злодеяниями в отношении к деятелям своим, хотя бы совершающие зло с намерением злым вместе были лишь орудиями воли Божией. Последнее есть следствие неограниченной премудрости Божией, неограниченного могущества Божия, по причине которых твари, действуя по свободному произволению своему, вместе пребывают неисходно во власти Творца, не понимая того, исполняют волю Творца, не ведая того.

Судьбы Божии присутствуют и действуют в среде событий, совершаемых человеками и демонами, как тончайший дух среди вещества, не завися от вещества, не стесняясь веществом, действуя на вещество и не подвергаясь действию вещества. Судьбы Божии – всемогущее действие во вселенной всесовершенного Бога, единого, в точном смысле, Духа, наполняющего вселенную и все, что за пределами вселенной, не объемлемого вселенной. Не объемлет Бога мир вещественный, подверженный нашим чувствам; не объемлет Бога и мир духов, не подверженный нашим чувствам. Соответствуют Богу действия Его, судьбы Его: и они не объемлемы. Да безмолвствуют благоговейно перед ними и человеки и ангелы! В отношении к Богу духи – то же вещество: отличаются они от Бога и по существу и свойствам, отличаются различием безмерным, отличаются настолько, насколько отличается и грубое вещество[37]. Таков закон для отношений бесконечного ко всему ограниченному и конечному. Как бы ни различались между собой предметы ограниченные, как бы ни возрастали или умалялись, различие их с бесконечным не изменяется и не может измениться никогда: всегда оно равно, потому что всегда бесконечно.

«Горе миру от соблазн: нужда бо есть приити соблазном. Обаче горе человеку тому, имже соблазн приходит» (*Мф. 18, 7*). Это сказано Спасителем мира, Господом нашим Иисусом Христом. Это сказано о событиях, которые совершаются перед очами нашими и должны еще совершиться, в которых всесвятые судьбы Божии сливаются воедино с преступными и гибельными последствиями греховного, любострастного, враждебного Богу произволения человеческого.

«Нужда приити соблазном»: этими словами объявляется предопределение Божие, объявляются судьбы Божии, непостижимые для человека и недоступные для постижения его. «Горе человеку тому, имже соблазн приходит»: этим объявляется гнев Божий служителям, проповедникам, покровителям греха, сеятелям и распространителям греха в обществе человеческом, врагам и гонителям истинного Богопознания и богослужения. Настроение и деятельность их уже осуждены Богом; уже произнесены громовые угрозы против этого настроения и этой деятельности; уже приготовлен в возмездие им вечный ад с его темницами, с его ужасными пытками и казнями. Но деятельность и настроение человеков, неприязненные и противодействующие Богу, попущены

Богом. Таковы судьбы Божии. Зло, совершаемое тварями, не может нарушать в Боге – в Добре всесовершенном – нерушимого, неприкосновенного пребывания в неизменяемых свойствах и достоинстве Его, не может воспрепятствовать беспредельной Премудрости Божией совершение всесвятой, всемогущей воли Ее.

Что такое – предопределение Божие? Это – образ выражения, употребляемый Священным Писанием, которым изображается величие Божие, превысшее всякого изображения. Понятие о предопределении много сходствует с понятием о судьбах: понятие с понятием сливаются часто. Объясним, по возможности нашей, предопределение Божие, о существовании которого свидетельствует Священное Писание (*Рим. 9*), неправильным пониманием которого увлекаются многие в гибельную пропасть заблуждения.

Бог не подлежит времени[38]: время не существует для Бога. Словом «время» выражается понятие, составившееся в разумных тварях от впечатления, произведенного в них переменами явлений в природе. Так определяется время наукой. «И бысть вечер, и бысть утро, день един» (*Быт. 1, 5*). Так представляется Писанием происхождение понятия о времени, вполне согласно с выводом положительной науки[39]. Очевидно, что впечатления извне не могут действовать на Бога, иначе Он не был бы совершен и подвергался приложениям и умалениям, что не свойственно бесконечному. Вообще нет времени для Бога: нет для него и будущего времени. Имеющее совершиться предстоит уже совершившимся лицу Божию, и загробная участь каждого человека, долженствующая истечь, как естественное следствие, из земной, произвольной деятельности его, известна уже Богу, уже решена Богом. «Несоделанное мое видесте очи Твои» (*Пс. 138, 16*), всесовершенный Бог! Исповедал это вдохновенный Пророк: исповедать это должен, по логичной необходимости, каждый человек.

«Я предопределен! Противиться предопределению, изменить или разрушить предопределение Божие не имею никакой возможности. Зачем же принуждать себя к неумолимо-строгой христианской добродетели? Зачем подвергать себя бесчисленным лишениям, и жить, постоянно отрекаясь от жизни? Поживу как хочется и нравится! Поспешу к тому, к чему приманивает меня мечта моя, рисуя пред взорами моими очаровательные картины! Потешусь досыта всеми наслаждениями, хотя бы и греховными! С роскошью рассыпаны они по вселенной, и нестерпимое любопытство влечет вкусить и узнать их опытно! Если предопределено мне спастись, то, несмотря на всю порочность мою, Бог спасет меня. Если же суждено мне погибнуть, то погибну, несмотря на все усилия мои стяжать спасение». Провозглашается такое суждение неведением таинств христианства! Провозглашается оно лжеименными разумом и плотским мудрованием. Произносится в нем страшное, не понимаемое ими богохульство! Несчастное, вполне ошибочное умствование признается и принимается многими за неопровержимую истину: на нем зиждется жительство своевольное, жительство беззаконное и развратное. На земном порочном жительстве зиждется жительство вечно-горестное, жительство вечно-бедственное, в стране загробной.

Ложное, душепагубное умствование о предопределении и судьбе возникло из смешения действий, свойственных единому Богу, с действиями человеческими. Одна погрешность влечет непременно к другой погрешности; влечет она ко многим погрешностям, если сделана в мысли начальной, исходной. Человек, смешав свое действие с действием Божиим, уже как бы естественно подчинил оба действия одному закону, одному суду, суду своего разума. Отсюда открылось для него необозримое поприще заблуждений. Поставив себя судьей действий Божиих, он по необходимости приписал Богу то же отношение к добру и злу, какое имеет к ним человек. Свойства Божии признал он тождественными со свойствами человеческими; мышление Божие подчинил он законам мышления человеческого: он постановил и некоторое различие, но различие не бесконечное, а какое-то свое, неопределенное, чуждое правильности и смысла.

От безначального начала Своего Бог довольствовался и довольствуется Своим единым Словом. Слово Бога есть вместе и Мысль Его: «Слово искони бе к Богу, и Бог бе Слово» (*Ин. 1, 1–2*). Таково свойство беспредельного Ума. По беспредельному совершенству Своему, Бог имеет одну и единственную Мысль, несмотря на то, что Мысль эта выражается в области разумных тварей бесчисленным множеством мыслей. Отделим от себя на бесконечное расстояние и существо Бога, и свойства Его, и действия Его: тогда суждение наше о судьбах и предопределении получит должную основательность. Предопределение участи человека вполне приличествует Богу по неограниченному совершенству ума Божия, по независимости Бога от времени. Предопределение, показывая человеку величие Божие, и пребывая тайной, известной одному Богу, нисколько не стесняет свободной деятельности человеческой на всем поприще земной жизни, не имеет никакого влияния на эту деятельность, никакого соотношения к ней. Не имея никакого влияния на деятельность человека, предопределение Божие не имеет и не может иметь никакого влияния на последствия этой деятельности, на спасение и погибель человека. В руководители поведению нашему даны с одной стороны разум и свободное произволение, с другой – откровенное учение Божие. Откровенное учение Божие возвещает с удовлетворительнейшей подробностью волю Божию в средство спасения, возвещает благоволение Божие, чтобы спаслись все человеки, возвещает муку вечную за попрание воли Божией. Отсюда ясное следствие: спасение и погибель человека зависят единственно от произвола его, а не от не известного ему определения Божия.

Отчего один родится в богатстве и знатности, другой в нищете, в среде людей, презираемых и угнетаемых, обреченных на всежизненный телесный труд в поте лица, лишенных средства к развитию умственному? Отчего иной умирает дряхлым старцем, иной в цвете юношеского или мужеского возраста, иной дитятей и даже краткодневным младенцем? Отчего один пользуется постоянно здравием и благополучием, другой томится в болезнях, передается скорбями скорбям, бедствиями бедствиям, как бы с рук на руки? Эти и этим подобные вопросы заняли однажды великого пустынножителя Египетского, Антония, и тщетно искал разрешения им пустынножитель в собственном разуме, осененном Божественной благодатью, способном углубляться в рассматривание тайн Божиих. Когда святой старец утомился размышлением бесплодным, последовал к нему с неба глас: «Антоний! Это – судьбы Божии. Исследование их душевредно. Себе внимай»[40].

«Себе внимай», о человек! Вступи в труд и исследование существенно нужные для тебя, необходимые. Определи с точностью себя, твое отношение к Богу и ко всем частям громадного мироздания, тебе известного. Определи, что дано понимать тебе, что предоставлено одному созерцанию твоему, и что скрыто от тебя. Определи степень и границы твоей способности мышления и понимания. Эта способность, как способность существа ограниченного, естественно имеет и свою степень и свои пределы. Понятия человеческие, в их известных видах, наука называет полными и совершенными, но они всегда остаются относительными к человеческой способности мышления и понимания: они совершенны настолько, насколько совершен человек. Достигни важного познания, что совершенное понимание чего-либо несвойственно и невозможно для ума ограниченного. Совершенное понимание принадлежит одному Уму совершенному. Без этого познания, познания верного и святого, правильность положения и правильность деятельности постоянно будут чуждыми для самого гения. Положение и деятельность разумеются здесь духовные, в которых каждый из нас обязан развиться развитием, назначенным и предписанным для разумной твари Создателем ее. Не говорится здесь о том срочном положении и о той срочной деятельности, в которые поставляемся на кратчайший срок во время земного странствования нашего, как члены человеческого общества.

Кажется: что ближе ко мне меня? что мне известнее меня? Я постоянно с собою; по естественной необходимости я должен постоянно внимать себе; обращаю внимание на другие предметы, насколько нужно это для меня. Любовь ко мне самому поставлена мне законом Божиим в меру любви к ближнему. И я-то, берущийся узнавать далекое в глубинах земли и моря, в глубинах поднебесной и за сводами неба, прихожу в затруднение, в совершенное недоумение, не знаю, что отвечать мне, когда услышу вопрос: кто я, и что я? Кто – я? Существо ли? Но я подвержен необычайным изменениям со дня зачатия моего и до дня смерти. Существо, в полном смысле, не должно подлежать изменениям; оно должно проявлять постоянно одинаковую, всегда равную себе силу жизни. Нет во мне свидетельства жизни, которое бы всецело заключалось во мне самом; я подвергаюсь совершенному иссякновению жизненной силы в теле моем: я умираю. Не только бренное тело мое подчинено смерти, но и самая душа моя не имеет в себе условия жизни нерушимой: научает меня этому священное предание Церкви православной. Душе, равно и Ангелам, даровано бессмертие Богом: оно не их собственность, не их естественная принадлежность[41]. Тело, для поддержания жизни своей, нуждается в питании воздухом и произведениями земли; душа, чтоб поддержать и сохранить в себе бессмертие свое, нуждается в таинственном действии на себя Божественной десницы. Кто – я? Явление? Но я чувствую существование мое. Многие годы размышлял некто об ответе удовлетворительном на предложенный вопрос, размышлял, углубляясь в самовоззрение при свете светильника – Духа Божия. Многолетним размышлением он приведен к следующему относительному определению человека: «человек – отблеск существа, и заимствует от этого Существа характер существа»[42]. Бог, единый «Сый» (*Исх. 3, 1*), отражается в жизни человека. Так изображает себя солнце в чистой дождевой капле.

В дождевой капле мы видим солнце; но то, что видим в ней, не-солнце. Солнце – там, на высоте недосягаемой.

Что – душа моя? Что – тело мое? Что – ум мой? Что – чувства сердца? Что – чувства тела? Что – силы души и тела? Что – жизнь? Вопросы неразрешенные, вопросы неразрешимые! В течение тысячелетий род человеческий приступал к обсуждению этих вопросов, усиливался разрешить их и отступал от них, убеждаясь в их неразрешимости. Что может быть знакомее нам нашего тела? Имея чувства, оно подвергается действию всех этих чувств: познание о теле должно быть самым удовлетворительным, как приобретаемое и разумом и чувствами. Оно – точно таково в отношении к познаниям о душе, о ее свойствах и силах, о предметах, не подверженных чувствам тела[43]; вместе оно – познание, крайне недостаточное в отношении к условиям, при которых познание может быть признано полным и совершенным.

Чтобы узнать значение какого бы то ни было вещества, наука обязана разложить его на составные, неразлагаемые части, потом из составных частей воссоздать разложенное вещество. Полученные этим способом познания о веществе наука принимает за верные: предположения[44], доколе они не доказаны положительно, не допускаются в состав познаний, в сокровищницу науки, хотя произвол человеческий провозглашает об них и устно и печатно, как бы об истинах, насмехаясь над невежеством и легковерием человечества. Чтоб разложить удовлетворительно человеческое тело, необходимо совершить это тогда, когда тело еще живо. Нет возможности определить значение жизни иначе, как уловив ее и рассмотрев одну и саму по себе. Верность разложения должна быть доказана образованием из составных частей живого тела. Это – невозможно. Мы разлагаем одни трупы[45], не зная, что оставляет жизнь в оставленном ею теле и что уносит с собой. Раскрывая трупы, мы знакомимся с устройством машины, сокрытой во внутренности тела, но машины, уже не способной к движению и действию, машины, уже лишенной своего существенного значения. Что ж знаем мы о нашем теле? Нечто, далеко отстоящее от познания полного и совершенного.

Сделаем запрос уму нашему, этому главному орудию для приобретения познаний, чтоб он дал существенное определение себе, что – он? Сила души? Но этим высказывается лишь понятие, явившееся в нас от впечатлений, произведенных действиями ума, не определяется сущность ума. Точно то же должны мы сказать и о духе человеческом, то есть, о тех возвышенных сердечных чувствах, которых лишены животные, о чувствах, которыми сердце человека отличается от сердца животных и которые составляют изящный избыток чувств в сердце человеческом перед сердцами животных. Дух – сила души. Каким образом соединены силы души с самой душой? Образ соединения непостижим, так как непостижим образ соединения тела с его чувствами, зрением, слухом и прочим разнообразным осязанием. Чувства тела оставляют тело в то время, когда оставляет его жизнь, уносятся из него отходящей душой. Значит, телесные чувства принадлежат собственно душе, и, когда она пребывает в теле, делаются как бы чувствами тела. Отсюда вытекает необходимое естественное последствие: способность души чувствовать то же, что чувствует тело; сродство души с телом, не та совершенная противоположность, которая опрометчиво приписана некоторыми душе и сотворенным духам, которая доселе приписывается им невежеством[46]. Существует между тварями постепенность и происходящее из постепенности различие, как и между числами. Различие может быть очень значительным; но оно не уничтожает ни сродства, ни постепенности. В этой постепенности одно грубее по отношению к нам, другое тоньше; но все сотворенное, ограниченное, существующее в пространстве и времени, не может быть чуждым вещественности, этой неотъемлемой принадлежности всего ограниченного. Невеществен – один Бог: Он отличается решительным различием от всех тварей; Он противоположен им по существу и свойствам так, как противоположно бесконечное числам, всем, без исключения. Вот что знаем о нашей душе, о уме, о сердце! Что же знаем мы? *Нечто*, самое ограниченное *нечто*.

Кто знает все это со всей удовлетворительностью? Один Бог! Он, по свойству бесконечного, имеет обо всем совершенное понятие, чуждое всякого недостатка, и доказал Он такое понятие доказательством совершенным: сотворением из ничего бесчисленных миров, видимых нами и невидимых, ведомых и неведомых. Свойственно бесконечному оживлять несуществующее в существование, чего не сильны сотворить никакие числа, как бы ни были они велики. Доказательство беспредельности Разума, управляющего вселенной, продолжает великолепно выражаться существованием всего существующего[47]. Малейшее количество законов творчества и существования, и то в некоторой степени, постигнуто человеками. Постигнуто ими и то, что всю природу объемлет превысшее человеческого постижения законодательство. Если нужен ум для постижения частицы законов, тем необходимее Он для составления их.

Человек! «Себе внимай», себя рассматривай! Из ясного, по возможности твоей, понимания себя яснее и правильнее будешь смотреть на все, что подлежит твоим взорам вне тебя. Каким образом, с какого повода вступил я в существование и явился на поприще земной жизни? Явился я на этом поприще невольно и бессознательно; причины вступления в бытие из небытия не знаю. Обдумываю, изыскиваю причину и не могу не сознаться, что должен по необходимости признать ее в определении неограниченной, неизвестной, непостижимой Воли, которой подчинен я безусловно. Явился я со способностями души и тела, как с принадлежностями: они даны мне – не избраны мною. Явился я с разнообразными немощами, как бы запечатленный уже казнью; явился страдальцем и обреченным на страдания. Встал я в обстоятельства и обстановку, какие нашел, или какие приготовлены мне – не знаю. На пути земного странствования очень редко могу поступить по произволу моему, исполнить мое желание: почти всегда, влекусь насильно какой-то невидимой, всемогущей Рукой, каким-то потоком, которому не могу оказать никакого сопротивления. Почти постоянно встречается со мной одно неожиданное и непредвиденное. Увожусь из земной жизни наиболее внезапно, без всякого согласия моего на то, без всякого внимания к земным нуждам моим, к нуждам окружающих меня, для которых я, по суждению моему и их, необходим. Увожусь с земли навсегда, не зная, куда пойду! Увожусь в грозном одиночестве! В стране неведомой, в которую вступаю смертью, встретит меня одно новое, одно невиданное никогда. Чтобы вступить в неведомую страну, я должен оставить на земле все земное, должен скинуть с себя самое тело. Оттуда, из неведомой страны, не могу подать на землю никакой вести о себе: потому что нет возможности услышать весть оттуда кому бы то ни было, облеченному в оболочку земного, грубого вещества. Жизнь моя в этом видимом мире есть непрерывающаяся борьба со смертью; такова она от колыбели моей и до могилы моей. Могу умереть ежедневно и ежечасно, но дня и часа смерти – не ведаю. Известно мне, что умру; в этом нет и не может быть ни малейшего сомнения, но живу как бы бессмертный: потому что чувствую себя бессмертным. Предощущение смерти отнято у меня, и я никак бы не поверил, что человеку возможно умереть, если бы не видел на всех человеках, что смерть есть неизбежный удел каждого человека. Верно изображается Евангелием немощь власти нашей над нами. «Сколько бы ты ни делал усилий, – говорит Евангелие человеку, – не можешь приложить возрасту твоему одного локтя (*Мф. 6, 27*), и белого волоса твоего сделать черным» (*Мф. 5, 36*).

«Почему делается это так? Нельзя не сознаться, что многое из сказанного здесь сказано с осязательной справедливостью. Страдальческое состояние человечества на земле, состояние предлежащее взорам всех, должно иметь свою причину. Но как может быть виноватым потомство в согрешении праотца, отдаленного от потомства и уже чуждого потомству? Потомство карается: это – очевидно. Почему же карается оно, невинное? Почему несет оно ужасную вечную казнь? Казнь переходит с поколения на поколение, ложится тяжеловесно на каждом поколении, стирает с лица земли каждое поколение, подвергнув прежде каждое поколение бесчисленным томлениям. Каждое поколение является на лицо земли бессознательно, невольно, насильственно. Каждый человек вступает в земную жизнь без способности произвольно действовать способностями, которые в младенце должно скорее уподобить семенам, нежели произрастениям. Какое же участие потомства в грехе праотца, участие, достойное таких казней, когда не было и нет самой возможности для потомства принять участие в грехе ни тонким сердечным согласием, ниже малейшим уклонением ума? Где тут правосудие Божие? Где благость? Вижу одно, противное им». Так вопиет немощный человек, ослепленный греховным, вещественным жительством своим. Так вопиет он и призывает перед себя к допросу судьбы Божии.

Так вопиет неведение Бога! Так вопиет гордость человеческая! Так вопиет незнание человеком самого себя! Так вопиет ложное понятие о себе и о всей обстановке своей! Так вопиют они – и никто не внемлет воплю. Посредством таких возгласов человеки, не понимая того, обнаруживают только объявший их недуг самомнения и самообольщения: посредством таких возгласов они обличают живущее в них сознание в себе способности и желание быть распорядителями вселенной, судьями и наставниками Бога в Его управлении миром, и никто не дает им высоких заоблачных престолов, на которых прежде возмутившихся человеков захотели воссесть возмутившиеся ангелы. Безрассудное начинание погрязает, как в темной пропасти, в безрассудности своей, терзая жертвы, предавшиеся опрометчиво увлеченно этим начинанием, терзая их муками бесплодными в цепях неразрешимых. События идут своей чредой, в домостроительстве вселенной не происходит никакой перемены, судьбы Божии пребывают непреложными. Ничтожество и самообольщение человеков доказывается им положительно и неопровержимо суровым опытом.

Точнейшее математическое соображение объясняет человеку со всей определенностью бесконечное отличие его от Бога и по существу и по свойствам, хотя для изображения того и другого употребляются одни и те же слова по причине скудости языка человеческого. Бесконечное управляется совсем иными законами нежели все, что только может быть изображено числом по методу положительной науки, на которой зиждутся все другие науки, как зиждется на костях весь состав человека. Из этой аксиомы вытекает другая аксиома: действия бесконечного естественно недоступны для постижения всех, каких бы то ни было разумных тварей, подвергающихся изображению числом. Число, насколько бы ни возрастало оно, пребывает числом и отличается от бесконечного бесконечным различием, которым одинаково отличаются от бесконечного все числа. Стремление к постижению недоступного для постижения есть ни что иное, как следствие ложного знания, составившегося из ложных понятий. Стремление это не может не действовать сообразно своему началу: оно должно повести к самым гибельным последствиям по свойству всех действий, исходящих из лжи. Откуда явилось это стремление? Очевидно: из гордостного, ошибочного мнения о себе, которое увлекает человека давать себе иное значение, нежели какое ему дано в необъятном мироздании.

Рассматриваю себя! И вот зрелище, изобразившееся передо мной при рассматривании себя! Вот как описан я неоспоримо, описан чертами верными, красками живыми, описан самыми опытами, самыми событиями из моей жизни! Какое заключение должен я вывести о себе из этой живописи? Заключение, что я отнюдь не самобытное и не самостоятельное существо, что я лишен самых основных, самых жизненных познаний о себе. Настоит нужда, настоит необходимость, чтобы иной объяснил мне меня удовлетворительнее, чтоб объявил мне мое назначение, чтоб указал мне деятельность правильную, и тем предохранил меня от деятельности без смысла и без цели.

Эту настоятельную нужду, эту необходимость признал сам Бог. Признал Он ее и даровал человекам откровенное учение, которое возводит нас к познаниям, не доступным для собственного постижения нашего. В Богооткровенном учении Бог открыл Себя человеку, насколько ограниченному человеку может быть объяснен и открыт неограниченный и необъяснимый Бог. В Богооткровенном учении открыл Бог человеку значение и назначение человека, его отношение к Богу и к мирам, видимому и невидимому. Открыл Бог человеку познание о человеке, насколько это познание доступно уму человека. Полное и совершенное познание человека, как и всякой другой твари, имеет один, способный к полному и совершенному познанию всего: всесовершенный Бог.

Божественное откровенное учение, будучи сличено с познаниями, доставляемыми человеку точным рассматриванием себя, подтверждается этими познаниями и подтверждает их. Познания, подтверждаясь одни другими, предстоят перед человечеством в ярком свете неопровержимой истины.

Божественное откровенное учение возвещает мне, опыты жизни доказывают мне, что я – создание Божие. Я – создание Бога моего! Я – раб Бога моего, раб, вполне подчиненный власти Бога, объемлемый, содержимый властью Его, властью неограниченной, самодержавной в точном смысле слова. Власть не совещается ни с кем, власть не дает о предположениях и действиях своих никому никакого отчета: никто, ни из человеков, ни из ангелов не способен ни дать совета, ни выслушать, ни понять отчета. «Искони бе к Богу Слово Его» (*Ин. 1, 2*).

Я раб Бога моего, несмотря на то, что мне даны свободная воля и разум для управления волей. Воля моя свободна почти только в одном избрании добра и зла: в прочих отношениях она ограждена отовсюду. Могу пожелать! Но пожелание мое, встречаясь с противоположной волей других человеков, с противоположным направлением непреодолимых обстоятельств остается по большей части неисполнимым. Могу пожелать многого, но собственная немощь моя соделывает бесплодным многое множество пожеланий моих.

Когда пожелание останется неисполненным, осо́ливо когда пожелание представляется и благоразумным, и полезным, и нужным – тогда сердце поражается печалью. Соответственно значению пожелания, печаль может усиливаться, нередко переходить в уныние и даже отчаяние. Что успокаивает в лютые времена душевного бедствия, когда всякая помощь человеческая или бессильна или невозможна? Успокаивает одно сознание себя рабом и созданием Божиим; одно это сознание имеет такую силу. Едва скажет человек молитвенно Богу от всего сердца своего: *да совершается надо мною, Господь мой, воля твоя*, как и утихает волнение сердечное. От слов этих, произнесенных искренне, самые тяжкие скорби лишаются преобладания над человеком.

Что значит это? Это значит, что человек, исповедав себя рабом и созданием Божиим, предавшись всецело воле Божией, немедленно вступает всем существом своим в область святой Истины. Истина доставляет правильное настроение духу, жизни. Взошедший в область Истины, подчинившийся Истине, получает нравственную и духовную свободу, получает нравственное и духовное счастье. Эта свобода и это счастье не зависят от человеков и обстоятельств.

«Аще вы пребудете во словеси Моем, – сказал Спаситель иудеям, – воистину ученицы Мои будете, и уразумеете Истину, и Истина свободит вы. Всяк творяй грех, раб есть греха. Аще Сын» Божий, который есть Само-истина, «свободит вы, воистинну свободни будете» (*Ин. 8, 31–34, 36*). Служение греху, лжи, суете есть в полном смысле рабство, хотя бы оно представлялось по наружности блестящей свободой. Рабство это – рабство вечное. Только тот совершенно и истинно свободен, кто – истинный раб Бога своего.

Еще глубже погружаюсь в рассматривание себя, и новое зрелище открывается передо мною. Усматриваю решительное расстройство моей собственной воли, непокорность ее разуму, а в разуме усматриваю утрату способности руководить волей правильно, утрату способности действовать правильно. При рассеянной жизни мало замечается это состояние, но в уединении, когда уединение освещено светом Евангелия, состояние расстройства сил душевных является в обширной, мрачной, ужасной картине. И служит оно свидетельством передо мной, что я — существо падшее. Я — раб Бога моего, но раб, прогневавший Бога, раб отверженный, раб, караемый рукою Божией. Таким объявляет мне меня и Божественное Откровение.

Мое состояние есть состояние, общее всем человекам. Человечество — разряд существ, томящихся в разнообразном бедствии, казнимых. Не может быть иначе! Доказательствами этого я обставлен и извне и внутри меня. Если бы я не был изгнанником на земле, подобно всем братиям моим, человекам, если бы земная жизнь моя не была наказанием, то зачем всей жизни этой быть поприщем непрестанного труда, непрестанного столкновения, ненасытного стремления, никогда и ничем неудовлетворяемого? Зачем земной жизни быть путем одного страдания, иногда действующего сильнее, иногда слабее, иногда ощущаемого, иногда заглушаемого упоением земными попечениями и наслаждениями? Зачем быть болезням и всем другим несчастьям, частным и общественным? Зачем быть в обществе человеческом ссорам, обидам, убийствам? Зачем быть всему разнообразному злу, неусыпно ратующему против добра, угнетающему и гонящему добро, почти всегда торжествующему над добром? Зачем каждый человек внутри себя отравлен страстями, мучится ими несравненно более, нежели скорбями извне? Зачем быть смерти, пожирающей нещадно всех? Что за явление — поколения, сменяемые одно другим, возникающие из небытия, вступающие в жизнь на краткий срок, опять погружающиеся навсегда в неизвестность?

Что за явление — деятельность каждого поколения на земле, как бы вечного на ней? Что за явление — эта деятельность, постоянно противоречащая самой себе, постоянно зиждущая с усилием, зиждущая на потоках крови человеческой, как бы на цементе, постоянно разрушающая свою работу с таким же усилием, с таким же кровопролитием?.. Земля — юдоль изгнания, юдоль непрерывающегося беспорядка и смятения, юдоль срочного страдальческого пребывания существ, утративших свое первобытное достоинство и жилище, утративших здравый смысл. Бесчисленными образами страдания страдают человеки в этой юдоли мрачной и глубокой! Страдают они и под гнетом нищеты и в обилии богатства, страдают и в убогих хижинах и в великолепных царских чертогах, страдают от бедствий извне и от того страшного расстройства, которым поражено естество каждого человека внутри его, которым поражены и душа и тело его, которым извращен, ослеплен ум его.

Так гадательствую о себе! К таким неоспоримым, осязательным заключениям приводят меня опыты моей жизни и все, совершившееся и совершающееся над всем человечеством. Таким изображает меня и Божественное Откровение, изображает с большей определенностью, отворяя мне врата в область познаний по дару Бога моего, врата заключенные, к которым я мог только достичь, перед которыми мог только встать действием собственного умствования моего. Поведается Божественным откровением, что первый человек создан Богом из ничего, создан в красоте духовного изящества, создан бессмертным, чуждым зла. Поведание это не может не быть справедливым: чувствую себя бессмертным, и зло — чуждо мне; ненавижу его, мучусь им, увлекаюсь им, как льстецом и как тираном. Сотворенный на земле первый человек взят в отделение неба, называемое раем. Здесь, среди не нарушаемого ничем блаженства, он отравил себя самопроизвольно вкушением зла, в себе и с собою он отравил и погубил все потомство свое. Адам — так назывался этот человек — поражен смертью, то есть грехом, безвозвратно расстроившим естество человека, сделавшим его неспособным к блаженству. Убитый этой смертью, но не лишенный бытия, причем смерть тем ужаснее, как ощущаемая, он низвергнут на землю в оковах: в грубой, многоболезненной плоти, претворившейся в такую из тела бесстрастного, святого, духовного. Земля проклята за преступление человека: она, утратив свое первобытное состояние (*Быт. 2:5–6*), преобразилась в состояние, какое должна иметь обитель изгнанников с неба за попрание на небе заповеди Божией. Враждебное настроение к нам всей видимой природы встречаем на каждом шагу! На каждом шагу встречаем ее укоризну, ее порицание, ее несогласие на наше поведение! Пред человеком, отвергшим покорность Богу, отвергла покорность тварь бездушная и одушевленная! Она была покорна человеку, доколе он пребывал покорным Богу! Теперь она повинуется человеку насильно, упорствует, часто нарушает повиновение, часто сокрушает своего повелителя, жестоко и неожиданно возмутившись против него. Закон размножения человеческого рода, установленный Творцом вслед за сотворением, не отменен; но он начал действовать под влиянием падения; он изменился, развратился. Родители подверглись враждебным отношениям между собой, несмотря на плотской союз свой (*Быт. 3, 16*); они подверглись болезням рождения и трудам воспитания (*Быт. 3:16–19*); чада, зачинаясь в недре растления и в грехе (*Пс. 50, 7*), вступают в бытие жертвами смерти. Пребывание на поверхности земной, среди разнообразных и многочисленных томлений, дано каждому человеку срочное. По миновании срока, определяемого непостижимым Богом, каждый человек должен нисходить в вечную темницу, в ад, образуемый обширной внутренностью земной планеты. Что такое — человечество, исполненное гордого мечтания о себе, обезумленное этой суетной и ложной мечтой? Человечество — сор, непотребный для неба, выметенный с неба, повергнутый сперва к устью пропасти, потом повергаемый постепенно, по мере своего размножения, в самую пропасть. Пропасть именуется бездной: такова она в отношении к человекам. Нет выхода из нее: «вереи ея заклепи вечнии» (*Ион. 2:7*), говорит Писание.

Внимаю поведанию Божественного Откровения и признаю его истинным. Невозможно не признать его справедливым! Бесконечный Бог есть добро всесовершенное; человек отличается от Него бесконечным различием по существу, а по свойствам и направлению встал в положение противодействия Богу. Если же человек, столько ничтожный пред Богом, вместе и противник Богу, то какое значение должен он иметь перед святыней и величием Божества? Значение презренной нечистоты и скверны, по свидетельству Писания (*Апок. 22, 11, 15*). Он должен быть изгнан от лица Божия, как бы сокрыт от взоров Божиих.

Божественное Откровение научает человека, что он создание Божие и раб Божий, раб преступный, создание отверженное, пресмыкающееся и гибнущее в падении своем (*Быт. 2:7, 22, 3:11–12. Пс. 118:125, 89:13, 16, Пс. 37 и пр.*). Отравленный общением с начальником и родителем зла, с исступленным и упорным врагом Бога, с ангелом падшим, лишенный естественной свободы подчинением этому всезлобному духу, человек извратил свое естественное отношение к Богу, соделался, подобно ангелу падшему, врагом Божиим (*Рим. 5, 10*). Одни из человеков удовлетворялись этим состоянием, не понимая и не предполагая состояния иного, находя наслаждение в служении греху; другие, наставляемые Богом и остатком своего благого произволения, вступили в усиленную борьбу с грехом, но не могли очистить естество от противоестественной примеси, от зла, не могли расторгнуть оков рабства и свергнуть иго греха и смерти. Восстановить естество мог только Творец естества.

Томилось человечество в страшном рабстве более пяти тысяч лет, по непостижимому суду Божию; томилось оно в рабстве, обильно наполняло темницы ада, получив от Бога обетование освобождения в самый час впадения в рабство. «Един день пред Господем яко тысяща лет, и тысяща лет яко день един» (*2Петр. 3, 8*). Обетование произнесено вместе с изречением наказания за преступление. Удостоено человечество этого обетования, потому что причиною падения было обольщение и увлечение, а не замысел намеренный и обдуманный. По истечении пяти тысячелетий низшел на землю, к изгнанникам, в страну изгнания их, Искупитель – вочеловечившийся Бог. Он посетил и преддверие нашей темницы – поверхность земли, и самую темницу – ад. Он даровал спасение всем человекам, предоставив свободному произволению их или принять спасение или отвергнуть его.

Он освободил всех уверовавших в Него: заключенных в подземной бездне Он возвел на небо, а странствующих на земной поверхности ввел в общение с Богом, расторгнув их общение с сатаной. Богочеловек, восприяв на Себя все последствия падения человеческого кроме греха, восприял и образ земной жизни, соответствующий падшему и отверженному, караемому правосудием Божиим, сознающему свое падение, исповедующему правосудие Божие благодушным терпением всех попущений. Он явил в деятельности Своей образец для деятельности каждого человека на поприще земной жизни его.

Две отличительные черты представляет взорам нашим Евангелие в деятельности Спасителя: точнейшее исполнение воли Божией в делах, зависящих от произвола, и совершенную покорность воле Божией в судьбах Божиих. «Снидох с небесе, – сказал Господь, – не да творю волю Мою, но волю пославшаго Мя Отца» (*Ин. 6, 38*). «Чашу, юже даде Мне Отец, не имам ли пити ея»? (*Ин. 18, 11*). Точнейшее исполнение воли Божией и покорность судьбам Божиим Богочеловек выражал всей жизнью Своей. Великую добродетель, начало всех добродетелей, утраченную Адамом на небе, добродетель послушания Богу принес Богочеловек с неба на землю к человекам, томившимся в погибели, причиненной преслушанием Бога. В особенности явилась эта добродетель во всем величии при восприятии Господом лютых страданий. Он, «во образе Божии сый», не переставая быть Богом, «Себе умалил, зрак раба приим, в подобии человечестем быв, и образом обретеся яко же человек, смирил Себе, послушлив быв даже до смерти, смерти же крестныя»

(*Флп. 2, 6–8*). По причине такой всесовершенной покорности Богу, Господь был единственным истинным Рабом Божиим по человеческой природе Своей⁴⁸. Он был всесовершенным Рабом Бога, не уклонившимся никогда от исполнения воли Божией и от покорности этой воле. Ни один из праведных человеков не выполнил этой священнейшей обязанности человека пред Богом удовлетворительно и неупустительно.

Собранию Иудеев Господь объявил: «не ищу воли Моея, но воли пославшаго Мя Отца» (*Ин. 5, 30*). Пред исшествием на живоносные для рода человеческого страдания и крестную смерть, Господь явил в Себе немощь падшего человека перед карающими его судьбами Божиими. Он начал скорбеть и тужить (*Мф. 26, 37*). Томление души Своей Он благоволил открыть избранным ученикам: «прискорбна есть душа Моя до смерти» (*Мф. 26, 38*), – сказал Он им. Потом обратился к молитве, этому верному пристанищу в напастях и искушениях. Он пал «на лице Своем» (*Мф. 26, 39*), и возведен был по человечеству в такой усиленный подвиг, что «бысть пот Его яко капли крове, каплющия на землю» (*Лк. 22:44*). Несмотря на такое напряженное состояние, в которое приведено было человеческое естество Богочеловека, молитва Его выражала вместе и присутствие в Нем воли человеческой и полную покорность в Нем воли человеческой воле Божией. Молитва Богочеловека, произнесенная Им перед исшествием на страдания, есть духовное, драгоценное наследие для всего племени христианского: способна она пролить утешение в душу, томящуюся под бременем самых тяжких скорбей. «Отче Мой, – говорил Господь в молитве Своей, – аще возможно есть; да мимоидет от Мене чаша сия: обаче не яко же Аз хощу, но якоже Ты» (*Мф. 26, 39*); «обаче не Моя воля, но Твоя да будет» (*Лк. 22, 42*). Чашей назвал Господь судьбы Божии. Чаша эта преподается Богом человеку во спасение его.

Крестную смерть и предшествовавшие ей наругания, терзания, пытки Богочеловек благоволил принять на Себя произвольно. Как Сын Божий и Бог, имеющий одну волю со Отцом и Духом, Он возложил казнь на Себя, на неповинного во грехе, на Сына человеческого и вместе Сына Божия, для искупления виновного во грехах человечества. Покусившемуся употребить средство человеческое в защиту Его, в противодействие судьбам Божиим, Он сказал: «возврати меч Твой в место его. Или мнится ти, яко не могу ныне умолити Отца Моего, и представит Ми вящше, неже двананадесяте легеона ангел? Како убо сбудутся Писания», в которых изображено определение Божие, «яко тако подобает быти»? (*Мф. 26, 52–54*)[49]. Такое же понятие о действии непреложных судеб Божиих Господь выразил пред Пилатом. Гордый Римлянин, оскорбленный молчанием Господа, сказал: «мне ли не глаголеши? Не веси ли, яко власть имам распяти Тя, и власть имам пустити Тя?» Господь отвечал ему: «не имаши власти ни единые на Мне, аще не бы ти дано Свыше» (*Ин. 19, 10–11*). Действуют судьбы Божии, действует власть Божия: ты – не понимающее себя орудие. Но орудие одарено разумом и свободной волей: в этом оно убеждено, высказывает это с наглостью и тщеславием. Оно действовало без всякого понимания судеб Божиих, действовало свободно и произвольно: действие его объявляется грехом, имеющим свой вес и меру на суде Божием (*Ин. 19, 11*).

Сопротивление судьбам Божиим причисляется к начинаниям сатанинским. Когда Господь предвозвестил ученикам о предстоявших ему страданиях и насильственной смерти, – «поем его Петр, начат пререцати Ему, глаголя: милосерд Ты, Господи, не имать быти Тебе сие. Он же обращься рече Петрови: иди за Мною, сатано, соблазн Ми еси: яко не мыслиши, яже суть Божия, но человеческая» (*Мф. 16, 22–23*). Петр был подвигнут, по-видимому, добрым чувством; но он подействовал из образа мыслей и из добра, принадлежащих падшему человеческому естеству. Враждебны воле Божией и всесвятому добру, исходящему от Бога, разум и добро падшего человеческого естества; порицаются и осуждаются ими судьбы Божии. Разум и воля человеческие, в слепоте своей, готовы противостать и противодействовать судьбам и определениям Божиим, не понимая того, что такое начинание есть начинание нелепое, есть борьба ограниченнейшей, ничтожной твари со всемогущим и всесовершенным Богом.

«Несть ваше разумети времена и лета, яже Отец положи во Своей власти» (*Деян. 1, 7*), – сказал Господь Апостолам, когда они вопросили Его о времени, в которое должно образоваться царство израильское. Этот ответ Господа есть ответ на все вопросы любопытства и гордости человеческой о судьбах Божиих. «Несть ваше», о человеки, «разумети» то, «еже Бог положи во Своей власти»! Вам свойственно понимание, соответственное уму вашему: не свойственно вам понимать мысль Ума беспредельного.

Ваша деятельность, человеки, должна всецело заключаться в исполнении воли Божией. Образец этой деятельности показан, правила этой деятельности преподаны человечеству совершенным человеком, Богом, принявшим на Себя человечество. Движимые силой правильнейшей веры в Бога, последуйте тщательно заповедям Евангелия, и покоряйтесь благоговейно судьбам Божиим.

Что приводит к нарушению, к попранию заповедей Христовых, к противодействию судьбам Божиим, к противодействию тщетными усилиями, ропотом, хулой, отчаянием? Забвение о вечности, забвение о смерти, забвение того, что мы – кратковременные странники на земле, отвержение мысли, что мы на ней – изгнанники, стремление удовлетворять похотениям и страстям, желание наслаждаться наслаждением плотским и греховным, пагубный обман и обольщение себя, под обаянием которых человек безумно злоупотребляет властью над собою и своим произволением, принося себя всецело в жертву земной суетности, убивая себя для блаженства, возвращенного страдальческим подвигом Искупителя, готовя себе в аде вечный гроб, гроб и для тела и для души.

«Сие да мудрствуется в вас, еже и во Христе Иисусе» (*Флп. 2, 5–8*), увещевает христиан Апостол Павел, указывая на покорность Богочеловека судьбам Божиим, на покорность беспрекословную, простершуюся до принятия на Себя той казни, которой подверглись одни уголовные преступники из варварских народов, от которой были свободны преступники из граждан Рима. «Гордость всяку отложше и удоб обстоятельный[50] грех, терпением да течем на предлежащий нам подвиг взирающе на начальника веры и совершителя Иисуса, иже вместо предлежащия Ему радости, претерпе крест, о срамоте нерадив[51]. Помыслите убо таковое пострадавшаго от грешник на Себе прекословие[52], да не стужаете, душами вашими ослабляеми» (*Евр. 12, 1–3*). «Иисус, да освятит люди Своею кровию, вне врат пострадати изволил. Темже убо да исходим к Нему вне стана, поношение Его носяще» (*Евр. 13, 12–13*). Исхождением вне стана и отложением всякой гордости именуется отречение от миролюбия. Апостол напоминает Божественное утешение, произнесенное Богом к тем избранникам Его, которых Он усыновил Себе, и которых, в доказательство усыновления, посещает скорбями: «сыне Мой! не пренемогай наказанием Господним, ниже ослабевай, от Него обличаем, его же бо любит Господь, наказует, биет же всякого сына, его же приемлет» (*Евр. 12, 5–6*).

«Христос пострада по нас, – говорит святой апостол Петр, – нам оставль образ, да последуем стопам его» (*1Пет. 2, 21*). «Аще добро творяще и страждуще терпите, сие угодно пред Богом: на сие бо и звани бысте» (*1Пет. 2, 20–21*). Таковы судьбы Божии! Таково определение Божие! Таково призвание истинных христиан на все время земного странствования их! Возлюбленные Богу и Небу христиане! Не удивляйтесь, как бы приключению странному, несвойственному, совершающемуся вне порядка, тому огненному искушению, которое посылается вам для испытания (*1Пет. 4, 12*). Радуйтесь при нашествии искушений! Как здесь, на земле, вы соделываетесь причастниками Христовых страданий: так в будущей жизни вы соделаетесь общниками славы Его и торжества (*1Пет. 4:13*). Дом Божий подлежит суду Божию, нуждается в этом суде (*1Пет. 4:17*). Домом Божиим называется и вся Церковь Христова и каждый христианин. Требует этот дом посещения Божия и очищения, как подвергающийся непрестанному осквернению и повреждению. И при великой помощи от скорбей, смиряющих дух человека, столько наклонный к превозношению, затруднительно, очень затруднительно спасение. «Праведник едва спасется!» (*1Пет. 4, 18*), если так, то что ожидает «противящимся Божию Евангелию?» (*1Пет. 4, 17*). «Нечестивый и грешный где явится?» (*1Пет. 4, 18*). «Смиренномудрие стяжите: потому что Бог гордым противится, смиренным же дает благодать» (*1Пет. 5, 5*). Вы ощутите пришествие благодати по чудному спокойствию и утешению, которое прольется в сердца ваши, когда вы исповедуете суд Божий о вас праведным, а себя достойными наказания, нуждающимися в нем. При нашествии искушений не предавайтесь печали, безнадежию, унынию, ропоту, этим проявлениям гордости и неверия: напротив того, оживляемые и окрыляемые верою, «смиритесь под крепкую руку Божию, да вы вознесет в свое время, всю печаль вашу», то есть, все попечение и всю заботливость «возвергше на Него, яко Той печется о вас» (*1Пет. 5, 6–7*). Страждущие! Знайте, что вы страдаете по воле Божией; будьте убеждены, что без воли Божией, без попущения Божия, не прикоснулась бы к вам никакая скорбь. Возрел милостиво на вас Господь, возблаговолил о вас, признал ваши сердце и жительство благоугодными Себе, и потому простер к вам руку помощи в судьбах Своих. Он послал или попустил вам скорби в очищение ваше, в охранение, в средство к достижению совершенства. Страждущии по воле Божией! При нашествии скорбей предавайте себя всецело воле и милости Божией, и с особенной тщательностью прилежите исполнению заповедей Божиих (*1Пет. 4, 19*). Время скорби есть то блаженное время, в которое Бог зиждет душу возлюбленного избранника Своего из среды человеков.

Установлен Богом тесный и прискорбный путь из земной жизни к небу: заповедано шествие по этому пути под крестом; путем этим, под бременем креста Своего, прошел Вождь христианского племени, вочеловечившийся Бог. Крест — терпение в Господе всех огорчений и напастей, которые будут попущены промыслом Божиим. Таков суд Божий. На чем он основан? — на том, что человек на земле — преступник в ссылочном месте. Этому преступнику дан краткий срок земной жизни единственно для того, чтобы он усмотрел свое состояние падения и отвержения, сознал необходимость спасения, стяжал спасение при посредстве Искупителя человеков, Господа нашего Иисуса Христа. Преступник, исповедавший себя преступником, ищущий помилования, должен самой жизнью выразить исповедь в греховности. Исповедь не может быть признана искренней, когда она не засвидетельствована соответствующим поведением. Преступник обязан доказать истину обращения своего к Богу исполнением воли Божией и покорностью этой воле: он обязан принести перед Богом, правосудном и в милости, терпение наказательных попущений Божиих, принести смиренное терпение, как фимиам благовонный, как благоприятную жертву, как достоверное свидетельство веры.

Все святые, все без исключений, причастились пути скорбному (*Евр. 12, 8*). Все они протекали поприще земной жизни по колючему тернию, питаясь опресноками разнообразного лишения, окропляясь горьким иссопом, напаяваясь постоянно чашей различных испытаний. Это было необходимым для их спасения и совершенства: скорби служили им вместе и средством образования духовного, и врачевством, и наказанием. Поврежденная природа ни в одном человеке не осталась без свойственного ей плодоприношения в большей или меньшей степени; поврежденная природа наша постоянно нуждается, как в противоядии, в скорбях: ими погашается в ней сочувствие к греховному яду страстей, в особенности к гордости (*2Кор. 12, 7*), к страсти, самой ядовитой и пагубной между страстями; ими выводится служитель Божий из напыщенного, неправильного мнения о себе, в смиренномудрие и духовный разум. Напыщенное мнение о себе по необходимости должно отнимать правильность и достоинство у жительства, представляющегося по наружности удовлетворительным[53]. «Разумех, Господи, – исповедуется Богу святой пророк Его, – яко правда судьбы Твоя, и воистину смирил мя еси» (*Пс. 118, 75*). «Судьбы Твоя – благи» (*Пс. 118:39*), несмотря на строгий наружный образ их. Последствия их благотворны, живоносен и усладителен плод их. «Благо мне, яко смирил мя еси, яко да научуся оправданием Твоим» (*Пс. 118, 71*). «Путь истины изволих и судьбы Твоя не забых» (*Пс. 118, 30*), «от судеб Твоих не уклонихся» (*Пс. 118, 102*), потому что без покорности им благоугождение Тебе – невозможно. В тяжких искушениях и напастях, не находя ни откуда помощи, «помянух судьбы Твоя от века, и утешихся» (*Пс. 118, 52*). «На судьбы твоя уповах!» (*Пс. 118, 43*). «Судьбы твоя помогут мне!» (*Пс. 118, 175*). «Седмерицею днем», то есть, непрестанно «хвалих Тя о судьбах правды Твоея» (*Пс. 118:164*): действие человека, соответствующее действию Бога в непостижимых судьбах Его, есть непрестанное или по возможности частое славословие Бога. Славословием Бога прогоняются помыслы неверия, малодушия, ропота, хулы, отчаяния, вводятся помыслы святые, Божественные. Говорит апостол: «Судими же от Господа, наказуемся, да не с миром осудимся» (*1Кор. 11:32*). Аминь.

# СОВЕЩАНИЕ ДУШИ С УМОМ

*Душа.* – Скорблю невыносимо, нигде не нахожу отрады. Не нахожу отрады и утешения ни вне, ни внутри меня. Не могу смотреть на мир, исполненный непрерывного обольщения, обмана, душегубства. Неосторожное созерцание мира, немногие неосторожные взгляды на его соблазны, незнание ядовитости его впечатлений, детская, неопытная доверчивость к нему привлекли в меня его стрелы, исполнили меня смертельных язв. К чему мне смотреть на мир? К чему любопытствовать о нем, подробно изучать его, или привязываться к нему, когда я лишь кратковременная странница в мире. Непременно я оставлю его, и не знаю, когда оставлю. Каждый день, каждый час я должна быть готова к призыву в вечность. Как бы ни продолжительно было мое скитание по пустыне мира, оно ничтожно перед неизмеримой вечностью, пред которой равны и часы, и дни, и годы, и столетия. Самый мир со всем громадным столпотворением своим мимо идет: «земля и яже на ней дела сгорят» (*2Пет. 3, 10*). Сгорят эти дела – плоды падения и отвержения человеков. Раны, нанесенные мне миром, сделали мир отвратительным для меня, но не предохранили от новых ран. Не хочу быть посреди мира! Не хочу подчиняться ему! Не хочу принимать никакого участия в служении ему! Не хочу даже видеть его! Но он повсюду преследует меня: насильно вторгается, в очаровательной красоте представляется взорам, расслабляет, уязвляет, поражает, губит меня. Я сама, постоянно нося и содержа в себе начало самообольщения и обмана, ввергнутых в меня грехом, продолжаю обольщаться миром: ненавидя его, невольно влекусь к нему и с жадностью пью яд его, глубоко вонзаю в себя стрелы, пускаемые им в меня. Обращаю тоскующий и пытливый взор от мира к себе самой. В себе не нахожу ничего утешительного. Во мне кипят бесчисленные греховные страсти! Я непрестанно оскверняюсь разнообразными согрешениями, то мучат меня гнев и памятозлобие; то чувствую, что горю пламенем любодеяния. Волнуется кровь, разгорячается воображение от какого-то действия, мне чуждого, враждебного, и вижу предстоящие мне соблазнительные образы, влекущие к мечтанию греха, к услаждению губительным соблазном. Не имею сил бежать от соблазнительных образов: невольно, насильно приковываются к ним мои болезненные очи. И бежать некуда! Бежала я в пустыню: в пустыню пришли со мной картины греха, или предварили меня в ней – не знаю; в пустыне предстали мне с особенной, убийственной живостью. Не существуют эти образы: и образы, и существование их, и красота – обман и обольщение; но вместе они живы, и ничто, ни самое время, ни дряхлая старость, не может умертвить их. Их смывает с воображения слеза покаяния: слезы покаяния нет у меня. Их сглаживает с воображения молитва смиренная, соединенная с плачем сердца: такой молитвы нет у меня. Сердце мое лишено умиления, лишено спасительного плача: оно во мне неподвижно, как осколок бесчувственного камня. Несмотря на мою ужасную греховность, я редко вижу свою греховность. Несмотря на то, что во мне добро смешано со злом, и сделалось злом, как делается ядом прекрасная пища, смешанная с ядом, я забываю бедственное положение добра, данного мне при сотворении, поврежденного, искаженного при падении. Я начинаю видеть в себе мое добро цельным, непорочным и любоваться им: мое тщеславие уносит меня с плодоносной и тучной пажити покаяния в далекую страну! В страну каменистую и бесплодную, в страну терний и плевел, в страну лжи, самообольщения, погибели. Я оставляю исполнение заповедей Христовых, и начинаю исполнять внушения моего сердца, последовать его чувствованиям, его воле; я дерзко называю ощущения падшего естества добрыми, его деяния добродетелью, – это добро и эту добродетель достойными наград земных и небесных, человеческих и Божиих. Когда я старалась исполнять заповеди Христовы, не внимая воле сердца и насилуя его, я признавала себя должницей пред Богом и человеками, рабой неверной и непотребной! Вслед за самообольщением являются во мне печаль, уныние и какой-то страшный мрак. Печаль лишает меня нравственной деятельности, уныние отнимает силу бороться с грехом, а мрак – последствие печали и уныния – густой мрак скрывает от меня Бога, Его суд нелицеприятный и грозный, обетованные награды за христианскую добродетель, обетованные казни за отвержение христианства и его всесвятых уставов. Я начинаю согрешать бесстрашно, при молчании совести, как бы убитой или спящей на то время. Редко, очень редко выпадает минута умиления, света и надежды. Тогда ощущаю себя иной. Но минута светлая – коротка. Небо мое бывает ясным не часто. Как черные тучи, снова налетают на меня страсти, и снова повергают в мрак, в смятение, в недоумение, в погибель. Ум мой! Ты – руководитель души. Наставь меня! Введи в меня блаженное спокойствие! Научи меня, как мне затворить в себя вход впечатлениям мира, как мне обуздать и подавить страсти, которые возникают во мне самой. Мир и страсти измучили, истерзали меня.

*Ум.* – Неутешительным будет мой ответ. И я вместе с тобой, душа, поражен грехом. То, о чем ты говорила, мне вполне известно. Как я помогу тебе, когда мне самому нанесены убийственные удары, когда я лишен силы действовать самовластно? В непрерывной деятельности моей, дарованной мне Творцом и составляющей мое свойство[54], я непрерывно подчиняюсь постороннему влиянию. Влияние это – влияние греха, которым я поврежден и расстроен. Это влияние непрестанно отвлекает меня от Бога, от вечности, влечет в обольщение суетным и преходящим миром, в обольщение собой, в обольщение тобой, душа, в обольщение грехом, в обольщение ангелами падшими. Мой существенный недостаток заключается в непрестанно насилующем меня развлечении. Пораженный развлечением, я парю, скитаюсь по вселенной без нужды и без пользы, подобно прочим духам отверженным. Я желал бы остановиться – и не могу: развлечение расхищает, уносит меня. Расхищаемый развлечением, я не могу взглянуть, как должно, ни на тебя, душа, ни на самого себя. От развлечения я не могу внимать, как должно, Слову Божию: по наружности представляюсь внимательным, но в то время, как усиливаюсь внимать, невольно уклоняюсь во все стороны, уношусь очень далеко, к предметам вполне посторонним, которых рассматривание не только не нужно для меня, но и чрезвычайно вредно. От убийственного развлечения не могу принести Богу сильной, действительной молитвы и запечатлеться страхом Божиим, которым уничтожилась бы моя рассеянность, и помыслы мои соделались бы послушными мне, которым сообщились бы тебе, душа, сердечное сокрушение и умиление. От моего развлечения ты пребываешь в ожесточении; при твоем ожесточении и нечувствии я развлекаюсь еще более. Развлечение – причина моей слабости в борьбе с греховными помыслами. От развлечения я ощущаю омрачение и тяжесть: когда предстанет помысел греховный, я не вдруг и не скоро узнаю его, если он прикрыт оправданием. Если же он и явен, то я, вооружаясь против него, не обнаруживаю к нему решительной и непримиримой ненависти, вступаю в беседу с своим убийцей, услаждаюсь смертоносным ядом, который он лукаво влагает в меня. Редко бываю я победителем, часто побежденным. По причине развлечения моего объемлет меня забывчивость: я забываю Бога, я забываю вечность, я забываю превратность и обманчивость мира, влекусь к нему, увлекаю, душа, тебя с собой. Я забываю грехи мои. Я забываю падение мое, я забываю бедственное положение мое: в омрачении и самообольщении моем, начинаю находить в себе и в тебе достоинства. Я начинаю искать, требовать признания этих достоинств от лживого мира, готового на минуту согласиться, чтобы после злее насмеяться. Достоинств нет в нас: достоинство человека всецело осквернено падением, и он справедливо будет думать о себе, если, как советует некоторый великий подвижник, сочтет себя мерзостью[55]. Как не мерзость немощное, малейшее существо, призванное Всесильным Творцом всего видимого и невидимого в бытие из ничтожества и вооружившееся против Творца своего? Как не мерзость существо, не имеющее ничего собственного, получившее все от Бога, и восставшее против Бога? Как не мерзость существо, не устыдившееся рая, позволившее себе среди райского блаженства охотно выслушать страшную клевету и хулу на Бога, доказавшее немедленное соизволение на клевету и хулу деятельным попранием заповеди Божией? Как не мерзость ум — вместилище и непрестанный родитель помыслов скверных и злобных, помыслов, постоянно враждебных Богу? Как не мерзость душа, в которой непрестанно вращаются буйные и чудовищные страсти, как бы ядовитые змеи, василиски и скорпионы в глубоком рву? Как не мерзость тело, в беззакониях зачатое, в грехах рожденное, орудие греха во время краткой земной жизни, источник смертоносного зловония по окончании земной жизни? Мы, душа, составляем одно духовное существо: я помышляю, ты чувствуешь. Но мы не только повреждены грехом, мы рассечены им как бы на два отдельные существа, действующие почти всегда противоположно одно другому. Мы разъединены, противопоставлены друг другу, мы отделены от Бога! Живущим в нас грехом мы противопоставлены Самому Всесвятому и Всесовершенному Богу!

*Душа.* — Прискорбен твой ответ, но он справедлив. То служит некоторым утешением, что наше бедственное состояние находится во взаимном соотношении, и мы можем разделять нашу скорбь, можем помогать друг другу. Дай же совет, как выйти нам из общего нашего расстройства? Я заметила, что всегда мои чувствования соответствуют твоим помышлениям. Сердце не может долго бороться с мыслью: оно всегда покоряется ей, а когда и противится, то противится только на краткое время. Ум мой! Будь путеводителем к общему нашему спасению.

*Ум.* — Я согласен с тем, что сердце недолго противится мысли. Но оно, оказав покорность на минуту, снова восстает против самой правильной, против самой Богоугодной мысли, восстает с такой силой и ожесточением, что почти всегда низлагает и увлекает меня. Низложив меня, оно начинает плодить во мне самые нелепые помышления, служащие выражением и обнаружением сокровенных страстей. Что сказать мне и о мыслях моих? По причине расстройства и повреждения моего грехом, мои мысли чрезвычайно непостоянны. С утра, например, родились во мне известные мысли о нашем духовном жительстве, о невидимом многотрудном подвиге, о земной нашей обстановке, отношениях, обстоятельствах, о нашей участи в вечности; эти мысли казались основательными. Вдруг к полудню, или раньше, они исчезают сами собой от какой-либо неожиданной встречи, заменяются другими, которые, в свою очередь, признаются достойными внимания. К вечеру являются новые помышления с новыми оправданиями. Ночью мятусь иными помыслами, которые в течение дня скрывались где-то, как бы в засаде, чтобы внезапно предстать мне во время безмолвия ночного, возмутить меня оворожительной и убийственной живописью греха. Тщетно, научаемый Словом Божиим, я признаю правильными только те помышления, на которые ты, душа, отвечаешь состоянием глубокого спокойствия, смирения, любви к ближним; тщетно я убежден, что все помышления, не только производящие в тебе мучение и расстройство, но и соединенные с малейшим смущением, с малейшим ожесточением твоим, чужды истине, вполне ложны, обманчивы, гибельны, какой бы личиной праведности они ни были прикрыты. Тщетно это знание! Тщетен этот верный признак, с решительностью отделяющий в мире духов добра от зла! По непостижимому, живущему во мне недугу, постигаемому только опытом, я не могу оторваться от помышлений убийственных, порождаемых во мне грехом. Не могу их ни подавить, ни исторгнуть, когда они начнут кипеть во мне, как черви; не могу ни отогнать их, ни оттолкнуть от себя, когда они нападут на меня извне, как разбойники, как лютые, кровожадные звери. Они держат меня в плену, в тяжкой работе, томят, мучат, ежечасно готовы растерзать, поразить вечной смертью. Производимое ими мучение я невольно сообщаю тебе, душа, сообщаю его самому телу нашему, которое от того болезненно и немощно, что изъязвлено безчисленными язвами, пронзено и стрелами, и мечами греховными. Отравленная ядом вечной смерти, ты, душа, скорбишь невыносимо, ищешь отрады, нигде не находишь ее. Напрасно ты думаешь найти эту отраду во мне: я убит вместе с тобою; вместе с тобой я погребен в тесном и мрачном гробе невидения и неведения Бога. Отношение наше к живому Богу, как бы к несуществующему и мертвому, есть верное свидетельство нашего собственного умерщвления.

*Душа.* – Руководитель мой! Око мое! Высшая духовная сила моя! Ум мой! Ты приводишь меня в безнадежие. Если ты, будучи светом моим, признаешь себя мраком, то чего ожидать мне от других сил моих, которые мне – общие с безсловесными животными? Чего ожидать мне от воли моей или силы желания, от ревности или естественного гнева, которые тогда только могут действовать иначе, нежели действуют в скотах, зверях и демонах, когда они находятся под твоим водительством. Ты сказал мне, что, при всей немощи твоей, при всем омрачении твоем, при всей мертвости твоей, Слово Божие еще действует на тебя и доставило тебе по крайней мере признак различать добро от зла, в чем заключается величайшая трудность. И я сделалась причастницей этого познания! Уже и я, когда начну ощущать смущение и расстройство, вместе с этим ощущаю неправильность моего состояния, ощущаю к такому состоянию и недоверчивость и ненависть, стараюсь свергнуть с себя состояние, мне неестественное и враждебное. Напротив того, когда ты остановишься, хотя на краткое время, как бы в родных объятиях, в помышлениях, почерпнутых из Слова Божия – какое я чувствую утешение! Какое начинается из глубины моей, из самых сердечных сокровищ, возсылаться славословие Богу! Какое меня объемлет благоговение перед величием Бога, тогда открывающегося мне! Какой я кажусь сама себе ничтожной пылинкой посреди громадного и разнообразного мироздания! Какая благодатная тишина, как бы наносимая дыханием райского ветра, начинает веять во мне и прохлаждать меня, истомленную зноем и бездождием! Какая сладкая и целительная слеза, зародившись в сердце, восходит в главу, и вытекает на разгоревшуюся ланиту из смиренного и кроткого ока, смотрящего на всех и все так мирно, так любовно! Тогда я чувствую исцеление естества моего! Тогда уничтожается внутренняя борьба! Тогда силы мои, рассеченные и раздробленные грехом, соединяются воедино. Соделавшись едино с тобою и с прочими моими силами, привлекши к этому единству самое тело, я чувствую милость Создателя к Его падшему созданию, познаю деятельно значение и силу Искупителя, исцеляющего меня своей всесильной и животворящей заповедью. Я исповедую Его! Я вижу действие поклоняемого Всесвятого Духа, от Отца исходящего и Сыном посылаемого! Я вижу действие Бога-Духа, вводимого Богом-Словом, являющего Божество Свое творческой Своей силой, при посредстве которой сосуд сокрушенный является как бы никогда не подвергавшимся сокрушению, в первобытной целости и красоте. Ум мой! обратись к Слову Божию, из которого мы уже заимствовали бесчисленные блага, но утратили нашим нерадением, нашей холодностью к дарам Божиим. Бесценные, духовные дары мы променяли на обманчивый призрак даров, под видом которых грех и мир предлагали нам яд свой. Ум мой! Обратись к Слову Божию! Поищи там отрады для меня: в настоящие минуты скорбь моя невыносима, и я страшусь, чтобы мне не впасть в окончательную погибель – в отчаяние.

*Ум.* – Слово Божие, душа, решает наше недоумение самым удовлетворительным определением. Но многие из человеков, услышав Слово Духа и истолковав его себе плотским своим разумением, сказали о животворящем Божием Слове: «Жестоко есть Слово сие, и кто может его послушати»? (*Ин. 6, 60*). Услышь, душа, сказанное Господом: «Обретый душу свою, погубит ю: а иже погубит душу свою Мене ради, обрящет ю» (*Мф. 10, 39*). «Любяй душу свою, погубит ю: и ненавидяй души своей в мире сем, в живот вечный сохранит ю» (*Ин. 12, 25*).

*Душа.* – Я готова умереть, если повелевает Бог. Но как умереть мне, бессмертной? Не знаю того орудия, которое было бы способно лишить меня жизни.

*Ум.* – Не полагай, душа, что заповедь Христова повелевает умереть тебе одной, что я изъят из приговора. Нет! Чашу смерти я должен разделить с тобой и первый испить ее, как главный виновник нашего общего падения, отвержения, бедствия, временной и вечной смерти. Смерть и погубление, которых от нас требует Бог, состоят не в уничтожении существования нашего: они состоят в уничтожении самолюбия, соделавшегося как бы нашей жизнью. Самолюбие есть искаженная любовь падшего человека к самому себе. Самолюбие боготворит свой падший, лжеименный разум, старается во всем и постоянно удовлетворять своей падшей, ложно направленной воле. Самолюбие выражается по отношению к ближним или посредством ненависти, или посредством человекоугодия, то есть угождения страстям человеческим, а к предметам мира, которыми он всегда злоупотребляет, посредством пристрастия. Как святая Любовь есть «союз совершенства» (*Кол. 3, 14*), и составляется из полноты всех добродетелей: так самолюбие есть та греховная страсть, которая составляется из полноты всех прочих разнообразных греховных страстей. Для уничтожения в нас самолюбия я должен отвергнуть все мои разумения, хотя бы я был очень богат разумениями, доставляемыми учением мира и по стихиям мира (*Кол. 2, 8*). Я должен погрузиться в нищету духа и, обнаженный этой нищетой, омовенный плачем, углажденный, смягченный кротостью, чистотой и милостью, приять разум, который благоволит начертать на мне десница моего Искупителя. Эта десница – Евангелие. А ты, душа, должна отречься своей воли, как бы это ни было тягостно для сердца, хотя бы чувствования и влечения твоего сердца казались тебе и самыми праведными и самыми изящными. Вместо своей воли ты должна исполнять волю Христа Бога и Спасителя нашего, как бы это ни было противным и жестоким для самолюбивого сердца. Вот – смерть, которой от нас требует Бог, чтоб мы добровольной смертью уничтожили смерть, живущую в нас насильственно, и получили в дар воскресение и жизнь, источающиеся из Господа Иисуса.

*Душа*. – Решаюсь на самоотвержение: от одних слов, произнесенных тобой о самоотвержении, я уже начала чувствовать отраду и надежду. Оставим жизнь, рождающую безнадежие и примем смерть – залог спасения. Веди меня, мой ум, во след велений Божиих, а сам неуклонно пребывай в том Слове, которое возвестило о себе: «Иже пребудет во Мне, и Аз в нем, той сотворит плод мног: яко без Мене не можете творити ничесоже» (*Ин. 15, 5*). Аминь.

# ЗРЕНИЕ ГРЕХА СВОЕГО

Придет то страшное время, настанет тот страшный час, в который все грехи мои предстанут обнаженными перед Богом-Судией, перед Ангелами Его, перед всем человечеством. Предощущая состояние души моей в этот грозный час, исполняюсь ужаса. Под влиянием живого и сильного предощущения, с трепетом спешу погрузиться в рассматривание себя, спешу поверить в книге совести моей отмеченные согрешения мои делом, словом, помышлением.

Давно нечитанные, застоявшиеся в шкафах книги пропитываются пылью, истачиваются молью. Взявший такую книгу встречает большое затруднение в чтении ее. Такова моя совесть. Давно не пересматриваемая, она с трудом могла быть открыта. Открыв ее, я не нахожу ожидаемого удовлетворения. Только крупные грехи значатся довольно ясно; мелкие письмена, которых множество, почти изгладились – и не разобрать теперь, что было изображено ими.

Бог, один Бог может побледневшим письменам возвратить яркость и избавить человека от совести лукавой (*Евр. 10, 22*). Один Бог может даровать человеку зрение грехов его и зрение греха его – его падения, в котором корень, семя, зародыш, совокупность всех человеческих согрешений.

Призвав на помощь милость и силу Божию, призвав их на помощь теплейшей молитвой, соединенной с благоразумным постом, соединенной с плачем и рыданием сердца, снова раскрываю книгу совести, снова всматриваюсь в количество и качество грехов моих, всматриваюсь, что породили для меня соделанные мной согрешения?

Вижу: «Беззакония моя превзыдоша главу мою, яко бремя тяжкое отяготеша на мне, умножишася паче влас главы моея» (*Пс. 37:5, 39:13*). Какое последствие такой греховности? «Постигоша мя беззакония моя и не возмогох зрети, сердце мое остави мя» (*Пс. 39, 13*). Последствием греховной жизни бывают слепота ума, ожесточение, нечувствие сердца. Ум закоренелого грешника не видит ни добра, ни зла; сердце его теряет способность к духовным ощущениям. Если, оставив греховную жизнь, этот человек обратится к благочестивым подвигам, то сердце его, как бы чужое, не сочувствует его стремлению к Богу.

Когда при действии Божественной благодати откроется подвижнику множество согрешений его, тогда невозможно, чтобы он не пришел в крайнее недоумение, не погрузился в глубокую печаль. «Сердце мое смятеся» от такового зрелища, «остави мя сила моя, и свет очию моею, и той несть со мною: яко лядвия моя наполнишася поруганий», то есть, деятельность моя исполнилась преткновений от навыка к греху, влекущего насильно к новым согрешениям; «возсмердеша и согниша раны моя от лица безумия моего», то есть, греховные страсти состарелись и страшно повредили меня по причине моей невнимательной жизни; «несть исцеления в плоти моей», то есть, нет исцеления, при посредстве одних собственных моих усилий, для всего существа моего, пораженного и зараженного грехом (*Пс. 37, 6, 8, 11*).

Сознанием грехов моих, раскаянием в них, исповеданием их, сожалением о них повергаю все бесчисленное их множество в пучину милосердия Божия. Чтобы на будущее время остеречься от греха, присмотрюсь, уединившись в самого себя, как действует против меня грех, как он приступает ко мне, что говорит мне. Приступает он ко мне, как тать: прикрыто лицо его; «умякнуша словеса его паче елея» (*Пс. 54, 22*); говорит он мне ложь, предлагает беззаконие. Яд в устах его; язык его – смертоносное жало.

«Насладись! – тихо и льстиво шепчет он. – Зачем запрещено тебе наслаждение? Насладись! Какой в том грех?» – и предлагает, злодей, нарушение заповеди всесвятого Господа.

Не должно бы было обращать никакого внимания на слова его: знаю я, что он тать и убийца. Но какая-то непонятная немощь, немощь воли, побеждает меня! Внимаю словам греха, смотрю на плод запрещенный. Тщетно совесть напоминает мне, что вкушение этого плода – вместе и вкушение смерти.

Если нет плода запрещенного перед глазами моими: внезапно рисуется этот плод в моем воображении, рисуется живописно, как бы рукой очарования.

Влекутся чувства сердца к картине соблазнительной, подобной блуднице. Наружность ее – пленительна, дышит из нее соблазн; украшена она в драгоценную, блестящую утварь; тщательно укрыто ее смертоносное действие. Ищет грех жертвы от сердца, когда не может принести этой жертвы тело, за отсутствием самого предмета.

Действует во мне грех мыслью греховной, действует ощущением греховным, ощущением сердца и ощущением тела; действует через телесные чувства, действует через воображение.

К какому заключению ведет меня такое воззрение на себя? К заключению, что во мне, во всем существе моем, живет повреждение греховное, которое сочувствует и вспомоществует греху, нападающему на меня извне. Я подобен узнику, окованному тяжкими цепями: всякий, кому только это будет дозволено, хватает узника, влечет его куда хочет, потому что узник, будучи окован цепями, не имеет возможности оказать сопротивления.

Проник некогда грех в высокий рай. Там предложил он праотцам моим вкушение плода запрещенного. Там он обольстил, там обольщенных поразил вечной смертью. И мне, потомку их, непрестанно повторяет то же предложение; и меня, потомка их, непрестанно старается обольстить и погубить.

Адам и Ева немедленно по согрешении были изгнаны из рая и изринуты в страну горестей (*Быт. 3, 23–24*): я родился в этой стране плача и бедствий! Но это не оправдывает меня: сюда принесен мне рай Искупителем, всажден в сердце мое. Я согнал грехом рай из сердца моего. Теперь там – смешение добра со злом, там – лютая борьба добра со злом, там – столкновение бесчисленных страстей, там мука, предвкушение вечной муки адской.

В себе вижу доказательство, что я сын Адама: сохраняю его наклонность ко злу; соглашаюсь с предложениями обольстителя, хотя и знаю наверно, что предлагается мне обман, готовится убийство.

Напрасно бы я стал обвинять праотцев за сообщенный мне ими грех: я освобожден из плена греховного Искупителем и уже впадаю в грехи не от насилия, а произвольно.

Праотцы совершили в раю однажды преступление одной заповеди Божией, а я, находясь в лоне Церкви Христовой, непрестанно нарушаю все Божественные заповедания Христа, Бога и Спасителя моего.

То волнуется душа моя гневом и памятозлобием! В воображении моем сверкает кинжал над головой врага и сердце упивается удовлетворенным мщением, совершенным мечтой. То представляются мне рассыпанные кучи золота! Вслед за ними рисуются великолепные палаты, сады, все предметы роскоши, сладострастия, гордости, которые доставляются золотом, и за которые грехолюбивый человек поклоняется этому идолу – средству осуществления всех тленных пожеланий. То прельщаюсь почестями и властью! Влекусь, занимаюсь мечтаниями об управлении людьми и странами, о доставлении им приобретений тленных, а себе тленной славы. То, как бы очевидно, предстоят мне столы с дымящимися и благоухающими яствами! Смешно и вместе жалостно услаждаюсь я представляющимися предо мною обольщениями. То внезапно вижу себя праведным, или, правильнее, сердце мое лицемерствует, усиливается присвоить себе праведность, льстить само себе, заботится о похвале человеческой, как бы привлечь ее себе!

Страсти оспаривают меня одна у другой, непрерывно передают одна другой, возмущают, тревожат. И не вижу своего горестного состояния! На уме моем непроницаемая завеса мрака; на сердце лежит тяжелый камень нечувствия.

Опомнится ли ум мой, захочет ли направиться к добру? Противится ему сердце, привыкшее к наслаждениям греховным, противится ему тело мое, стяжавшее пожелания скотские. Утратилось даже во мне понятие, что тело мое, как сотворенное для вечности, способно к желаниям и движениям Божественным, что стремления скотоподобные – его недуг, внесенный в него падением.

Разнородные части, составляющие существо мое – ум, сердце и тело – рассечены, разъединены, действуют разногласно, противодействуют одна другой; тогда только действуют в минутном, богопротивном согласии, когда работают греху.

Таково мое состояние! Оно – смерть души при жизни тела. Но я доволен своим состоянием! Доволен не по причине смирения – по причине слепоты моей, по причине ожесточения моего. Не чувствует душа своего умерщвления, как не чувствует его и тело, разлученное от души смертью.

Если бы я чувствовал умерщвление мое, пребывал бы в непрерывном покаянии! Если бы я чувствовал мое умерщвление, заботился бы о воскресении!

Я весь занят попечениями мира, мало озабочен моим душевным бедствием! Жестоко осуждаю малейшие согрешения ближних моих; сам наполнен грехом, ослеплен им, превращен в столп соляной подобно жене Лотовой, не способен ни к какому движению духовному.

Не наследовал я покаяния, потому что еще не вижу греха моего. Я не вижу греха моего, потому что еще работаю греху. Не может увидеть греха своего наслаждающийся грехом, дозволяющий себе вкушение его – хотя бы одними помышлениями и сочувствием сердца.

Тот только может увидеть грех свой, кто решительным произволением отрекся от всякой дружбы со грехом, кто встал на бодрой страже во вратах дому своего с обнаженным мечом – глаголом Божиим, кто отражает, посекает этим мечом грех, в каком бы виде он ни приблизился к нему.

Кто совершит великое дело – установит вражду со грехом, насильно отторгнув от него ум, сердце и тело, тому дарует Бог великий дар: *Зрение греха своего*.

Блаженна душа, узревшая гнездящийся в себе грех! Блаженна душа, узревшая в себе падение праотцев, ветхость ветхого Адама! Такое видение греха своего есть видение духовное, видение ума, исцеленного от слепоты Божественной благодатью.

С постом и коленопреклонением научает святая Восточная Церковь испрашивать у Бога зрение греха своего.

Блаженна душа, непрестанно поучающаяся в Законе Божием! В нем может она увидеть образ и красоты Нового Человека, по ним усмотреть и исправить свои недостатки.

Блаженна душа, купившая село покаяния умерщвлением себя по отношению к начинаниям греховным! На этом селе найдет она бесценное сокровище спасения.

Если ты стяжал село покаяния, вдайся в младенческий плач перед Богом. Не проси, если можешь не просить, ничего у Бога; отдайся с самоотвержением в Его волю.

Пойми, ощути, что ты создание, а Бог Создатель. Отдайся же безотчетно в волю Создателя, принеси Ему один младенческий плач, принеси Ему молчащее сердце, готовое последовать Его воле и напечатлеваться Его волей.

Если же по младенчеству твоему не можешь погрузиться в молитвенное молчание и плач пред Богом, произноси перед Ним смиренную молитву, молитву о прощении грехов и исцелении от греховных страстей, этих страшных нравственных недугов, составляющихся от произвольных повторяемых в течение значительного времени, согрешений.

Блаженна душа, которая сознала себя вполне недостойной Бога, которая осудила себя, как окаянную и грешную! Она – на пути спасения; в ней нет самообольщения.

Напротив того, кто считает себя готовым к приятию благодати, кто считает себя достойным Бога, ожидает и просит Его таинственного пришествия, говорит, что он готов принять, услышать и увидеть Господа, тот обманывает себя, тот льстит себе, тот достиг высокого утеса гордости, с которого падение в мрачную пропасть пагубы[56]. Туда ниспадают все возгордившиеся над Богом, дерзающие бесстыдно признавать себя достойными Бога и из этого самомнения и самообольщения говорить Богу: «глаголи, Господи, яко слышит раб твой» (*1Цар. 3:9*).

Услышал воззвавшего его Господа юный пророк Самуил и, не признавая себя достойным беседы с Господом, предстал своему престарелому наставнику, испрашивая у него наставления для своего поведения. Услышал Самуил во второй раз тот же призывающий голос и опять предстал наставнику. Наставник понял, что голос призывавшего был голос Божий: повелел юноше, когда он услышит подобное призвание, отвечать говорящему: «Глаголи, Господи, яко слышит раб твой».

Тоже дерзает говорить сладострастный и надменный мечтатель, никем не призываемый, упоенный тщеславным мнением, сочиняющий в себе гласы и утешения, ими льстящий надменному своему сердцу, ими обманывающий себя и легковерных своих последователей[57].

Сын Восточной Церкви, единой святой, и истинной! В невидимом подвиге твоем руководствуйся наставлениями святых Отцов твоей Церкви: от всякого видения, от всякого гласа вне и внутри тебя, прежде нежели обновишься явственным действием Святого Духа, они повелевают отвращаться, как от явного повода к самообольщению[58].

Храни ум безвидным, отгоняй все приближающиеся к нему мечты и мнения, которыми падение заменило истину. Облеченный в покаяние, предстой со страхом и благоговением перед великим Богом, могущим очистить грехи твои и обновить тебя Своим Пресвятым Духом.

Пришедший Дух наставит тебя «на всяку истину» (*Ин. 16:13*).

Чувство плача и покаяния – едино на потребу душе, приступившей к Господу с намерением получить от Него прощение грехов своих. Это – благая часть! Если ты избрал ее, то да не отымется она от тебя! Не променяй этого сокровища на пустые, ложные, насильственные, мнимоблагодатные чувствования, не погуби себя лестью себе.

«Если некоторые из Отцов, – говорит преподобный Исаак Сирин, – написали о том, что есть чистота души, что есть здравие ее, что бесстрастие, что видение, то написали не с тем, чтобы мы искали их преждевременно и с ожиданием. Сказано Писанием: «не приидет царствие Божие с соблюдением» (*Лк. 17, 20*). Те, в которых живет ожидание, стяжали гордыню и падение... Искание с ожиданием высоких Божиих даров отвергнуто Церковью Божией. Это – не признак любви к Богу, это – недуг души»[59].

Все святые признавали себя недостойными Бога: этим они явили свое достоинство, состоящее в смирении[60].

Все самообольщенные считали себя достойными Бога: этим явили объявшую их души гордость и бесовскую прелесть. Иные из них приняли бесов, представших им в виде ангелов, и последовали им; другим являлись бесы в своем собственном виде и представлялись побежденными их молитвою, чем вводили их в высокоумие; иные возбуждали свое воображение, разгорячали кровь, производили в себе движения нервные, принимали это за благодатное наслаждение и впали в самообольщение, в совершенное омрачение, причислились по духу своему к духам отверженным.

Если имеешь нужду беседовать с самим собой – приноси себе не лесть, а самоукорение. Горькие врачества полезны нам в нашем состоянии падения. Льстящие себе уже восприяли здесь на земле мзду свою – свое самообольщение, похвалу и любовь враждебного Богу мира: нечего им ожидать в вечности кроме осуждения.

«Грех мой предо мною есть выну» (*Пс. 50:5*), — говорит о себе святой Давид: грех его был предметом непрестанного его рассматривания. «Беззаконие мое аз возвещу, и попекуся о гресе моем» (*Пс. 37:19*).

Святой Давид занимался самоосуждением, занимался обличением греха своего, когда грех уже был прощен и дар Святого Духа уже был возвращен ему. Этого мало: он обличил грех свой, исповедал его во услышание вселенной (*Пс. 50*).

Святые Отцы Восточной Церкви, особливо пустынножители, когда достигали высоты духовных упражнений, тогда все эти упражнения сливались в них в одно покаяние. Покаяние обымало всю жизнь их, всю деятельность их: оно было последствием зрения греха своего.

Некоторого великого Отца спросили, в чем должно заключаться делание уединенного инока? Он отвечал: «Умерщвленная душа твоя предлежит твоим взорам, и ты ли спрашиваешь, какое должно быть твое делание?»[61] Плач — существенное делание истинного подвижника Христова; плач — делание его от вступления в подвиг и до совершения подвига.

Зрение греха своего и рождаемое им покаяние суть делания, не имеющие окончания на земле: зрением греха возбуждается покаяние; покаянием доставляется очищение; постепенно очищаемое око ума начинает усматривать такие недостатки и повреждения во всем существе человеческом, которых оно прежде, в омрачении своем, совсем не примечало.

Господи! Даруй нам зреть согрешения наши, чтобы ум наш, привлеченный всецело ко вниманию собственным погрешностям нашим, перестал видеть погрешности ближних и таким образом увидел бы всех ближних добрыми. Даруй сердцу нашему оставить пагубное попечение о недостатках ближнего, все попечения свои соединить в одно попечение о стяжании заповеданной и уготованной нам Тобою чистоты и святыни. Даруй нам, осквернившим душевные ризы, снова убелить их: они уже были омыты водами крещения, нуждаются теперь, по осквернении, в омовении слезными водами. Даруй нам узреть, при свете благодати Твоей, живущие в нас многообразные недуги, уничтожающие в сердце духовные движения, вводящие в него движения кровные и плотские, враждебные царству Божию. Даруй нам великий дар покаяния, предшествуемый и рождаемый великим даром зрения грехов своих. Охрани нас этими великими дарами от пропастей самообольщения, которое открывается в душе от непримечаемой и непонимаемой греховности ее, рождается от действия непримечаемых и непонимаемых ею сладострастия и тщеславия. Соблюди нас этими великими дарами на пути нашем к Тебе и даруй нам достичь Тебя, призывающего сознающихся грешников и отвергающего признающих себя праведниками, да славословим вечно в вечном блаженстве Тебя, Единого Истинного Бога, Искупителя плененных, Спасителя погибших. Аминь.

# О ОБРАЗЕ И ПОДОБИИ БОЖИИХ В ЧЕЛОВЕКЕ

«Сотворим человека по образу Нашему и по подобию» (*Быт. 1:26*), – таинственно совещался в Самом Себе и с Самим Собой Бог-Троица перед сотворением человека.

Человек – образ и подобие Бога. Бог, неприступный в величии Своем, Бог, превысший всякого образа, изобразился в человеке, изобразился с ясностью и славой. Так изображается солнце в смиренной капле воды. Существо человека, верховная его сила, которой он отличается от всех земных животных, которой он равен ангелам, дух его, есть образ существа Божия; свойства духа человеческого служат в состоянии непорочности своей подобием свойств Бога, Который, начертав всемогущей десницей Свое подобие на человеке, пребывает превыше всякого подобия и сравнения.

Какое же превосходное, исполненное многообразного достоинства, многообразной красоты, существо – человек?!

Для него создана Создателем вся видимая природа, вся она назначена в служение ему, вся она – его чудная обстановка.

Когда Создатель извлекал в бытие из ничтожества все прочие творения, довольствовался тем, что произносил Свое всемогущее повеление. Когда же восхотел завершить дело мироздания сотворением изящнейшего, совершеннейшего создания, Он предваряет сотворение совещанием.

Громадное вещество в его необозримом и неисчислимом разнообразии, созданное прежде человека, было – скажем утвердительно, потому что скажем справедливо – созданием приготовительным.

Так земной царь устраивает и украшает великолепный чертог для того, чтобы в нем поставить свое изображение.

Царь царей и Бог богов приготовляет всю видимую природу со всем ее убранством, со всем зримым нами изумительным великолепием. Потом в этот чертог поставляет, как конечную причину всего, Свой образ.

По окончании мироздания, перед созданием человека, Бог осматривает сотворенное Им и находит его удовлетворительным: «виде Бог, яко добра» (*Быт. 1:25*).

По сотворении человека, снова Бог осматривает все сотворенное Им и уже находит творение Свое изящным, полным, совершенным: «и виде Бог вся, елико сотвори: и се добра зело» (*Быт. 1:31*).

Человек! Пойми твое достоинство.

Взгляни на луга и нивы, на обширные реки, на беспредельные моря, на высокие горы, на роскошные древа, на всех зверей и скотов земных, на всех зверей и рыб, странствующих в пространствах воды, взгляни на звезды, на луну, на солнце, на небо: это все – для тебя, все назначено тебе в услужение.

Кроме видимого нами мира, есть еще мир не видимый телесными очами, несравненно превосходнейший видимого. И невидимый мир – для человека.

Как Господь почтил образ Свой! Какое предначертал ему высокое назначение! Видимый мир – только предуготовительное преддверие обители, несравненно великолепнейшей и пространнейшей. Здесь, как в преддверии, образ Божий должен украситься окончательными чертами и красками, чтобы получить совершеннейшее сходство со своим всесвятейшим, всесовершеннейшим Подлинником, чтобы в красоте и изяществе этого сходства войти в тот чертог, в котором Подлинник присутствует непостижимо, как бы ограничивая Свою неограниченность, для явления Себя Своим возлюбленным, разумным тварям.

Образ Троицы-Бога – троица-человек.

Три лица в троице-человеке – три силы его духа, которыми проявляется существование духа. Мысли наши и духовные ощущения проявляют существование ума, который, проявляясь со всей очевидностью, вместе пребывает вполне невидимым и непостижимым.

В Священном Писании и в писаниях святых Отцов иногда вообще душа называется духом, иногда называется духом отдельная сила души. Отцы называют эту силу души словесностью или силой словесности. Они разделяют ее на три частные силы: ум, мысль или слово и дух. Умом они называют сам источник, само начало и мыслей, и духовных ощущений. Духом, в частном значении, называется способность духовного ощущения. Нередко в Отеческих писаниях словесная сила или дух называются умом, нередко называются умами сотворенные духи. Целое получает имя от главной своей части.

Самое существо души нашей – образ Бога. И по падении в грех, душа пребывает образом! И вверженная в пламень ада, душа грешная, в самом пламени ада, пребывает образом Божиим! Так учат святые Отцы[62].

Воспевает святая Церковь в своих песнопениях: «Образ есмь неизреченныя Твоея славы, аще и язвы ношу прегрешений»[63].

Ум наш – образ Отца; слово наше (непроизнесенное слово мы обыкновенно называем мыслью) – образ Сына; дух – образ Святого Духа.

Как в Троице-Боге три Лица неслитно и нераздельно составляют одно Божественное Существо, так в троице-человеке три лица составляют одно существо, не смешиваясь между собой, не сливаясь в одно лицо, не разделяясь на три существа.

Ум наш родил и не перестает рождать мысль, мысль, родившись, не перестает снова рождаться и вместе с тем пребывает рожденной, сокровенной в уме.

Ум без мысли существовать не может, и мысль – без ума. Начало одного непременно есть и начало другой; существование ума есть непременно и существование мысли.

Точно также дух наш исходит от ума и содействует мысли. Потому-то всякая мысль имеет свой дух, всякий образ мыслей имеет свой отдельный дух, всякая книга имеет свой собственный дух.

Не может мысль быть без духа, существование одной непременно сопутствуется существованием другого. В существовании того и другого является существование ума.

Что – дух человека? – Совокупность сердечных чувств, принадлежащих душе словесной и бессмертной, чуждых душам скотов и зверей.

Сердце человека отличается от сердца животных духом своим. Сердца животных имеют ощущения, зависящие от крови и нервов, не имеют ощущения духовного – этой черты Божественного образа, исключительной принадлежности человека.

Нравственная сила человека – дух его.

Наш ум, слово и дух, по единовременности своего начала и по своим взаимным отношениям, служат образом Отца, Сына и Святого Духа, совечных, собезначальных, равночестных, единоестественных.

«Видевый Мене, виде Отца, – возвестил Сын, – Аз во Отце, и Отец во Мне есть» (*Ин. 14, 9–10*). То же можно сказать об уме человеческом и мысли его: ум, невидимый сам по себе, является в мысли, ознакомившийся с мыслью, ознакомился с умом, произведшим эту мысль.

Господь наименовал Дух Святой «Силою свыше» (*Лк. 24:49*), «Духом Истины» (*Ин. 14, 17*); Истина – Сын. Свойство силы имеет и дух человеческий; он есть и дух мыслей человека, истинны ли они или ложны. Он проявляется и в тайных движениях сердца, и в образе мыслей, и во всех действиях человека. Духом человека обнаруживается и ум его, и образ мыслей; дух каждого поступка обнаруживает мысль, руководившую человеком при поступке.

Милосердый Господь украсил Свой образ и подобием Своим. Образ Бога – самое существо души, подобие – душевные свойства.

Был новосотворенный образ Божий – человек, подобно Богу, бесконечен, премудр, благ, чист, нетленен, свят, чужд всякой греховной страсти, всякого греховного помышления и ощущения.

Искусный художник сперва изображает форму, черты того лица, с которого снимает портрет. Изобразив с точностью эти черты, он дает лицу, самой одежде цвет и краски подлинника, тем усовершает сходство. Бог, сотворив Свой образ, украсил его Своим подобием: свойственно образу Божию иметь по всему сходство с Богом. Иначе образ был бы недостаточен, недостоин Бога, не выполнял своего назначения, не соответствовал ему.

Увы! Увы! Восплачьте небеса! Восплачь солнце, восплачьте, все светила, восплачь, земля, восплачьте, все твари небесные и земные! Восплачь, вся природа! Восплачьте святые Ангелы! Возрыдайте горько, неутешно! Облекитесь, как в одежду, в глубокую печаль! – Совершилось бедствие, бедствие, вполне достойное назваться бедствием: образ Божий пал.

Почтенный самовластием от Бога, как одним из ярких, живых цветов Богоподобия, обольщенный ангелом, уже падшим, он сообщился мысли и духу темным отца лжи и всякой злобы. Сообщение это осуществил действием: разъединением с волей Божией. Этим отогнал от себя Дух Божий, исказил Божественное подобие, сделал самый образ непотребным.

Живо и точно изобразил Екклезиаст бедствия падения: «развращенное, – сказал он, – не может исправиться, и лишение не может исчислиться» (*Еккл. 1:15*).

Расстройство образа и подобия удобно каждому усмотреть в себе. Красота подобия, состоящая из совокупности всех добродетелей, осквернена мрачными и смрадными страстями. Черты образа лишены своей правильности, своего взаимного согласия: мысль и дух борются между собой, выходят из повиновения уму, восстают против него. Сам он – в непрестанном недоумении, в омрачении страшном, закрывающем от него Бога и путь к Богу, святой, непогрешительный.

Ужасным мучением сопутствуется расстройство образа и подобия Божия. Если человек внимательно, в уединении, в течение значительного времени, постоянно будет смотреть в себя, то он убедится, что это мучение действует непрерывно – раскрывается и закрывается, смотря по тому, много или мало заглушает его развлечение.

Человек! Твои развлечения, твои увеселения – обличители живущей внутри тебя муки. Ты ищешь заглушить ее чашей шумных забав и непрерывного развлечения. Несчастный! Едва выпадет для тебя минута трезвения, как ты снова убеждаешься, что мука, которую ты старался уничтожить развлечением, живет в тебе. Развлечение служит для нее пищей, средством укрепления: отдохнув под сенью развлечения, мука просыпается с новыми силами. Она – свидетельство, живущее в самом человеке, свидетельствующее ему о его падении.

Печатью, свидетельством падения запечатлено тело человека. С самого рождения своего оно во вражде, в борьбе со всем окружающим и с самой живущей внутри него душой. Наветуют против него все стихии; наконец, утомленное внутренними и внешними бранями, поражаемое недугами, угнетаемое старостью, оно падает на косу смерти, хотя и сотворено бессмертным, рассыпается в прах.

И снова является величие образа Божия! Оно является в самом падении его, в способе, которым человек извлечен из падения.

Бог, одним из Лиц Своих, восприял на Себя образ Свой: вочеловечился; Собой извлек его из падения, восстановил в прежней славе, возвел к славе несравненно высшей, нежели та, которая была ему усвоена при сотворении.

В милости Своей праведен Господь. При искуплении Он возвеличил образ Свой более, нежели при создании:

человек не сам себе изобрел падение, как изобрел его падший ангел, – привлечен в падение завистью, обманут злом, прикрывшимся личиной добра.

Все Лица Троицы-Бога участвуют в деле вочеловечения, каждое в свойстве Лица своего. Отец пробывает родившим и рождающим, Сын рождается, действует Дух Святой.

И здесь опять видно, какой точный образ – человек Бога. Принимает человечество Сын; чрез Него вся Троица-Бог вступает в общение с человеком. Мысль наша, чтобы сообщиться с человеками, облекается в звуки: невещественная – сопрягается с веществом; через посредство ее входит в общение дух, является ум.

Вочеловечился Сын – Божие Слово, Божия Истина. Истиной исправлена, очищена наша мысль, наш дух сделался способным к общению со Святым Духом. Святым Духом оживлен умерщвленный смертью вечной дух наш. Тогда ум вступил в познание и видение Отца.

Троица-человек исцеляется Троицей-Богом: Словом исцеляется мысль, переводится из области лжи, из области самообольщения, в область Истины, Духом Святым оживотворяется дух, переводится из ощущений плотских и душевных в ощущения духовные; уму является Отец – и ум соделывается умом Божиим. «Ум Христов имамы» (*1Кор. 2, 16*), – говорит Апостол.

До пришествия Святого Духа, человек, как мертвый духом, вопрошал: «Господи, покажи нам Отца» (*Ин. 14:8*). По принятии Духа сыноположения, ощутив сыновство свое, ожив духом для Бога и спасения, от действия Святого Духа, он относится к Отцу, как к знаемому, как к Отцу: «Авва Отче» (*Рим. 8:15–16*)!

В купели крещения возставляется падший образ, человек рождается в жизнь вечную водой и духом. Отселе Дух, отступивши от человека при падении его, начинает соприсутствовать ему во время его земной жизни, исцеляя покаянием повреждения, наносимые человеку грехом после крещения, и таким образом соделывая ему возможным спасение, посредством покаяния до последнего издыхания.

Красота подобия восстанавливается Духом, как и образ при крещении. Она развивается, усовершается исполнением евангельских заповедей.

Образец этой красоты, полнота этой красоты – Богочеловек, Господь наш Иисус Христос.

«Подражателе мне бывайте, якоже и аз Христу» (*1Кор. 11:1*), – возвещает Апостол, призывая верных к восстановлению и усовершенствованию в себе Божественного подобия, указывая на Священнейший Образец совершенства новых человеков, воссозданных, обновленных искуплением. «Облецытеся Господем нашим Иисус Христом» (*Рим. 13:14*).

Бог-Троица, при искуплении образа Своего – человека, дал такую возможность к преуспеянию в усовершенствовании подобия, что подобие обращается в соединении образа с Подлинником, бедной твари с всесовершенным Творцом ее.

Дивен, чуден образ Божий, тот образ, из которого светит, действует Бог! Тень Петра Апостола исцеляла! Солгавший перед ним пал внезапно мертвым, как солгавший перед Богом! Убрусцы и головные повязки Апостола Павла совершали знамения! Кости Елисея Пророка воскресили мертвеца, которого телу неосторожность погребателей допустила прикоснуться к давно покоившимся в гробе костям Духоносца!

Ближайшее подобие, соединение получается и, по получении, удерживается пребыванием в евангельских заповедях. «Будите во Мне, – заповедует Спаситель ученикам Своим, – и Аз в вас. Аз есмь лоза, вы же рождие, и иже будет во Мне и Аз в нем, той сотворит плод мног» (*Ин. 15:4–5*).

Блаженнейшее соединение доставляется, когда с чистой совестью, очищаемой удалением от всякого греха, точным исполнением евангельских заповедей, христианин приобщается святейшего тела Христова и святейшей Его крови, а вместе и соединенного с ними Божества Его. «Ядый Мою плоть, – сказал Спаситель, – и пияй Мою кровь во Мне пребывает, и Аз в нем» (*Ин. 6:56*).

Разумный образ Божий! Рассмотри: к какой славе, к какому совершенству, к какому величию ты призван, предназначен Богом!

Непостижимая премудрость Создателя предоставила тебе сделать из себя то, что пожелаешь сделать.

Разумный образ Божий! Неужели ты не захочешь пробыть достойным образом Божиим, захочешь исказить себя, уничтожишь подобие, превратишься в образ диавола, низойдешь к достоинству бессловесных?

Не всуе излил Бог свои блага, не напрасно совершил чудное мироздание, не тщетно почтил предварительным совещанием создание Своего образа, не безотчетливо Собой искупил его, когда он пал! Во всех дарах Своих Он потребует отчета. Он будет судить, как употреблены Его щедроты, как оценено Его вочеловечение, как оценена кровь Его, пролитая за нас при нашем искуплении.

Горе, горе тварям, пренебрегшим благодеяниями Бога, Создателя-Искупителя!

Огонь вечный, бездна огненная, зажженная давно, неугасимая, приготовленная для диавола и ангелов его, ожидает образы Божии, искаженные, сделавшиеся непотребными. Там они будут гореть вечно, не сгорать вечно!

Братия! Доколе мы странствуем на земле, доколе мы в преддверии к вечности – в этом видимом мире – постараемся привести в правильность черты образа Божия, напечатленного Богом на душах наших, дать оттенкам и цветам подобия красоту, живость, свежесть, и Бог, на испытании страшном, признает нас способными к вступлению в Его вечный, блаженный чертог, в Его вечный день, в Его вечные праздник и торжество.

Ободримся, маловерные! Подвигнемся, ленивые! Подобострастный нам человек, сперва в омрачении своем гнавший Церковь Божию, бывший противником, врагом Бога, столько исправил в себе, по обращении своем, Богоданный Божественный образ, столько усовершенствовал подобие, что с дерзновением возвещает о себе: «Живу же не ктому аз, но живет во мне Христос!» (*Гал. 2:20*).

Никто да не усомнится в истине этого гласа! Этот глас был столько преисполнен всесвятой Истины, столько содействовал ему Дух Святой, что на глас Павла воскресали мертвецы, демоны исходили из мучимых ими людей, умолкали бесовские прорицалища, враги Света Божия лишались света очей, язычники отвергли своих идолов, познали Христа – истинного Бога, и поклонились Ему. Аминь.

# РАЗМЫШЛЕНИЕ, ЗАИМСТВОВАННОЕ ИЗ 1-ГО ПОСЛАНИЯ СВ. АПОСТОЛА ПАВЛА К ТИМОФЕЮ, ОТНОСЯЩЕЕСЯ ПРЕИМУЩЕСТВЕННО К МОНАШЕСКОЙ ЖИЗНИ

Слово Божие есть завещание: принявшим Слово Божие оно доставляет спасение и блаженство (I, 5).

Любовь рождается от чистоты сердца, непорочной совести и нелицемерной веры (I, 5).

Возделывай эти добродетели, сохраняя внимательность к себе и молчание, чтобы достичь любви, которая – верх и совокупность христианского совершенства.

Чистота сердца нарушается принятием греховных помыслов, в особенности блудных; непорочность совести – произвольными грехами; вера ослабляется упованием на свой разум, неискренностию и самолюбием.

Кто захочет рассуждать об истине без просвещения свыше, тот только вдастся в пустые беседы и прения, уклонится от пути, ведущего в любовь (I, 6–7).

От безвременного, превышающего знание, тщеславного рассуждения об истине родились ереси, заблуждения и богохульство.

Постоянство в православном исповедании догматов веры питается и хранится делами веры и непорочностью совести.

Не руководствующиеся верой в своих поступках и нарушающие непорочность совести произвольным уклонением в грехи, не возмогут сохранить своего знания догматов в должной чистоте и правильности: это знание, как знание о Боге, требует необходимой чистоты ума, которая свойственна одним только благонравным и целомудренным (I, 19).

Один Бог и Один Посредник между Богом и человеками – Богочеловек, Иисус Христос (II, 5). Никто не может приступить и приблизиться к Богу без этого Посредника. Отвергающий Посредника, отвергает и Бога. «Отметаяйся Сына, ни Отца имать. Иже не верует в Сына, не узрит живота, но гнев Божий пребывает на нем» (*1Ин. 2, 23*; *Ин. 3, 36*).

Духовный разум состоит в познании Истины верой. Сперва приобретается познание веры; вера, усвоившись христианину, изменяет его разум откровением ему Истины, которая – Христос.

Достигшие мужеского возраста о Христе, получают непрестанную молитву, которую совершают в тайне душевной клети на всяком месте и во всякое время. Христианин тогда получает непрестанную молитву, когда воля его и зависящая от воли деятельность поглощены будут разумением, желанием и исполнением воли Божией. Этим водворяется в сердце живая вера, евангельская простота, мир Божий, чуждый всякого возмущения.

Таковой разумный младенец непрестанно видит свою немощь, непрестанно верует, непрестанно алчет и жаждет божественной правды, и потому – непрестанно молится (*1Тим. 2:8*).

Добродетели, особенно нужные безмолвнику, суть: кроткая покорность Богу, расположение к молчанию, удаление от бесед, даже полезных, но отдаляющих от беседы с Богом и нарушающих безмолвие сердечное. Особенно в начале своего подвига безмолвник способен к увлечению впечатлениями внешними. Тщательное пребывание в келье, удаление от свиданий с знакомыми и от всех видов развлечения противодействуют этой немощи (II, 11, 12).

Новопостриженному иноку не должно поручать должностей, значащих в монастыре, потому что он удобно может возгордиться и подвергнуться другим козням диавола (*1Тим. 3:6–7*).

Таинственное знание и ощущение веры соблюдается чистотой совести.

Церковь Бога живого есть столп и утверждение истины. Потому Бог именуется здесь живым, что действует. Действует Он во всех верующих таинствами, а в избранных, сверх таинств, многоразличными явными благодатными дарованиями. Этим доказывается твердость и непоколебимость в истине Восточной Церкви. Напротив того, Церкви инославные, хотя и украшают себя именем Церквей Христовых, хотя признают Бога, но не действующего, как бы мертвого (для мертвых и живой – мертв!), чем обнаруживают, что они поколебались, не устояли в истине.

Великое таинство благочестия (III, 16)! Бог явился во плоти; доказал, что Он Бог Духом, то есть, учением Своим, которое – Дух и живот; делами своими, совершенными о персте Божии; дарованием Духа Святого человекам. Облекшись плотию, Он соделался видимым не только для человеков, но и для Ангелов, для которых по Божеству Он – невидим[64]. Язычники, погибавшие от неведения Бога, услышали проповедь спасения. Приемлет учение о Боге не мудрость земная, не возвышенный разум, не обширная ученость, не богатое, высокое и славное мира, но смиренный залог сердца, верой. Уверовавшие в Бога вступают в усвоение Ему и, вознесшись благодатью превыше всего временного, получают таинственное, опытное знание, что Он вознесся на небо и возносит туда с Собою истинно-верующих в Него.

Не утвердившие и не возрастившие веру от слуха делами веры, удобно обольщаются учением лжи, лицемерно принимающей вид истины (*1Тим. IV, 1*).

Телесные подвиги «вмале полезны» (IV, 8), то есть, они могут только укротить страсти, а не искоренить их. Благочестие же, которое состоит в невидимом упражнении ума и сердца при православной вере, «на все полезно», при нем только может человек ощутить жизнь вечную, вкушаемую святыми здесь отчасти, как в обручении, вполне раскрывающуюся по разлучении души с телом. Жизнь вечная заключается в многообразном действии благодати в душе, которое ощущается по мере очищения от страстей. Слово это, как сказанное от духовного опыта, верно; оно достойно быть принятым (IV, 9) как начало, от которого христианин может востечь к неизреченным благам, полагая восхождения в сердце своем.

Вера и внимание приводит к познанию креста Христова, от чего великодушное терпение скорбей, рождаемое и питаемое упованием на Бога живого, то есть действующего благодатным утешением в сердце терпящего о Христе (IV, 10).

Когда благодатное утешение действует при таинственном познании Христа и Его смотрения, тогда христианин не осуждает ни иудея, ни язычника, ни явного беззаконника[65]; но пламенеет ко всем тихой, непорочной любовью. Он созерцает чистотой ума своего, что со времени пришествия Христова, достоинство, цену, похвалу и спасение человека составляет Христос, а не естественные добродетели человеческие. Он непрестанно желает быть распятым, потому что слух его отверзся, и он слышит глас Христа Бога своего, ему говорящий: «Иже не приимет креста своего и в след Мене грядет, несть Мене достоин. Обретый душу свою погубит ю: а иже погубит душу свою Мене ради, обрящет ю» (*Мф. 10:38–39*). Чашу скорбей он считает чашей спасения, свидетельством избрания, даром Божиим. Он не может иметь ненависти и врагов, потому что наносящие ему скорби в глазах его – не что иное, как орудия промысла Божия[66]; он извиняет их, приводя в причину оправдания неведение их; он благословляет их, как орудия благодетельствующего ему Бога. «Могу ли, – говорит он себе, – могу ли осудить тех, которые теперь, передо мной, впадают в явные беззакония, когда Христос уже искупил все грехи их, прошедшие, настоящие и будущие, когда они во Христе уже имеют оправдание и спасение, которых иначе лишиться не могут, как отвергнув Христа до конца?»[67].

Не должно подавать ближним никакого соблазна своим поведением (IV, 12). Почему сохраняй по душе и по телу благоговение. Будь скромен и прост в словах и телодвижениях; в домашней твоей жизни будь воздержен, целомудр, не дерзок; по душе будь кроток, ко всем любовен, правдив, мудр, никак не допускай себе лукавства и лицемерия; вместо них имей веру, которая научит тебя, что мир и судьбы каждого человека управляются промыслом Божиим, а не ухищрениями разума человеческого, и что по этой причине должно наблюдать кроткую христианскую правоту в делах, словах и помышлениях.

«Доколе не приду к тебе, – говорит благодать Божия подвижнику Божию, – и, вселившись в тебя, не заменю собой всякое наставление извне, занимайся внимательно чтением, молитвой, наставляйся учением преуспевших. Не позволяй себе нерадения и с постоянством пребывай во внимании. Тогда постепенное преуспеяние твое будет очевидно; ты стяжаешь спасение и будешь полезен для ближних словом назидательным и спасительным» (IV, 14–16).

Кто истинно ощутил бедность естества Адамова, кто познал, что оно находится в горестном падении и погибели, тот, конечно, вместе с этим понял и убедился, что человеку для спасения необходимо приобщиться Христу. Такое познание есть признак истинной вдовицы. Ей дозволяется вступить в безмолвие, чтобы пребывать в молитвах и молениях день и ночь, чтобы ощутительно вообразился в ней Христос (VI, 5).

Как кормчий смотрит на звезды и по ним направляет ход корабля, так и безмолвник должен непрестанно взирать на Бога, Его видеть очами веры и надежды, чтобы сохраниться в постоянстве и терпении. На море безмолвия предшествуют необыкновенной тишине необыкновенные бури.

Безмолвник, увлекающийся чревоугодием, предающийся излишнему сну и изнеженности, или вообще сластолюбию и самолюбию, доказывает этим, что он мертв душой, хотя и жив по телу (IV, 6). Христос, истинная Жизнь, обитает в одних только распятых.

Возраст вдовицы, способный к безмолвию, определяется шестьюдесятью годами (V, 9), чем означается в духовном отношении средняя мера преуспеяния, изображаемого в Евангелии числами: тридцать, шестьдесят и сто. В этой средней мере находятся те, которые, хотя и душевны, но прияли молитвенную силу к победе во время браней, которым открылось таинство креста, которые ощущают во время скорбей, наносимых извне, благодатное действие в душах своих, служащее вместе и светом и утешением для сердца.

Безмолвник, прежде вступления в безмолвие, должен иметь свидетельство от добрых дел. Рассматривай себя, ты, желающий вступить в пристанище, или, правильнее сказать, в море безмолвия! Последовал ли ты всякому делу благому не по естеству ветхого Адама, но сообразно свойствам Нового? (V, 10). Иначе: приял ли ты на себя иго смирения и кротости, вкусил ли ты, что это иго благо и бремя легко? Иначе: изучил ли заповеди Евангельские? Ум твой и сердце сделались ли их скрижалями, а поведение твое их выражением и последствием? Не ищешь ли ты правды вне креста? Если ищешь, то ты не способен, не готов к безмолвию, в которое вступать, не осудив себя и пребывая в осуждении ближних, бедственно.

Юных по духовному возрасту подвижников, хотя бы они были и стары по плоти, хотя бы они стремились от мира, и потому заслуживали имя вдовиц, не должно допускать до безмолвия (V, 11). Они, по недостатку духовного разума, не могут быть постоянны в мысли, что для спасения единственно необходим один Христос; они не стерпят своей мертвости, захотят оживить свое «я» в добрых делах, принадлежащих душевному человеку, чем свергнут с себя иго Христово и вступят в естество ветхого Адама. Лучше им упражняться в деятельных добродетелях; лучше им, уклоняясь от всего нижеестественного, пребывать в естестве своем, чем стремиться преждевременно и неправильно к сверхъестественному.

Не воспрещается и им стремление к обновлению себя в Господе; но завещается стремление правильное: пусть они стараются исправить свои нравы по нраву Христову, изображенному в Евангелии. При исцелении нравов постепенно исцеляется и ум. Он, получив исцеление, то есть, сделавшись чистым, ясно усматривает Истину, признает ее и исповедует. После этого, если истине угодно, единственно по ее благоволению и избранию, ученик возводится на гору и соделывается зрителем преображения. Если же не так, то оставайся под горой, займись изгнанием беса из отрока. Бес изгоняется верой, молитвой и постом. Под именем поста должно разуметь не одно воздержание от неумеренности в пище, но воздержание от всех греховных начинаний. Вникавший в свое состояние и в состояние всего рода человеческого, зараженного грехом, подчинившегося духам тьмы, может понять таинственный ответ, данный Спасителю отцом беснующегося о времени, с которого началась болезнь сына: «рече: издетска» (*Мк. 9:21*).

Покушение на преждевременное безмолвие влечет за собой неминуемые пагубные последствия. Дерзновенный, самонадеянный, омраченный и связанный неведением подвижник не найдет пищи для души своей в безмолвии, а от этого непременно впадет в уныние, которое в безмолвниках действует с особенной силой и вредом, предавая их увлечению разнообразными лукавыми помыслами и мечтаниями. Пища для безмолвников есть благодатное просветительное утешение откровением таинства креста Христова. Оно – дар свыше, а не познание, свойственное собственно естеству человеческому. Душевным духовное заменить невозможно. Если же кто будет усиливаться заменить, тот усвоит себе ложь вместо истины, в лицемерном образе истины. Плод лжи – расстройство, так как и плод уныния. Но расстройство от лжи различествует от расстройства, рождаемого унынием. Первое обнаруживается в самообольщении, в высоком о себе мнении, в хвастовстве мнимыми добродетелями своими и дарованиями, в презрении и осуждении ближних, оканчивается гордостью, прелестью, иступлением ума, иногда впадением в плотские страсти, а иногда самоубийством, всего чаще беснованием и умоповреждением, которые обыкновенно называются сумасшествием. Второе обнаруживается в праздности, лености, в оставлении своей кельи, в расположении к развлечению беседами, частыми выходами, странствованиями, обращением к земной мудрости и учености. С оживлением душевного разума по свойству ветхого Адама, отвергается вера, скрывается промысл Божий от очей ума; человек, как бы вечный на земле, устремляется всецело к одному земному и постепенно ниспадает в состояние нижеественное, страстное, плотское, которое есть, по отношению к истинной жизни – Христу, смерть души (V, 12–13).

Кто впал в расстройство того и другого рода, в особенности же первого, тот по большей части делается вовсе не способным к жизни подвижнической. Впрочем, смирение исцеляет и такие недуги, которые сами по себе не исцелимы, сказал Иоанн Лествичник[68].

Желающий быть чистым исполнителем заповедей Христовых должен крайне храниться от пристрастий (V, 21). Когда сердце заражено пристрастием, оно не может исполнить чистой и святой воли Христовой с подобающей святостью и чистотой. Исполняя волю свою вместо воли Христовой и упорствуя показывать, что творим волю Христову, впадаем в лицемерие. Нередко выказывая, а может быть и думая, что творим волю Христову, по самой вещи исполняем волю диавола.

Те, которые стараются познать Христово учение не для него самого, но с целью посторонней, земной, с целью приобретения корысти или чести, никогда не возмогут получить истинного духовного разума, потому что он есть дар Божий, даруемый смиренным по мере веры их, очищения от страстей и самоотвержения (VI, 4–5).

Если увидишь, что именующие себя учителями и мнящиеся знать Христа, предаются спорам, зависти, злоречию, подозрительности, ненависти и прочим страстям, то знай, что они имеют одно мертвое знание от слуха, а ум и сердце их во мраке и недуге, как не исцеленные и не очищенные деланием заповедей евангельских (VI, 4). Против их гремит изречение Господа: «Не вем вас»! (*Мф. 25:12, 7:23*). Это говорит о Себе Истина – Христос тем, которые думают ведать Его не от дел веры, а от одного лишь слуха. Кто познал, что род человеческий находится в падении, что земля есть место нашего изгнания, наша темница, где пробыв краткое время, мы выходим для получения или вечного блаженства, или вечной казни, тот, конечно, познал и то, что единое сокровище человека на земле – Христос, Спаситель погибших. Следовательно, единственное и неоцененное приобретение человека на земле – познание Христа и усвоение Христу. Желающий стяжать это сокровище будет ли желать приобретений и наслаждений временных? Напротив – он будет убегать их, опасаясь, чтобы они не развлекли его. Он будет доволен не только необходимым, но и скудостью. А довольный – богаче богатых! (VI, 6).

Братия, мы вступили нагими в мир сей; выходя из него, оставим в нем и тела наши. Зачем же искать приобретений тленных? зачем искать того, что должно покинуть непременно? Не будем терять драгоценного времени для тления, чтобы не утратить единственного нашего сокровища – Христа. К Нему устремим и ум и сердце; имея пищу и одежду, будем этим довольны; не допустим к себе излишеств и прихотей, чтоб они, мало-помалу привлекая к себе нашу любовь, не лишили нас Христа (VI, 7–8).

Желающие обогатиться впадают в напасти и сети, которые приготовляет им самое их стремление к обогащению. Первым плодом этого стремления есть множество попечений и забот, отводящих ум и сердце от Бога. Душа, мало, холодно, небрежно занимающаяся Богом, получает грубость и впадает в нечувствие; страх Божий в ней изглаживается; отступает от нее воспоминание о смерти, ум помрачается и перестает видеть промысл Божий, от чего теряется вера; надежда, вместо того, чтобы утверждаться в Боге, обращается к идолу, приводя к подножию его и любовь. Тогда человек умирает для добродетелей, предается лжи, лукавству, жестокости, словом сказать, всем порокам, и впадает в совершенную погибель, сделавшись сосудом диавола. «Корень всех злых есть сребролюбие», как содержащее в себе причину и повод ко всем грехам (VI, 9–10).

И те, которых не вполне погубило сребролюбие, потому что они не вполне предались ему, а только искали умеренного обогащения, потерпели многие бедствия. Они опутали себя тяжкими заботами, впали в разнообразные скорби, принуждены были нередко нарушать непорочность совести, потерпели большой урон в духовном преуспеянии и видели в себе значительное уклонение от веры и духовного разума. Для христианина нищета евангельская вожделеннее всех сокровищ мира, как руководствующая к вере и ее плодам. Подвижник Христов чем свободнее от мира, тем безопаснее, а сколько связался с миром, столько уже победился.

Лжеименный разум (VI, 20) есть образ мыслей и суждений, усвоившихся уму по падении человека. Как следствие падения, он имеет характер самообольщения, как следствие лжи и обмана, он не приемлет Истины – Христа; как высоко ценящий все земное, между тем, как земля есть место изгнания падших, он противен вере и рождаемому ею духовному разуму, взирающему на все земное оком странника. Предмет лжеименного разума – одновременное и тленное. Когда предметом его делается вечное и духовное, то суждения его вполне неосновательны и ошибочны. Он лишен просвещения свыше, объясняющего предметы духовные; для собственных его сил, без откровения, эти предметы не доступны; посторонний в нем свет есть свет темных духов лжи. Все сведения доставляются ему чувствами телесными, которые повреждены падением. Когда не видимое чувственными очами сделается для него доступным каким-либо средством, например магнетизмом, то этим он умножает только свои заблуждения, укрепляет свое омрачение и самообольщение, как пребывающий в области лжи, как стяжающий одни превратные познания. Последователи его находятся в непрестанном несогласии между собой, противоречат один другому и сами себе. Он не требует от человека благонравия, напротив – предоставляет свободу грешить. Он считает себя правителем мира, почему отвергает промысл Божий, если не всегда словами, то всегда самим делом. Он содержит в себе начало безбожия, которое составляет всю сущность каждого заблуждения, раскрываясь в нем более или менее. Наконец, он есть отрицательное богатство падших духов и тех человеков, которые находятся в общении с падшими духами.

Оставим мудрость мира сего, оставим упование на нее и приступим с верой и смирением к Божией мудрости и силе, к святой Истине – Христу, который пришел в мир, «да спасется Им мир» (*Ин. 3:17*). Он Свет, которого тьма не объемлет и не приемлет (*Ин. 1:5*). Тот только способен Его принять, кто возлюбил правду. «Всяк делаяй злая ненавидит Света. Не веруяй в Онь уже осужден есть. Сей есть суд, яко Свет прииде в мир, и возлюбиша человецы паче тму неже Свет: беша бо их дела зла» (*Ин. 3:18–20, 1Тим. 6:11, 16*). Аминь.

# О СУЩЕСТВЕННОМ ДЕЛАНИИ МОНАХА

Существенное делание монаха – молитва, как то делание, которое соединяет человека с Богом. Все прочие делания служат или приготовительными, или способствующими средствами для молитвы, или же даются тем, которые, по нравственной немощи или по недостатку умственных способностей, не могут заниматься всецело молитвой. Говорит преподобный *Марк Подвижник*: «Не могущим претерпевать в молитве, хорошо находиться в служении (заниматься трудами и рукоделием в послушании), чтобы не лишиться того и другого; но тем, которые могут, лучше не нерадеть о лучшем»[69].

Преподобный Марк, объясняя слова Господа: «Делайте не брашно гиблющее, но пребывающее в живот вечный» (*Ин. 6:27*) научает, что значение их заключается в том, чтобы молитвой искать *царства небесного*, которое *внутри нас* (*Лк. 17:21*), как сказал Господь, обетовавший ищущим небесного царства доставить все телесные потребности Своим Божественным Промыслом (*Мф. 6:33*).

Объясняя слова святого Апостола Павла: «Не сообразуйтеся веку сему, но преобразуйтеся обновлением ума вашего, во еже искушати вам, что есть воля Божия, благая и угодная и совершенная» (*Рим. 12:2*), преподобный Марк говорит: «Апостол наставляет нас к исполнению совершенной воли Божией, желая, чтобы мы вовсе не были даже судимы. Зная же, что молитва содействует к совершению всех заповедей, он не перестает многократно и многообразно заповедывать о ней и говорить: «молящеся на всяко время духом, и в сие истое бдяще во всяком терпении и молитве» (*Еф. 6:18*). Из этого знаем, что молитва различествует от молитвы; иное – непарительною мыслью молиться Богу, и иное – предстоять на молитве телом, а мыслью парить. Опять: иное – молиться в известные времена и приступать к молитве по окончании мирских бесед и занятий, и иное – предпочитать и предпоставлять молитву, сколько можно, мирским попечениям по наставлению того же Апостола: «Господь близ: ни о чем же пецытеся, но во всем молитвою и молением прошения ваша да сказуются Богу» (*Флп. 4:5–6*). Подобное этому говорит и блаженный Апостол Петр: «уцеломудритеся и трезвитеся в молитвах, все попечение ваше возвергше Нань, яко Той печется о вас» (*1Пет. 4:7, 5:7*). Во первых же и Сам Господь, зная, что все молитвой утверждается, говорит: «не пецытеся, что ясте, или что пиете, или чим одеждитеся: но паче ищите царствия Божия и правды Его, и сия вся приложатся вам» (*Мф. 6:31, 33*). Может быть, этим Господь призывает нас и к большей вере: ибо кто, отвергши попечения о привременном и не терпя скудости, не поверит Богу, вследствие этого, относительно вечных благ? Это-то объясняя, Господь говорил: «верный в мале, и во мнозе верен есть» (*Лк. 16:10*). Но и в этом обстоятельстве Он снизошел нам человеколюбиво, зная, что неизбежно ежедневное попечение о плоти, не отсек ежедневного попечения; но, попустив попечение о настоящем дне, повелел не заботиться о завтрашнем. Повелел Он это весьма прилично, благолепно и человеколюбиво: потому что невозможно человекам, облеченным в тело, нисколько не заботиться о том, что относится к жизни тела. Многое сократить в малое, при посредстве молитвы и воздержания, возможно, но всеконечно презреть все, относящееся к телу, невозможно. И потому желающий, по Писанию, «в мужа совершенна, в меру возраста исполнения Христова достигнути» (*Еф. 4:13*), не должен предпочитать молитве различные служения или без нужды, как случится, брать их на себя, ниже, под предлогом молитвы, отвергать их, когда они встретятся по нужде и смотрению Божию, но рассматривать, различать и служить смотрению Божию без испытания. Иначе мудрствующий и не признает, что одна заповедь может быть выше и главнее другой, как то видит из Писания и не хочет «направлятися ко всем заповедем» (*Пс. 118:128*), смотрительно встречающимся ему, как то заповедует Пророк. Нужное и смотрительно встречающееся с нами – неизбежно, а безвременные занятия должно отвергать, предпочитая им молитву, в особенности же те занятия, которые низвлекают нас ко многим расходам и к собранию излишнего имущества. Насколько кто ограничит их и отвергнет предметы их, настолько удержит мысль от парения, насколько удержит мысль, настолько даст место чистой молитве и докажет веру во Христа. Если же кто, по причине маловерия или другой какой немощи, не может так поступать, тот, по крайней мере, пусть признает истину и подвизается по силе, обвиняя свое младенчество. Лучше подвергнуться ответственности за оскудение, чем за прелесть и возношение: в этом да удостоверит тебя притча Господа, представляющего в первом состоянии мытаря, а по втором фарисея (*Лк. 18*). Постараемся отстранять от себя всякое мирское попечение надеждой и молитвой. Если же не возможем исполнить этого как должно, то будем приносить Богу исповедание в оскудениях; от упражнения же в молитве не попустим себе отступить. Лучше подвергнуться укорению за частное упущение, нежели за совершенное оставление. Во всем сказанном нами о молитве и неизбежном служении много нам потребно вразумления от Бога к рассуждению, чтобы знать, когда и какое занятие мы должны предпочитать молитве: потому что каждый, упражняясь в любимом ему занятии, думает совершать должное служение, не зная, что служение должно рассматривать в отношении угождения Богу, а не в отношении угождения себе. Тем затруднительнее здесь рассуждение, что и эти нужные и неизбежные заповеди не всегда одинаковы в отношении к исполнению, но одна другой, в свое время, должны быть предпочтены. Не всякое служение совершается всегда, но в свое время, а служение молитвы законоположено нам непрестанное, почему и должны мы предпочитать ее занятиям, в которых не настоит необходимой надобности. Все Апостолы, уча этому различию народ, желавший привлечь их к служению, сказали: «Неугодно есть нам, оставльшим слово Божие, служити трапезам. Усмотрите убо, братие, мужи свидетельствованы от вас седмь, ихже поставим над службою сею. Мы же в молитве и служении слова пребудем. И угодно бысть слово сие пред всем народом» (*Деян. 6:2–5*).

«Начнем дело: преуспевая постепенно, найдем, что не только надежда на Бога, но и извещенная вера, и нелицемерная любовь, и непамятозлобие, и братолюбие, и воздержание, и терпение, и глубина разумения, и избавление искушений, и даров дарование, и исповедание сердечное, и прилежные слезы, доставляются верующим молитвой. Не только это, но и находящих скорбей терпение, и чистая любовь к ближним, и познание духовного закона, и обретение правды Божией, и наитие Святого Духа, и подаяние духовных сокровищ – словом, все, что обетовал Бог подать верующим в этом и будущем веке. Невозможно душе восстановить в себе образ иначе, как только Божией благодатью и верой человека, когда он пребывает умом в непарительной молитве и великом смиренномудрии»[70].

Подобно преподобному Марку рассуждает и преподобный *Макарий Великий*: «Глава всякого благого тщания и верх добрых дел есть всегдашнее в молитве пребывание, чрез которую и другия добродетели приобретаем, содействующу Подающему руку Тому Самому, Который и зовет нас на сие. Ибо общение таинственныя силы, и сопряжение мыслей, намеряющихся вдатися святости, яже к Богу, и прилепление самыя души, горящия любовию ко Господу чрез оную же, неизглаголанно в молитве подаемы бывают достойным. Глаголет бо: «дал еси веселие в сердце моем» (*Пс. 4:8*). И Сам Господь сказует: «Царство небесное внутрь вас есть» (*Лк. 17:21*)[71].

Святой Иоанн Лествичник называет молитву матерью всех добродетелей[72].

Преподобный Симеон, Новый Богослов говорит о внимательной молитве: «Святые отцы наши, слыша слова Господа во священном Евангелии, что «от сердца исходят помышления злая, убийства, прелюбодеяния, любодеяния, татьбы, лжесвидетельства, хулы», и что «сия суть сквернящая человека» (*Мф. 15:19–20*); опять слыша в другом месте Евангелия, что Господь заповедует нам «очистить внутреннее стклянцы и блюда да будет и внешнее их чисто» (*Мф. 23:26*), оставили всякое иное дело и подвизались всеусильно в этом делании, то есть в хранении сердца, зная наверно, что вместе с этим деланием они удобно приобретут все прочие добродетели, что без этого делания не может ни стяжаться, ни пребыть ни одна добродетель. Некоторые из Отцов наименовали это делание *сердечным безмолвием*, другие назвали *вниманием*, иные – *трезвением* и противоречием, иные – истязанием помыслов и *хранением ума*: потому что все занимались им и при посредстве его сподобились Божественных дарований. О нем говорит Екклесиаст: «веселися, юноше, во юности твоей, и ходи в путех сердца твоего непорочен и чист, и удали сердце твое от помышлений» (*Еккл. 11:9*); о нем говорит и Приточник: «аще взыдет на тя дух владеющаго» (прилог диавола), «места твоего не остави» (*Еккл. 10:4*), то есть, не попусти ему войти в место твое, под именем места разумея сердце; о нем говорит и Господь наш в священном Евангелии: «не возноситеся» (*Лк. 12:29*), то есть, не расточайте ума вашего туда и сюда; опять в другом месте говорит: «блажени нищии духом» (*Мф. 5, 3*), то есть, блаженны те, которые не стяжали в сердце своем ни одной мысли этого мира, но нищи – не имеют никакого мирского помысла. И все Божественные Отцы наши много написали об этом. Кто хочет прочитать их писания, тот увидит, что написал подвижник Марк, что сказал святой Иоанн Лествичник, и преподобный Исихий, и Синаит Филофей, и *авва Исаия*, и великий Варсонофий, и многие другие. Кратко сказать: кто не внимает хранению ума своего, тот не может быть чист сердцем, тот не сподобится зреть

Бога. Кто не внимает, тот не может быть нищ духом, не может плакать и рыдать, ни быть кротким и смиренным, ни алкать и жаждать правды, ни быть милостивым и миротворцем, ни изгнанным правды ради. Вообще скажу: невозможно стяжать никакой другой добродетели иным образом, как только вниманием. И потому тебе должно озаботиться о нем более, нежели о чем другом, чтобы на самом деле стяжать то, о чем говорю тебе». Затем предлагает Преподобный непрестанно совершать молитву Иисусову при соединении ума с сердцем, причем подвижник может постоянно пребывать в трезвении и отгонять именем Иисуса всякий греховный помысел, откуда бы он ни возник, отгонять его, прежде нежели он войдет и изобразится. При посредстве этого делания стяжается опытное и существенное познание падших духов; познав их, мы стяжаем к ним ненависть и памятозлобие, вступаем в непрестанную брань с ними, воздвизаем против них естественную ревность, гоним их, поражаем, уничтожаем[73].

Блаженный[74] Никифор определяет внимание так: «Одни из Святых назвали внимание *блюдением ума*, другие *хранением сердца*, иные *трезвением*, иные *мысленным безмолвием*, иные иначе. Всем этим выражается одно и то же, как бы кто сказал «хлеб», или сказал «ломоть» и «кусок»; так понимай и об этом. Что есть внимание и какие его свойства, тому научись тщательно. Внимание есть чистого покаяния познание, внимание есть воззвание души, ненависть к миру, восхождение к Богу; внимание есть отвержение греха и восприятие добродетели; внимание есть несомненное извещение в прощении грехов; внимание есть начало умозрения, правильнее же – причина умозрения: ибо Бог, при посредстве его, нисходит и является ему. Внимание есть несмущение ума, или, правильнее, твердость его, дарованная душе милостью Божией; внимание есть низложение помыслов, памяти Божией храм, сокровищехранитель терпения встречающихся напастей; внимание – причина веры, надежды, любви»[75]. Блаженный Никифор, подобно преподобному Симеону Новому Богослову и прочим святым Отцам, предлагает в средство ко вниманию непрестанное упражнение молитвой Иисусовой, при соединении ума с сердцем. Приглашая всех иноков, произволяющих стяжать истинное преуспеяние, к подвигу внимания и соединенной с ним непрестанной молитвы, Никифор говорит: «Вы, желающие сподобиться великолепного, Божественного светоявления Спасителя нашего Иисуса Христа, вы, желающие восприять ощутительно пренебесный огнь в сердце, вы, которые тщитесь получить существенное примирение с Богом, вы, которые оставили все мирское для приобретения и стяжания сокровища, сокрытого на селе сердец ваших, вы, которые хотите, чтобы светильники душевные отныне возжглись светло и потому отреклись от всего временного, вы, которые хотите разумно и опытно познать и приять царство небесное, находящееся внутри вас! Придите, и поведаю вам науку и художество вечного, небесного жития, вводящие делателя своего, без труда и пота, в пристанище бесстрастия, не боящиеся ни падения, ни обольщения от бесов, тогда только упадающие, когда мы, по причине преслушания, пребываем вне этого жительства, где-то в далекой стране, подобно древнему Адаму, который, презрев заповедь Божию, вступив же в дружество со змеем и признав его верным, насытился плода прелести до пресыщения, и низверг бедственно в глубину смерти, тьмы и тления себя и всех своих потомков. Невозможно нам получить примирение и соединение с Богом, если мы, во-первых не возвратимся по возможности к себе, если не войдем в себя. Преславно – отторгать себя от общения с миром и от суетного попечения и неослабно соблюдать находящееся внутри нас небесное царство. По этой причине монашеское жительство названо наукой из наук и художеством из художеств: это преподобное жительство доставляет не какие-либо тленные предметы, чтобы в них мы похоронили ум наш, отвлекши его от лучшего, но обещает страшные и неизреченные блага, которых око не видело, о которых ухо не слышало, которые вовсе неизвестны для сердца (*1Кор. 2:9*). И посему «несть наша брань к плоти и крови, но к началом, и ко властем, и к миродержителям тмы века сего» (*Еф. 6, 12*). Если настоящий век – тьма, то бежим от него, бежим, помышляя, что у нас нет ничего общего со врагом Божиим. Желающий быть другом ему, соделывается врагом Бога (*Иак. 4:4*), а соделавшемуся врагом Бога кто может помочь? И потому будем подражать Отцам нашим и, подобно им, займемся взысканием находящегося внутри сердец наших сокровища, и, нашедши, будем держать его крепко, возделывая его и храня: таково наше назначение с самого начала»[76].

Преподобный *Нил Сорский* советует желающим упражняться в сердечном безмолвии – отречься от всех вообще помышлений и заменить их призыванием имени Господа Иисуса, то есть молитвой Иисусовой. «Должно, – говорит преподобный Нил, – понуждаться молчать мыслию и от мнящихся правых помыслов, непрестанно смотреть в глубину сердечную и говорить: Господи Иисусе Христе, Сыне Божий, помилуй мя»[77]. Так вожделенно это делание, так оно обширно, преисполнено обилия духовного, что святой Апостол Павел предпочитал пребывание в нем ума всем прочим помышлениям и размышлениям: «не судих ведети что в вас, – говорит он, – точию Иисуса Христа, и Сего распята» (*1Кор. 2:2*).

Блаженный Старец *Серафим Саровский* говорит: «Истинно решившиеся служить Господу Богу, должны упражняться в памяти Божией и непрестанной молитве ко Иисусу Христу, говоря умом: Господи Иисусе Христе, Сыне Божий, помилуй мя грешнаго[78]. Благодатные дарования получают только те, которые имеют внутреннее делание и бдят о душах своих»[79].

Преподобный Марк Подвижник, называя в 4 Слове своих сочинений молитву главнейшим деланием монаха, долженствующим обымать все частные его делания, всю жизнь его, в 1 Слове называет главным и единственным деланием монаха *покаяние*, а заповедь о покаянии главной заповедью, объемлющею все прочие заповеди. Противоречие представляется здесь только при наружном взгляде.

Это значит, что делание покаяния должно быть соединено с деланием молитвы в одно делание. Господь соединил их: человек да не разлучает. «Бог, – говорит Сын Божий, – не имать ли сотворити отмщение избранных Своих, вопиющих к Нему день и нощь» (*Лк. 18:7*). Здесь указано на делание избранных, на их непрестанную молитву: она названа воплем, то есть выражением плача и покаяния. «Покаяние, – говорит преподобный Марк, – как я полагаю, не ограничивается ни временем, ни какими-либо делами: оно совершается исполнением заповедей Христовых, соразмерно этому исполнению. Заповеди одни, более общие, заключают в себе много частных и многие части порочности отсекают разом. Например, в Писании сказано: «всякому просящему у тебя дай, и от взимающего твоя не истязуй» (*Лк. 6:30*), и: «хотящего заяти у тебе, не отврати» (*Мф. 5:42*): это – заповеди частные. Общая же заключающая их в себе – «продаждь имение твое, и даждь нищим» (*Мф. 19:21*), и «взем крест твой, гряди в след Мене» (*Мк. 10:21*), разумея под крестом терпение встречающихся нам скорбей. Раздавший все нищим, и взявший крест свой, исполнил разом все вышеозначенные заповеди. Опять: «хощу, – говорит Писание, – да молитвы творят мужие на всяком месте, воздеюще преподобныя руки» (*1Тим. 2:8*), общее же: «вниди в клеть твою и помолися Отцу твоему, иже в тайне» (*Мф. 6:6*), и еще: «непрестанно молитеся» (*1Сол. 5:17*). Вшедший в клеть свою и непрестанно молящийся в этом заключал приношение молитв на всяком месте. Опять сказано: «не соблюди, не прелюбы сотвори, не убий», и тому подобное, общее же этого: «помышления низлагающе, и всяко возношение взимающееся на разум Божий» (*2Кор. 10:4–5*). Низлагающий помышления поставил преграду всем вышеименованным видам греха. По этой причине боголюбивые и известно верные понуждают себя на общие заповеди и не упускают исполнения частных, когда оно по обстоятельствам потребуется. Из всего этого я заключаю, что дело покаяния совершается при посредстве следующих трех добродетелей: очищения помыслов, непрестанной молитвы и терпения встречающихся скорбей. Эти три добродетели должны быть совершаемы не только наружным образом, но и умным деланием, чтобы укосневшие в них соделывались бесстрастными. А как без этих трех добродетелей не может быть совершено дело покаяния, то я думаю, что покаяние приличествует всегда и всем, хотящим получить спасение, и грешникам и праведникам, потому что нет степени совершенства, на которой бы не было нужным делание поименованных трех добродетелей. Посредством их приобретается начинающими введение в благочестие, средними – преуспеяние, совершенными – утверждение и пребывание в совершенстве». Как преподобный Марк в его 4 Слове, так и прочие вышеприведенные Отцы свидетельствуют, что терпение всех встречающихся скорбей и успешное отражение помыслов доставляется молитвой; они называют молитву источником покаяния. Она – и мать покаяния и дщерь его. Сказанное святым Иоанном Лествичником о молитве и памяти смертной можно, со всей справедливостью, сказать о молитве и покаянии: «Воспеваю две сущности во единой ипостаси (во едином лице)»[80]. Делание покаяния и молитвы – одно, но оно совмещает в себе два различных вида добродетели.

Отражение греховных помыслов и ощущений совершается при посредстве молитвы: оно есть делание, соединенное с молитвой, неразлучное от молитвы, постоянно нуждающееся в содействии и в действии молитвы. Преподобный Нил Сорский, ссылаясь на преподобного *Григория Синаита*, говорит: «Блаженный Григорий Синаит, достоверно зная, что нам страстным невозможно победить лукавые помыслы, сказал следующее: никто из новоначальных не может удержать ума и отогнать помыслы, если Бог не удержит ум и не отгонит помыслы. Удерживать ум и отгонять помыслы свойственно сильным, но и они отгоняют их не собой: они подвизаются на брань против них, имея с собой – Бога, будучи облечены благодатью и всеоружием Его. Ты же, если увидишь нечистоту лукавых духов, то есть воздымающиеся помыслы в уме твоем, не ужасайся, не удивись; если явятся и благие разумения о разных предметах, не внимай им, но, удерживая дыхание по возможности и ум заключая в сердце, вместо оружия призывай Господа Иисуса часто и прилежно. Они отбегут, будучи невидимо опаляемы Божественным именем. Когда же помыслы начнут очень стужать, тогда, встав, помолись на них, а потом опять берись с твердостью за прежнее делание»[81], то есть, за моление именем Господа Иисуса. Святой Иоанн Лествичник в Слове о молитве говорит: «Приходящего пса — греховный помысл — отгоняй этим оружием — оружием молитвы, и сколько бы раз он ни покусился напасть, не окажи ему послабления»[82]. Симеон Новый Богослов: «Сатана с подчиненными ему духами приобрел право с того времени, как при посредстве преслушания причинил человеку изгнание из рая и отлучение от Бога, невидимо колебать и ночью, и днем словесность каждого человека, одного много, другого мало, одного больше, другого меньше, и не иначе можно оградиться уму, как непрестанной памятью Божией. Когда силой креста напечатлеется в сердце память Божия, тогда он утвердит в непоколебимости словесность. К этому ведет мысленный подвиг, которым обязался подвизаться каждый христианин на поприще веры Христовой; если же он этого не достигнет, то суетен его подвиг. Для мысленного подвига служат вводными все и многоразличные подвиги всякого, претерпевающего страдания ради Бога, с целью преклонить к себе милосердие Божие и исходатайствовать у него возвращение прежнего достоинства, чтобы напечатлелся в уме Христос»[83].

Постоянное пребывание в молитве, хотя и составляет существенное делание инока, но оно нуждается в приуготовительном обучении, как видно из вышеприведенного Слова Блаженного Никифора, который, упоминая о преподобном Савве, говорит, что этот вождь многочисленного общества иноков, когда усматривал, что монах основательно изучил правила монашеской жизни, соделался способным бороться с сопротивными помыслами и блюсти свой ум, то предоставлял такому монаху безмолвствовать в келье. Приуготовительное обучение к непрестанной молитве совершается посредством послушания и упражнения в монастырских трудах, как сказал преподобный Филимон: «Бог хочет, чтобы мы являли наше тщание к Нему сперва в трудах, потом в любви и непрестанной молитве»[84]. Ничто так не способствует молитве, как послушание, умерщвляющее нас для мира и для самих себя. «Великое благо молитвы проистекает из послушания», – сказал преподобный Симеон Новый Богослов[85]. Находящиеся в послушании и занимающиеся монастырскими трудами никак не должны считать себя свободными от упражнения молитвой: без этого самые труды и даже послушание будут бесплодными, мало того, принесут зловредный плод тщеславия и других грехов, непременно являющихся в той душе, в которой окажется бедственная пустота, в которой не живут сила и благоухание молитвы. Занимаясь монастырскими трудами и рукоделием, молись часто, если не можешь еще молиться непрестанно; возвращайся к молитве, как ни вспомнишь о ней: молитва постепенно обратится в навык, и частая молитва неприметным образом перейдет в непрестанную. «Подвижники послушания, – говорит святой Иоанн Лествичник, – различным образом употребляют ноги: одна из них движется к служению, другая неподвижна на молитве»[86]. Под словом «ноги» разумеется вся деятельность. «Видел я просиявших в послушании и не нерадевших по возможности о умной памяти Божией, – говорит тот же Святой, – как они, встав на молитву, немедленно овладевали умом своим и проливали потоками слезы: они были предуготовлены преподобным послушанием»[87]. Из этого видно, что древние подвижники при монастырских трудах не позволяли себе суетного развлечения, но, занимая руки делом, занимали ум молитвой. По этой причине, когда они приходили в церковь или начинали в келье исполнять свое молитвенное правило, немедленно ум их и сердце устремлялись к Богу, без всякого препятствия. Напротив того, кто при трудах и рукоделии позволяет себе суетные мысли и разговоры, тот, встав на молитву, никак не может справиться с умом своим, непрестанно исторгающимся из его власти, непрестанно обращающимся к тем предметам, которые привлекали его к себе до времени молитвы.

«Чадо, – говорит Писание, – от юности твоея избери наказание, и даже до седин обрящеши премудрость. Яко же орай и сеяй, приступи к ней и жди благих плодов ея. В делании бо ея мало потрудишися, и скоро ясти будеши плоды ея» (*Сир. 6:18–20*). Не будем терять драгоценного, невозвратного времени, не будем губить его, предаваясь рассеянности, празднословию и другим пустым занятиям: с самого вступления нашего в монастырь, ознакомимся тщательно с монашеской жизнью и в юности возделаем душевную ниву истинным подвигом, чтобы в старости и при преселении в вечность возрадоваться об обилии благодатных даров, залогов спасения, залогов блаженства на небе. Аминь.

# ДУХ МОЛИТВЫ НОВОНАЧАЛЬНОГО

**Введение**

Здесь предлагается учение о качестве молитвы, свойственной начинающему идти к Господу путем покаяния. Главные мысли изложены каждая отдельно с той целью, чтобы они могли быть читаемы с большим вниманием и удерживаемы в памяти с большей удобностью. Чтение их, питая ум истиной, а сердце смирением, может доставлять душе должное направление в ее молитвенном подвиге и служить к нему предуготовительным занятием.

1. Молитва есть возношение прошений наших к Богу.

2. Основание молитвы заключается в том, что человек – существо падшее. Он стремится к получению того блаженства, которое имел, но потерял, и потому – молится.

3. Пристанище молитвы – в великом милосердии Божием к роду человеческому. Сын Божий для спасения нас принес Себя Отцу Своему в умилостивительную, примирительную жертву: на этом основании, желая заняться молитвою, отвергни сомнение и двоедушие (*Иак.1:6–8*). Не скажи сам себе: «я грешник, неужели Бог услышит меня?» Если ты грешник, то к тебе-то и относятся утешительные слова Спасителя: «Не приидох призвати праведныя, но грешныя на покаяние» (*Мф.9:13*).

4. Приготовлением к молитве служат: непресыщенное чрево, отсечение попечений мечом веры, прощение от искренности сердца всех обид, благодарение Богу за все скорбные случаи жизни, удаление от себя рассеянности

и мечтательности, благоговейный страх, который так свойственно иметь созданию, когда оно будет допущено к беседе с Создателем своим по неизреченной благости Создателя к созданию.

5. Первые слова Спасителя к падшему человечеству были: «Покайтеся, приближися бо царство небесное» (*Мф.4:17*). Почему, доколе не войдешь в это царство, стучись во врата его покаянием и молитвой.

6. Истинная молитва есть голос истинного покаяния. Когда молитва не одушевлена покаянием, тогда она не исполняет своего назначения, тогда не благоволит о ней Бог. Он не уничижит «дух сокрушен, сердце сокрушенно и смиренно» (*Пс.50:19*).

7. Спаситель мира называет блаженными нищих духом, то есть, имеющих о себе самое смиренное понятие, считающих себя существами падшими, находящимися здесь, на земле, в изгнании, вне истинного своего отечества, которое – небо. «Блажени нищи духом», молящиеся при глубоком сознании нищеты своей, «яко тех есть царство небесное» (*Мф.5:3*). «Блажени плачущии» в молитвах своих от ощущения нищеты своей, «яко тии утешатся» (*Мф.5:4*) благодатным утешением Святого Духа, которое состоит в Христовом мире и в любви о Христе ко всем ближним. Тогда никто из ближних, и злейший враг, не исключен из объятий любви молящегося, тогда молящийся бывает примирен со всеми тягостнейшими обстоятельствами земной жизни.

8. Господь, научая нас молитве, уподобляет молящуюся душу вдовице, обижаемой соперником, приседящей неотступно судии беспристрастному и нелицеприятному (*Лк.18:1–8*). Не удаляйся расположением души при молитве от этого подобия. Молитва твоя да будет, так сказать, постоянной жалобой на насилующий тебя грех. Углубись в себя, раскрой себя внимательной молитвой: увидишь, что ты точно вдовствуешь в отношении ко Христу по причине живущего в тебе греха, тебе враждебного, производящего в тебе внутренние борьбу и мучение, соделывающего тебя чуждым Богу.

9. «Весь день», говорит о себе Давид, весь день земной жизни, «сетуя хождах», препроводил в блаженной печали о грехах и недостатках своих: «яко лядвия моя наполнишася поруганий, и несть исцеления в плоти моей» (*Пс. 37:7, 8*). Лядвиями названо шествие по пути земной жизни; плотью – нравственное состояние человека. Все шаги всех человеков на этом пути преисполнены преткновений; их нравственное состояние не может быть уврачевано никакими собственными средствами и усилиями. Для исцеления нашего необходима благодать Божия, исцеляющая только тех, которые признают себя больными. Истинное признание себя больным доказывается тщательным и постоянным пребыванием в покаянии.

10. «Работайте Господеви со страхом и радуйтеся Ему со трепетом» (*Пс.2:11*), – говорит Пророк, а другой Пророк говорит от лица Божия: «На кого воззрю, точию на кроткаго и молчаливаго, и трепещущаго словес Моих» (*Ис.66:2*). Господь «призре на молитву смиренных, и не уничижи моления их» (*Пс.101:18*). Он – «даяй живот», то есть спасение, «сокрушенным сердцем» (*Ис.57:15*).

11. Хотя бы кто стоял на самой высоте добродетелей, но если он молится не как грешник: молитва его отвергается Богом[88].

12. «В тот день, в который я не плачу о себе, – сказал некоторый блаженный делатель истинной молитвы, – считаю себя находящимся в самообольщении»[89].

13. "Хотя бы мы проходили многие возвышеннейшие подвиги, – сказал святой Иоанн Лествичник, – но они не истинны и бесплодны, если при них не имеем болезненного чувства покаяния»[90].

14. Печаль мысли о грехах есть честный дар Божий, носящий ее в персях своих с должным хранением и благоговением, носит святыню. Она заменяет собой все телесные подвиги, при недостатке сил для совершения их[91]. Напротив того, от сильного тела требуется при молитве труд, без него сердце не сокрушится, молитва будет бессильной и неистинной[92].

15. Чувство покаяния хранит молящегося человека от всех козней диавола: бежит диавол от подвижников, издающих из себя благоухание смирения, которое рождается в сердце кающихся[93].

16. Приноси Господу в молитвах твоих младенческое лепетание, простую младенческую мысль – не красноречие, не разум. «Аще не обратитеся» – как бы из язычества и магометанства, из вашей сложности и двуличности – «и будете», сказал нам Господь, «яко дети, не внидете в царство небесное» (*Мф.18:3*)[94].

17. Младенец выражает плачем все свои желания: и твоя молитва пусть всегда сопровождается плачем. Не только при словах молитвы, но и при молитвенном молчании пусть выражается плачем твое желание покаяния и примирения с Богом, твоя крайняя нужда в милости Божией.

18. Достоинство молитвы состоит единственно в качестве, а не в количестве: тогда похвально количество, когда оно приводит к качеству. Качество всегда приводит к количеству; количество приводит к качеству, когда молящийся молится тщательно[95].

19. Качество истинной молитвы состоит в том, когда ум во время молитвы находится во внимании, а сердце сочувствует уму.

20. Заключай ум в произносимых словах молитвы и сохранишь его во внимании[96]. Имей глаза на устах, или закрытыми[97]: этим будешь способствовать соединению ума с сердцем. Произноси слова с крайней неспешностью и будешь удобнее заключать ум в слова молитвы: ни одно слово твоей молитвы не будет произнесено, не будучи одушевлено вниманием.

21. Ум, заключаясь в слова молитвы, привлекает сердце в сочувствие себе. Это сочувствие сердца уму выражается умилением, которое есть благочестивое чувство, соединяющее в себе печаль с тихим, кротким утешением[98]. Необходимые принадлежности молитвы, – *пождание*[99]. Когда чувствуешь сухость, ожесточение, не оставляй молитвы: за пождание твое и подвиг против

сердечного нечувствия снизойдет к тебе милость Божия, состоящая в умилении. Умиление – дар Божий, ниспосылаемый *пребывающим и претерпевающим в молитвах* (*Рим. 12:12*; *Кол. 4:2*), постоянно возрастающий в них, руководствующий их к духовному совершенству.

22. Ум, предстоя внимательной молитвой перед невидимым Богом, должен быть и сам невидим, как образ невидимого Божества, то есть, ум не должен представлять ни в себе, ни из себя, ни перед собой никакого вида, должен быть совершенно безвидным. Иначе: ум должен быть вполне чужд мечтания, сколько бы ни казалось это мечтание непорочным и святым[100].

24. Во время молитвы не ищи восторгов, не приводи в движение твоих нервов, не горячи крови. Напротив – содержи сердце в глубоком спокойствии, в которое оно приводится чувством покаяния: вещественный огонь, огонь естества падшего, отвергается Богом. Сердце твое нуждается в очищении плачем покаяния и молитвой покаяния; когда же оно очистится, тогда Сам Бог ниспослет в него Свой всесвятый духовный огонь[101].

25. Внимание при молитве приводит нервы и кровь в спокойствие, способствует сердцу погружаться в покаяние и пребывать в нем. Не нарушает тишины сердечной и Божественный огонь, если он низойдет в сердечную горницу, когда в ней будут собраны ученики Христовы – помыслы и чувствования, заимствованные из Евангелия. Этот огонь не опаляет, не горячит сердца, напротив того, орошает, прохлаждает его, примиряет человека со всеми людьми и со всеми обстоятельствами, влечет сердце в неизреченную любовь к Богу и к ближним[102].

26. Рассеянность окрадывает молитву. Помолившийся с рассеянностью ощущает в себе безотчетливую пустоту и сухость. Постоянно молящийся с рассеянностью лишается всех плодов духовных, обыкновенно рождающихся от внимательной молитвы, усваивает себе состояние сухости и пустоты, из этого состояния рождается холодность к Богу, уныние, омрачение ума, ослабление веры, и от них мертвость в отношении к вечной, духовной жиз-

ни. Все же это, вместе взятое, служит явным признаком, что такая молитва не принимается Богом.

27. Мечтательность в молитве еще вреднее рассеянности. Рассеянность делает молитву бесплодной, а мечтательность служит причиной плодов ложных: самообольщения и, так называемой святыми Отцами, бесовской прелести. Изображения предметов видимого мира и сочиняемые мечтательностью изображения мира невидимого, напечатлеваясь и замедляя в уме, соделывают его как бы вещественным, переводят из Божественной страны Духа и Истины в страну вещества и лжи. В этой стране сердце начинает сочувствовать уму не духовным чувством покаяния и смирения, а чувством плотским, чувством кровным и нервным, безвременным и беспорядочным чувством наслаждения, столько не свойственного грешникам, чувством неправильным и ложным мнимой любви к Богу. Преступная и мерзостная любовь представляется неискусным в духовных опытах святой, а на самом деле она – только беспорядочное ощущение не очищенного от страстей сердца, наслаждающегося тщеславием и сладострастием, приведенными в движение мечтательностью. Такое состояние есть состояние самообольщения. Если человек укоснит в нем, то являющиеся ему образы получают чрезвычайную живость и привлекательность. Сердце при явлении их начинает разгорячаться и наслаждаться беззаконно, или, по определению Священного Писания, прелюбодействовать (*Пс. 72:27*). Ум признает такое состояние благодатным, божественным: тогда – близок переход к явной прелести бесовской, при которой человек теряет самовластие, делается игралищем и посмешищем лукавого духа. От мечтательной молитвы, приводящей человека в это состояние, с гневом отвращается Бог. И сбывается над молящимся такой молитвой приговор Писания: «Молитва его да будет в грех» (*Пс. 108:7*)[103].

28. Отвергай благие, по-видимому, помышления и светлые, по-видимому, разумения, приходящие к тебе во время молитвы, отвлекающие тебя от молитвы[104]. Они

выходят из области лжеименного разума, восседают, как бы всадники на конях, на тщеславии. Закрыты мрачные лица их, чтобы ум молящегося не мог узнать в них врагов своих. Но потому именно, что они враждебны молитве, отвлекают от нее ум, уводят его в плен и тягостное порабощение, обнажают и опустошают душу, потому именно познаются, что они — враги и из области миродержца. Духовный разум, разум Божий, содействует молитве, сосредоточивает человека в самом себе, погружает его во внимание и умиление, наводит на ум благоговейное молчание, страх и удивление, рождающиеся от ощущения присутствия и величия Божиих. Это ощущение в свое время может очень усилиться и сделать молитву для молящегося страшным судилищем Божиим[105].

29. Внимательная молитва, чуждая рассеянности и мечтательности, есть видение невидимого Бога, влекущего к себе зрение ума и желание сердца. Тогда ум зрит безвидно, и вполне удовлетворяет себя невидением, превышшим всякого видения. Причина этого блаженного невидения есть бесконечная тонкость и непостижимость Предмета, к которому направлено зрение. Невидимое Солнце правды — Бог испускает и лучи невидимые, но познаваемые явственным ощущением души: они исполняют сердце чудным спокойствием, верой, мужеством, кротостью, милосердием, любовью к ближним и Богу. По этим действиям, зримым во внутренней сердечной клети, человек признает несомненно, что молитва его принята Богом, начинает веровать живой верой и твердо уповать на Любящего и Любимого. Вот начало оживления души для Бога и блаженной вечности[106].

30. Плоды истинной молитвы: святой мир души, соединенный с тихой, молчаливой радостью, чуждой мечтательности, самомнения и разгоряченных порывов и движений, любовь к ближним, не различающая для любви добрых от злых, достойных от недостойных, но ходатайствующая обо всех перед Богом, как о себе, как о своих собственных членах. Из такой любви к ближним воссияет чистейшая любовь к Богу.

31. Эти плоды – дар Божий. Они привлекаются в душу ее вниманием и смирением, хранятся ее верностью к Богу.

32. Душа тогда пребывает в верности к Богу, когда удаляется всякого слова, дела и помышления греховного, когда немедленно раскаивается в тех согрешениях, в которые увлекается по немощи своей.

33. То, что желаем стяжать дар молитвы, доказываем терпеливым приседением молитвой при дверях молитвы. За терпение и постоянство получаем дар молитвы. «Господь, – говорит Писание, – даяй молитву благодатную молящемуся» (*1Цар.2:9*) терпеливо при одном собственном усилии.

34. Для новоначальных полезны краткие и частые моления, нежели продолжительные, удаленные одно от другого значительным пространством времени[107].

35. Молитва есть высшее упражнение для ума.

36. Молитва есть глава, источник, мать всех добродетелей[108].

37. Будь мудр в молитве твоей. Не проси в ней ничего тленного и суетного, помня заповедание Спасителя: «Ищите же прежде царствия Божия и правды его, и сия вся», то есть все потребности для временной жизни, «приложатся вам» (*Мф.6:33*)[109].

38. Намереваясь сделать что, или желая чего, также в затруднительных обстоятельствах жизни, повергай мысль твою в молитве перед Богом: проси того, что считаешь себе нужным и полезным; но исполнение и неисполнение твоего прошения предоставляй воле Божией в вере и уповании на всемогущество, премудрость и благость воли Божией. Этот превосходный образ моления даровал нам Тот, Кто молился в саду Гефсиманском, «да мимоидет» определенная Ему «чаша. Обаче не Моя воля», – заключил Он молитву Свою ко Отцу: «но Твоя да будет» (*Лк.22:42*).

39. Приноси Богу смиренную молитву о совершаемых тобой добродетелях и благочестивых подвигах: очищай, совершенствуй их молитвой и покаянием. Говори о них

в молитве твоей то, что говорил в ежедневной молитве своей праведный Иов о детях своих: «Негли когда сынове мои согрешиша и в мысли своей злая помыслиша противу Бога» (*Иов.1:5*). Лукава злоба: неприметно примешивается добродетели, оскверняет, отравляет ее.

40. Отвергнись всего, чтобы наследовать молитву и, поднятый от земли на кресте самоотвержения, передай Богу дух, душу и тело твои, а от Него прими святую молитву, которая по учению Апостола и Вселенской Церкви, есть действие в человеке Святого Духа, когда Дух вселится в человека (*Рим.8:26*)[110]. «Кто достиг (непрестанной молитвы), тот достиг края добродетелей, и соделался жилищем Святого Духа», – сказал св. Исаак.

### Заключение

Кто небрежет об упражнении внимательной, растворенной покаянием молитвой, тот чужд преуспеяния духовного, чужд плодов духовных, находится во мраке многообразного самообольщения. Смирение есть тот единственный жертвенник, на котором дозволено человекам приносить молитвенные жертвы Богу, – единственный жертвенник, с которого молитвенные жертвы приемлются Богом[111]; молитва есть мать всех истинных, божественных добродетелей. Невозможно, невозможно никакое духовное преуспеяние для того, кто отверг смирение, кто не озаботился вступить в священный союз с молитвой. Упражнение молитвой есть завещание Апостола: «непрестанно молитеся», – говорит нам Апостол (*1Сол. 5:17*). Упражнение молитвой есть заповедь Самого Господа, заповедь, соединенная с обетованием: «просите, – приглашает нас Господь, повелевает нам Господь, – и дастся вам: ищите, и обрящете: толцыте, и отверзется вам» (*Мф. 7:7*). «Не воздремлет, ниже уснет» (*Пс. 120:4*) молитва, доколе не укажет возлюбившему ее и постоянно упражняющемуся в ней чертог наслаждений вечных, доколе не введет его в небо. Там она преобразится в непрестанную жертву хвалы. Эту хвалу непрестанно будут приносить, будут провозглашать неумолкно избранные Божии от непрестанного ощущения блаженства в вечности, прозябшего здесь, на земле и во времени, от семян покаяния, посеянных внимательной и усердной молитвой. Аминь.

# СЛОВО О КЕЛЕЙНОМ МОЛИТВЕННОМ ПРАВИЛЕ

«Вниди в клеть твою, и затворив двери твоя, помолися Отцу твоему, иже в тайне: и Отец твой, видяй в тайне, воздаст тебе яве» (*Мф. 6:6*). Вот установление Самим Господом уединенной келейной молитвы.

Господь, заповедавший уединенную молитву, очень часто Сам, во время Своего земного странствования, как повествует Евангелие, пребывал в ней. Он не имел где главу подклонить, и потому часто заменяли для Него безмолвную, спокойную келью безмолвные вершины гор и тенистые вертограды.

Перед исшествием Своим на страдания, которыми долженствовало быть куплено спасение рода человеческого, Господь молился в загородном, уединенном саду Гефсиманском. Во время молитвы Богочеловек преклонял колена, от усиленного молитвенного подвига обильный пот кровавыми каплями катился с лица Его на землю. Гефсиманский сад состоял из вековых масличных дерев. И днем, при свете лучей солнечных, лежала в нем густая тень, а тогда лежала на нем темная ночь Палестины. Никто не разделял с Господом Его молитвы: вдали Его были спящие ученики, вокруг – спящая природа. Сюда с факелами и вооруженной толпой пришел предатель: предатель знал любимое место и время молитв Иисусовых.

Темнота ночи закрывает предметы от любопытных взоров, тишина безмолвия не развлекает слуха. В безмолвии и ночью можно молиться внимательнее. Господь избирал для молитвы своей преимущественно уединение и ночь, избирал их с тем, чтобы мы не только повиновались Его заповеданию о молитве, но и последовали Его примеру. Господу, для него Самого, нужна ли была молитва? Пребывая, как человек, с нами на земле, Он вместе, как Бог, неразлучно был с Отцом и Духом, имел с Ними едину божественную волю и божественную власть.

«Вниди в клеть твою и, затворив двери твоя, помолися Отцу твоему, иже в тайне». Пусть о молитве твоей не знает никакая *шуйца* твоя! Ни друг твой, ни родственник, ни самое тщеславие, сожительствующее сердцу твоему и подстрекающее высказать кому-нибудь о молитвенном подвиге твоем, намекнуть о нем.

Затвори двери кельи твоей от людей, приходящих для пустословия, для похищения у тебя молитвы; затвори двери ума от посторонних помышлений, которые предстанут, чтобы отвлечь тебя от молитвы; затвори двери сердца от ощущений греховных, которые покусятся смутить и осквернить тебя, и помолись.

Не дерзни приносить Богу многоглагольных и красноречивых молитв, тобой сочиненных, как бы они ни казались тебе сильны и трогательны: они – произведение падшего разума и, будучи жертвой оскверненной, не могут быть приняты на духовный жертвенник Божий. А ты, любуясь изящными выражениями сочиненных тобой молитв и признавая утонченное действие тщеславия и сладострастия за утешение совести и даже благодати, увлечешься далеко от молитвы. Ты увлечешься далеко от молитвы в то самое время, когда тебе будет представляться, что ты молишься обильно и уже достиг некоторой степени Богоугождения.

Душа, начинающая путь Божий, погружена в глубокое неведение всего божественного и духовного, хотя бы она была и богата мудростью мира сего. По причине этого неведения она не знает как и сколько должно ей молиться. Для вспомоществования младенчествующей душе, святая Церковь установила молитвенные правила. Молитвенное правило есть собрание нескольких молитв, сочиненных Боговдохновенными святыми Отцами, приспособленное к известному обстоятельству и времени. Цель правила – доставить душе недостающее ей количество молитвенных мыслей и чувств, притом мыслей и чувств правильных, святых, точно богоугодных. Такими мыслями и чувствованиями наполнены благодатные молитвы святых Отцов.

Для молитвенного упражнения утром имеется особенное собрание молитв, называемое *утренними молитвами*, или *утренним правилом*; для ночного моления перед отшествием ко сну – другое собрание молитв, именуемое *молитвами на сон грядущим*, или *вечерним правилом*. Особенное собрание молитв прочитывается готовящимся ко причащению святых Христовых Таин, и называется *правилом ко святому Причащению*. Посвятившие обильную часть своего времени благочестивым упражнениям прочитывают около 3 часов по полудни особенное собрание молитв, называемое ежедневным или иноческим правилом. Иные прочитывают ежедневно по нескольку кафизм, по нескольку глав из Нового Завета, полагают несколько поклонов: все это называется правилом.

*Правило*! Какое точное название, заимствованное из самого действия, производимого на человека молитвами, называемыми правилом! Молитвенное правило направляет правильно и свято душу, научает ее поклоняться Богу Духом и Истиной (*Ин. 4:23*), между тем как душа, будучи предоставлена самой себе, не могла бы идти правильно путем молитвы. По причине своего повреждения и помрачения грехом, она совращалась бы непрестанно в стороны, нередко в пропасти, то в рассеянность, то в мечтательность, то в различные пустые и обманчивые призраки высоких молитвенных состояний, сочиняемых ее тщеславием и самолюбием.

Молитвенные правила удерживают молящегося в спасительном расположении смирения и покаяния, научая его непрестанному самоосуждению, питая его умилением, укрепляя надеждой на всеблагого и всемилосердого Бога, увеселяя миром Христовым, любовью к Богу и ближним.

Как возвышенны и глубоки молитвы ко святому Причащению! Какое превосходное приготовление они доставляют приступающему к святым Христовым Тайнам! Они убирают и украшают дом души чудными помышлениями и ощущениями, столько благоугодными Господу. Величественно изображено и объяснено в этих молитвах величайшее из таинств Христианских; в противоположность этой высоте, живо и верно исчислены недостатки человека, показаны его немощь и недостоинство. Из этих молитв сияет, как солнце с неба, непостижимая благость Бога, по причине которой Он благоволит тесно соединяться с человеком, несмотря на ничтожность человека.

*Утренние молитвы* так и дышат бодростью, свежестью утра: увидевший свет чувственного солнца и свет земного дня научается желать зрения высшего, духовного Света и дня бесконечного, производимых Солнцем правды – Христом.

Краткое успокоение сном во время ночи – образ продолжительного сна во мраке могилы. И вспоминают нам *молитвы на сон грядущим* преселение наше в вечность, обозревают всю нашу деятельность в течение дня, научают приносить Богу исповедание соделанных согрешений и покаяние в них.

Молитвенное чтение Акафиста сладчайшему Иисусу, кроме собственного своего достоинства, служит превосходным приготовлением к упражнению молитвой Иисусовой, которая читается так: «Господи Иисусе Христе Сыне Божий, помилуй мя грешного». Эта молитва составляет почти единственное упражнение преуспевших подвижников, достигших простоты и чистоты, для которых всякое многомышление и многословие служит обременительным развлечением. Акафист показывает, какими мыслями может быть сопровождаема молитва Иисусова, представляющаяся для новоначальных крайне сухою. Он, на всем пространстве своем, изображает одно прошение грешника о помиловании Господом Иисусом Христом; но этому прошению даны разнообразные формы, сообразно младенчественности ума новоначальных. Так младенцам дают пищу, предварительно размягченную.

В Акафисте Божией Матери воспето вочеловечение Бога-Слова и величие Божией Матери, Которую за рождение ею вочеловечившегося Бога ублажают «вси роди» (*Лк. 1:48*). Как бы на обширной картине бесчисленными дивными чертами, красками, оттенками изображено в Акафисте великое Таинство вочеловечения Бога-Слова. Удачным освещением оживляется всякая картина, и необыкновенным светом благодати озарен Акафист Божией Матери. Свет этот действует сугубо: им просвещается ум, от него сердце исполняется радости и извещения. Непостижимое приемлется, как бы вполне постигнутое, по чудному действию, производимому на ум и сердце.

Многие благоговейные христиане, в особенности иноки, совершают очень продолжительно вечернее правило, пользуясь тишиной и мраком ночи. К *молитвам на сон грядущим* они присовокупляют чтение кафизм, чтение Евангелия, Апостола, чтение акафистов и поклоны с молитвой Иисусовой. В те часы, в которые слепотствующий мир предается буйным и шумным увеселениям, рабы Христовы плачут в тишине своих келий, изливая усердные молитвы перед Господом. Проведши ночь в бдении безумном, сыны мира встречают наступающий день в омрачении и унынии духа; в веселии и бодрости духа, в сознании и ощущении необыкновенной способности к Богомыслию и ко всем благим делам, встречают рабы Божии тот день, которому предшествующую ночь они провели в молитвенном подвиге.

Господь повергался на колени во время молитвы своей: и ты не должен пренебрегать коленопреклонениями, если имеешь достаточно сил для совершения их. Поклонением до лица земли, по объяснению Отцов, изображается наше падение, а восстанием с земли – наше искупление[112]. Перед начатием вечернего правила особенно полезно положить посильное число поклонов: от них тело несколько утомится и согреется, а сердцу сообщится чувство благочестивой печали; тем и другим приготовится чтение правила усердное и внимательное.

При совершении правила и поклонов никак не должно спешить; должно совершать и правила и поклоны с возможной неспешностью и вниманием. Лучше менее прочитать молитв и менее положить поклонов, но со вниманием, нежели много без внимания.

Избери себе правило, соответствующее силам. Сказанное Господом о субботе, что она для человека, а не человек для нее (*Мк. 2:27*), можно и должно отнести ко всем подвигам благочестивым, и между ними и к молитвенному правилу. Молитвенное правило для человека, а не человек для правила: оно должно способствовать человеку к достижению духовного преуспеяния, а не служить бременем неудобоносимым, сокрушающим телесные силы и смущающим душу. Тем более оно не должно служить поводом к гордостному и пагубному самомнению, к пагубному осуждению и унижению ближних.

Благоразумно избранное молитвенное правило, соответственно силам и роду жизни, служит большим пособием для подвизающегося о спасении своем. Совершать его в положенные часы обращается в навык, в необходимую естественную потребность. Стяжавший этот блаженный навык, едва приближается к обычному месту совершения правил, как душа его уже наполняется молитвенным настроением: он не успел еще произнести ни одного слова из читаемых им молитв, а уже из сердца проливается умиление, и ум углубился весь во внутреннюю клеть.

«Предпочитаю, – сказал некоторый великий Отец[113], – не продолжительное правило, но постоянно исполняемое, продолжительному, но в скором времени оставляемому». А такую участь всегда имеют молитвенные правила, несоразмерные силе: при первом порыве горячности подвижник выполняет их некоторое время, конечно, обращая более внимания на количество, нежели на качество; потом изнеможение, производимое подвигом, превосходящим силы, постепенно принуждает его сокращать и сокращать правила.

И часто подвижники, безрассудно уставившие для себя обременительное правило, переходят от многотрудного правила прямо к оставлению всякого правила. По оставлении правила, и даже при одном сокращении его, непременно нападает на подвижника смущение. От смущения он начинает чувствовать душевное расстройство. От расстройства рождается уныние. Усилившись, оно производит расслабление и исступление, а от действия их безрассудный подвижник предается праздной, рассеянной жизни, с равнодушием впадает в самые грубые согрешения.

Избрав для себя соразмерное силам и душевной потребности молитвенное правило, старайся тщательно и неупустительно исполнять его: это нужно для поддержания нравственных сил души твоей, как нужно для поддержания телесных сил ежедневное в известные часы достаточное употребление здоровой пищи.

«Не за оставление псалмов осудит нас Бог в день суда Своего, – говорит Святой Исаак Сирин, – не за оставление молитвы, но за последующий оставлению их вход в нас бесов. Бесы, когда найдут место, войдут и затворят двери очей наших: тогда исполняют нами, их орудиями, насильственно и нечисто, с лютейшим отмщением, все, воспрещенное Богом. И по причине оставления малого (правила), за которое сподобляются заступления Христова, мы делаемся подвластными (бесам), как написано некоторым премудрым: «Непокоряющий воли своей Богу, подчинится сопернику своему». Эти (правила), кажущиеся тебе малыми, соделаются для тебя стенами против старающихся пленить нас. Совершение этих (правил) внутри кельи премудро установлено учредителями церковного устава, по откровению Свыше, для хранения живота нашего»[114].

Великие Отцы, пребывавшие от обильного действия благодати Божией в непрестанной молитве, не оставляли и правил своих, которые привыкли они совершать в известные часы нощеденствия. Многие доказательства этого видим в житиях их: Антоний Великий, совершая правила девятого часа – церковный девятый час соответствует третьему часу пополудни – сподобился Божественного откровения; когда преподобный Сергий Радонежский занимался молитвенным чтением Акафиста Божией Матери, явилась ему Пресвятая Дева в сопровождении Апостолов Петра и Иоанна.

Возлюбленнейший брат! Покори свою свободу правилу: оно, лишив тебя свободы пагубной, свяжет тебя только для того, чтобы доставить тебе свободу духовную, свободу во Христе. Цепи сначала покажутся тягостными; потом сделаются драгоценными для связанного ими. Все святые Божии приняли на себя и несли благое иго молитвенного правила: подражанием им и ты последуй в этом случае Господу нашему Иисусу Христу, Который, вочеловечившись и указуя нам Собой образ поведения, действовал так, как действовал Отец Его (*Ин. 5:19*), говорил то, что заповедал Ему Отец (*Ин. 12:49*), имел целью исполнение во всем воли Отца (*Ин. 5:30*). Воля Отца и Сына и Святого Духа – одна. По отношению к человекам она заключается в спасении человеков. Всесвятая Троице, Боже наш! Слава Тебе. Аминь.

# СЛОВО О ЦЕРКОВНОЙ МОЛИТВЕ

Без всякого сомнения превосходнейшее по достоинству своему из всех зданий земных есть *храм*, или *дом* Божий, *церковь*, слова эти тождезначущи[115]. Хотя Бог присутствует повсюду, но в церкви присутствие Его проявляется особенным образом, самым ощутительным и самым полезнейшим для человека. Тогда только явление Бога еще полезнее и еще ощутительнее для человека, когда человек сам соделается храмом Божиим, соделавшись обителью Святого Духа, подобно Апостолам и другим величайшим святым. Но такого состояния достигают весьма редкие из христиан. И потому оставляя до другого времени беседу о нерукотворенном, богозданном, словесном храме Божием – человеке – и о богослужении, какое в нем должно отправляться, побеседуем теперь о вещественном Божием храме, созданном руками человеческими, о молитвословиях, отправляемых в нем, об обязанности христианина тщательно посещать храм Божий, о пользе такового посещения.

Божий храм есть земное небо: «в храме славы Твоея Господи стояще, на небеси стояти мним», – воспевает святая Церковь[116]. Храм есть место общения Бога с человеками: в нем совершаются все христианские таинства. Божественная Литургия и хиротония не могут быть совершены нигде, как только в храме. И прочие таинства также должны быть совершаемы в храме: по крайней нужде допускается совершение их, особенно исповеди и Елеосвящения, в домах. Денно и нощно храм Божий оглашается славословием Бога; для слов мира сего в нем нет места. Все в храме Божием свято: и самые стены, и помост, и воздух. Постоянно хранит его Ангел Божий; Ангелы Божии и святые торжествующей Церкви нисходят в него. Присутствие в таком священном здании составляет величайшее счастье для земного странника. Святой пророк Давид, хотя был царь, хотя имел обширные и великолепные палаты, хотя обладал всеми средствами земного наслаждения и увеселения, но, как бы рассмотрев все и оценив все должным образом, сказал: «Едино просих от Господа, то взыщу: еже жити ми в дому Господни вся дни живота моего, зрети ми красоту Господню, и посещати храм святый Его» (*Пс. 26, 4*). Это произнес устами Давида Святой Дух. Кто во время земной жизни будет по возможности часто посещать храм Божий, как бы жить в нем, тот, разлучившись с телом, весьма удобно перейдет для вечного празднования в небесный, нерукотворенный храм, которого зиждитель – Бог. В храме мы и молимся, и назидаемся, и очищаемся от грехов, и сообщаемся с Богом.

Пример посещения храма Божия показал нам Спаситель (*Ин. 7:14*), показали и святые Апостолы (*Деян. 3:1*). Христиане всех времен признавали тщательное посещение храма Божия своей неотложной обязанностью. Святой Димитрий Ростовский уподобляет посещение храма, во время всех отправляемых в нем молитвословий, царской дани, которую каждый ежедневно должен выплатить[117]. Если присутствие при каждом Богослужении, совершаемом в церкви, признается святым пастырем непременной обязанностью каждого благочестивого христианина, тем более такое присутствие есть священная обязанность инока. От дани увольняются нищие по нищете своей: и от постоянного хождения в церковь увольняются больные, удерживаемые недугом в келье своей. От дани свободны сановники царя и от постоянного хождения в церковь свободны преуспевшие иноки, упражняющиеся в умственных подвигах и пожинающие от них обильный плод, долженствующий быть скрытым от людей. От дани свободны воины и все, находящиеся в царской и государственной службе: от постоянного хождения в церковь свободны иноки, занятые во время Богослужения послушаниями. Блюди, чтобы под предлогом послушания или келейного занятия умственным подвигом, или даже мнимой помощи, не подействовала тайно и с оправданием кознь диавола, который ненавидит молитву, как матерь добродетелей и как меч, сокрушающий лукавых духов, который употребляет все усилия и все средства, придавая этим средствам всевозможную благовидность, чтобы отвлечь человека от молитвы, обезоружить, обезоруженного погубить или уязвить[118].

Церковных молитвословий считается семь, но они совокупляются в три отдела: 1) Вечерня; 2) Повечерие; 3) Полунощница; 4) Утреня с первым часом; 5) третий час; 6) шестый час и 7) девятый час. *Вечерня*, с которой начинается служба каждых суток, отправляется вместе с *повечерием* и *девятым часом*, девятый час читается перед вечерней. *Утреня* отправляется с *первым часом* и *полунощницей*; полунощница читается перед утреней, первый час после утрени. *Третий и шестый* час читаются вместе с *изобразительными*, которые читаются после часов. Когда утреня соединяется с вечерней или великим повечерием, тогда молитвословие называется всенощным бдением. Оно отправляется перед великими праздниками, в честь праздников. Действие всенощного бдения на подвижника заключается в том, что проведший в молитве значительную часть ночи с должным благоговением и вниманием, ощущает на следующий день особенную легкость, свежесть, чистоту ума, способность к богомыслию. Посему-то сказал святой Исаак Сирин: «Сладость, даруемая подвижникам в течение дня, источается из света нощных молитв (ночного делания) на ум чистый»[119]. Божественная Литургия не причисляется к семи молитвословиям, она вне числа их, как особенное, священнейшее молитвословие, которым обставлено бескровное Божественное жертвоприношение[120].

Спасительный образ посещения храма Божия мы видим в представленном нам Евангелием посещении храма мытарем (*Лк. 18, 10*). Мытарь встал в глубине храма, не считал для себя позволительным возвести глаза к небу, но ударял в грудь, говоря: «Боже, милостив буди мне грешному». Мытарь вышел из церкви, привлекши к себе благость Божию. И ты, пришедши в церковь, если не имеешь какого послушания в ней, встань сзади, в скромном углу или за столпом, чтобы тебе самому не развлекаться и чтобы твое благоговение не было выставлено на позор другим; устреми око ума к сердцу, а телесное око к земле и помолись Богу в сокрушении духа, не признавая за собой никакого достоинства, никакой добродетели, признавая себя виновным в бесчисленном множестве согрешений, ведомых тобой и неведомых. Мы очень много согрешаем и в неведении, и по причине нашей ограниченности, и по причине повреждения природы нашей грехом. Божественное Писание говорит: «Сердце сокрушенно и смиренно Бог не уничижит» (*Пс. 50:19*). И ты, если помолишься с сознанием греховности и нищеты своей, то Бог услышит «от храма святаго Своего глас твой», и молитвенный «вопль твой пред Ним внидет во уши Его» (*Пс. 17:7*). Он прольет на тебя свою богатую милость. Если ты имеешь какую-либо обязанность при храме, то исполняй ее с величайшим благоговением и осторожностью, как служащий Богу, а не человекам.

Вместе с упомянутым мытарем, повествует Евангелие э взошел в церковь для молитвы фарисей. Как лицо с значением, фарисей встал на видном месте. Вероятно у него была мысль – она обычна всем фарисеям – принести назидание присутствующему народу своим благоприличным стоянием и молением. Тщеславие он вменял не опасным для себя, как преуспевший в добродетели, а некоторое лицемерство извинительным в видах общей пользы. В чем же заключалась молитва фарисея? Он, во-первых, прославил Бога. Начало хорошее. Но вслед за тем принялся исчислять не благодеяния Божии, а свои заслуги и доблести, так что по такому исчислению следовало бы и началу быть иному. Фарисей правильнее бы начал, если бы начал прямо с прославления себя, а не Бога. Бог прославлен только проформой, для некоторого прикрытия гордости. Гордость эта проявилась в осуждении и уничижении ближнего, которого совесть неизвестна была фарисею, которого сознание в грехах привлекло милость Божию. Фарисей, лицемерно прославив Бога, говорил: «несмь якоже прочии человецы, хищницы, неправедницы, прелюбодее, или яко же сей мытарь. Пощуся двакраты в субботу, десятину даю всего елико притяжу» (*Лк. 18:11–12*). Здесь очевидны: несознание своей греховности, сознание своего достоинства, истекающая из них гордость, высказывающаяся осуждением и уничижением ближнего. Молитва фарисея не была принята Господом, Который в заключение сей приточной повести сказал: «Всяк возносяйся смирится: смиряяй же себе вознесется» (*Лк. 18:14*). Из этого видно, что каждый, желающий, чтобы молитва его была принята Богом, должен приносить ее из сознания своей греховности и крайней недостаточности по отношению к добродетели, должен приносить ее, отвергнув сознание своих достоинств, точно ничтожных перед необъемлемым достоинством Бога; должен приносить ее из сердца, смирившегося перед всеми ближними, из сердца, полюбившего всех ближних, из сердца, простившего ближним все оскорбления и обиды. «Аз же, – говорит молитвенно Богу Пророк, – множеством милости Твоея, вниду в дом Твой, поклонюся ко храму святому Твоему в страсе Твоем» (*Пс. 5, 8*).

Великая милость Божия к человеку – учреждение общественных молитвословий в святых Божиих храмах. Эти молитвословия установлены Апостолами, их святыми учениками и святыми Отцами первых веков христианства по откровению Свыше[121]. В этих молитвословиях каждый христианин может принимать участие, и неграмотный усваивает себе познания, красноречие, поэзию духовных, святых витий и книжников христианства. При этих молитвословиях желающий может весьма удобно обучиться умственной молитве: количество молитвы приводит к качеству, сказали Отцы, и потому продолжительные монастырские молитвословия очень способствуют подвижнику перейти от устной молитвы к умственной и сердечной. Церковные молитвословия содержат в себе пространное христианское догматическое и нравственное Богословие: посещающий неупустительно церковь и тщательно внимающий ее чтению и песнопению может отчетливо научиться всему нужному для православного христианина на поприще веры.

Блажен инок, всегда живущий близ храма Божия! Он живет близ неба, близ рая, близ спасения. Не отвергнем спасения, которое милосердием Божиим преподано нам, так сказать, в руки. Особливо новоначальный инок должен неупустительно посещать церковь. В лета старости и изнеможения, когда и годы и болезненность заключат инока почти неисходно в келье, он будет питаться тем духовным припасом, который собрал во время юности и крепости своей, приметаясь в дому Божием. Духовным припасом называю умственную и сердечную молитву. Милосердый Господь да сподобит нас воспользоваться как должно нашим монашеством, и прежде отшествия из земной жизни переселиться, умом и сердцем на небо. Туда может вознести нас молитва, когда осенит ее Божественная благодать, и молитва в человеке соделается уже не молитвой человека, но молитвой Святого Духа, ходатайствующего о человеке «воздыхании неизглаголанными» (*Рим. 8:26*). Аминь.

# СЛОВО О МОЛИТВЕ УСТНОЙ И ГЛАСНОЙ

Никто из желающих преуспеть в молитве да не дерзает легко мыслить и судить о молитве, произносимой устами и гласом при внимании ума, как о делании малозначащем, не заслуживающем уважения. Если святые Отцы говорят о бесплодии устной и гласной молитвы, не соединенной со вниманием, то из этого не должно заключать, чтобы они отвергали или уничижали и самую устную молитву. Нет! Они только требуют при ней внимания. Внимательная устная и гласная молитва есть начало и причина умной. Внимательная устная и гласная молитва есть вместе и молитва умная. Научимся сперва молиться внимательно устной и гласной молитвой, тогда удобно научимся молиться и одним умом в безмолвии внутренней клети.

Устная и гласная молитва указана нам Священным Писанием, пример и ее, и гласного пения подал Сам Спаситель, подали святые Апостолы по преемству от Господа. И «воспевше», по окончании тайной вечери, повествует святой Евангелист Матфей о Господе и Его Апостолах, «изыдоша в гору Елеонску» (*Мф. 26:30*). Господь молился во услышание всех перед воскресением четверодневного Лазаря (*Ин. 11:41–42*). Заключенные в темнице святые Апостол Павел и его спутник Сила в полночный час молились и воспевали Бога: прочие узники внимали им. Внезапно на голос их псалмопения «трус бысть велий, яко поколебатися основанию темничному: отверзошася же абие двери вся, и всем юзы ослабеша» (*Деян. 16:26*). Молитва святой Анны, матери пророка

Самуила, приводимая часто святыми Отцами в образец молитвы, не была единственно умная. «Та, – говорит Писание, – глаголаше в сердце своем, токмо устне ея двизастеся, а глас ея не слышашеся» (*1Цар. 1:13*). Молитва эта хотя не была гласной, но, быв сердечной, была вместе и устной. Святой Апостол Павел назвал устную молитву *плодом устен*, завещает приносить «жертву хваления выну Богу, сиречь плод устен, исповедающихся имени Его» (*Евр. 13:15*), повелевает «глаголати себе в псалмах, пениях и песнях духовных», вместе с гласным и устным молением и песнопением «воспевающе и поюще в сердцах Господеви» (*Еф. 5:19*). Он порицает невнимательность в устной и гласной молитве. «Аще безвестен» (неизвестный, непонятный) «глас труба даст», – говорит он, – «кто уготовится на брань? Тако и вы аще не благоразумно слово» (т.е. неразумеваемое) «дадите языком, како уразумеется глаголемое? Будете бо на воздух глаголюще» (*1Кор. 14:8–9*). Хотя Апостол и сказал слова эти собственно о молящихся и возвещающих внушения Святого Духа на иностранных языках, но святые Отцы с справедливостью применяют их и к молящимся без внимания. Без внимания молящийся, и потому не понимающий произносимых им слов, что другое для себя самого, как не иностранец?

Основываясь на этом, преподобный Нил Сорский говорит, что молящийся гласом и устами без внимания, молится на воздух, а не Богу[122]. «Странно твое желание, чтобы Бог тебя услышал, когда ты сам себя не слышишь!» – говорит святой *Димитрий Ростовский*, заимствуя слова у священномученика *Киприана Карфагенского*[123]. А это точно случается с молящимися устами и гласом, без внимания: они до того не слышат себя, до того допускают себе развлечение, так далеко удаляются мыслями от молитвы в посторонние предметы, что нередко случается им внезапно останавливаться, забыв, что читали, или же они начинают вместо слов читаемой молитвы говорить слова из других молитв, хотя открытая книга и пред их глазами. Как святым Отцам не порицать такой невнимательной молитвы, повреждаемой, уничтожаемой рассеянностью! «Внимание, – говорит святой Симеон Новый Богослов, – должно быть столько связуемо и неразлучно с молитвой, сколько связуется тело с душой, которые не могут быть разлучены, не могут быть одно без другого. Внимание должно предварять и стеречь врагов, как некоторый страж, оно первое да подвизается на грех, да противостоит лукавым помыслам, приходящим к сердцу, вниманию же да последует молитва, немедленно истребляющая и умерщвляющая все лукавые помыслы, с которыми внимание в первых начало борьбу: ибо оно одно не может их умертвить. От этой борьбы, производимой вниманием и молитвой, зависит жизнь и смерть души. Если храним молитву посредством внимания чистой, то преуспеваем. Если же не стараемся хранить ее чистой, но оставляем нестерегомой, то ее оскверняют лукавые помыслы – мы соделываемся непотребными, лишаемся преуспеяния».

Устной, гласной молитве, как и всякой другой, должно непременно сопутствовать внимание. При внимании польза устной молитвы неисчислима. С нее должен начинать подвижник. Ее в первых преподает святая Церковь своим чадам. «Корень монашеского жительства – псалмопение», – сказал святой Исаак Сирин[124]. «Церковь, – говорит святой *Петр Дамаскин*, – с благой и Богоугодной целью приняла песни и различные тропари по причине немощи ума нашего, чтобы мы, неразумные, привлекаемые сладостью псалмопения, как бы и против воли, воспевали Бога. Те, которые могут понимать и рассматривать произносимые ими слова, приходят в умиление, и, таким образом, как по лестнице, мы восходим в мысли благие. По мере того, сколько преуспеваем в навыкновении Божественных мыслей, является в нас Божественное желание и влечет достигнуть того, чтобы уразуметь поклонение Отцу Духом и Истиной, по заповеданию Господа»[125]. Уста и язык, часто упражняющиеся в молитве и чтении Слова Божия, стяжают освящение, соделываются неспособными к празднословию, смеху, к произнесению слов шуточных, срамных и гнилых. Хочешь ли преуспеть в умной и сердечной молитве? Научись внимать в устной и гласной: внимательная устная молитва сама собой переходит в умную и сердечную. Хочешь ли научиться отгонять скоро и с силой помыслы, насеваемые общим врагом человечества? Отгоняй их, когда ты один в келье, гласной внимательной молитвой, произнося слова ее неспешно, с умилением. Оглашается воздух внимательной, устной и гласной молитвой — и объемлет трепет князей воздушных, расслабляются мышцы их, истлевают и рушатся сети их! Оглашается воздух внимательной устной и гласной молитвой — и приближаются святые Ангелы к молящимся и поющим, становятся в их лики, участвуют в их духовных песнопениях, как удостоились это зреть некоторые угодники Божии, и между прочими наш современник, блаженный старец Серафим Саровский. Многие великие Отцы во всю жизнь свою упражнялись устной и гласной молитвой, и притом обиловали дарованиями Духа. Причиной такого преуспеяния их было то, что у них с гласом и устами были соединены ум, сердце, вся душа и все тело; они произносили молитву от всей души, от всей крепости своей, из всего существа своего, из всего человека. Так, преподобный Симеон Дивногорец прочитывал в продолжении ночи всю Псалтирь[126]. Святой Исаак Сирин упоминает о некотором блаженном старце, занимавшемся молитвенным чтением псалмов, которому попускалось ощущать чтение только в продолжении одной славы, после чего Божественное утешение овладевало им с такой силой, что он пребывал по целым дням в священном исступлении, не ощущая ни времени, ни себя[127]. Преподобный Сергий Радонежский во время чтения Акафиста был посещен Божией Матерью в сопровождении Апостолов Петра и Иоанна[128]. Повествуют о преподобном Иларионе Суздальском: когда он читал в церкви Акафист, то слова вылетали из уст его, как бы огненные, с необъяснимой силой и действием на предстоящих[129]. Устная молитва святых была одушевлена вниманием и

Божественной благодатью, соединявшей разделенные грехом силы человека воедино: от того она дышала такой сверхъестественной силой и производила такое чудное впечатление на слушателей. Святые *воспевали* Бога во «исповедании сердечном»[130]; они *пели* и *исповедовались* Богу «непоколеблемо»[131], то есть, без рассеянности, они пели Богу «разумно» (*Пс. 46:8*).

Надо заметить, что преподобные иноки первых времен и все, желавшие преуспеть в молитве, отнюдь не занимались или весьма мало занимались собственно пением, а под именем псалмопения, о котором упоминается в житиях и писаниях их, должно разуметь крайне неспешное, протяжное чтение псалмов и других молитв. Протяжное чтение необходимо для сохранения строгого внимания и избежания рассеянности. По протяжности и сходству с пением такое чтение названо псалмопением. Оно совершалось наизусть, иноки тех времен имели правилом изучать псалтирь наизусть: чтение псалмов наизусть особенно способствует вниманию. Такое чтение – уже не чтение, как совершающееся не по книге, – а в полном смысле псалмопением может быть отправляемо в темной келье, при закрытых глазах, что все охраняет от рассеянности, между тем, как светлая келья, необходимая для чтения по книге и самое взирание на книгу рассевает и отторгает ум от сердца к внешности. «Ови поют, – говорит святой Симеон Новый Богослов, – сиречь молятся усты»[132]. «Иже отнюдь не поющии, – говорит преподобный Григорий Синаит, – такожде добре творят, аще суть в преуспеянии: сии бо не требуют глаголати псалмы, но молчание и непрестанную молитву»[133]. Собственно чтением Отцы называют чтение Священного Писания и писаний святых Отцов, а молитвой они называют по преимуществу молитву Иисусову, также молитву мытаря и другие самые краткие молитвы, обильно заменяющие псалмопение, что для новоначальных непостижимо, и не может быть им объяснено с удовлетворительностью, как превышшее душевного разума и объясняемое единственно блаженным опытом.

Братия! Будем внимательны в устных и гласных молитвах наших, произносимых нами при церковных службах и в уединении келейном. Не сделаем наших трудов и жизни в монастыре бесплодными нашей невнимательностью и небрежением в деле Божием. Пагубно небрежение в молитве! «Проклят», – говорит Писание, – «творяй дело Божие с небрежением» (*Иер. 48, 10*). Очевидно действие этой клятвы: совершенное бесплодие и безуспешность, несмотря на долголетнее пребывание в иночестве. Положим в основание молитвенного подвига, главного и существеннейшего между монашескими подвигами, для которого все прочие подвиги, внимательную, устную и гласную молитву, за каковую милосердый Господь дарует в свое время постоянному, терпеливому, смиренному подвижнику молитву умную, сердечную, благодатную. Аминь.

# СЛОВО О ПОУЧЕНИИ, ИЛИ ПАМЯТИ БОЖИЕЙ

Под именем *поучения*, или *памяти Божией*, святые Отцы разумеют какую-либо краткую молитву, или даже какую-либо краткую Духовную мысль, к которой они приобучились и которую они старались усвоить уму и памяти вместо всякой мысли.

Можно ли заменить одной духовной, краткой мыслью о Боге все прочие мысли? – Можно. Святой Апостол Павел говорит: «Не судих бо ведети что в вас, точию Иисуса Христа, и Сего распята» (*1Кор. 2:2*). Мысль суетная, земная, постоянно занимая человека, производит в нем оскудение разума, препятствует приобретению полезных и нужных познаний: напротив того мысль о Боге, усвоившись христианину, обогащает его духовным разумом. Стяжавшему в себе Христа непрестанным воспоминанием о Нем поверяются Божественные тайны, неведомые плотским и душевным человекам, неведомые ученым земным, неприступные для них: «в Нем же» (во Христе) «суть вся сокровища премудрости и разума сокровенна» (*Кол. 2:3*). Соделывается обладателем этих сокровищ стяжавший в себе Господа Иисуса Христа.

*Поучение*, или *память Божия* есть установление Божественное. Оно заповедано Самим вочеловечившимся Божиим Словом, подтверждено Святым Духом через посланников Слова (Апостолов). «Бдите убо на всяко время молящеся» (*Лк. 21:36*), – завещал некогда Господь предстоявшим ученикам Его. Завещает Он это и нам, ныне предстоящим Ему и умоляющим Его, да сподобит нас творить волю Его и быть Его учениками, христианами не только по имени, но и по жительству. Сказал Господь приведенные здесь слова, указывая на те нравственные и вещественные бедствия, которыми будет окружено земное странствование каждого ученика Его, на те страдания и страхи, которые предшествуют смерти каждого из нас, сопровождают ее, последуют за ней, на те соблазны и горести, которые постигнут мир пред пришествием антихриста и во время его господства, наконец, на сотрясение и превращение вселенной во время второго славного и страшного пришествия Христова. «Бдите убо на всяко время молящеся, да сподобитеся убежати всех сих хотящих быти, и стати пред Сыном человеческим» в радости спасения; «стати» в этой радости и после суда частного, наступающего для каждого человека вслед за разлучением души его от тела, и на суде общем, на котором поставятся избранные одесную Судии, а отверженные ошуюю (*Мф. 25, 33*). «Трезвитеся в молитвах», – говорит святой Апостол Петр, повторяя верующим заповедь Господа. «Трезвитеся, бодрствуйте, зане супостат ваш диавол, яко лев рыкая, ходит, иский кого поглотити, ему же противитеся тверди верою» (*1Пет. 4:7, 5:8–9*). Повторяя и подтверждая эту всесвятую, спасительную заповедь, святой Апостол Павел говорит: «Непрестанно молитеся» (*1Сол. 5:17*). «Ни о чемже пецытеся, но во всем молитвой и молением со благодарением прошения ваша да сказуются к Богу» (*Флп. 4, 6*). «В молитве терпите» (пребывайте), «бодрствующе в ней со благодарением» (*Кол. 4, 2*). «Хощу убо, да молитвы творят мужие на всяцем месте, воздеюще преподобные руки без гнева и размышления» (*1Тим. 2:8*). «Прилепляяйся же Господеви» непрестанной молитвой, «един дух есть с Господем» (*1Кор. 6:17*). Прилепляющегося к Господу и соединяющегося с Господом непрестанной молитвой, Господь избавляет от порабощения и служения греху и диаволу: «Бог же, – возвещает нам Спаситель, – не имать ли сотворити отмщение избранных своих, вопиющих к Нему день и нощь, и долготерпя о них? глаголю вам, яко сотворит отмщение их вскоре» (*Лк. 18:7–8*). Признак иноческого совершенства — непрестанная молитва. «Достигший сего, — говорит святой Исаак Сирин, — достиг высоты всех добродетелей и соделался жилищем Святого Духа»[134]. Упражнение в непрестанной молитве, приучение себя к ней необходимо для всякого инока, желающего достигнуть христианского совершенства. Упражнение в непрестанной молитве и приучение себя к ней есть обязанность каждого инока, возложенная на него заповедью Божией и иноческими обетами[135].

Очевидно, что святые Апостолы, получившие лично от Господа заповедь о непрестанной молитве, передавшие ее верующим, сами занимались непрестанно молитвой. До приятия Святого Духа, они пребывали в одном доме, занимаясь молитвой и молением (*Деян. 1:14*). Под именем молитвы здесь разумеются те молитвословия, которые они совершали вместе, а под именем моления постоянное молитвенное направление их духа, непрестанная молитва. Когда снизошел на Апостолов Святой Дух, то, сделав их храмами Божиими, сделал вместе храмами непрестанной молитвы, как говорит Писание: «Дом мой дом молитвы наречется» (*Ис. 56:7*). «Дух, когда вселится в кого из человеков, тогда человек тот не престает от молитвы: ибо Сам Дух непрестанно молится»[136]. Апостолы имели только два духовных подвига: молитву и проповедь Слова Божия: от молитвы они переходили к возвещению человекам Слова Божия, от проповеди Слова они возвращались к молитве. Они находились в непрестанной духовной беседе, то беседовали молитвой с Богом, то беседовали от лица Божия с человеками. В той и другой беседе действовал один и тот же Святой Дух (*Деян. 6:2, 4*). Чему мы научаемся из примера святых Апостолов? Тому, что вслед за послушанием, послушанием деятельным Слову Божию, должно сосредоточить всю деятельность свою в непрестанную молитву, потому что непрестанная молитва приводит христианина в состояние, способное к приятию Святого Духа. Господь, возлагавший на Апостолов различные служения, когда соделал их способными приять Святого Духа, то повелел им пребывать «во граде Иерусалимсте», во граде мира и безмолвия, вне всякого служения: «седите во граде Иерусалимсте, – сказал Он им, – дондеже облечетеся силою свыше» (*Лк. 24:49*).

Из писаний преподобных иноков видно, что память Божия, или поучение были в общем употреблении у иноков первенствующей Церкви Христовой. Преподобный Антоний Великий завещает непрестанное памятование имени Господа нашего Иисуса Христа: «Не предавай забвению, – говорит он, – имени Господа нашего Иисуса Христа, но непрестанно обращай его во уме твоем, содержи в сердце, прославляй языком, говоря: «Господи Иисусе Христе помилуй меня». Также: «Господи Иисусе Христе помоги мне». Также: «Славословлю Тебя, Господь мой, Иисус Христос»[137].

Занимались непрестанной молитвой не только безмолвники и отшельники, но и общежительные иноки. Святой Иоанн Лествичник говорит об иноках посещенного им Александрийского общежития, что они «и за самою трапезою не престают от умственного подвига, но условленным и введенным в обычай знаком и мановением, блаженные, напоминают друг другу о молитве, совершаемой в душе. И делают они это не только за трапезою, но и при всякой встрече, при всяком собрании»[138]. Преподобный Исаак, безмолвник Египетского Скита, поведал преподобному Кассиану Римлянину, что ему для непрестанной молитвы служит второй стих 69 псалма: «Боже в помощь мою вонми, Господи помощи ми потщися»[139]. Преподобный Дорофей, инок общежительного монастыря аввы Серида в Палестине, преподал ученику своему преподобному Досифею, сказано в житии Досифея, непрестанно упражняться в *Памяти Божией*, заповедав ему постоянно произносить: «Господи Иисусе Христе помилуй мя» и: «Сыне Божий помоги мне»[140]. Преподобный Досифей молился попеременно то первыми, то вторыми словами преподанной ему молитвы. Она преподана была ему в таком виде по причине новоначалия ума его, чтобы ум не уныл от единообразия молитвы. Когда блаженный Досифей тяжело заболел и приближался к кончине, то святой наставник его напоминал ему о непрестанной молитве: «Досифей! Заботься о молитве; смотри, чтобы не потерять ее». Когда болезнь Досифея еще более усилилась, опять святой Дорофей говорит: «Что, Досифей? Как молитва? Пребывает ли?» Из этого видно то высокое понятие, которое имели о поучении древние святые иноки. Преподобный Иоанникий Великий непрестанно повторял в уме молитву: «Упование мое Отец, прибежище мое Сын, покров мой Дух Святый, Троице Святая, слава Тебе»[141]. Ученик Иоанникия Великого, преподобный Евстратий, которого святой писатель жития его назвал Божественным, стяжал непрестанную молитву: «он всегда «Господи помилуй» в себе глаголаше», – говорит писатель жития его[142]. Некоторый Отец Раифской пустыни постоянно сидел в келье, занимаясь плетением веревок, причем говорил с воздыханием, качая головой: «Что будет?» Произнеся эти слова и несколько помолчав, опять повторял: «Что будет?» В таком поучении он провел все дни жизни своей, непрестанно сетуя о том, что последует по исшествии его из тела[143]. Святой Исаак Сирин упоминает о некотором Отце, который в течение сорока лет молился одной следующей молитвой: «я, как человек, согрешил; Ты, как Бог, прости меня». Другие Отцы слышали, что он поучается в этом стихе с печалью: он плакал, не умолкая, и все молитвословия заменяла для него эта одна молитва день и ночь[144]. Большинство монашествующих всегда употребляли для поучения молитву Иисусову: «Господи Иисусе Христе Сыне Божий помилуй мя грешнаго». Иногда, смотря по надобности, они разделяли ее для новоначальных на две половины и говорили в течении нескольких часов: «Господи Иисусе Христе помилуй мя грешнаго», потом в течении другого промежутка времени: «Сыне Божий помилуй мя грешного». Впрочем, не должно часто переменять слов молитвы: потому что деревья, часто пересаждаемые, не укореняются, как замечает святой Григорий Синаит[145]. Избрание молитвы Иисусовой для поучения весьма основательно как потому, что имя Господа Иисуса Христа содержит в себе особенную Божественную силу, так и потому, что при упражнении молитвой Иисусовой воспоминание о смерти, об истязании от духов воздушных; об изречении Богом окончательного определения, о вечных муках, начинает приходить в свое время само собой, и столь живо, что приведет подвижника в обильные непрестанные слезы в горькое рыдание о себе, как о мертвеце, уже погребенном и смердящем, ожидающем оживления от всесильного Божия Слова (*Ин. 11:39, 43–44*).

Польза от поучения, или памяти Божией неисчислима: она превыше слов, превыше постижения. И те, которые ощутили ее, не в силах вполне объяснить ее. Непрестанная молитва, как заповедь Божия и дар Божий, необъяснима человеческим разумом и словом. Краткая молитва собирает ум, который, если не будет привязан к поучению, сказал некто из Отцов, то не может престать от парения и скитания всюду[146]. Краткую молитву подвижник может иметь на всяком месте, во всякое время, при всяком занятии, особенно телесном. Даже присутствуя при церковном Богослужении, полезно заниматься ею, не только при недовольно внятном чтении, но и при чтении отчетливом. Она способствует внимать чтению, особенно когда вкоренится в душе, сделается как бы естественной человеку. Поучение вообще, в особенности Иисусова молитва, служат превосходным оружием против греховных помыслов. Следующее изречение святого Иоанна Лествичника повторено многими святыми писателями: «Иисусовым именем поражай ратников сопротивнаго: ибо ни на небеси, ни на земли не найдешь оружия, более крепкаго»[147]. От непрестанной молитвы подвижник приходит в нищету духовную: приучаясь непрестанно просить Божией помощи, он постепенно теряет упование на себя; если сделает что благопоспешно, видит в том не свой успех, а милость Божию, о которой он непрестанно умоляет Бога. Непрестанная молитва руководствует к стяжанию веры: потому что непрестанно молящийся начинает постепенно ощущать присутствие Бога. Это ощущение мало-помалу может возрасти и усилиться до того, что око ума яснее будет видеть Бога в промысле Его, нежели сколько видит чувственное око вещественные предметы мира; сердце ощутит присутствие Бога. Узревший таким образом Бога и ощутивший Его присутствие, не может не уверовать в Него живой верой, являемой делами. Непрестанная молитва уничтожает лукавство надеждой на Бога, вводит в святую простоту, отучая ум от разнообразных помыслов, от составления замыслов относительно себя и ближних, всегда содержа его в скудости и смирении мыслей, составляющих его поучение. Непрестанно молящийся постепенно теряет навык к мечтательности, рассеянности, суетной заботливости и многопопечительности, теряет тем более, чем более святое и смиренное поучение будет углубляться в его душу, и вкореняться в ней. Наконец, он может придти в состояние младенчества, заповеданное Евангелием, сделаться буим ради Христа, то есть, утратить лжеименный разум мира и получить от Бога разум духовный. Непрестанной молитвой уничтожается любопытство, мнительность, подозрительность. От этого все люди начинают казаться добрыми; а от такого сердечного залога к людям рождается к ним любовь. Непрестанно молящийся пребывает непрестанно в Господе, познает Господа как Господа, стяжает страх Господень, страхом входит в чистоту, чистотой в Божественную любовь. Любовь Божия исполняет храм свой дарованиями Духа.

Говорит преподобный авва Исаия Отшельник в поучении: «Благоразумный богач скрывает внутри дома сокровища свои: сокровище, выставленное наружу, подвергается хищничеству воров и наветуется сильными земли: так и монах смиренномудренный и добродетельный таит свои добродетели, как богач сокровища, не исполняет пожеланий падшего естества. Он укоряет себя ежечасно и упражняется в тайном поучении, по сказанному в Писании: «согреяся во мне сердце мое, и в поучении моем разгорится огнь» (*Пс. 38:4*). О каком огне говорит здесь Писание? О Боге: «Бог наш есть огнь поядаяй» (*Евр. 12:29*). Огнем растопляется воск и иссушается тина скверных нечистот: так и тайным поучением иссушаются скверные помыслы, и истребляются из души страсти, просвещается ум, уясняется и утончается мысль, изливается радость в сердце. Тайное поучение уязвляет бесов, отгоняет злые помыслы: им оживотворяется внутренний человек. Вооружающегося тайным поучением укрепляет Бог; Ангелы преподают ему силу; человеки прославляют его. Тайное поучение и чтение соделывают душу домом, отовсюду затворенным и заключенным, столпом неподвижным, пристанищем тихим и безмятежным. Оно спасает душу, охраняя ее от колебания. Очень смущаются и молчат бесы, когда инок вооружает себя тайным поучением, которое заключается в молитве Иисусовой: «Господи Иисусе Христе Сыне Божий помилуй меня», – чтением в уединении споспешествует упражнению в поучении. Тайное поучение есть зеркало для ума, светильник для совести. Тайное поучение иссушает блуд, укрощает ярость, отгоняет гнев, отъемлет печаль, удаляет дерзость, уничтожает уныние. Тайное поучение просвещает ум, отгоняет леность. От тайного поучения рождается умиление, вселяется в тебя страх Божий: оно приносит слезы. Тайным поучением доставляется монаху смиренномудрие нелестное, бдение благоумиленное, молитва несмущенная. Тайное поучение есть сокровище молитвенное: оно отгоняет помыслы, уязвляет бесов, очищает тело. Тайное поучение научает долготерпению, воздержанию; причастнику своему возвещает о геенне. Тайное поучение соблюдает ум немечтательным, и приносит ему размышление о смерти. Тайное поучение исполнено всех благих дел, украшено всякой добродетелью, всякого скверного дела непричастно и чуждо»[148].

Святой Исаак Сирин: «Кого поучение непрестанно в Боге, тот отгоняет от себя бесов и искореняет семя злобы их. Веселится сердце во откровениях у того, кто непрестанно внимает душе своей. Обращающий зрение ума своего в себя, зрит в себе зарю Духа. Возгнушавшийся всяким парением (скитанием, рассеянностью), зрит Владыку во внутренней клети сердца своего... Небо внутри тебя, если будешь чист, и в самом себе увидишь Ангелов с светом их, и с ними Владыку их, и внутри их. Сокровище смиренномудрого внутри его, и оно – Господь... Страсти изгоняются и искореняются непрестанным поучением о Боге: оно – меч, убивающий их. Желающий увидеть Господа внутри себя, старается очистить свое сердце непрестанной памятью Божией: таким образом светлостью очей ума будет на всякий час зреть Господа. Что приключается рыбе, вынутой из воды, то приключается и уму, исшедшему из памяти Божией, и блуждающему в воспоминаниях мира... Страшен бесам, любезен Богу и Ангелам Его тот, кто ночью и днем с горячей ревностью взыскует Бога в сердце своем и искореняет из него прозябающие прилоги врага[149]. Без непрестанной молитвы невозможно приблизиться к Богу»[150].

Преподобный Кассиан Римлянин: «Моление сим малым стихом (вышеупомянутым вторым стихом 69 псалма) должно быть непрестанное, чтоб искушения нас не ниспровергли, чтоб в благополучии сохраниться от превозношения. Поучение в сем малом стихе, говорю, да вращается в персях твоих непрестанно. Не преставай повторять его, в каком бы ни был деле, или послушании, или если б ты находился в путешествии. Поучайся в нем и отходя ко сну, и употребляя пищу, и при исправлении нижайших нужд телесных. Такое упражнение сердца соделается для тебя спасительным правилом, которое не только сохранит тебя неповрежденным при всяком нападении демонов, но и очистив от всяких телесных страстей, возведет к невидимым и небесным видениям, вознесет к неизреченной, весьма немногим по опыту известной, высоте молитвы. Сей малый стих будет удалять от тебя сон, доколе ты, образовавшись сим неизъяснимым словами упражнением, не приучишься заниматься им и во время сна. Он, когда случится тебе пробудиться, первый будет приходить тебе на мысль;

он, когда проснешься, будет предупреждать все прочие помышления; он, когда встанешь с одра твоего, будет занимать тебя, доколе не начнешь коленопреклонений; он будет препровождать тебя ко всякому труду и делу; он во всякое время будет за тобою следовать. В нем поучайся по заповеданию законодателя (т.е. Моисея, законодателя израильского), сидя в дому и шествуя по пути, ложась спать и вставая от сна; напиши его на порогах и на дверях уст твоих: напиши его на стенах дома твоего и во внутренних сокровищах персей твоих, так, чтоб он, когда ты возлежишь, был готовым для тебя псалмопением, когда же встанешь и приступишь к исправлению всего необходимого для жизни, удобной к отправлению и непрестанной молитвой»[151].

Святой Иоанн Златоуст: «Братия! Умоляю вас: не допустите себе когда-либо престать от совершения правила сей молитвы, или презреть его... Инок употребляет ли пищу или питие, сидит ли, или служит, путешествует ли, или что другое делает, должен непрестанно вопить: «Господи Иисусе Христе, Сыне Божий помилуй мя!» Чтобы имя Господа Иисуса, сходя в глубину сердца, смирило змея, обладающего сердечными пажитями, спасло и оживотворило душу. Непрестанно пребывай в имени Господа Иисуса, да поглотит сердце Господа и Господь сердце, и да будут сии два – едино»[152].

Брат спросил преподобного Филимона: «Что значит, Отец, сокровенное поучение?» Старец отвечал: «Иди, трезвись в сердце твоем и говори в мысли твоей трезвенно, со страхом и трепетом: «Господи, Иисусе Христе, помилуй мя»[153].

Отчего непрестанная молитва или непрестанное памятование Бога названы поучением? – От того, что подвижники, на делание которых низошла роса Божественной благодати, обрели в повторяемой ими краткой молитве духовный, глубочайший, неисчерпаемый смысл, постоянно привлекавший и усугублявший их внимание своей духовной новизной. И делался для них краткий стих обширнейшей наукой, наукой из наук, а занятие им в точном смысле поучением.

Таковы наставления святых Отцов: таково было их делание. Не только все дела и слова, – все помышления их были посвящены Богу. Вот причина обилия в них дарований Духа. Напротив того, мы небрежем о делах наших; поступаем не так, как повелевают заповеди Божии, но как случится, по первому влечению чувств, по первой представившейся мысли. О словах небрежем еще более, нежели о делах, а на помышления не обращаем никакого внимания; они рассыпаны у нас всюду, они все принесены нами в жертву суете. Ум наш, в противность состоянию ума, огражденного поучением[154], подобен четверовратной храмине, которой все двери открыты, при которой нет никакой стражи, куда может входить, и откуда может выходить всякий желающий, внося и вынося все, что угодно. Братия! Престанем от такового жительства невнимательного и бесплодного. Будем подражать деланию святых Отцов, а между прочими деланиями, и памятованию Бога, в котором они непрестанно содержали ум свой. Юноша! Сей с прилежанием семена добродетелей, приучайся с терпением и понуждением себя ко всем боголюбезным упражнениям и подвигам, приучайся и к памяти Божией, заключай ум твой в святое поучение. Если увидишь, что он непрестанно ускользает в посторонние и суетные помышления: не приди в уныние. Продолжай с постоянством подвиг: «Старайся возвращать, – говорит святой Иоанн Лествичник, – или правильнее, заключать мысль в словах молитвы. Если она по младенчеству исторгается (из заключения в слова молитвы), – опять вводи ее (в них). Свойственна ему нестоятельность (присноподвижность); но может дать ему стояние Тот, Кто все уставляет. Если постоянно пребудешь в этом подвиге, то придет Полагающий границы морю ума твоего в тебе и скажет ему в молитве твоей: «До сего дойдеши и не прейдеши» (*Иов. 38:11*)[155]. Поучение по наружности кажется деланием странным, сухим, скучным, но в сущности есть делание многоплоднейшее, драгоценнейшее церковное предание, установление Божие, сокровище духовное, достояние Апостолов и святых Отцов, приявших и предавших его нам по велению Святого Духа. Ты не можешь представить себе тех богатств, которых сделаешься наследником в свое время, стяжав навык непрестанно памятовать Бога. На ум и сердце новоначального «не взыде, яже уготова Бог любящим Его» (*1Кор. 2, 9*) не только в будущем веке, но и в этой жизни (*Мк. 10:30*), в которой они предвкушают блаженство будущего века. «Приуготовляйся, – сказал святой Иоанн Лествичник, – непрестанной молитвой, совершаемой в тайне души твоей, к молитвенному предстоянию, и вскоре преуспеешь»[156]. В свое время поучение обымет все существование твое, ты сделаешься от него как бы упоенным, как бы принадлежащим этому миру и вместе не принадлежащим, чуждым ему: принадлежащим по телу, не принадлежащим по уму и сердцу. Упоенный чувственным вином не помнит себя, забывает горе, забывает свой сан, свое благородство и достояние: и упоенный Божественным поучением делается холодным, бесчувственным к земным похотениям, к земной славе, ко всем земным выгодам и преимуществам. Мысль его непрестанно при Христе, Который поучением действует как священным благоуханием: «овем как воня смертная в смерть: овем как воня животная в живот» (*2Кор. 2:16*). Поучение умерщвляет в человеке сочувствие к миру и страстям, оживляет в нем сочувствие к Богу, ко всему духовному и святому, к блаженной вечности. «Что бо ми есть на небеси?» – вопиет упоенный поучением. Ничто. – «И от Тебе что восхотех на земли?» Только того, чтобы мне непрестанно прилепляться к Тебе молитвой безмолвной. Иным вожделенно богатство, иным слава, но мне вожделенно «прилеплятися Богови моему и полагати на Него упование бесстрастия моего» (*Пс. 72:25, 28*)[157].

Слова поучения первоначально должно произносить языком, весьма тихим голосом, неспешно, со всевозможным вниманием, заключая, по вышеприведенному совету святого Иоанна Лествичника, ум в слова поучения.

Мало-помалу молитва устная перейдет в умственную, а потом и в сердечную. Но на переход этот нужны многие годы. Не должно искать его преждевременно; пусть он совершится сам собой, или правильнее, да дарует его Бог в известное Ему время, смотря по духовному возрасту и обстоятельствам подвижника. Смиренный подвижник довольствуется тем, что сподобляется памятовать Бога. И это уже считает он великим благодеянием Создателя для бедной и немощной твари – человека. Он признает себя недостойным благодати, не ищет раскрыть в себе действий ее, познавая из учения Святых Отцов, что такое искание имеет началом своим тщеславие, от которого – прелесть и падение, что это искание само собой уже есть обольщение, потому что при всеусильном искании получение благодати зависит единственно от Бога[158]. Он жаждет открыть в себе свою греховность, и стяжать способность плача о ней. Он предоставляет себя воле всеблагого и премилосердого Бога, ведающего, кому полезно даровать благодать, и для кого полезно удержать пришествие ее. Многие, получив благодать, пришли в небрежение, высокоумие и самонадеянность; данная им благодать послужила, по причине их неразумия, только к большему осуждению их. Блажен залог сердца в иноке, по которому он, упражняясь в каком бы то ни было подвиге, упражняется вполне бескорыстно, алчет и жаждет единственно исполнить волю Божию, а себя предает со всей верой и простотой, с отвержением своих разумений, власти, воли, управлению милосердого Господа Бога нашего, желающего всем человекам спастись и в разум истины придти. Ему слава во веки веков. Аминь.

# СЛОВО О МОЛИТВЕ УМНОЙ, СЕРДЕЧНОЙ И ДУШЕВНОЙ

Кто с постоянством и благоговением занимается внимательной молитвой, произнося слова ее громко или шепотом, смотря по надобности, и заключая ум в слова, кто при молитвенном подвиге постоянно отвергает все помыслы и мечтания, не только греховные и суетные, но по-видимому и благие, тому милосердый Господь дарует в свое время умную, сердечную и душевную молитву.

Брат! Неполезно тебе преждевременное получение сердечной, благодатной молитвы! Неполезно тебе преждевременное ощущение духовной сладости! Получив их преждевременно, не приобретя предварительных сведений, с каким благоговением и с какой осторожностью должно хранить дар благодати Божией, ты можешь употребить этот дар во зло, во вред и погибель души твоей[159]. Притом собственными усилиями раскрыть в себе благодатную, умную и сердечную молитву невозможно: потому что соединить ум с сердцем и душой, разъединенные в нас падением, принадлежит единому Богу. Если же будем безрассудно принуждать себя, и искать раскрытия одним собственным усилием тех даров, которые ниспосылаются единственно Богом, то понесем труды тщетные. И хорошо, если бы вред ограничивался потерей трудов и времени! Часто гордостные искатели состояний, свойственных обновленному естеству человеческому, подвергаются величайшему душевному бедствию, которое святые Отцы называют *прелестью*. Это логично: самая основная точка, от которой они начинают действие, ложна. Как же от ложного начала не быть и последствиям ложным? Таковые последствия, называемые прелестью, имеют различные виды и степени. Прелесть бывает по большей части прикрыта, а иногда и явна, нередко поставляет человека в состояние расстроенное, вместе смешное и самое жалостное, нередко приводит к самоубийству и конечной погибели душевной[160]. Но прелесть, понятная для многих в ее явных последствиях, должна быть изучаема, постигаема в самом ее начале: в мысли ложной, служащей основанием всех заблуждений и бедственных душевных состояний. В ложной мысли ума уже существует все здание прелести, как в зерне существует то растение, которое должно произойти из него по насаждении его в землю. Сказал святой Исаак Сирин: «Писание говорит: «Не приидет царствие Божие с соблюдением» (*Лк. 17:20*) ожидания. Те, которые подвизались с таким душевным залогом, подверглись гордыни и падению. Но мы установим сердце в делах покаяния и в жительстве, благоугодном Богу. Дары же Господа приходят сами собой, если сердечный храм будет чист, а не осквернен. То, чтобы искать с *наблюдением*, говорю, высоких Божиих дарований, отвергнуто Церковью Божией. Предпринявшие это, подверглись гордыни и падению. Это не признак, что кто-либо любит Бога, но недуг души. И как нам домогаться высоких Божиих дарований, когда Божественный Павел хвалится скорбями и признает высшим Божиим даром общение в страданиях Христовых!»[161]

Положись в молитвенном подвиге твоем вполне на Бога, без Которого невозможно даже малейшее преуспеяние. Каждый шаг к успеху в этом подвиге есть дар Божий. Отвергнись себя и отдайся Богу, да творит с тобой, что хочет. А хочет Он, Всеблагий, даровать тебе то, что ни на ум, ни на сердце наше «не взыде» (*1Кор. 2:9*): хочет даровать такие блага, каких наш ум и сердце, в падшем их состоянии, не могут даже представить себе. Невозможно, невозможно не стяжавшему чистоты получить о духовных дарах Божиих ни малейшего понятия ни посредством воображения, ни посредством сличения с приятнейшими душевными ощущениями, какие только известны человеку! С простотой и верой возложи попечение свое на Бога. Не послушайся представления лукавого, который еще в раю говорил праотцам нашим: «будете, яко бози» (*Быт. 3:5*). Ныне он же предлагает тебе безвременное и гордое стремление к приобретению духовных дарований сердечной молитвы, которые, повторяю, подает один Бог, которым определено свое время и свое место. Это место – весь сосуд, как душевный, так и телесный, очищенный от страстей.

Позаботимся освободить храм – душу и тело – от идолов, от жертвоприношений идолам, от идоложертвенного, от всего, что принадлежит к кумирослужению. Как святой пророк Илия свел на поток Киссов всех жрецов и пророков Вааловых и там предал их смерти, так и мы погрузимся в плач покаяния, и на блаженном потоке этом умертвим все начала, принуждающие сердце наше приносить жертвы греху, все оправдания, которыми оправдывается, извиняется такое жертвоприношение. Омоем алтарь и все, что окружает его, слезами: удвоим, утроим омовение: потому что нечистота душевная для омытия своего требует обильнейших слез. Алтарь да будет устроен из камней во имя Господне – из ощущений, заимствованных единственно из Евангелия; да не будет тут места для ощущений ветхого человека, как бы они ни казались невинными и изящными (*3Цар. 18*). Тогда великий Бог низведет свой всесвятый огонь в сердца наши и соделает наши сердца храмом благодатной молитвы, как Он изрек Божественными устами Своими: «Храм Мой, храм молитвы наречется» (*Мф. 21:13*).

Сперва обратим внимание на страсти телесные, на употребление пищи и на наиболее зависящие от излишества при этом употреблении блудные стремления наши. Постараемся мудро устроить состояние плоти нашей, давая ей столь много пищи и сна, чтобы она не изнемогла излишне и оставалась способной к подвигам.

Давая их столь мало, чтобы она постоянно носила в себе мертвость, не оживая для движений греховных. По замечанию Отцов, при употреблении пищи и сна много значит сделанный навык: почему очень полезно приучить себя заблаговременно к умеренному, малому, по возможности, их употреблению[162]. Святой Исаак Сирин так выразился о посте и бдении: «Кто возлюбил общение с этими двумя добродетелями в течение всего жития своего, тот соделается наперсником целомудрия. Как начало всех зол есть удовлетворение чрева и расслабление себя сном, возжигающие блудную страсть, так и святой Божий путь и основание всех добродетелей есть пост и бдение, и бодрствование в службе Божией при распятии тела в течение целой ночи отъятием у него сладости сна. Пост есть ограждение всякой добродетели, начало подвига, венец воздержников, красота девства и освящения, светлость целомудрия, начало христианского пути, мать молитвы, источник целомудрия и разума, учитель безмолвия. Он предшествует всем добрым делам. Как последует здравию очей желание света, так посту, совершаемому с рассуждением, последует желание молитвы. Когда кто начнет поститься, тогда от поста приходит к желанию беседы с Богом в уме своем. Не терпит тело постящегося провести на постели всю ночь. Когда печать пощений наложена на уста человека, тогда помысл его поучается в умилении, сердце его источает молитву, лице его облечено сетованием, далеко отстоят от него помышления постыдные. Веселье не видится в глазах его, он – враг прихотям и пустым беседам. Никогда не было видно, чтобы постящийся с рассуждением был порабощен злым пожеланием. Пост с рассуждением есть великий храм всех добродетелей. Не радеющий о нем, не оставляет непотрясенной ни одной добродетели. Пост есть заповедь, с самого начала данная естеству нашему во охранение его при вкушении пищи, от нарушения поста пало созданное начало бытия нашего. Откуда истекла пагуба, оттуда обратно начинают подвижники шествовать к страху Божию, когда они начнут хранить закон Божий»[163]. Предающийся излишнему сну и чревоугодию не может не оскверняться сладострастными движениями. Доколе волнуются этими движениями душа и тело, доколе ум услаждается плотскими помыслами, дотоле человек не способен к новым и неведомым ему движениям, которые возбуждаются в нем от осенения его Святым Духом.

Сколько нужен пост для желающего заняться и преуспеть в умной молитве, столько нужно для него и безмолвие или крайнее уединение – вообще возможное удаление от скитания. Живя в монастыре, выходи из монастыря как можно реже; при отлучках из монастыря, как можно скорее возвращайся в монастырь; посещая город и село, со всей внимательностью храни свои чувства, чтобы не увидеть, не услышать чего-либо душевредного, чтобы не получить нечаянной и непредвиденной смертоносной раны. В монастыре знай церковь, трапезу и свою келью; в кельи к другим братиям ходи только по уважительной причине, если можно – отнюдь не ходи; посещай келью твоего наставника и духовного отца, если ты так счастлив, что в наши времена нашел наставника; и то посещай своевременно и по требованию нужды, а никак не от уныния и не для празднословия. Приучи себя к молчанию, чтобы ты мог безмолвствовать и среди людей. Говори как можно меньше, и то по крайней нужде. Тяжко претерпевать злострадание безмолвия для привыкшего к рассеянности; но всякий, желающий спастись и преуспеть в духовной жизни, непременно должен подчинить себя этому злостраданию и приучить себя к уединению и безмолвию. После кратковременного труда, безмолвие и уединение сделаются вожделенными по причине плодов, которые не замедлит вкусить душа благоразумного безмолвника. Преподобный *Арсений Великий*, находясь в миру, молил Бога, чтобы Бог наставил его, как спастись, и услышал голос, провещавший ему: «Арсений! Беги от человеков и спасешься». Когда Преподобный поступил в Египетский скит, в котором проводили жительство великие по святости иноки, он снова молил Бога: «Научи меня спастись», – и услышал голос: «Арсений! Беги, молчи, безмолвствуй: это корни безгрешия». Святой Исаак Сирин говорит о преподобном Арсении Великом: «Молчание помогает безмолвию. Как это? Живя в многолюдной обители, невозможно нам не встречаться с кем-либо. Не мог избежать этого даже равноангельский Арсений, более других возлюбивший безмолвие. Невозможно не встречаться с отцами и братиями, живущими с нами; встреча эта случается неожиданно: и в то время, когда кто идет в церковь, или в какое другое место. Когда достоблаженный этот муж (преподобный Арсений) увидел все это, и что ему, как жительствующему близ селения человеческого (хотя он и жил в Египетском скиту, наполненном совершенными иноками), невозможно было избежать по большей части сближения с мирскими людьми и иноками, обитавшими в тех местах, тогда он научился от благодати этому способу – постоянному молчанию. Если по необходимости он отверзал дверь кельи своей для некоторых, то они утешались только лицезрением его – беседа и потребность ее оставались излишними»[164]. Говорит тот же святой Исаак: «Более всего возлюби молчание: оно приближает тебя к плоду. Язык недостаточен к изложению тех благ, которые рождаются от молчания. Сперва понудим себя к молчанию: тогда от молчания рождается в нас нечто, наставляющее нас родившему его молчанию. Да дарует тебе Бог ощутить нечто, рождаемое молчанием. Если ты начнешь жить сим жительством, то не умею и сказать, какой свет воссияет тебе отсюда. Не подумай, брат, что дивный Арсений, как сказывают о нем, что когда входили к нему отцы и братия, приходившие видеть его, то он принимал их молча и отпускал молча – поступал так только потому, что хотел. Он поступал так потому, что сначала понудил себя на это делание. Сладость некоторая рождается по времени в сердце от обучения деланию сему, и с понуждением наставляет тело пребывать в безмолвии. В этом жительстве рождаются нам множество слез и видение дивное»[165]. Святой Исаак в 75 слове говорит: «В течение многого времени, будучи искушаем десными и шуими, сам искусив себя многократно следующими двумя образами жительства, приняв от противника (диавола) бесчисленные язвы, сподобившись великих таинственных заступлений, я, вразумленный благодатью Божией, приобрел многими годами и опытами опытное, нижеследующее познание. Основание всех добродетелей, воззвание души из плена вражия, путь, ведущий к Божественному свету и животу, заключается в сих двух образах жительства: в том, чтобы в одном месте собрать себя в себя, и непрестанно поститься. Это значит: установить себе премудро и разумно правило воздержания чрева в постоянном, неисходном жилище, при непрестанном упражнении и поучении о Боге. Отсюда проистекает покорность чувств, отсюда трезвение ума, отсюда укрощение свирепых страстей, движущихся в теле, отсюда кротость помыслов, отсюда движение светлых мыслей, отсюда тщание к деланию добродетелей, отсюда высокие и тонкие разумения, отсюда безмерные слезы во всякое время и памятование смерти, отсюда то чистое целомудрие, которое отстоит от всякого мечтания, искушающего ум; отсюда быстрозрение и острота уразумения далеко отстоящих (т.е. добра и зла, могущих быть отдаленными последствиями всякого делания); отсюда глубочайшие таинственные разумения, которые постигает ум силой Божия Слова, и внутреннейшие движения, возникающие в душе, и различение и рассуждение духов от святых сил, и истинных видений от суетных мечтаний; отсюда страх путей и стезь в море мысли, отсекающий нерадение и небрежение, отсюда пламень ревности, попирающий всякую беду, возвышающий превыше всякого страха – та горячность, которая презирает всякую похоть, и истребляет ее из мысли, производит забвение всякого воспоминания о преходящем и о всем, принадлежащем сему миру, и веку. Короче сказать, отсюда свобода истинного человека, радость и воскресение души, упокоение ее со Христом в Царстве Небесном. Если же кто вознерадит о сих двух образах жительства, тот да знает, что он не только лишил себя всего вышесказанного, но и потрясает презрением сих двух добродетелей основание всех добродетелей. Как сии две добродетели суть начало и глава Божественного делания в душе, дверь и путь ко Христу, если кто удержит их и претерпит в них, так, напротив, если кто оставит их и отступит от них, тот приходит к двум противоположным им образам жительства, то есть, к телесному скитанию и к бесстыдному чревообъядению. Это – начала противному сказанного выше, и устрояют место в душе для страстей».

«Первое из этих начал прежде всего разрешает чувства, уже пришедшие в повиновение, от уз, которыми они удерживались. Что же делается от этого? Отсюда неподобающие и неожиданные приключения, близкие к падениям[166], восстание сильных волн, лютое разжение, возбуждаемое зрением, овладевающее телом и содержащее его в своей власти, удобные поползновения в (принятом благочестивом) образе мыслей, неудержимые помыслы, влекущие к падению, охлаждение теплоты к делам Божиим и постепенное изнеможение в любви к безмолвию; наконец, совершенное оставление начатого образа жизни, обновление забытых зол и научение новым, дотоле неизвестным, по причине непрестанных новых встреч, невольно и многообразно представляющихся зрению при переселении из страны в страну, из места в другое место. Страсти, благодатью Божией уже умерщвленные в душе и истребленные в уме забвением воспоминания о них, опять начинают приходить в движение и понуждать душу к деланию их. Вот что – не исчисляю подробно всего прочего – открывается (в иноке) от первого начала, то есть, от скитания тела, по отвержении терпеливого злострадания в безмолвии. Что же бывает и от другого начала, то есть, когда начато будет дело свиней? В чем заключается дело свиней, как не в оставлении чрева без устава для него, как не в непрестанном насыщении его, без определенного времени для удовлетворения потребности его, в противоположность обычаю словесных? Что последует за этим? Тяжесть головы, значительное отягчение тела с ослаблением плеч. От этого делается необходимым упущение в службе Божией, является леность, не допускающая творить поклонов при молитвенном правиле, нерадение об обычных коленопреклонениях, помрачение и хладность мысли, дебелость ума, нерассудительность его по причине возмущения и особенного помрачения помыслов, дебелый и густой мрак, распростертый на всей душе, обильное уныние при всяком деле Божием, равно и при чтении, по причине неспособности ко вкушению сладости Слова Божия, оставление нужнейших упражнений; неудержимый ум, парящий по всей земле; накопление обильной влаги во всех членах, нечистые мечтания ночью, представляющие душескверные и непотребные образы, исполненные похоти, и в самой душе исполняющие свое нечистое хотение. Постель окаянного сего, одеяния его и самое тело оскверняются множеством постыдного истицания, истощающегося из него, как из источника. И это случается с ним не только ночью, но и днем; тело постоянно точит нечистоты, и оскверняет мысль, так что человек по причине таких обстоятельств лишается надежды сохранить целомудрие, ибо сладость скоктаний действует во всем теле его с непрестанным и с нестерпимым разжением, и перед ним образуются обольстительные мысленные образы, изображающие пред ним красоту, раздражающие его во всякое время, и склоняют ум к сочетанию с собою (с этими мысленными образами красоты). Без сомнения, он сочетается с ними размышлением о них и похотением их, по причине омрачения рассудительности его. Это то и есть, о чем сказал Пророк: «Таково воздаяние сестры твоея Содомы, которая наслаждалась, вкушая хлеб до сытости» и проч. (*Иез. 16:49*)[167]. Но и следующее было сказано некоторым из великих мудрецов: «Если кто будет питать тело свое, доставляя ему наслаждение, тот ввергает душу свою в великую брань (борение). Таковой, если когда и придет в себя, захочет понудить себя и удержать, то не сможет (сего сделать) по причине чрезмерного разжения телесных движений, по причине насилия и могущества раздражений и обольщений, пленяющих душу похотениями своими». Видишь ли здесь тонкость безбожных сил? Опять тот же говорит: «Наслаждение тела, при его мягкости и влажности юношеских, соделывается причиной скорого стяжания душой страстей, ее обымает смерть, и таким образом она подпадает под суд Божий. Напротив того, душа, непрестанно поучающаяся в памятовании своих обязанностей, почивает в свободе своей, попечения ее умалены, она не заботится ни о чем (временном), заботится о добродетели, обуздывая страсти и храня добродетели, она находится постепенно в преуспеянии, в беспопечительной радости, в животе благом и пристанище безбедном. Телесное же наслаждение не только укрепляет страсти и восстанавливает их на душу, но даже искореняет ее из ее оснований. При том возжигается им чрево к невоздержанию и к блудным бесчинным ощущениям. Оно побуждает безвременно употреблять пищу. Ратуемый им не хочет потерпеть небольшого голода, чтобы возобладать собой, потому что он в плену у страстей». Подобным образом рассуждают и все святые Отцы, которых мы не приводим здесь, чтобы не очень распространить Слово.

Оградив наше жительство снаружи воздержанием от излишества и наслаждения при употреблении пищи и пития, оградив его зависящим от нас уединением, то есть безвыходным пребыванием в монастыре и уклонением от знакомства вне и внутри монастыря, обратим внимание на душевные страсти. Обратим внимание прежде всего, по заповеди Господа, на гнев (*Мф. 5:22*), имеющий основанием своим гордость[168]. Простим отцам и братиям нашим, близ и далече пребывающим, живым и отшедшим, все оскорбления и обиды, нанесенные ими нам, как бы эти обиды тяжки ни были. Завещал нам Господь: «Егда стоите молящеся, отпущайте, аще что имате на кого, да и Отец ваш, Иже есть на небесех, отпустит вам согрешения ваша. Аще ли же вы не отпущаете, ни Отец ваш, Иже есть на небесех, отпустит вам согрешений ваших» (*Мк. 11:25–26*). Прежде всего помолись о врагах твоих и благослови их (*Мф. 5:44*), как орудия Божественного промысла, которыми воздано тебе за грехи твои во время кратковременной земной жизни, чтобы избавить тебя от заслуженного тобой воздаяния в вечности адскими муками. Когда ты будешь поступать так, когда возлюбишь врагов своих, и будешь молить о них, чтобы им дарованы были все блага, временные и вечные, тогда только низойдет к тебе Бог на помощь, и ты попрешь молитвой твоей всех супостатов твоих, вступишь умом в сердечный храм для поклонения Отцу Духом и Истиной (*Ин. 4:24*). Но если попустишь сердцу твоему ожесточиться памятозлобием и оправдаешь гнев твой гордостью твоей, то отвратится от тебя Господь Бог твой, и предан будешь в попрание под ноги сатане. Всеми скверными помыслами и ощущениями он будет топтать тебя, ты не будешь в силах воспротивиться ему[169]. Если же Господь сподобит положить тебе в основание молитвенного подвига незлобие, любовь, неосуждение ближних, милостивое извинение их, тогда с особенной легкостью и скоростью победишь противников твоих, достигнешь чистой молитвы.

Знай, что все страсти и все падшие духи находятся в ближайшем сродстве и союзе между собой. Это сродство, этот союз – грех. Если ты подчинился одной страсти, то чрез подчинение этой одной страсти ты подчинился и всем прочим страстям. Если ты попустил пленить тебя одному духу злобы, собеседованием с влагаемыми им помыслами и увлечением этими помыслами или мечтаниями, то ты поступил в рабство ко всем духам. По побеждении твоем, они будут передавать тебя друг другу, как пленника[170]. Этому учат святые Отцы, этому учит самый опыт. Замечай за собой, и увидишь, что, допустив себе в чем-либо победиться произвольно, вслед за тем, в совсем ином, в чем бы ты и не хотел уступить победы, будешь побеждаться невольно; дотоле, доколе тщательным покаянием не восстановишь своей свободы. Положив в основание молитвенному подвигу безгневие, любовь и милость к ближним, заповеданные Евангелием, с решительностью отвергни всякую беседу с помыслами и всякое мечтание. На встречу всем помыслам и мечтаниям говори: «Я всецело предал себя воле Бога моего, и потому нет для меня никакой нужды разглагольствовать, предполагать, предугадывать, ибо «Господь близ. Ни о чемже пецытеся», – завещает Дух Святой мне вкупе со всеми истинно верующими во Христа, «но во всем молитвою и молением со благодарением прошения ваша да сказуются к Богу» (*Флп. 4:5–6*). «Уцеломудритеся», то есть, отвергните пресыщение и наслаждение, отвергните обманчивые помыслы и мечтания, «и трезвитеся в молитвах, все попечение ваше возвергше нань (на Бога), яко Той печется о вас» (*1Пет. 4:7, 5:7*). «Хощу убо, да молитвы творят мужие», то есть, христиане, усовершенствовавшиеся в молитвенном подвиге, «на всяком месте, воздеюще преподобныя руки», ум и сердце, очищенные от страстей, исполненные смирения и любви, «без гнева и размышления», то есть, будучи чужды всякой злобы на ближнего, чужды сложения с помыслами и услаждения мечтаниями (*1Тим. 2:8*). Возненавидь «всяк путь неправды», и направишься «ко всем заповедем Господним» (*Пс. 118:128*). Путь неправды – беседа с помыслами и мечтание. Отвергший эту беседу и мечтание, может наследовать все заповеди Божии, может волю Божию совершить посреди сердца своего (*Пс. 39:9*), непрестанно прилепляясь молитвой к Господу, окрыляя молитву свою смирением и любовью. «Любящие Господа! ненавидите злая» (*Пс. 96:10*), – увещает нас Дух Святой.

Делателю молитвы необходимо узнать и увидеть действие страстей и духов на кровь его. Не без причины говорит Священное Писание, что не только «плоть», но «и кровь царствия Божия наследити не могут» (*1Кор. 15:50*). Не только грубые плотские ощущения ветхого человека, но и ощущения более тонкие, иногда очень тонкие, происходящие от движения крови, отвергнуты Богом. Тем более этот предмет нуждается во внимании подвижника, что утонченное действие страстей и духов на кровь тогда только делается ясным, когда сердце ощутит в себе действие Святого Духа. Ощущение объясняется ощущением. Стяжав духовное ощущение, подвижник со всею ясностью внезапно усматривает действие крови на душу, усматривает, каким образом страсти и духи, действуя посредством крови самым тонким образом на душу, содержат душу в порабощении у себя. Тогда он поймет и убедится, что всякое действие крови на душу, не только грубое, но и утонченное, мерзостно перед Богом, составляет жертву, оскверненную грехом, недостойную быть помещенной в области духовной, недостойною быть сопричисленной к действиям и ощущениям духовным. До явления действий Духа в сердце, утонченное действие крови остается или вовсе непонятным или малопонятным, и, даже, может быть признано за действие благодати, если не будет принята надлежащая осторожность. Предосторожность эта заключается в том, чтобы, до времени очищения и обновления Духом, не признавать никакого сердечного ощущения правильным, кроме ощущения покаяния, спасительной печали о грехах, растворенной надеждой помилования. От падшего естества принимается Богом только одна жертва сердца, одно ощущение сердца, одно его состояние: «Жертва Богу дух сокрушен, сердце сокрушенно и смиренно Бог не уничижит» *(Пс.50:19)*.

Действие крови на душу вполне очевидно при действии страсти гнева и помыслов гнева на кровь, особенно в людях, склонных к гневу. В какое исступление приходит человек, воспламененный гневом! Он лишается всей власти над собой, поступает во власть страсти, во власть духов, жаждущих его погибели и желающих погубить его, употребив во орудие злодеяния его же самого; он говорит и действует, как лишенный рассудка. Очевидно также действие крови на душу, когда кровь воспалится страстью блудной. Действие прочих страстей на кровь менее явно, но оно существует. Что такое печаль? Что – уныние? Что – леность? Это разнообразные действия на кровь разных греховных помыслов. Сребролюбие и корыстолюбие непременно имеют влияние на кровь:

услаждение, которое производят на человека мечты о обогащении, что иное, как не обольстительное, обманчивое, греховное играние крови? Духи злобы, неусыпно и ненасытно жаждущие погибели человеческой, действуют на нас не только помыслами и мечтаниями, но и разнообразными прикосновениями, осязая нашу плоть, нашу кровь, наше сердце, наш ум, стараясь всеми путями и средствами влить в нас яд свой[171]. Нужна осторожность, нужна бдительность, нужно ясное и подробное знание пути мысленного, ведущего к Богу. На этом пути множество татей, разбойников, убийц. При виде бесчисленных опасностей, восплачем перед Господом нашим, и будем умолять Его с постоянным плачем, чтобы Он Сам руководил нас по пути тесному и прискорбному, ведущему к жизни. Разнообразные воспаления крови от действия различных помыслов и мечтаний демонских составляет то пламенное оружие, которое дано при нашем падении падшему херувиму, которым он вращает внутри нас, возбраняя нам вход в таинственный Божий рай духовных помышлений и ощущений[172].

Особенное внимание должно обратить на действие в нас тщеславия, которого действие на кровь очень трудно усмотреть и понять. Тщеславие почти всегда действует вместе с утонченным сладострастием и доставляет человеку самое тонкое греховное наслаждение. Яд этого наслаждения так тонок, что многие признают наслаждение тщеславием и сладострастием за утешение совести, даже за действие Божественной благодати. Обольщаемый этим наслаждением подвижник мало-помалу приходит в состояние самообольщения, признавая самообольщение состоянием благодатным, он постепенно поступает в полную власть падшего ангела, постоянно принимающего вид Ангела светлого, делается орудием, апостолом отверженных духов. Из этого состояния написаны целые книги, восхваляемые слепотствующим миром и читаемые не очистившимися от страстей людьми с наслаждением и восхищением. Это мнимо духовное наслаждение есть не что иное, как наслаждение утонченными тщеславием, высокоумием и сладострастием. Не наслаждение – удел грешника: удел его – плач и покаяние. Тщеславие растлевает душу точно так же, как блудная страсть растлевает душу и тело. Тщеславие делает душу не способной для духовных движений, которые тогда начинаются, когда умолкнут движения душевных страстей, будучи остановлены смирением. Потому-то святыми Отцами предлагается в общее делание всем инокам, в особенности занимающимся молитвой и желающим преуспеть в ней, святое покаяние, которое действует прямо против тщеславия, доставляя душе нищету духовную. Уже при значительном упражнении в покаянии усматривается действие тщеславия на душу, весьма сходное с действием блудной страсти. Блудная страсть научает стремиться к непозволительному совокуплению с постороннею плотью, и в повинующихся ей, даже одним услаждением нечистыми помыслами и мечтаниями, изменяет все сердечные чувствования, изменяет устроение души и тела; тщеславие влечет к противозаконному приобщению славе человеческой, и, прикасаясь к сердцу, приводит в нестройное сладостное движение кровь – этим движением изменяет все растворение (расположение) человека, вводя в него соединение с дебелым и мрачным духом мира, и таким образом отчуждая его от Духа Божия. Тщеславие в отношении к истинной славе есть блуд. «Оно, – говорит святой Исаак Сирин, – на естества вещей блудным видением взирает»[173]. Сколько оно омрачает человека, как делает для него приближение и усвоение Богу затруднительным, это засвидетельствовал Спаситель: «Како вы можете веровати», – сказал Он тщеславным фарисеям, искавшим похвалы и одобрения друг от друга, и от слепотствующего человеческого общества, – «славу друг от друга приемлюще, и славы, яже от единого Бога, не ищете?» (*Ин. 5:44*). Так называемое преподобными Иоанном Лествичником и Нилом Сорским[174] гордостное усердие к преждевременному исканию того, что приходит в свое время, можно непогрешительно отнести к страсти тщеславия при непременном содействии крови;

кровь разгорячают и приводят в движение тщеславные помыслы, а тщеславие, обратно, растит и размножает обольстительные мечты и напыщенное мнение о себе, именуемое Апостолом *дмением плотскаго ума, без ума дмящагося* (*Кол. 2:18*).

Из всего вышесказанного можно усмотреть и время, приличествующее для умной, сердечной молитвы. Для занятия ею приличествует возраст зрелый, при котором уже естественно укрощаются в человеке порывы. Не отвергается юность, когда она имеет качество зрелости, в особенности, когда имеет руководителя. Но для зрелости недостаточно одного числа лет от рождения, или от вступления в монастырь; зрелость должна наиболее истекать из продолжительного предварительного рассматривания себя, рассматривания не произвольного, но о Господе Иисусе Христе, при свете Евангелия, в котором изображен новый человек и все оттенки недугов ветхого, – при изучении писаний святых Отцов православной Восточной Церкви, наставляющих непогрешительно пользоваться светом Евангелия. Чем более человек вникает в себя, чем более познает себя, тем более познает свои страсти, их разнообразное действие, средства борения, свою немощь, чем более старается истребить в себе свойства греховные, привитые падением, и стяжать свойства, указанные Евангелием, тем основание для здания молитвы будет прочнее. Не должно торопиться при выводе основания; напротив того, должно позаботиться, чтобы оно имело удовлетворительные глубину и твердость. Мало – изучить страсти с их многоплетенными отраслями в чтении книг отеческих, надо прочитать их в живой книге душевной и стяжать знание о них опытное. Очевидно, что нужны многие годы для того, чтобы такое упражнение было плодоносно, особенно в наше время, когда беструдное получение какого-либо духовного знания от человека – редко, когда должно доискиваться в книгах до каждого такого познания, и потом усмотреть в книгах же порядок, постепенность духовных знаний, деланий, состояний. Не позаботившиеся достаточно о прочности основания, увидели в здании своем многие недостатки и неудобства, значительные трещины и другие повреждения, а часто видели они и горестное разрушение самого здания. Братия! Не будем спешить; по совету Евангелия (*Лк. 6:48*), ископаем, углубим, положим в основание твердые, тяжеловесные камни. Копание и углубление есть подробное исследование сердца, а твердые камни — утвержденные долгим временем и деланием навыки в евангельских заповедях.

Когда подвижник Христов, по силе своей, возобладает движениями крови и ослабит действия ее на душу: тогда в душе начнут мало-помалу возникать духовные движения, начнут являться уму тонкие Божественные разумения, привлекать его к рассматриванию их и отвлекать от скитания всюду, сосредоточивая в себе[175]; сердце начнет сочувствовать уму обильным умилением. От действий духовных окончательно ослабевают действия крови на душу: кровь вступает в отправление своего естественного служения в телесном составе, перестав служить, вне естественного своего назначения, орудием греху и демонам. Святой Дух согревает человека духовно, вместе орошая и прохлаждая душу, доселе знакомую только с разнообразными разгорячениями крови[176]. При явлении мысленного Солнца Правды отходят мысленные звери в свои логовища, и подвижник исходит из мрака и плена, в котором держали его грех и падшие духи, на духовное делание и преуспеяние до самого вечера земной жизни, до преселения в вечную, невечернюю жизнь (*Пс. 103:22–23*). От блаженного действия Святого Духа в человеке сперва начинает веять в нем необычная тишина, является мертвость к миру, к наслаждению его суетностью и греховностью, к служениям посреди его. Христианин примиряется ко всему и ко всем при посредстве странного, смиренного и вместе высокого духовного рассуждения, не известного и не доступного плотскому и душевному состоянию. Он начинает ощущать сострадание ко всему человечеству и к каждому человеку в частности. Сострадание переходит в любовь. Потом начинает усугубляться внимание при молитве его: слова молитвы начинают производить сильное не обычное впечатление на душу, потрясать ее. Наконец, мало-помалу сердце и вся душа двинутся в соединение с умом, а за душой повлечется в это соединение и самое тело. Такая молитва называется

*Умною*, когда произносится умом с глубоким вниманием, при сочувствии сердца;

*Сердечной*, когда произносится соединенными умом и сердцем, причем ум как бы нисходит в сердце и из глубины сердца воссылает молитву;

*Душевной*, когда совершается от всей души, с участием самого тела, когда совершается из всего существа, причем все существо соделывается как бы едиными устами, произносящими молитву.

Святые Отцы в Писаниях своих часто заключают под одно именование умной молитвы и сердечную, и душевную, а иногда различают их. Так, преподобный Григорий Синайский сказал: «Непрестанно зови умне или душевне». Но ныне, когда учение из живых уст об этом предмете крайне умалилось, весьма полезно знать определительное различие. В иных более действует умная молитва, в других сердечная, а в иных душевная, смотря по тому, как каждый наделен Раздаятелем всех благ, и естественных и благодатных[177]; иногда же в одном и том же подвижнике действует то та, то другая молитва. Такая молитва весьма часто и по большей части сопутствуется слезами. Человек тогда отчасти познает, что значит блаженное бесстрастие. Он начинает ощущать чистоту, а от чистоты живой страх Божий, снедающий дебелость плоти наводимым странным, доселе не знакомым человеку ужасом, от ясного ощущения предстояния своего перед Богом, как перед Богом. Христианин вступает в новую жизнь и новый подвиг, соответствующие его обновленному душевному состоянию: прежнее млеко для питания его нейдет. Все делания его стекаются во одно *в блаженное непрестанное покаяние*. Разумеваяй да разумевает: сказано нужнейшее, душеспасительнейшее, величайшей важности сведение для истинного делателя, хотя слова и просты. Это состояние изобразил Великий

Пимен в ответе своем на вопрос, как должен вести себя внимательный безмолвник? Великий отвечал: «Подобно человеку, который погряз в тину по выю, который имеет бремя на вые, и вопиет к Богу: помилуй меня»[178]. Глубокий плач, плач духа человеческого, подвигнутого к плачу Духом Божиим, есть неотъемлемый спутник сердечной молитвы; духовным ощущением страха Божия, благоговения и умиления сопутствуется молитва душевная. В совершенных христианах оба эти ощущения переходят в любовь. Но и эти ощущения принадлежат к разряду благодатных. Они – дары Божии, подаваемые в свое время, чуждые даже постижению подвизающегося в области их, хотя бы он и подвизался правильно. Сердечная молитва действует наиболее при молении именем Господа Иисуса; душевной молитвой молятся получившие сердечную молитву, когда они занимаются молитвословием и псалмопением.

Умная, сердечная, душевная молитва заповедана человеку Богом и в Ветхом и в Новом Завете. «Возлюбиши Господа Бога твоего», – повелевает Бог, – «всем сердцем твоим, всею душею твоею, всем умом твоим, всею крепостию твоею. Сия есть первая заповедь» (*Мк. 12, 30. Втор. 6, 5*). Очевидно, что исполнения величайшей, возвышеннейшей заповеди из всех заповедей невозможно иначе достигнуть, как умной, сердечной и душевной молитвой, которой молящийся отделяется от всей твари, весь, всем существом своим, устремляется к Богу. Находясь в этом устремлении к Богу, молящийся внезапно соединяется сам с собой и видит себя исцелившимся от прикосновения к нему перста Божия. Ум, сердце, душа, тело, доселе рассеченные грехом, внезапно соединяются во едино о Господе. Так как соединение произошло о Господе, произведено Господом, то оно есть вместе и соединение человека с самим собой и соединение его с Господом. За соединением, или вместе с соединением, последует явление духовных дарований. Правильнее: соединение – дар Духа. Первое из духовных дарований, которым и производится чудное соединение, есть мир

Христов[179]. За миром Христовым последует весь лик даров Христовых и плодов Святого Духа, которые Апостол исчисляет так: «любы, радость, долготерпение, благость, милосердие, вера, кротость, воздержание» (*Гал. 5:22–23*). Молитва исцеленного, соединенного, примиренного в себе и с собой, чужда помыслов и мечтаний бесовских. Пламенное оружие падшего херувима перестает действовать: кровь, удержанная силой Свыше, перестает кипеть и волноваться. Это море делается неподвижным, дыхание ветров – помыслы и мечтания бесовские – уже на него не действуют. Молитва, чуждая помыслов и мечтаний называется – *чистой*[180], *непарительной*. Подвижник, достигший чистой молитвы, начинает посвящать упражнению в ней много времени, часто сам не замечая того. Вся жизнь его, вся деятельность обращается в молитву. Качество молитвы, сказали Отцы, непременно приводит к количеству. Молитва, объявши человека, постепенно изменяет его, соделывает духовным от соединения со Святым Духом, как говорит Апостол: «Прилепляяйся же Господеви, един дух есть с Господем» (*1Кор. 6, 17*). Наперснику Духа открываются тайны христианства.

Благодатный мир Христов, которым подвижник вводится в чистую молитву, совершенно отличен от обыкновенного спокойного, приятного расположения человеков: вселившись в сердце, он оковывает возмутительные движения страстей, отъемлет страх не удалением страшного, но блаженным доблестным состоянием о Христе, при котором страшное не страшно, как Господь сказал: «Мир оставляю вам, мир Мой даю вам: не якоже мир дает, Аз даю вам. Да не смущается сердце ваше, ни устрашается» (*Ин. 14, 27*). В мире Христовом сокровенно жительствует такая духовная сила, что он попирает ею всякую земную скорбь и напасть. Эта сила заимствуется из Самого Христа: «во Мне мир имате. В мире скорбни будете: но дерзайте, яко Аз победих мир» (*Ин. 16:33*). Призываемый сердечной молитвой, Христос ниспосылает в сердце духовную силу, называемую миром Христовым, не постижимую умом, не выразимую словом, непостижимо постигаемую одним блаженным опытом. «Мир Божий, – говорит Апостол христианам, – превосходяй всяк ум, да соблюдет сердца ваша и помышления ваша о Иисусе Христе» (*Флп. 4:7*). Такова сила мира Христова. Он – «превосходяй всяк ум». Это значит: он превыше всякого ума созданных, и ума человеческого, и ума Ангелов света, и ума ангелов падших. Он, как действие Божие, властительски, Божественно распоряжается помышлениями и чувствованиями сердечными. При появлении его отбегают все помышления демонские и зависящие от них ощущения, а помышления человеческие, вместе с сердцем поступают под его всесвятое управление и водительство. Отселе он делается царем их, и соблюдает их, то есть, хранит не прикосновенными для греха, о Христе Иисусе. Это значит: он содержит помышления неисходно в евангельском учении, просвещает ум таинственным истолкованием этого учения, а сердце питает хлебом насущным, сходящим с неба и дающим жизнь всем, причащающимся его (*Ин. 6:33*). Святой мир, при обильном действии своем, наводит молчание на ум и к блаженному вкушению себя влечет и душу и тело. Тогда прекращается всякое движение крови, всякое ее влияние на состояние души: бывает тишина великая. Веет во всем человеке некий тонкий хлад, и слышится таинственное учение. Христианин, держимый и хранимый святым миром, делается неприступным для супостатов: он прилеплен к наслаждению миром Христовым, и, упиваясь им, забывает наслаждения не только греховные, но все вообще земные, и телесные и душевные. Целительный напиток! Божественное врачевство! Блаженное упоение! Точно: какое может быть другое начало обновления человека, как не благодатное ощущение мира, которым составные части человека, разделенные грехом, соединяются опять во едино! Без этого предварительного дара, без этого соединения с самим собой, человек может ли быть способным к какому-либо духовному, Божественному состоянию, созидаемому всеблагим Святым Духом? Разбитый сосуд, прежде нежели он будет исправлен, может ли быть вместилищем чего-либо? Ощущение о

Христе мира, как и всех вообще благодатных дарований, начинает прежде всего проявляться при молитве, как при том делании, в котором подвижник бывает наиболее приготовлен благоговением и вниманием к приятию Божественных впечатлений. Впоследствии, сделавшись как бы принадлежностью христианина, он постоянно сопутствует ему, постоянно и повсюду возбуждая его к молитве, совершаемой в душевной клети, указывая издали мысленных врагов и наветников, отражая и поражая их всесильной десницей своей.

Величие духовного дара, мира Христова, его явление в избранном народе Божием, новом Израиле, христианах, силу его исцелять души, силу поддерживать здравие душ, начало этого дара от Богочеловека, подаяние этого дара Богочеловеком, описано святым пророком Исаией так: «Бог крепкий», – говорит Пророк о вочеловечившемся Господе, – «Властелин, Князь мира, Отец будущаго века: приведу бо мир на князи», на преуспевших христиан, побеждающих страсти и потому заслуживших название князей, «мир и здравие Ему. И велие начальство Его, и мира Его несть предела на престоле Давидове и на царствии Его, исправити е и заступити Его в суде и правде, от ныне и до века: ревность Господа Саваофа сотворит сия» (*Ис. 9:6, 7*). «Возсияет во днех Его правда и множество мира» (*Пс. 71, 7*); «Господь благословит люди своя» – христиан – «миром» (*Пс. 28, 11*), «кротции наследят землю и насладятся о множестве мира» (*Пс. 36, 11*). Как Святой Дух возвещает Сына (*Ин. 16, 14*): так действие в человеке Святого Духа, мир Христов, возвещает, что помыслы человека вступили во всесвятую область Божественной Правды и Истины, что евангелие принято его сердцем: «милость и истина сретостеся, правда и мир облобызастася» (*Пс. 84:11*). Действие мира Христова в человеке есть признак пребывания его в заповедях Христовых, вне заблуждения и самообольщения: напротив того смущение, самое тончайшее, какими бы оно ни прикрывалось оправданиями, служит верным признаком уклонения с тесного пути Христова на путь широкий, ведущий в погибель[181]. Не осуждай ни нечестивого, ни явного злодея: «своему Господеви стоит он, или падает» (*Рим. 14:4*). Не возненавидь ни клеветника твоего, ни ругателя, ни грабителя, ни убийцы: они распинают тебя одесную Господа, по непостижимому устроению судеб Божиих, чтобы ты, от сердечного сознания и убеждения мог сказать в молитве твоей Господу: «Достойное по делам приемлю, помяни мя, Господи, в Царстве Твоем». Уразумей из попускаемых тебе скорбей твое несказанное благополучие, твое избрание Богом, и помолись теплейшей молитвой о тех благодетелях твоих, посредством которых доставляется тебе благополучие, руками которых ты отторгаешься от мира и умерщвляешься для него, руками которых ты возносишься к Богу. Ощути к ним милость по подобию той милости, которую ощущает к несчастному, утопающему в грехах человечеству Бог, Который предал Сына Своего в искупительную жертву за враждебное создание Создателю, ведая, что это создание в большинстве своем посмеется и этой Жертве, пренебрежет ей. Такая милость, простирающаяся до любви к врагам, изливающаяся в слезных молитвах о них, приводит к опытному познанию Истины. Истина есть Слово Божие, Евангелие; Истина есть Христос. Познание Истины вводит в душу Божественную правду, изгнав из души падшую и оскверненную грехом правду человеческую: вшествие свое в душу Божественная правда свидетельствует Христовым миром. Мир Христов соделывает человека и храмом и священником Бога живого: «в мире место Его» (Божие), «и жилище Его в Сионе. Тамо сокруши крепости луков, оружие и меч, и брань» (*Пс. 75:3–4*).

О блаженном соединении человека с самим собой от действия мира Христова свидетельствуют величайшие наставники иночества. Святой Иоанн Лествичник говорит: «Воззвах всем сердцем моим», то есть, телом, душой и духом: «идеже бо два» сии последние соединены, тамо и Бог «посреде их» (*Пс. 118:145; Мф. 18:20*)[182]. Преподобный Исаия Отшельник: «Если ты, подобно мудрым девам, знаешь, что сосуд твой исполнен елея, и ты можешь войти в чертог, а не должен остаться вне; если ты ощутил, что дух твой, душа и тело соединились непорочно, и восстали нескверными в день Господа нашего Иисуса Христа, если совесть не обличает и не осуждает тебя, если ты сделался младенцем по слову Спасителя, сказавшего: «Оставите детей и не возбраняйте им приити ко Мне: таковых бо есть царство небесное» (*Мф. 19:14*): то воистину ты сделался невестой (Христовой); Святой Дух почил на тебе, хотя ты и находишься еще в теле»[183]. Святой Исаак Сирин: «Не сравни творящих знамения, чудеса и силы посреди мира с безмолвствующими разумно. Возлюби праздность безмолвия больше нежели насыщение алчущих в мире и обращение многих язычников к поклонению Богу. Лучше тебе разрешить себя от уз греха, нежели освободить рабов от работы. Лучше тебе умириться с душой твоей во единомыслие имеющейся в тебе троицы – говорю: тела, души и духа – нежели умирять учением твоим разномыслящих»[184]. Святой мир есть то недвижение ума, рождающееся от исполнения евангельских заповедей, упоминаемое святым Исааком Сириным в 55 слове, которое ощутили святой *Григорий Богослов* и святой *Василий Великий*, и, ощутив, удалились в пустыню. Там, занявшись внутренним своим человеком и окончательно образовав его Евангелием, они сделались зрителями таинственных видений Духа. Очевидно, что недвижение ума, или непарительность (уничтожение рассеянности) стяжается умом по соединении его с душой. Без этого он не может удержаться от парения и скитания всюду. Когда ум, действием Божественной благодати, соединится с сердцем, тогда он получает молитвенную силу, о которой говорит преподобный Григорий Синайский: «Если бы Моисей не принял от Бога жезла силы, то не поразил бы им Бог Фараона и Египет: так и ум, если не будешь иметь в руке молитвенной силы, то не возможет сокрушить грех и сопротивные силы»[185]. С необыкновенной ясностью и простотой изображено учение о Христовом мире, показана высота и важность этого дара в духовных наставлениях иеромонаха Серафима Саровского, там все снято прямо с сердечного святого опыта: «Когда ум и сердце будут соединены в молитве и помыслы души нерассеяны, тогда сердце согревается теплотой духовной, в которой воссияет свет Христов, исполняя мира и радости всего внутреннего человека»[186]. Ничтоже лучше есть во Христе мира, в нем же разрушается всякая брань воздушных и земных духов. Признак разумной души, когда человек погружает ум внутрь себя и имеет делание в сердце своем. Тогда благодать Божия приосеняет его, и он бывает в мирном устроении, а посредством этого и в премирном: в мирном, то есть, с совестью благой; в премирном же, ибо ум созерцает в себе благодать Святого Духа, по слову Божию: «в мире место Его» (*Пс. 75:3*). Когда кто в мирном устроении ходит, тот как бы лжицей черпает духовные дары. Когда человек придет в мирное устроение, тогда может от себя и на прочих издавать свет разума. Этот мир, как некое бесценное сокровище, оставил Господь наш Иисус Христос ученикам Своим, перед смертью Своей глаголя: «Мир оставляю вам, мир Мой даю вам» (*Ин. 14:27*). Мы должны все свои силы, желания и действия сосредоточить к тому, чтобы получить мир Божий и с Церковью всегда вопиять: Господи Боже наш! Мир даждь нам (*Ис. 26:12*). Всеми мерами надо стараться, чтобы сохранить мир душевный и не возмущаться оскорблениями от других: для этого нужно всячески стараться удерживать гнев и соблюдать посредством внимания ум и сердце от непристойных движений. Оскорбления от других должно переносить равнодушно и приучаться к такому расположению духа, как бы оскорбления их относились не к нам, а к кому-либо из лиц чуждых нам. Такое упражнение может доставить тишину сердцу человеческому и сделать его обителью Самого Бога. Каким образом побеждать гнев, можно видеть из жития Паисия Великого. Он просил явившегося ему Господа Иисуса Христа, чтобы освободил его от гнева. И рече ему Христос: Аще гнев и ярость купно победити хощеши, ничесоже возжелай, ни возненавидь кого, ни уничижи[187]. Чтобы сохранить мир душевный, должно отдалять от себя уныние и стараться иметь радостный дух, а не печальный, по слову Сираха: «Печаль многих уби, и несть пользы в ней» (*Сир. 30:25*). Для сохранения мира душевного должно всячески избегать осуждения других. Неосуждением и молчанием сохраняется мир душевный: когда в таком устроении бывает человек, то получает Божественные откровения»[188]. «Царство Божие – правда, и мир, и радость о Дусе Святе. Иже бо сими служит Христови, благоугоден есть Богови» (*Рим. 14:17–18*).

Мир Христов есть источник непрестанной умной, сердечной, душевной, благодатной, духовной молитвы, молитвы, приносимой из всего существа человеческого, действием Святого Духа; мир Христов есть постояннный источник благодатного, превышающего ум человеческий, смирения Христова. Не погрешит тот, кто скажет, что благодатная молитва есть благодатное смирение, и благодатное смирение есть непрестанная молитва. Признаем необходимым изложить здесь теснейший союз молитвы со смирением. Что – смирение? «Смирение, – сказали Отцы, – божественно и непостижимо»[189]. Не то ли же это значит, что и сказанное Апостолом: «мир Божий, превосходяй всяк ум»? (*Фил. 4:7*). Мы безошибочно определим смирение, если скажем: Смирение есть непостижимое действие непостижимого мира Божия, непостижимо постигаемое одним блаженным опытом. К составлению такого определения смирению мы имеем руководителем Самого Господа. «Приидите ко Мне вси труждающиеся и обремененнии, – сказал Господь, – и Аз упокою вы. Возмите иго Мое на себе и научитеся от Мене, яко кроток есмь и смирен сердцем: и обрящете покой душам вашим» (*Мф. 11:28–29*). Преподобный Иоанн Лествичник, объясняя эти слова Спасителя, говорит: «Научитеся» не от Ангела, не от человека, не из книги, но «от Мене», то есть, из Моего в вас пребывания, осияния и действования, «яко кроток есмь и смирен сердцем», и помыслом, и усвоенным образом мыслей, и обрящете покой от браней и облегчение от страстных помыслов «душам вашим»[190]. Это научение – деятельное, опытное, благодатное! Далее в слове о смирении святой Иоанн Лествичник, исчислив разные признаки смирения, которые могут быть известны и постижимы не только обладателю сего духовного сокровища, но и его присным и друзьям о Господе, присовокупляет: «Имеются признаки для обладателя этого великого богатства (смирения) в душе его (по которым он может познать, что соделался обладателем смирения), превысшие всех вышесказанных. Ибо те все, за исключением этого, могут быть усмотрены посторонними зрителями. Ты уразумеешь и не обманешься, что в тебе это преподобное (смирение) присутствует, по множеству неизреченного света и по несказанному рачению к молитве». Святой Исаак Сирин на вопрос: «Какие отличительные признаки смирения?» – отвечал: «Как возношение души есть ее расточение, понуждающее ее парить (посредством производимого им мечтания) и не препятствующее ей воскрыляться облаками своих помыслов, на которых она обтекает всю тварь, так (в противоположность возношению) смирение собирает душу в безмолвие; при посредстве смирения душа сосредоточивается в себе самой. Как душа неведома и невидима телесными очами, так смиренномудрый не познается, находясь среди людей. Как душа сокрыта внутри тела от видения человеками и от общения с ними, так истинно смиренномудрый не только не хочет быть видим и понят человеками по причине своего удаления и отречения от всего, но даже он желал бы и от самого себя погрузиться внутрь себя, жительствовать и пребывать в безмолвии, вполне забыв прежние свои помышления и чувствования, соделаться каким-то несуществующим и не начинавшим существовать, даже неизвестным для самой души своей. Такой насколько сокровен, скрыт и отлучен от мира, настолько весь бывает в своем Владыке»[191]. Какое это состояние, как не состояние, производимое благодатной умной, сердечной и душевной молитвой? Можно ли пребывать в Господе иначе, как не соединясь с Ним чистой молитвой? В этом же слове помещен ответ святого Исаака на вопрос: «Что есть молитва?» – Святой сказал: «Молитва есть упразднение и праздность мысли от всего здешнего и сердце, совершенно обратившее взоры свои к уповаемому будущему». Итак не то ли же, по действиям и последствиям, и истинная молитва и истинное смирение? Молитва есть мать добродетелей и дверь ко всем духовным дарам. Тщательной с терпением и понуждением себя совершаемой внимательной молитвою приобретаются и благодатная молитва и благодатное смирение. Податель их Дух Святой, податель их Христос: как им не быть столько сходственными между собою, когда источник их один? Как из такого источника не явиться всем вообще добродетелям, в чудном согласии и соотношении между собой? Внезапно они являются в том христианине, во внутреннюю клеть которого вошел Христос для внимания плачу заключенного в клети и для отъятия причин плача. «Молитва есть мать добродетелей, – сказал преподобный Марк Подвижник, – она рождает их от соединения со Христом»[192]. Святой Иоанн Лествичник назвал молитву материю добродетелей, а смирение – губителем страстей[193].

Надо объяснить и сделать сколько-нибудь понятным соединие ума, души и тела для не ощущавших его, чтобы они познали его, когда оно, по милости Божией, начнет проявляться в них. Это соединение вполне явственно, вполне ощутительно, не какое-либо мечтательное или усвояемое обольстительным мнением. Оно может несколько объясниться из противоположного состояния, в котором обыкновенно все мы находимся. Противоположное состояние – разделение ума, души и тела, несогласное их действие, часто обращающееся в противодействие одного другому – есть горестное следствие нашего падения в праотцах наших[194]. Кто не видит в себе этого разногласного действия? Кто не ощущает внутренней борьбы и производимого ею мучения? Кто не признает этой борьбы, этого мучения – часто невыносимых – нашим недугом, признаком, убедительным доказательством падения? Ум наш молится или находится в размышлении и намерении благочестивом, а в сердце и теле движутся различные порочные пожелания, различные страстные стремления влекут с насилием ум от его упражнения и по большей части увлекают! Самые телесные чувства, в особенности зрение и слух, противодействуют уму: доставляя ему непрестанные впечатления вещественного мира, они приводят его в развлечение и рассеянность. Когда же, по неизреченному милосердию Божию, ум начнет соединяться в молитве с сердцем и душой, тогда душа, сначала мало-помалу, а потом и вся начнет устремляться вместе с умом в молитву. Наконец устремится в молитву и самое бренное наше тело, сотворенное с вожделением Бога, а от падения заразившееся вожделением скотоподобным. Тогда чувства телесные остаются в бездействии: глаза смотрят и не видят, уши слышат и вместе не слышат[195]. Тогда весь человек бывает объят молитвой: самые руки его, ноги и персты, несказанно, но вполне явственно и ощутительно участвуют в молитве и бывают исполнены необъяснимой словами силы. Человек, находясь в состоянии мира о Христе и молитвы, не доступен ни для каких греховных помыслов — тот самый человек, для которого прежде всякое сражение с грехом было верным побеждением. Душа ощущает, что приближается к ней супостат; но молитвенная сила, ее наполняющая, не попускает врагу приблизиться и осквернить храм Божий. Молящийся знает, что приходил к нему враг, но не ведает, с каким помыслом, с каким видом греха. Сказал святой Иоанн Лествичник: «Уклоняющегося от Мене лукавого не познах» (*Пс. 100:4*), ниже как он приходил, ниже для чего приходил, ниже как отошел, но в таковых случаях пребываю без всякого ощущения, будучи соединен с Богом ныне и всегда»[196]. При соединении ума с душой всего удобнее заниматься памятью Божией, в особенности молитвой Иисусовой: при ней чувства телесные могут оставаться в бездействии, а такое бездействие их крайне способствует глубочайшему вниманию и его последствиям. Чтение молитвенное псалмов и прочих молитвословий не только можно, но и должно производить при соединении, как особенно способствующем вниманию. Но как при псалмопении уму представляются разнообразные мысли, то он при псалмопении не может быть так чист от рассеянности, как при краткой единообразной молитве. При чтении Священного Писания и книг Отеческих также должно соединять ум с душой — чтение будет гораздо плодоноснее. «Требуется от ума, — говорит святой Иоанн Лествичник, — при каждой его молитве (а потому и при чтении, которым питается молитва и которое составляет отрасль молитвы и умного делания) изъявление той силы, которая дарована ему Богом — почему должно внимать»[197].

Брат! Если ты еще не ощутил соединения ума, души и тела, то занимайся внимательной молитвой, соединяя устную и по временам гласную с умом. Пребывай в евангельских заповедях, с терпением и долготерпением борясь против страстей, не приходя в уныние и безнадежие при побеждении твоем помыслами и ощущениями греховными, впрочем, и не попускай себе произвольно побеждения. Упав, вставай, опять упав, опять вставай, доколе не научишься ходить без преткновения. Чаша немощи имеет свою пользу: до известного времени она попускается промыслом Божиим подвижнику для очищения от гордости, гнева, памятозлобия, осуждения, высокомудрия и тщеславия. Особенно важно усмотреть в себе действие тщеславия и обуздать его. Доколе оно действует, дотоле человек не способен вступить в страну жительства духовного, в которое вход есть беспристрастие, даруемое пришествием мира Христова. Если же ты ощутил, что соединился ум твой с душой и телом, что ты уже не рассечен грехом на части, но составляешь нечто единое и целое, что святой мир Христов возвеял в тебе, то храни со всевозможным тщанием дар Божий. Да будет главным твоим делом молитва и чтение святых книг, прочим делам давай второстепенное значение, а к делам земным будь хладен, если можно, чужд их. Священный мир, как веяние Святого Духа, тонок, немедленно отступает от души, ведущей себя неосторожно в присутствии его, нарушающей благоговение, нарушающей верность послаблением греху, позволяющей себе нерадение. Вместе с миром Христовым отступает от недостойной души благодатная молитва, и вторгаются в душу, как гладные звери, страсти, начинают терзать самопредавшуюся жертву, предоставленную самой себе отступившим от нее Богом (*Пс. 103:20–21*). Если ты пресытишься, в особенности, упьешься, святой мир перестанет в тебе действовать. Если разгневаешься, надолго прекратится его действие. Если позволишь себе дерзость, он престанет действовать. Если возлюбишь что земное, заразишься пристрастием к вещи, к какому-либо рукоделию или особенным расположением к человеку, святой мир непременно отступит от тебя. Если попустишь себе услаждение блудными помыслами, он надолго, весьма надолго оставит тебя, как не терпящий никакого зловония греховного, в особенности блудного и тщеславного. Поищешь его и не обрящешь. Восплачешь о потере его, но он не обратит никакого внимания на плач твой, чтобы ты научился давать дару Божию должную цену и хранить его с подобающими тщательностью и благоговением. Возненавидь все, влекущее тебя долу, в развлечение, в грех. Распнись на кресте заповедей евангельских, непрестанно содержи себя пригвожденным к нему. Мужественно и бодренно отвергай все греховные помыслы и пожелания, отсекай попечения земные, заботься об оживлении в себе Евангелия ревностным исполнением всех его заповедей. Во время молитвы снова распинайся, распинайся на кресте молитвы. Отклоняй от себя все воспоминания, самые важнейшие, приходящие тебе во время молитвы, пренебрегай ими. Не богословствуй, не увлекайся в рассматривание мыслей блестящих, новых и сильных, если они начнут внезапно плодиться в тебе. Священное молчание, наводимое на ум во время молитвы ощущением величия Божия, вещает о Боге возвышеннее и сильнее всякого слова. «Если ты истинно молишься, – сказали Отцы, – то ты – Богослов»[198]. Имеешь сокровище! Видят это невидимые тати, угадывают о нем по утрате своего влияния на тебя[199] (*Пс. 125, 1–2*). В Псалтыри повсюду под именем языков разумеются, в таинственном значении, демоны. Тогда подвижник познает избавление свое от порабощения демонам, когда ум его перестанет увлекаться приносимыми ими помыслами и мечтаниями, когда он начнет молиться чистой молитвой, всегда соединенной с духовным утешением. Избавление это понятно и для демонов: «Тогда рекут во языцех: возвеличил есть Господь сотворити с ними». Они алчут похитить у тебя дар Божий! Они искусны, богаты и опытностью и изобретательностью злой. Будь внимателен и осторожен. Храни в себе и расти чувство покаяния, не любуйся своим состоянием, взирай на него, как на средство к стяжанию истинного покаяния. Нищета духовная сохранит в тебе дар благодати и оградит от всех вражеских козней и обольщений: «сердце сокрушенно и смиренно Бог не уничижит» (*Пс. 50:19*) преданием его во власть врагу и лишением спасения и благодати. Аминь.

# СЛОВО О МОЛИТВЕ ИИСУСОВОЙ[200]

Начиная говорить о молитве Иисусовой, призываю в помощь скудоумию моему всеблагого и всемогущего Иисуса. Начиная говорить о молитве Иисусовой, воспоминаю изречение о Господе праведного Симеона: «Се лежит сей на падение и возстание многих во Израили и в знамение пререкаемо» (*Лк. 2:34*). Как Господь был и есть истинным знамением, знамением пререкаемым, предметом несогласия и спора между познавшими и не познавшими Его: так и моление всесвятым именем Его, будучи, в полном смысле, знамением великим и дивным, соделалось, с некоторого времени, предметом несогласия и спора между занимающимися таким молением и не занимающимися им. Справедливо замечает некоторый Отец, что отвергают этот способ моления только те, которые не знают его, отвергают по предубеждению и по ложным понятиям, составленным о нем[201]. Не внимая возгласам предубеждения и неведения, в надежде на милость и помощь Божию, мы предлагаем возлюбленным отцам и братиям наше убогое слово о молитве Иисусовой на основании Священного Писания, на основании Церковного предания, на основании Отеческих писаний, в которых изложено учение об этой всесвятой и всесильной молитве. «Немы да будут устны льстивые, глаголющия на праведного» и на великолепное имя его «беззаконие, гордынею» своею, своим глубоким неведением и соединенным с ними «уничижением» чуда Божия. Рассмотрев величие имени Иисусова и спасительную силу моления им, мы воскликнем в духовной радости и удивлении:

«Коль многое множество благости Твоея, Господи, юже сотворил еси боящимся Тебе, соделал еси уповающим на Тя пред сыны человеческими» (*Пс. 30:19–20*). «Сии на колесницах, и сии на конех» – на плотском и суетном умствовании своем: «мы же», с простотой и верой младенцев, «имя Господа Бога нашего призовем» (*Пс. 19:8*).

Молитва Иисусова произносится так: »*Господи Иисусе Христе, Сыне Божий, помилуй мя грешнаго*«. Первоначально произносилась она без прибавки слова *грешнаго*; слово это присовокуплено к прочим словам молитвы впоследствии. Это слово, заключающее в себе сознание и исповедание падения, замечает преподобный Нил Сорский, нам прилично, благоприятно Богу, заповедавшему воссылать молитвы к Нему из сознания и исповедания своей греховности[202]. Для новоначальных, снисходя их немощи, Отцы позволяют разделять молитву на две половины, иногда говорить: *«Господи Иисусе Христе помилуй мя грешнаго»*, а иногда *«Сыне Божий, помилуй мя грешнаго»*. Впрочем это – только дозволение и снисхождение, а отнюдь не приказание и не установление, требующее непременного исполнения. Гораздо лучше творить постоянно единообразную, цельную молитву, не занимая и не развлекая ума переменой и заботой о переменах. И тот, кто находит необходимость для немощи своей в перемене, не должен допускать ее часто. Примерно: можно одной половиной молитвы молиться до обеда, другой после обеда. Воспрещая частую перемену, преподобный Григорий Синаит говорит: «не укореняются те деревья, которые пересаживаются часто»[203].

Моление молитвой Иисусовой есть установление Божественное. Установлено оно не через посредство пророка, не через посредство Апостола, не через посредство Ангела – установлено Самим Сыном Божиим и Богом. После тайной вечери, между прочими возвышеннейшими, окончательными заповеданиями и завещаниями, Господь Иисус Христос установил моление Его именем, дал этот способ моления, как новый, необычный дар, дар цены безмерной. Апостолы уже знали отчасти силу имени Иисуса: они исцеляли им неисцелимые недуги, приводили к повиновению себе бесов, побеждали, связывали, прогоняли их. Это могущественнейшее, чудное имя Господь повелевает употреблять в молитвах, обещая от него особенную действительность для молитвы. «Еже аще что просите, – сказал Он святым Апостолам, – от Отца во имя Мое, то сотворю, да прославится Отец в Сыне. И аще чесо просите во имя Мое, Аз сотворю» (*Ин. 14:13–14*). «Аминь, аминь глаголю вам, яко елика аще чесо просите от Отца во имя Мое, даст вам. Доселе не просисте ничесоже во имя Мое: просите и приимете, да радость ваша будет исполнена» (*Ин. 16:23–24*). О, какой дар, Он – залог нескончаемых, безмерных благ! Он истек из уст неограниченного Бога, облекшегося в ограниченное человечество, нарекшегося именем человеческим – *Спаситель*[204]. Имя, по наружности своей ограниченное, но изображающее собой Предмет неограниченный, Бога, заимствующее из Него неограниченное, Божеское достоинство, Божеские свойства и силу. Податель бесценного, нетленного дара! Как нам, ничтожным, бренным, грешным принять дар? Не способны для этого ни руки наши, ни ум, ни сердце. Ты научи нас познать, по возможности нашей, и величие дара, и значение его, и способ принятия, и способ употребления, чтобы не приступить нам к дару погрешительно, чтобы не подвергнуться казни за безрассудство и дерзость, чтобы, за правильное познание и употребление дара, принять от Тебя другие дары, Тобой обетованные, Тебе единому известные.

Из Евангелия, Деяний и Посланий Апостольских мы видим неограниченную веру во имя Господа Иисуса и неограниченное благоговение к этому имени святых Апостолов. Именем Господа Иисуса они совершали поразительнейшие знамения. Нет случая, из которого можно бы было научиться, каким образом они молились именем Господа, но они молились им непременно. Как могли они не молиться им, когда это моление было преподано и заповедано Самим Господом, когда заповедание укреплено двукратным повторением и подтверждением его? Если умалчивает о сем Писание, то умалчивает единственно потому, что моление это было в общем употреблении, не нуждаясь в особенном внесении в Писание по известности своей и общеупотребительности. Общеупотребительность и общеизвестность молитвы Иисусовой явствует со всей очевидностью из постановления Церкви, которым повелевается неграмотным заменять для себя все молитвословия молитвой Иисусовой[205]. Древность этого постановления несомненна. Впоследствии оно пополнялось по мере появления новых молитвословий в Церкви. Святой Василий Великий изложил молитвенное правило на письме для своей паствы, почему некоторые приписывают ему самое учреждение правила. Оно – отнюдь не изобретение и не учреждение Великого Святителя; Святитель лишь заменил устное предание письменным, точно так же, как написал чин Литургии, чин, который существовал в Кесарии от времен Апостольских, не был изложен письменно, а передавался по преемству устно, чтобы великое священнодействие охранить от кощунства язычников. Правило монашеское заключается наиболее в молитве Иисусовой. В таком виде преподается это правило вообще для всех монахов Православной Церкви[206]: в таком виде преподано оно Ангелом преподобному *Пахомию Великому* для его общежительных монахов. Преподобный жил в 4-м веке; в правиле говорится о молитве Иисусовой точно так, как о молитве Господней, о пятидесятом Псалме и о *Символе Веры* – как об общеизвестных и общепринятых. Преподобный Антоний Великий, Отец 3-го и 4-го веков, завещает ученикам своим тщательнейшее упражнение молитвой Иисусовой, говоря о ней, как о предмете, не нуждающемся в каком-либо объяснении. Объяснение этой молитвы начало появляться впоследствии, по мере оскудения живого познания о ней. Подробнее учение о молитве Иисусовой изложено Отцами 14-го и 15 столетий, когда упражнение в ней начало почти забываться даже между монахами. В дошедших до нас исторических памятниках первых времен христианства не говорится о молении именем Господа отдельно, но лишь упоминается о нем при изложении других обстоятельств. В жизнеописании святого *Игнатия Богоносца*, Епископа Антиохийского, увенчавшегося в Риме мученической кончиной при императоре Траяне, повествуется следующее: «Когда его вели на съедение зверям и он непрестанно имел в устах имя Иисуса Христа, то спросили его нечестивые: для чего он непрестанно воспоминает это имя? Святой отвечал, что он, имея в сердце своем имя Иисуса Христа написанным, устами исповедует Того, Кого в сердце всегда носит. После того, как Святой съеден был зверями, при оставшихся его костях, по изволению Божию, сохранилось целым сердце. Неверные, нашедши его и вспомнив слова святого Игнатия, разрезали это сердце на две половины, желая узнать, справедливо ли сказанное святым. Они нашли внутри, на обеих половинах разрезанного сердца, надпись золотыми буквами: Иисус Христос. Таким образом священномученик Игнатий был именем и делом Богоносец, всегда нося в сердце своем Христа Бога, написанного Богомыслием ума, как бы тростью». Богоносец был учеником святого Апостола Евангелиста Иоанна Богослова и сподобился в детстве своем видеть Самого Господа Иисуса Христа. Это тот блаженный отрок, о котором сказано в Евангелии, что Господь поставил его среди Апостолов, препиравшихся о первенстве, обнял и сказал: «аминь глаголю вам, аще не обратитеся и будете яко дети, не внидете в царство небесное. Иже убо смирится, яко отроча сие, той есть болий в царствии небеснем» (*Мф. 18:3–4; Мк. 9:36–37*)[207]. Конечно, святой Игнатий научен был молитве Иисусовой святым Евангелистом и занимался ею в эти цветущие времена христианства подобно всем прочим христианам. Тогда молитве Иисусовой обучали всех христиан, во-первых, по великому значению этой молитвы, потом, по редкости и дороговизне рукописных священных книг, по редкости грамотности (большая часть Апостолов были неграмотные), по удобству, удовлетворительности, по особеннейшим действию и силе Иисусовой молитвы.

«Имя Сына Божия, – сказал Ангел святому Гермию, непосредственному ученику Апостолов, – велико и неизмеримо: оно держит весь мир». Услышав это учение, Гермий спросил Ангела: «Если все творение держится Сыном Божиим, то поддерживает ли Он тех, которые призваны Им, носят имя Его и ходят в заповедях Его?» Ангел отвечал: «Он поддерживает тех, которые от всего сердца носят имя Его. Он Сам служит для них основанием, и с любовью держит их, потому что они не стыдятся носить имя Его»[208]. В Церковной истории читаем следующее повествование: «Воин, по имени Неокора, уроженец Карфагенский, находился в римском отряде, охранявшем Иерусалим, в то время, как Господь наш Иисус Христос, претерпел вольные страдания и смерть для искупления рода человеческого. Видя чудеса, совершившиеся при смерти и воскресении Господа, Неокора уверовал в Господа и был крещен Апостолами. По окончании срока службы, Неокора возвратился в Карфаген, и сокровище веры сообщил всему семейству своему. В числе принявших христианство находился Каллистрат, внук Неокоры. Каллистрат, достигши надлежащего возраста, вступил в войско. Отряд воинов, в который он был помещен, состоял из идолопоклонников. Они присматривали за Каллистратом, заметив, что он не поклоняется кумирам, а по ночам, в уединении, совершает продолжительные молитвы. Однажды они подслушивали его при молитве его и, услышав, что он непрестанно повторяет имя Господа Иисуса Христа, донесли об этом воеводе. Святой Каллистрат, исповедовавший Иисуса наедине и при темноте ночи, исповедал Его и при свете дня, всенародно – исповедание запечатлел кровью»[209]. Писатель V века, преподобный *Исихий Иерусалимский*, уже жалуется, что упражнение в этой молитве очень оскудело среди монахов[210]. Оскудение это с течением времени более и более усиливалось: почему святые Отцы писаниями своими старались поддержать его. Последний писатель об этой молитве был блаженный старец иеромонах Серафим Саровский. Не сам старец написал наставления, украшенные его именем; они были записаны со слов его одним из наставлявшихся у него иноков; они отмечены благодатным помазанием[211]. Ныне упражнение молитвой Иисусовой почти оставлено монашествующими. Преподобный Исихий приводит в причину оставления нерадение: надо сознаться, что обвинение справедливо.

Благодатная сила молитвы Иисусовой заключается в самом Божественном имени Богочеловека, Господа нашего, Иисуса Христа. Хотя многочисленные свидетельства Священного Писания возвещают нам величие имени Божия; но с особеннейшей определенностью объяснил значение этого имени святой Апостол Петр перед синедрионом Иудейским, когда синедрион допрашивал Апостола «коею силою или коим именем» даровано им исцеление хромому от рождения? «Петр, исполнився Духа Свята, рече: Князи людстии и старцы Израилевы, аще мы днесь истязуеми есмы о благодеянии человека немощна, о чесом сей спасеся: разумно буди всем вам и всем людем Израилевым, яко во имя Иисуса Христа Назорея, Его же вы распясте, егоже Бог воскреси от мертвых, о сем сей стоит пред вами здрав. Сей есть камень, укоренный от вас зиждущих, бывый во главу угла, и несть ни о едином же инем спасения: несть бо иного имене под небесем, даннаго в человецех, о немже подобает спастися нам» (*Деян. 4:7–12*). Это свидетельство – свидетельство Святого Духа: уста, язык, голос Апостола были только орудиями Духа. И другой орган Святого Духа, Апостол языков, издает подобное провещание. «Всяк», – говорит он, – «иже призовет имя Господне, спасется» (*Рим. 10:13*). «Христос Иисус смирил Себе, послушлив быв даже до смерти, смерти же крестныя. Темже и Бог Его превознесе, и дарова Ему имя, еже паче всякого имени, да о имени Иисусове всяко колено поклонится небесных и земных и преисподних» (*Флп. 2:8–10*).

Воспел предвидевший дальнее будущее Давид, праотец Иисуса по плоти, воспел величие имени Иисуса, живописно изобразил действие этого имени, борьбу при посредстве его с началами греха, силу его при освобождении молящегося им из плена страстей и бесов, благодатное торжество одержавших победу именем Иисуса. Послушаем, послушаем Боговдохновенного Давида! С необыкновенной ясностью, описывая долженствующее совершиться через тысячу лет установление духовного царства Христова на земле, Царь-Пророк говорит, что владычество Богочеловека будет распростираться «от моря и до моря, и от рек до конец вселенныя. Поклонятся Ему вси цариеземстии, вси языцы поработают ему. Честно имя Его перед ними, и помолятся о Нем выну, весь день благословят Его. Будет имя Его благословенно во веки; прежде солнца пребывает имя Его: и благословятся в Нем вся колена земная, вси языцы ублажат Его. Благословенно имя славы Его во век, и в век века: и исполнится славы Его вся земля» (*Пс. 71:8, 11, 14–15, 17, 19*). Великое служение молитвы, вводящей человеков в ближайшее общение с Богом, появилось на земле, в обширнейшем размере, со времени примирения человеков с Богом при посредстве Богочеловека. Служение это объяло вселенную. Оно водворилось в городах и селениях; оно процвело в диких, необитаемых дотоле пустынях; оно воссияло в темных вертепах, в ущельях, в пропастях и на вершинах гор, в глуши лесов дремучих. Имя Богочеловека получило в служении молитвенном важнейшее значение, будучи именем Спасителя человеков, Творца человеков и Ангелов, будучи именем вочеловечившегося Бога, Победителя возмутившихся рабов и созданий – демонов. «Пред Ним» – Господом и Искупителем нашим – «припадут ефиопляне», бесы, «и враги Его», падшие духи, «персть полижут» (*Пс. 71:9*). «Господи Господь наш, яко чудно имя Твое по всей земли, яко взятся великолепие Твое превыше небес. Из уст младенец и ссущих совершил еси хвалу, враг Твоих ради, еже разрушити врага и местника» (*Пс. 8:2–3*). Точно! Величие имени Иисуса превыше постижения разумных тварей земли и неба: постижение его непостижимо приемлется младенческой простотой и верой. С таким же бескорыстным настроением должно приступать к молению именем Иисуса и пребывать в этом молении; постоянство и тщательность в молении должны быть подобны непрестанному стремлению младенца к сосцам матери: тогда моление именем Иисуса может увенчаться полным успехом, невидимые враги могут быть попраны, окончательно может быть сокрушен «враг и местник» (отмститель). *Враг* назван *местником*, потому что у молящихся, особенно по временам, а не постоянно, он старается отнять после молитвы то, что приобретено ими во время молитвы[212]. Для решительной победы необходима непрестанная молитва и непрерывающаяся бдительность над собой. По такому значению моления именем Иисуса, Давид приглашает всех христиан к этому молению. «Хвалите отроцы Господа, хвалите имя Господне. Буди имя Господне благословенно отныне и до века. От восток солнца до запад хвально имя Его» (*Пс. 112, 1–3*). «Принесите Господеви славу имени Его: поклонитеся Господеви во дворе святем Его» (*Пс. 28:2*); молитесь так, чтобы в молитвах ваших явилось величие имени Иисуса, и вы, силой Его, взошли в нерукотворенный сердечный храм для поклонения духом и истиною; молитесь тщательно и постоянно; молитесь в страхе и трепете перед величием имени Иисуса, «и да уповают на Тя», всемогущего и всеблагого Иисуса, «знающии имя Твое» по блаженному опыту своему, «яко не оставил еси взыскающих Тя, Господи» (*Пс. 9:11*). Только нищий духом, непрестанно прилепляющийся молитвой ко Господу по причине непрестанного ощущения нищеты своей, способен раскрыть в себе величие имени Иисуса. «Не возвратится смиренный посрамлен» с предстояния молитвы своей, но принесет ее всецело Богу, не расхищенной развлечением: «нищ и убог восхвалита имя Твое» (*Пс. 73:21*). «Блажен муж ему же есть имя Господне упование его, и не призре в суеты и неистовления ложная» (*Пс. 39:5*): он не обратит внимания при молитве своей на обольстительное действие суетных попечений и пристрастий, покушающихся осквернить и растлить молитву. Ночное время особенно способствует, по тишине и мраку своим, упражнению Иисусовой молитвой; ночью занимался великий подвижник молитвы, Давид, памятью Божией: «Помянух в нощи имя Твое, Господи», говорит он; ночью настраивал я душу мою Божественным настроением «и», стяжав это настроение, в деятельности последующего дня «сохраних закон Твой» (*Пс. 118, 55*). «Ночью, — советует преподобный Григорий Синаит, ссылаясь на святого Иоанна Лествичника, — многое время отдавай молитве, малое же псалмопению»[213].

В тяжкой борьбе с невидимыми врагами спасения нашего превосходнейшим оружием служит молитва Иисусова. «Вси языци» — язычниками названы многоглаголивые и многокозненные демоны — «обыдоша мя», — говорит Давид, — «именем Господним противляхся им: обышедше обыдоша мя, и именем Господним противляхся им; обыдоша мя яко пчелы сот, и разгорешася яко огнь в тернии, и именем Господним противляхся им» (*Пс. 117, 10–12*). «Именем Иисуса бей супостатов: потому что ни на небе, ни на земле нет оружия более крепкого»[214]. «О Тебе», Господи Иисусе, «враги наши избодем роги, и о имени Твоем уничижим возстающия на ны. Не на лук бо мой уповаю, и меч мой не спасет мене: спасл бо еси нас от стужающих нам, и ненавидящих нас посрамил еси. О Бозе похвалимся весь день, и о имени Твоем исповемыся во век» (*Пс. 43, 6–9*). Ум, победив и разогнав врагов именем Иисуса, сопричисляется блаженным духам, входит для истинного Богослужения в сердечный храм, который доселе был затворен для него, воспевая новую, духовную песнь, воспевая таинственно: «исповемся Тебе, Господи, всем сердцем моим и пред Ангелы воспою Тебе, яко услышал еси вся глаголы уст моих: поклонюся ко храму святому Твоему, и исповемся имени Твоему о милости Твоей и истине Твоей: яко возвеличил еси над всеми имя Твое святое. В оньже аще день призову Тя, скоро услыши мя: умножиши мя в души моей силою Твоею» (*Пс. 137:1–3*). Святой Давид исчисляет чудные действия «страшнаго и святаго имени» (*Пс. 110:9*) Иисусова. Оно действует подобно принятому врачевству, которого образ действия неизвестен больному и непостижим для него, а самое действие очевидно по производимому исцелению. Ради имени Иисусова, употребляемого молящимся, нисходит к нему помощь от Бога, и даруется ему отпущение грехов; по этой причине святой Давид, представляя воззрению Бога опустошение и бедственное состояние души всякого человека, произведенное греховной жизнью, умоляет от лица всех человеков о помиловании, говорит: «помози нам, Боже, Спасителю наш, славы ради имени Твоего, Господи, избави ны, и очисти грехи наши имене ради Твоего» (*Пс. 78, 9*). Ради имени Господня бывает услышана молитва наша, даруется нам спасение; на основании убеждения в этом, опять молится Давид: «Боже, во имя Твое спаси мя, и в силе Твоей суди ми: Боже услыши молитву мою, внуши глаголы уст моих» (*Пс. 53:3–4*). Силой имени Иисусова освобождается ум от колебания, укрепляется воля, доставляется правильность ревности и прочим свойствам душевным, мыслям и чувствованиям богоугодным, мыслям и чувствованиям, принадлежащим непорочному естеству человеческому, только таким мыслям и чувствованиям дозволяется пребывать в душе; нет в ней места для мыслей и чувствований чуждых, «яко Бог спасет Сиона, и созиждутся гради Иудейстии, и вселятся тамо, и наследят и; и семя рабов твоих удержат и, и любящии имя Твое вселятся в нем» (*Пс. 68:36–37*). Во имя Господа Иисуса даруется оживление душе, умерщвленной грехом. Господь Иисус Христос – жизнь (*Ин. 11:25*), и имя Его – живое: оно оживотворяет вопиющих им к источнику жизни, Господу Иисусу Христу. «Имене ради Твоего, Господи, живиши мя правдою Твоею» (*Пс. 142:11*); «не отступим от Тебе: оживиши ны, и имя Твое призовем» (*Пс. 79:19*). Когда силой и действием имени Иисуса услышана будет молитва, когда низойдет Божественная помощь к человеку, когда отражены будут и отступят от него враги, когда сподобится он отпущения грехов, когда он будет исцелен и возвращен к непорочному естественному состоянию, когда дух его будет восстановлен во власти своей, тогда последует покаяние, во имя Господа, благодатных даров, духовного имущества и сокровища, залога блаженной вечности, «яко Ты, Боже, услышал еси молитвы моя: дал еси достояние боящимся имене Твоего. Дни на дни цареви приложиши: лета его до дне рода и рода. Пребудет в век пред Богом» (*Пс. 60:6–8*). Тогда человек делается способным «воспеть Господеви песнь нову»: он исключается из числа плотских и душевных, сопричисляется к духовным и восхваляет Господа «в церкви преподобных». Дух Святой, доселе приглашавший и возбуждавший его единственно к плачу и покаянию, приглашает его, «да возвеселится Израиль о Сотворшем его, и сынове Сиони возрадуются о Цари своем: да восхвалять имя Его в лице, в тимпане и псалтири да поют Ему» (*Пс. 149:1–3*), потому что, по обновлении души, силы ее, приведенные в чудное согласие и стройность, делаются способными, при прикосновении к ним Божественной благодати, издавать звуки и гласы духовные, восходящие на небо, пред престол Божий, благоприятные Богу. «Да возвеселится сердце мое боятися имене Твоего! Исповемся Тебе, Господи Боже мой, всем сердцем моим, и прославлю имя Твое в век, яко милость Твоя велия на мне, и избавил еси душу мою от ада преисподнейшаго» (*Пс. 85:11–13*). «Праведнии исповедятся имени Твоему, и вселятся правии с лицем Твоим» (*Пс. 139:14*), потому что, по отгнании врагов, причиняющих рассеянность, ослабляющих и оскверняющих молитву, ум входит в мрак невидения ничего, и предстоит лицу Божию без всякого посредства. Мысленный мрак есть тот покров, тот занавес, которым покрыто лице Божие. Покров этот – непостижимость Бога для всех сотворенных умов. Умиление сердца делается тогда настолько сильным, что оно названо исповеданием. Благодатное действие молитвы Иисусовой в преуспевшем христианине Давид изображает так: «Благослови душе моя Господа, и вся внутренняя моя имя святое Его» (*Пс. 102, 1*). Точно! При обильном действии молитвы Иисусовой все силы души, самое тело, принимают участие в ней. Упражнение молитвой Иисусовой святой Давид, точнее же Дух

Святой устами Давида, предлагает всем христианам без исключения: «царие земстии и вси людие, князи и вси судии земстии, юноши и девы, старцы с юнотами, да восхвалят имя Господне, яко вознесеся имя Того единаго» (*Пс. 148, 11–13*). Буквальное понимание перечисленных здесь состояний будет вполне непогрешительным, но существенное значение их – духовное. Под именем *людей* разумеются все христиане, под именем *царей* – христиане, сподобившиеся получить совершенство; под именем *князей* – достигшие весьма значительного преуспеяния, *судьями* названы те, которые еще не стяжали власти над собой, но ознакомлены с Законом Божиим, могут различать добро от зла, и, по указанию и требованию Закона Божия, пребывать в добре, отвергая зло. *Девой* обозначается беспристрастное сердце, столько способное к молитве. *Старцами и юношами* изображены степени деятельного преуспеяния, которое очень отличается от преуспеяния благодатного, хотя и первое имеет свою весьма знаменательную цену; достигший совершенства в благочестивой деятельности назван старцем, возведенный в благодатное совершенство – царем.

Между непостижимыми, чудными свойствами имени Иисуса находится свойство и сила изгонять бесов. Это свойство объявлено Самим Господом. Он сказал, что верующие в Него, «именем Его бесы ижденут» (*Мк. 16, 17*). На это свойство имени Иисуса необходимо обратить особенное внимание, потому что оно имеет важнейшее значение для упражняющихся молитвой Иисусовой. Во-первых, нужно сказать несколько слов о пребывании бесов в человеках. Это пребывание бывает двоякое: одно может быть названо чувственным, другое нравственным. Чувственно пребывает сатана в человеке, когда существом своим вселится в тело его и мучит душу и тело. Таким образом в человеке может жить и один бес, могут жить и многие бесы. Тогда человек называется беснующимся. Из Евангелия видим, что Господь исцелял беснующихся, равным образом исцеляли их и ученики Господа, изгоняя бесов из человеков именем Господа.

Нравственно пребывает сатана в человеке, когда человек сделается исполнителем воли диавола. Таким образом, в Иуду Искариотского «вниде сатана» (*Ин. 13, 27*), то есть, овладел его разумом и волей, соединился с ним в духе. В этом положении были и находятся все неверующие во Христа, как и святой Апостол Павел говорит христианам, перешедшим к христианству из язычества: «и вас, сущих прегрешеньми мертвых и грехи вашими: в них же иногда ходисте, по веку мира сего, по князю власти воздушныя, духа, иже ныне действует в сынех противления: в нихже и мы вси жихом иногда в похотех плоти нашея, творяще волю плоти и помышлений, и бехом естеством чада гнева, якоже и прочии» (*Еф. 2, 1–3*). В этом положении находятся более или менее, смотря по степени греховности, крестившиеся во Христа, но отчуждившиеся от Него согрешениями. Так понимаются святыми Отцами слова Христовы о возвращении диавола с другими семью лютейшими духами в душевный храм, из которого удалился Святой Дух (*Мф. 12, 43–45*)[215]. Вшедшие таким образом духи снова изгоняются молитвой Иисусовой, при жительстве в постоянном и тщательном покаянии. Предпримем спасительный для нас подвиг! Позаботимся изгнать духов, вошедших в нас, по причине небрежения нашего, молитвой Иисусовой[216]. Она имеет свойство оживлять умерщвленных грехом, она имеет свойство изгонять бесов. «Аз есмь, – сказал Спаситель, – воскрешение и живот: веруяй в Мя, аще и умрет, оживет» (*Ин. 11, 25*). «Знамение веровавшим сия последуют: именем Моим бесы изженут» (*Мк. 16, 17*). Молитва Иисусова и открывает присутствие бесов в человеке и изгоняет их из человека. При этом совершается нечто подобное тому, что совершилось при изгнании беса из беснующегося отрока, после преображения Господня. Когда отрок увидел пришедшего Господа, «дух стрясе» отрока, «и пад на земли, валяшеся, пены теща». Когда Господь повелел духу выйти из отрока, дух, от злобы и лютости движения, при которых он вышел, возопил, сильно и продолжительно потрясал отрока, от чего отрок сделался как бы мертвым (*Мк. 9, 17–27*)[217]. Сила сатаны, пребывающая в человеке при его рассеянной жизни непримечаемой и непонимаемой, когда услышит имя Господа Иисуса, призываемое молящимся, приходит в смятение. Она воздвизает все страсти в человеке, посредством их приводит всего человека в страшное колебание, производит в теле различные, странные болезни. В этом смысле сказал преподобный Иоанн Пророк: «Нам немощным остается только прибегать к имени Иисуса: ибо страсти, как сказано, суть демоны – и исходят от призывания сего имени»[218]. Это значит: действие страстей и демонов – совокупное: демоны действуют посредством страстей. Когда увидим при упражнении Иисусовой молитвой особенное волнение и воскипение страстей, не придем от этого в уныние и недоумение. Напротив того, ободримся и уготовимся к подвигу к тщательнейшему молению именем Господа Иисуса, как получившие явственное знамение, что молитва Иисусова начала производить в нас свойственное ей действие. Говорит святой Иоанн Златоуст: «Памятование имени Господа нашего Иисуса Христа раздражает на брань врага. Ибо нудящаяся к молитве Иисусовой душа все может обрести этой молитвой, и злое и благое. Во-первых, она может усмотреть зло во внутренности сердца своего, а потом добро. Молитва эта может привести в движение змея, и молитва эта может смирить его. Молитва эта может обличить живущий в нас грех, и молитва эта может истребить его. Молитва эта может привести в движение всю силу врага в сердце, и молитва эта может победить и искоренить ее мало-помалу. Имя Господа Иисуса Христа, сходя в глубину сердца, смирит владеющего пажитями его змея, а душу спасет и оживотворит. Непрестанно пребывай в имени Господа Иисуса, да поглотят сердце Господа и Господь сердце, и да будут сии два во едино. Впрочем это дело совершается не в один день и не в два дня, но требует много годов и времени: много нужно времени и подвига, чтобы был изгнан враг, и вселился Христос»[219]. Очевидно, что здесь описано то делание, с ясным указанием на орудие делания, о котором говорит и к которому приглашает преподобный Макарий Великий в 1-м слове своем: «Вниди ты, кто бы ни был, сквозь непрестанно возрастающие в тебе помышления к военнопленной и рабе греха душе твоей, и рассмотри до дна мысли твои, и глубину помышлений твоих исследуй: и узришь в недрах души твоей ползающего и гнездящегося змея, убившего тебя отравой частей души твоей. Неизмеримая бездна – сердце. Если убьешь змея, то похвались перед Богом чистотой твоей; если же нет, то смири себя, молясь, как немощный и грешный о тайных твоих Богу»[220]. Тот же великий угодник Божий говорит: «Царство тьмы, то есть, злой князь духов, пленив изначала человека, обложил и облек душу его властью тьмы. Этот злой властелин облек грехом душу и все ее существо, всю ее осквернил, всю пленил в свое царство; он не оставил свободным от порабощения себе ни помышлений, ни разума, ни плоти, наконец ни одного состава ее; всю ее одел хламидой тьмы. Этот злой враг всего человека, душу и тело осквернил и обезобразил, он облек человека в ветхого человека, оскверненного, нечистого, богопротивного, не повинующегося закону Божию, то есть, облек его в самый грех, чтобы человек уже не видел, как хочет, но видел страстно, чтобы слышал страстно, чтобы ноги имел устремленными к злым делам, руки к творению беззакония, сердце к помышлениям злым. Но мы помолимся Богу, чтоб Он совлек с нас ветхого человека, так как Он один может отъять от нас грех, потому что пленившие нас и держащие в своей власти крепче нас, а Он обетовал освободить нас от этого рабства»[221]. На основании этих понятий святые Отцы дают молящемуся молитвой Иисусовой следующее душеспасительнейшее наставление: «Душа, если не поболезнует весьма значительно о неотвязчивости греха, то не возможет обильно возрадоваться о благости правосудия. Желающий очистить сердце свое да разжигает его непрестанно памятью Господа Иисуса, имея единственно это непрерывающимся поучением и делом. Те, которые хотят отвергнуть свою ветхость, не должны иногда молиться, а иногда нет, но непрестанно пребывать в молитве блюдением ума, хотя бы они и находились вне молитвенных храмов. Намеревающиеся очистить золото, если и на короткое время попустят угаснуть огню в горниле, то производят вновь отвердение в чистящемся веществе: подобно этому памятствующий иногда Бога, а иногда непамятствующий, погубляет праздностью то, что мнит стяжать молитвой. Любодобродетельному мужу свойственно постоянно истреблять памятью Божией земляность сердца, чтобы таким образом зло мало-помалу потреблялось огнем памяти о благе, и душа совершенно возвратилась в естественную свою светлость с великой славой. Таким образом ум, пребывая в сердце, чисто и непрелестно молится, как тот же святой (Диадох) сказал: тогда молитва бывает истинной и непрелестной, когда ум, в то время, как молится, соединен с сердцем»[222]. Не устрашимся, делатели молитвы Иисусовой, ни ветров, ни волнения! Ветрами называю бесовские помыслы и мечтания, а волнением – мятеж страстей, возбужденных помыслами и мечтами. Из среды свирепеющей бури, с постоянством, мужеством и плачем будем вопиять ко Господу Иисусу Христу: Он воспретит ветрам и волнам, а мы, опытно узнав всемогущество Иисуса, воздадим Ему должное поклонение, «глаголюще: воистину Божий Сын еси» (*Мф. 14:33*). Мы сражаемся за спасение наше. От победы или поражения наших зависит наша вечная участь. «Тогда, – говорит преподобный Симеон Новый Богослов, – то есть, при упражнении Иисусовой молитвой, бывает брань: лукавые бесы ратуют с великим возмущением, производят действием страстей мятеж и бурю в сердце, но именем Господа Иисуса Христа потребляются и разрушаются, как воск от огня. Опять, когда они будут прогнаны и отступят от сердца, то не престают от брани, но возмущают ум внешними чувствами извне. По этой причине ум не очень скоро начинает ощущать тишину и безмолвие в себе, потому что бесы, когда не имеют силы возмутить ум в глубине, то возмущают его извне мечтаниями. И потому невозможно освободиться вполне от брани, и не быть ратуему лукавыми духами. Это свойственно совершенным и тем, которые удалились вполне от всего и постоянно пребывают во внимании сердца»[223]. Первоначально и самое делание представляется необыкновенно сухим, не обещающим никакого плода. Ум, усиливаясь соединиться с сердцем, сперва встречает непроницаемый мрак, жесткость и мертвость сердца, которое невдруг возбуждается к сочувствию уму[224]. Это не должно приводить делателя к унынию и малодушию, и упоминается здесь с той целью, чтобы делатель был предуведомлен и предостережен. Терпеливый и тщательный делатель непременно будет удовлетворен и утешен: он возрадуется о безмерном обилии таких духовных плодов, о которых и понятия себе составить не может в плотском и душевном состоянии своем. В действии молитвы Иисусовой имеется своя постепенность: сперва она действует на один ум, приводя его в состояние тишины и внимания, потом начнет проникать к сердцу, возбуждая его от сна смертного и знаменуя оживление его явлением в нем чувств умиления и плача. Углубляясь еще далее, она мало-помалу начинает действовать во всех членах души и тела, отовсюду изгонять грех, повсюду уничтожать владычество, влияние и яд демонов. По этой причине при начальных действиях молитвы Иисусовой «бывает сокрушение неизреченное и болезнь души неизглаголанная», говорит преподобный Григорий Синаит. Душа болезнует как болящая и рождающая, по Писанию (*Сир. 48:21*): «живо бо Слово Божие, и действенно, и острейше паче всякаго меча обоюду остра», то есть, Иисус, проходит, как свидетельствует Апостол, «даже до разделения души же и духа, членов же и мозгов, и судительно помышлением и мыслем сердечным» (*Евр. 4:12*), проходит, истребляя греховность из всех частей души и тела[225].

Когда семьдесят меньших Апостолов, посланные Господом на проповедь, возвратились к Нему по совершении возложенного на них служения, то с радостью возвестили Господу: «Господи, и беси повинуются нам о имени Твоем» (*Лк. 10:17*). О, как эта радость была справедлива! Как она была основательна! Более пяти тысяч лет господствовал диавол над человеками, уловив их в рабство себе и в родство с собой при посредстве греха, а ныне слышит имя Иисуса – и повинуется человекам, доселе повиновавшимся ему, связывается связанными им, попирается попранными. В ответ ученикам, радующимся о низложении власти бесов над человеками и о приобретении власти человеками над бесами, Господь сказал: «Се даю вам власть наступати на змию и на скорпию, и на всю силу вражию: и ничесоже вас вредит» (*Лк. 10:19*). Дана власть, но предоставлена свобода пользоваться властью и попрать змей и скорпионов, или пренебречь даром, и произвольно подчиниться им. Под именем змей святые Отцы разумеют начинания явно греховные, а под именем скорпий – прикрытые наружностью непорочности и даже добра. Власть, данная Господом семидесяти ученикам Его, дана всем христианам (*Мк. 16:17*). Пользуйся ею, христианин! Посекай именем Иисусовым главы, то есть начальные проявления греха в помыслах, мечтаниях и ощущениях; уничтожь в себе владычество над тобой диавола, уничтожь все влияние его на тебя, стяжи духовную свободу. Основание для подвига твоего – благодать святого крещения: оружие – моление именем Иисуса. Господь, даровав ученикам Своим власть попирать змей и скорпионов, присовокупил: «Обаче о сем не радуйтеся, яко дуси повинуются вам: радуйтеся же, яко имена ваша написана суть на небесех» (*Лк. 10:20*). «Радуйтесь не столько о том, – говорит блаженный Феофилакт, – что бесы вам повинуются, сколько о том, что имена ваши написаны на небе, не чернилами – Божественной благодатью и Божией памятью», молитвой Иисусовой. Таково свойство молитвы Иисусовой: она возводит с земли на небо делателя своего, и включает его в число небожителей. Пребывание умом и сердцем на небе и в Боге – вот главный плод, вот цель молитвы; отражение и попрание врагов, противодействующих достижению цели – дело второстепенное: не должно оно привлекать к себе всего внимания, чтобы сознанием и созерцанием победы не дать входа в себя высокоумию и самомнению, не претерпеть страшного поражения по поводу самой победы. Далее повествует Евангелие: «В той час возрадовася духом Иисус, и рече: исповедаютися Отче Господи небесе и земли, яко утаил еси сия от премудрых и разумных, и открыл еси та младенцем: ей, Отче, яко тако бысть благоволение пред Тобою. И обращься ко учеником рече: Вся Мне предана быша от Отца Моего: и никто же весть, кто есть Сын, токмо Отец» (*Лк. 10, 21–22*)[226]. Радуется Господь непостижимой радостью Бога о преуспеянии человеков; возвещает, что таинства веры христианской открываются не мудрым и превознесенным мира, но младенцам в гражданском отношении, каковы были ученики Господа, взятые из среды простого народа, неученые, неграмотные. Чтобы быть учеником Господа, должно соделаться младенцем и с младенческой простотой и любовью принять Его учение. К соделавшимся уже учениками обращается Господь с изложением таинственнейшего учения, открывает, что Сын, несмотря на принятие Им человечества, пребывает превысшим постижения всех разумных тварей. Превыше постижения их – и Его всесвятое имя. С простотой и доверчивостью младенцев примем учение о молитве именем Иисуса; с простотой и доверчивостью младенцев приступим к упражнению этой молитвой: один Бог, ведающий вполне таинство ее, преподаст нам его в доступной для нас степени. Возрадуем Бога трудом и преуспеянием в служении, которое Им же преподано и заповедано нам.

Молитва Иисусова была во всеобщем употреблении у христиан первых веков, как уже мы сказали выше. Иначе и не могло быть. Именем Господа Иисуса Христа совершались поразительнейшие знамения перед лицом всего христианского общества, что возбуждало питать во всем обществе христианском веру в неограниченную силу имени Иисуса. Преуспевшие понимали эту силу из преуспеяния своего. Об этой силе, обильно развивающейся в святых Божиих, преподобный Варсонофий Великий выражается так: «Знаю одного раба Божия в нашем роде, в настоящее время и в сем благословенном месте, который и мертвых может воскрешать во имя Владыки нашего Иисуса Христа, и демонов изгонять, и неизлечимые болезни исцелять, и делать другие чудеса не менее апостольских, как свидетельствует Давший ему дарование, или, точнее сказать, дарования. Да и что это значит в сравнении с тем, что можно сделать о имени Иисуса!»[227]. Имея перед глазами чудеса, в памяти завещание Господа, в сердце пламенную любовь к Господу, верные первенствующей Церкви постоянно, тщательно, с огненной ревностью Херувимов и Серафимов упражнялись в молении именем Иисуса. Таково свойство любви! Она непрестанно памятует о любимом, она непрестанно услаждается именем любимого, она хранит его в сердце, имеет в уме и на устах. Имя Господа – паче всякого имени: оно источник услаждения, источник радости, источник жизни; оно – Дух; оно – животворит, изменяет, переплавляет, боготворит. Для неграмотных оно со всей удовлетворительностью заменяет молитвословие и псалмопение: грамотные, преуспев в молитве Иисусовой, оставляют разнообразие псалмопения, начинают преимущественно упражняться в молитве Иисусовой, ради присущих в ней преизобильных силы и питания. Все это явствует из писаний и постановлений святых Отцов. Святая Восточная Православная Церковь предлагает всем неграмотным, вместо всех молитвословий, молитву Иисусову[228], предлагает не как нововведение, но как упражнение общеизвестное. Это постановление, вместе с другими преданиями Восточной Церкви, перешло из Греции в Россию, и многие из простого народа, малограмотные и даже неграмотные, напитались силой молитвы Иисусовой во спасение и жизнь вечную, многие достигли великого преуспеяния духовного. Святой Иоанн Златоуст, советуя тщательное и постоянное упражнение молитвой Иисусовой, особенно монахам, говорит о ней, как о предмете общеизвестном. «И у нас, и у нас, – говорит он, –

имеются духовные заклинания: имя Господа нашего Иисуса Христа и сила крестная. Заклинание это не только гонит дракона из норы его и ввергает в огнь, но даже исцеляет от нанесенных им ран. Если же многие произносили это заклинание и не исцелились, произошло это от маловерия их, а не от недействительности произнесенного. Многие, хотя неотступно ходили за Христом и теснили Его, но не получили пользы, а у кровоточивой жены, прикоснувшейся не к телу, но к краю одежды Его, остановились долговременные токи крови. Имя Иисуса Христа страшно для демонов, для душевных страстей и недугов. Им украсим, им оградим себя. Им и Павел (Апостол) стал велик, хотя и был одного с нами естества»[229]. Преподобному Пахомию Великому, для подведомственного ему многочисленного общества монахов, Ангел Божий преподал молитвенное правило. Иноки, подчиненные духовному руководству преподобного Пахомия, должны были каждый час совершать правило, от исполнения правила освобождены были достигшие совершенства и соединенной с ним непрестанной молитвы. Правило, преподанное Ангелом, состояло из трисвятого, молитвы Господней, 50 псалма, Символа Веры и ста молитв Иисусовых[230]. В правиле говорится о молитве Иисусовой так же, как и о молитве Господней, то есть, как об общеизвестных и об общеупотребительных. Преподобный Варсонофий Великий повествует, что монахи египетского скита преимущественно занимались молитвой, что видно и из жития преподобного Памвы, инока и аввы горы Нитрийской, недалекой от скита, в которой, подобно скиту, монахи проводили жизнь безмолвническую[231]. Из упомянутых в этом слове угодников Божиих, упражнявшихся или писавших о молитве Иисусовой, святой Игнатий Богоносец жил в Антиохии, скончался в Риме; святой мученик Каллистрат был уроженцем и жителем Карфагена; преподобный Пахомий Великий жил в Верхнем Египте; скитские и нитрийские монахи, равно как и преподобный Исаия, в нижнем; святой Иоанн Златоуст жил в Антиохии и в Константинополе; святой

Василий Великий – в восточной половине Малой Азии, в Каппадокии; святой Варсонофий Великий – в окрестностях Иерусалима; святой Иоанн Лествичник на Синайской горе и некоторое время в Нижнем Египте, близ Александрии. Из этого видно, что моление именем Господа Иисуса было повсеместным, общеупотребительным во вселенской Церкви. Кроме упомянутых Отцов писали о молитве Иисусовой нижеследующие: преподобный Исихий, иерусалимский пресвитер, ученик святого Григория Богослова, писатель 5 века, уже жалующийся на оставление монахами упражнения Иисусовой молитвой и трезвения; преподобные: Филофей Синаит, Симеон Новый Богослов, Григорий Синаит, *Феолипт Филадельфийский*, *Григорий Палама*, Каллист и Игнатий Ксанфопулы и многие другие. Сочинения их большей частью помещены в обширном сборнике аскетических писателей, в Добротолюбии. Из российских Отцов имеются сочинения о ней преподобного Нила Сорского, священноинока Дорофея, архимандрита *Паисия Величковского*, схимонаха *Василия Поляномерульского* и иеромонаха Серафима Саровского. Все упомянутые писания Отцов достойны глубокого уважения по обилию живущих в них и дышащих из них благодати и духовного разума; но сочинения российских Отцов, по особенной ясности и простоте изложения, по большой близости к нам относительно времени, доступнее для нас, нежели писания греческих светильников. В особенности писания старца Василия можно и должно признать первой книгой, к которой в наше время желающему успешно заняться Иисусовой молитвой необходимо обратиться[232]. Таково и назначение ее. Старец назвал свои писания предпутиями, предисловиями или таким чтением, которое приготовляет к чтению греческих Отцов. Превосходна книга преподобного Нила Сорского. Чтением ее должно также предварять чтение греческих писателей; она, постоянно ссылаясь на них и объясняя их, приготовляет к чтению и правильному пониманию этих глубокомысленных, святых учителей, нередко витий, философов, поэтов. Все вообще творения святых Отцов о монашеской жизни, и в особенности же о Иисусовой молитве, составляют для нас, монахов последнего времени, неоцененное сокровище. Во времена преподобного Нила Сорского, за три века до нас, живые сосуды Божественной благодати были крайне редки, *до зела оскудели*, по его выражению; ныне они так редки, что можно не останавливаясь и безошибочно сказать: их нет. За особеннейшую милость Божию признается, если кто, истомившись душой и телом в монашеском жительстве, к концу этого жительства неожиданно найдет где-либо в глуши сосуд, избранный нелицеприятным Богом, уничиженный перед очами человеков, возвеличенный и превознесенный Богом. Так Зосима нашел в заиорданской безлюдной пустыне, сверх всякого чаяния, великую Марию[233]. По такому конечному оскудению в духоносных наставниках, Отеческие книги составляют единственный источник, к которому может обратиться томимая голодом и жаждой душа, для приобретения существенно нужных познаний в подвиге духовном. Книги эти – дражайшее наследие, оставленное святыми Отцами их иноческому потомству, нам нищим. Книги эти – крохи, упавшие к нам и составляющие нашу долю, крохи с духовной трапезы Отцов, богатых духовными дарованиями. Заметно, что время написания большего числа книг о умном делании совпадает с временем особенного оскудения в монашестве умного делания. Преподобный Григорий Синаит, живший в 14-м веке, когда прибыл в Афонскую гору, то нашел там, между тысячами монахов, только трех, которые имели некоторое понятие об умном делании. К 14 и 15 векам относится большинство писаний об Иисусовой молитве. «Движимые тайным Божественным вдохновением, – говорит Паисий Величковский, – многие Отцы изложили в книгах святое учение, исполненное премудрости Святого Духа, об этой Божественной умной молитве, на основании Божественных Писаний Ветхого и Нового Заветов. Это устроилось по особенному Божию промыслу, чтобы Божественное делание не пришло во всеконечное забвение. Многие из этих книг, по попущению Божию, за грехи наши, истреблены магометанами, поработившими себе греческое государство; некоторые же смотрением Божиим сохранены до нашего времени»[234]. Возвышеннейшее умное делание необыкновенно просто, нуждается, для принятия, в младенческой простоте и вере, но мы сделались такими сложными, что эта-то простота и неприступна, непостижима для нас. Мы хотим быть умными, хотим оживлять свое «я», не терпим самоотвержения, не хотим действовать верой. По этой причине нам нужен наставник, который бы вывел нас из нашей сложности, из нашего лукавства, из наших ухищрений, из нашего тщеславия и самомнения в широту и простоту веры. По этой причине случается, что на поприще умного делания младенец достигает необыкновенного преуспеяния, а мудрец сбивается с пути и низвергается в мрачную пропасть прелести. «В древние времена, – говорит Паисий Величковский, – всесвятое делание умной молитвы сияло на многих местах, где пребывали Святые Отцы, и много тогда было наставников этому духовному подвигу: по этой причине и Святые Отцы тех времен, пиша о нем, объясняли только неизреченную духовную пользу, происходящую от него, не имея, как я полагаю, нужды писать о той части делания, которая приличествует новоначальным. Писали они отчасти и об этом, что очень ясно для имеющих опытное знание подвига, но для не имеющих его, оно остается прикрытым. Когда некоторые из Отцов увидели, что истинные и непрелестные наставники этого делания начали очень умаляться, то, будучи подвигнуты Божиим Духом, чтобы не оскудело истинное учение о начале этой мысленной молитвы, изложили письменно о самом начале и приемах, как должно обучаться новоначальным, входить умом в страну сердечную, там истинно и непрелестно совершать умом молитву»[235].

Мы видели, что святой пророк Давид приглашает всех, без исключения, людей Божиих к молению именем Господа и что постановлением святой Церкви законополагается всем неграмотным и не знающим Священное Писание наизусть, заменять молитвословия и псалмопения молитвой Иисусовой. Святой Симеон, архиепископ Солунский, заповедует и советует архиереям, священникам, всем монахам и мирским на всякое время и час произносить эту священную молитву, имея ее как бы дыхание жизни[236]; при пострижении в монашество, когда новопостриженному даются четки, постригающий говорит: «Приими, брате, меч духовный, иже есть глагол Божий, его же и носяй во устех твоих, уме же и сердце, глаголи непрестанно: Господи, Иисусе Христе, Сыне Божий, помилуй мя»[237]. Но преподобный Нил Сорский наставляет, что «память Божия, то есть, умная молитва выше всех деланий, добродетелей глава, как любовь Божия. Кто бесстыдно и дерзко захочет войти к Богу и беседовать с Ним чисто, кто нудится стяжать Его в себе, тот удобно умерщвляется бесами, если будет попущено, как взыскавший достигнуть того дерзостно и гордостно, превыше своего достоинства и устроения»[238]. При поверхностном взгляде завещание преподобного Нила может представиться противоречащим законоположению Священного Писания, святых Отцов и преданию Церкви. Тут нет противоречия, тут говорится о молитве Иисусовой в ее высшей степени. Всем христианам можно и должно заниматься молитвой Иисусовой с целью покаяния и призывания Господа на помощь, заниматься со страхом Божиим и верой, с величайшим вниманием к мысли и словам молитвы, с сокрушением духа; но не всем дозволяется приступать к молитвенному священнодействию умом, в сердечной клети. Первым образом могут и должны заниматься Иисусовой молитвой не только монахи, живущие в монастырях и занятые послушаниями, но и миряне. Такая внимательная молитва может назваться и умной и сердечной, как совершаемая часто одним умом, и в тщательных делателях всегда при участии сердца, выражающимся чувством плача и слезами по причине умиления. Молитвенное священнодействие ума в сердце требует предварительного упражнения в первом образе моления, удовлетворительного преуспеяния в этом молении. Благодать Божия сама собой, в известное ей время, по ее благоволению, переводит подвижника молитвы от первого образа ко второму. Если благоугодно Богу оставить подвижника при молитве покаяния, то да остается он при ней, да не ищет высшего состояния, да не ищет его в твердом убеждении, что оно не приобретается человеческим усилием – даруется Богом. Пребывание в покаянии есть залог спасения. Будем довольны этим состоянием, не будем искать состояния высшего. Такое искание есть верный признак гордости и самомнения, такое искание приводит не к преуспеянию, а к преткновениям и погибели. Святой Нил, основываясь на учении всех святых Отцов, воспрещает преждевременно стремиться к низведению ума в сердце, к наружному и внутреннему безмолвию, к ощущению сладости и прочих высоких молитвенных состояний, которые открываются тогда, когда будет принята Богом молитва покаяния и враги отступят от души. Сказал псалмопевец: «отступите от Мене вси делающие беззаконие, яко услыша Господь глас плача моего. Услыша Господь моление мое, Господь молитву мою прият» (*Пс. 6:9–10*). Утешение, радость, наслаждение, подаяние даров суть последствия примирения. Искание их прежде примирения есть начинание, исполненное безрассудства.

Для стяжания глубокой сердечной молитвы нужно значительное предуготовление: оно должно состоять в удовлетворительном изучении опытом монашеской жизни, в приучении себя к деятельности по Евангельским заповедям: святая молитва основывается на устроении души, производимом деятельностью по заповедям, почивает в этом устроении, не может пробыть в душе, когда она не находится в таком устроении. Приготовление должно состоять в удовлетворительном изучении Нового Завета и Отеческих писаний о молитве. Тем необходимее последнее приготовление, что за неимением Духоносных руководителей, единственным руководителем нашим должны быть Отеческие писания и молитвенный плач перед Богом. Вожделенна сердечная молитва; вожделенно сердечное безмолвие; вожделенно келейное неисходное безмолвие и жительство в уединеннейшей пустыне, как особенно способствующие к развитию сердечной молитвы и сердечного безмолвия. «Но и самые эти благие и благолепные делания, – говорит преподобный Нил Сорский, – должно проходить с рассуждением, в приличное время, по достижении надлежащей меры преуспеяния, как говорит Василий Великий: всякому деланию должно предшествовать рассуждение: без рассуждения и благое дело обращается в злое по *безвременности* и *неумеренности*. Когда же рассуждением определятся время и мера благому, тогда бывает чудный прибыток. И Лествичник, заимствовав слова из Писания, говорит: «время всякой вещи, яже под небесем» (*Еккл. 3:1*), между всеми же, сказал он, и в нашем святом жительстве есть время каждому занятию. И, продолжая, говорит: есть время безмолвию, и время немятежной молве; есть время непрестанной молитве, и время нелицемерному служению. Не будем прельщаться гордостным усердием и искать прежде времени того, что приходит в известное время. В противном случае не получим ничего и в должное время. Есть время сеять труды, и время пожинать колосья неизреченной благодати»[239]. В особенности преподобный Нил воспрещает безрассудное стремление к отшельничеству, а такое стремление почти всегда появляется у личностей, не понимающих ни себя, ни монашества, потому-то преткновения и самообольщения, при этом роде жизни, случаются самые тяжкие. Если монахам воспрещается безвременное стремление к молитве, приносимой умом в сердечном храме, тем более воспрещается оно мирянам. Имели глубочайшую сердечную молитву святой Андрей юродивый и некоторые другие, весьма немногие миряне: это – исключение и величайшая редкость, которая никак не может служить правилом для всех. Причисление себя к этим исключительным личностям есть ни что иное, как обольщение себя самомнением, скрытая прелесть прежде явной прелести. Паисий Величковский в письме к старцу Феодосию говорит: «Отеческие книги, в особенности те из них, которые научают истинному послушанию, трезвению ума и безмолвию, вниманию и умной молитве, то есть, той, которая совершается умом в сердце, исключительно приличествует только одному монашескому чину, а не всем вообще православным христианам. Богоносные Отцы, излагая учение об этой молитве, утверждают, что ее начало и непоколебимое основание есть истинное послушание, от которого рождается истинное смирение, а смирение хранит подвизающегося в молитве от всех прелестей, последующих самочинникам. Истинного монашеского послушания и совершенного во всем отсечения своих воли и разума отнюдь не возможно стяжать мирским людям. Как же возможно будет мирским людям, без послушания, по самочинию, которому последует прелесть, понуждаться на столь страшное и ужасное дело, то есть, на такую молитву, без всякого наставления? Как им избежать многоразличных и многообразных прелестей вражиих, наводимых на эту молитву и ее делателей прековарно? Так страшна эта вещь, то есть молитва — молитва, не просто умная (умственная), то есть, совершаемая умом нехудожно, но действуемая художественно умом в сердце — что и истинные послушники, не только отсекшие, но и совершенно умертвившие волю свою и рассуждение перед отцами своими, истинными и преискусными наставниками деланию этой молитвы, всегда находятся в страхе и трепете, боясь и трепеща, чтобы не пострадать в этой молитве какой-нибудь прелести, хотя и хранит их всегда от нее Бог, за истинное смирение их, которое они стяжали благодатью Божией при посредстве истинного послушания своего. Тем более мирским людям, жительствующим без послушания, если они от одного чтения таких книг понудятся на молитву, предстоит опасность впадения в какую-либо прелесть, приключающуюся начинающим самочинно подвиг этой молитвы. Эту молитву святые назвали художеством художеств: кто же может научиться ей без художника, то есть, без искусного наставника? Эта молитва есть духовный меч, дарованный от Бога, на заклание врага наших душ. Молитва эта просияла как солнце, только среди иноков, особенно в странах Египетских, также в странах Иерусалимских, в горе Синайской и Нитрийской, во многих местах Палестины, и на иных многих местах, но не повсюду, как явствует из жития святого Григория Синаита. Он обошел всю святую (Афонскую) гору и, сделав тщательное разыскание делателей этой молитвы, не нашел в ней ни одного, который бы имел хотя малое понятие об этой молитве[240]. Отсюда явствует: если в таком святом месте преподобный Григорий не нашел ни одного делателя молитвы, то и во многих местах делание этой молитвы было не известно между иноками. А где и занимались им, где она просияла между иноками подобно солнцу, там хранилось делание этой молитвы, как великая и неизреченная тайна, известная лишь Богу и ее делателям. Мирскому народу делание этой молитвы было вполне не известно. Но ныне, по напечатании отеческих книг, узнают о нем не только иноки, но и все христиане. По поводу этого боюсь и трепещу, чтобы по вышесказанной причине, то есть, за самочинное вступление в подвиг этой молитвы, без наставника, таковые самочинники не подверглись прелести, от которой Христос Спаситель да избавит Своей благодатью всех, хотящих спастись»[241]. Признаем обязанностью своей изложить здесь, по мере скудного разумения нашего и скудной опытности, учение святых Отцов о художественном возделании молитвы Иисусовой, с ясным обозначением, какой образ упражнения молитвой и какого вида умная и сердечная молитва приличествует всем без исключения христианам и новоначальными инокам, и какой образ делания свойствен преуспевшим, возведенным в преуспеяние Божиим благоволением и Божией благодатью.

Без всякого сомнения первое место между всеми способами должно дать способу, предлагаемому святым Иоанном Лествичником, как особенно удобному, вполне безопасному, нужному, даже необходимому для действительности молитвы, приличествующему всем благочестиво жительствующим и ищущим спасения христианам, и мирянам и инокам. Великий наставник иночествующих дважды говорит об этом способе в своей Лествице, возводящей от земли на небо: в слове о послушании и в слове о молитве. Уже то, что он излагает свой способ в изложении учения о послушании общежительных иноков, с очевидностью показывает, что этот способ назначается и для новоначальных иноков. Предложение способа повторяется в отдельном, пространном учении о молитве, после наставления для безмолвников, следовательно повторяется для преуспевших иноков: это показывает с очевидностью, что способ очень хорош и для безмолвников, и для преуспевших иноков. Повторяем: величайшее достоинство способа заключается в том, что он, при всей удовлетворительности своей, вполне безопасен. В слове о молитве святой Иоанн Лествичник говорит: «Подвизайся возвращать, точнее, заключать мысль в словах молитвы. Если по причине младенчественности, она изнеможет и уклонится, опять введи ее. Свойственна уму нестоятельность. Может же установить его Тот, Кто уставляет все. Если стяжешь это делание и постоянно будешь держаться его, то придет Определяющий в тебе границы морю твоему и скажет ему при молитве твоей: «до сего дойдеши, и не прейдеши» (*Иов. 38:11*). Невозможно связывать дух, но где присутствует Создатель этого духа, там все покоряется Ему[242]. Начало молитвы — помыслы, отгоняемые молитвой при самом их начале; середина — когда ум пребывает в одних словах, произносимых гласно или умом, конец — восхищение ума к Богу»[243]. В слове о послушании святой Иоанн говорит: «Борись с мыслью непрестанно, возвращая ее к себе, когда она улетает: Бог не требует от послушников молитвы непарительной. Не скорби, будучи окрадаем, но благодушествуй, постоянно возвращая ум к самому себе»[244]. Здесь преподан способ внимательно молиться, молиться и гласно, и одним умом. Во внимательной молитве не может не принять участия сердце, как сказал преподобный Марк. «Ум, молящийся без развлечения, утесняет сердце»[245]. Таким образом, кто будет молиться по способу, предложенному святым Иоанном Лествичником, тот будет молиться и устами, и умом, и сердцем; тот, преуспев в молитве, стяжает умную и сердечную молитву, привлечет в себя Божественную благодать, как видно из приведенных слов великого наставника иноков. Чего желать более? Нечего. При таком образе упражнения молитвой какая может быть прелесть? Лишь одно увлечение в рассеянность: погрешность, вполне явная, в новоначальных неизбежная, способная к немедленному уврачеванию через возвращение мысли в слова, уничтожаемая милостью и помощью Божией в свое время, при постоянном подвиге. Спросят: неужели такой великий Отец, живший в то время, когда умное делание процветало, ничего не говорит о молитве, совершаемой умом в сердце? Говорит, но так прикрыто, что одни знакомые опытно с деланием молитвы могут понять, о чем говорится. Так поступил Святой, будучи руководим духовной мудростью, с которой написана вся книга его. Изложив о молитве самое верное и удовлетворительное учение, могущее возвести делателя в благодатное состояние, Лествичник выразился приточно о том, что совершается по осенении молитвенного подвига благодатью. «Иное, – сказал он, – обращаться часто к сердцу, а иное – быть по уму епископом сердца, князем и архиереем, приносящим Христу словесные жертвы»[246]. Иное – молиться со вниманием, при участии сердца, иное – нисходить умом в сердечный храм и оттуда приносить таинственную молитву, исполненную силы и благодати Божественных. Второе происходит от первого. Внимание ума при молитве привлекает сердце к сочувствию; при усилении внимания, сочувствие сердца уму обращается в соединение сердца с умом: наконец, при внимании, усвоившемся молитве, ум нисходит в сердце для глубочайшего молитвенного священнослужения. Все это совершается под водительством благодати Божией, по ее благоволению и усмотрению. Стремление ко второму прежде стяжания первого не только бесполезно, но может быть причиной величайшего вреда, для отвращения этого вреда прикрыто молитвенное таинство от любопытства и легкомыслия в книге, назначенной для общего употребления монашествующих. В те блаженные времена, при обилии живых сосудов благодати, могли прибегать к совету их, при всех особенных случаях, нуждавшиеся в совете.

Между Раифскими иноками, для которых написана блаженным Иоанном «Лествица», процветала умная молитва под руководством опытного, духовного наставления. Об этом святой писатель опять выражается приточно (притчами – *Ред.*) и прикровенно (таинственно – *Ред.*) в слове к пастырю. Выражается он так: «Прежде всего, о честный отец, потребна нам духовная сила, чтоб тех, которых мы возжелали ввести во Святая Святых, которым вознамерились показать Христа, Почивающего на их таинственной и сокровенной трапезе – в особенности доколе они находятся в преддверии у этого входа, и когда увидим, что их теснит и угнетает народ, с целью возбранить им желанный вход – мы могли, взяв за руку, как младенцев, освободить от народа помыслов. Если же младенцы крайне голы и немощны, то необходимо нам поднять их на рамена (плечи – *Ред.*), и возносить на раменах, доколе они не пройдут через дверь входа, точно знаю: обычно там быть всевозможной тесноте и давке. Почему и сказал некто об этой тесноте: «сие труд есть предо мною, дóндеже вниду во святило Божие» (*Пс. 72:16–17*), – и труд простирается только до вшествия»[247].

«Желающий видеть Господа внутри себя, старается очистить сердце свое непрестанной памятью Божией. Мысленная страна чистого душой – внутри его. Солнце, сияющее в ней – свет Святой Троицы. Воздух..., которым дышат жители ее, – Всесвятый Дух. Жизнь, радость и веселие этой страны – Христос, Свет от Света – Отца, это – Иерусалим и Царство Божие, сокровенное «внутри нас», по слову Господа (*Лк. 17:11*). Эта страна – облак славы Божией: одни чистые сердцем войдут в нее, чтобы увидеть лицо своего Владыки и чтобы озарились умы их лучом света Его²⁴⁸. Постарайся войти в клеть, которая внутри тебя, и увидишь клеть небесную. Та и другая – одно: одним входом вступишь в обе. Лествица к Царству Небесному – внутри тебя: она устроена таинственно в душе твоей. Погрузи себя в себя от греха и найдешь там ступени, которыми возможешь взойти на небо»²⁴⁹. Вводил учеников своих в святилище сердечной благодатной молитвы и в состояния, производимые ею, преподобный Варсонофий, инок, достигший высшей степени духовного преуспеяния. Между наставлениями его читаем и следующее, данное некоторому безмолвнику, состоявшему под его руководством: «Единый безгрешный Бог, спасающий надеющихся на Него, да укрепит любовь твою служить Ему в преподобии и правде во все дни живота твоего, во храме и жертвеннике внутреннего человека, где приносятся духовные жертвы Богу, злато, ливан и смирна, где жрется телец упитанный, кропится честная кровь непорочного Агнца, где раздаются согласные воскликновения Святых Ангелов: «тогда возложат на олтарь твой тельцы» (*Пс. 50:21*). Тогда – когда? Когда придет Господь наш, этот великий Архиерей, приносящий и приемлющий бескровную жертву; когда, во имя Его, хромой, сидящий у красных ворот, сподобится услышать радостный глас: «возстани и ходи» (*Деян. 3:6*). Хромой входит тогда в святилище, ходя и скача, и хваля Бога. Тогда прекращается сон нерадения и невежества, тогда отъемлется дремание уныния и лености от веждей, тогда пять мудрых дев вжигают светильники свои (*Мф. 25:7*) и ликуют с женихом в святом чертоге, воспевая согласно, безмолвно: «вкусите и видите, яко благ Господь: блажен муж, иже уповает Нань» (*Пс. 33:9*), тогда прекращаются и брани, и осквернения, и движения, тогда водворяется святой мир Святой Троицы, печатлеется сокровище и пребывает некрадомым. Помолись, чтобы уразуметь и достигнуть, и возрадоваться о Христе Иисусе Господе нашем»²⁵⁰. Внушается величайшее благоговение к молитвенному сердечному священнодействию величественным изображением его, сделанным Отцами.

Это благоговение и самое благоразумие требует от нас, чтобы мы отреклись от преждевременного, самочинного, гордостного, безрассудного усилия войти в таинственное святилище. И благоговение, и благоразумие учат нас пребывать внимательной молитвой, молитвой покаяния, при дверях храма. Внимание и сокрушение духа – вот та клеть, которая дана в пристанище кающимся грешникам. Она – преддверие святилища. В ней будем укрываться и заключаться от греха. Да соберутся в эту Вифезду все, страждущие нравственной хромотой, все прокаженные, все слепые и сухие, словом, все недугующие грехом, «чающие движения воды» (*Ин. 5:3*) – действия милости и благодати Божией. Сам и Един Господь, в известное Ему время, дарует исцеление и вход во святилище, единственно по своему непостижимому благоволению. «Аз вем, ихже избрах» (*Ин. 13, 18*), – говорит Спаситель. «Не вы Мене избрасте, – говорит он избранным Своим, – но Аз избрах вас, и положих вас, да вы идете и плод принесете, да его же просите от Отца во имя Мое, даст вам» (*Ин. 15:16*).

Весьма хорош способ обучения Иисусовой молитве, предлагаемый священноиноком Дорофеем, российским подвижником и аскетическим писателем. «Кто молится устами, – говорит священноинок, – а о душе небрежет и сердца не хранит, такой человек молится воздуху, а не Богу, и всуе трудится, потому что Бог внимает уму и усердию, а не многоречию. Молиться должно от всего усердия своего: от души и ума, и сердца своего, со страхом Божиим, от всей крепости своей. Умная молитва не попускает входить во внутреннюю клеть ни парению, ни скверным помыслам. Хочешь ли научиться деланию умной и сердечной молитвы? Я научу тебя. Внимай прилежно и разумно, послушай меня, любимый мой. Сначала должно тебе творить молитву Иисусову голосом, то есть, устами, языком и речью, вслух себе одному. Когда насытятся уста, язык и чувства молитвой, произносимой гласно, тогда гласная молитва прекращается и начинает она произноситься шепотом. После этого должно поучаться умом, *приницать* и прилежать всегда к гортанному *почувению*. Тогда умная и сердечная молитва начнет *манием*[251], самовластно, непрестанно воздвизаться, обноситься и действовать, на всякое время, при всяком деле, на всяком месте»[252]. Блаженный старец, иеромонах Серафим Саровский, завещает новоначальному, по преждесуществовавшему общему обычаю в Саровской пустыне, творить непрестанно молитву: «Господи, Иисусе Христе, Сыне Божий, помилуй мя грешнаго». «При молитве, – наставляет старец, – внимай себе, то есть, собирай ум и соединяй его с душой. Сначала, день, два и более, твори эту молитву одним умом, раздельно, внимая каждому слову особо. Когда Господь согреет сердце твое теплотой благодати Своей и соединит тебя во един дух, тогда потечет в тебе эта молитва непрестанно и всегда будет с тобой, наслаждая и питая тебя[253]. Это-то и значат слова, сказанные пророком Исаией: «роса, яже от Тебе исцеление им есть» (*Ис. 26:19*). Когда же будешь содержать в себе эту пищу душевную, то есть беседу с Господом, то зачем ходить по кельям братий, хотя кем и будешь призываем? Истинно сказываю тебе, что празднословие есть и празднолюбие. Если себя не понимаешь, то можешь ли рассуждать о чем и учить других? Молчи, непрестанно молчи, помни всегда присутствие Бога и имя Его. Ни с кем не вступай в разговор, но вместе и остерегайся осуждать разговаривающих и смеющихся. Будь в этом случае глух и нем. Что бы о тебе ни говорили, все пропускай мимо ушей. В пример себе можешь взять Стефана Нового, которого молитва была непрестанна, нрав кроток, уста молчаливы, сердце смиренно, дух умилен, тело с душой чисто, девство непорочно, нищета истинная и нестяжание пустынническое; послушание его было безропотливое, делание – терпеливо, труд – усерден. Сидя за трапезой, не смотри и не осуждай, сколько кто ест, но внимай себе, питая душу молитвой»[254]. Старец, дав такое наставление новоначальному иноку, проводящему деятельную жизнь в монастырских трудах, и преподав ему упражнение молитвой, приличествующей деятельному, воспрещает преждевременное безрассудное стремление к жительству умозрительному и к соответствующей этому жительству молитве. «Всякому, – говорит он, – желающему проходить жизнь духовную, должно начинать с деятельной жизни, а потом уже переходить к умозрительной, потому что без деятельной жизни в умозрительную придти невозможно. Деятельная жизнь служит к очищению нас от греховных страстей и возводит нас на степень деятельного совершенства, а тем самым пролагает нам путь к умозрительной жизни. К ней могут приступать только очистившиеся от страстей и стяжавшие полное обучение в деятельной жизни, как это можно видеть из слов Священного Писания: «блажени чистии сердцем, яко тии Бога узрят» (*Мф.* 5:8) и из слов святого Григория Богослова: к умозрению могут приступать только совершеннейшие по своей опытности (в деятельной жизни). К умозрительной жизни должно приступать со страхом и трепетом, с сокрушением сердца и смирением, со многим испытанием святых Писаний и под руководством искусного старца, если такового можно найти, а не с дерзостью и самочинием. Дерзостный и презорливый (гордый – *Ред.*), по словам Григория Синаита, не по достоинству своему взыскав (высокого духовного состояния), с кичением усиливается достигнуть его преждевременно. И опять: если кто мечтает по мнению своему достигнуть высокого состояния и стяжал желание сатанинское, а не истинное, того диавол уловляет своими мрежами, как слугу своего»[255]. Предостерегая таким образом от гордостного стремления к высоким молитвенным состояниям, старец настаивает, можно сказать, на необходимости для всех вообще иноков, никак не исключая и самых новоначальных послушников, во внимательной жизни и в непрестанной молитве. Замечено, что, по большей части, то направление, которое примется при вступлении в монастырь, остается господствующим в иноке на всю его жизнь. «Благодатные дарования, – утверждает Серафим, – получают только те, которые имеют внутреннее делание и бдят о душах своих[256]. Истинно решившиеся служить Богу должны упражняться в памяти Божией и непрестанной молитве ко Господу Иисусу Христу, говоря умом: «Господи Иисусе Христе, Сыне Божий, помилуй мя грешнаго». Таковым упражнением, при охранении себя от рассеянности и при соблюдении мира совести, можно приблизиться к Богу и соединиться с ним. Иначе, как непрестанной молитвой, по словам святого Исаака Сирина, приблизиться к Богу мы не можем»[257]. Монахам и послушникам, произволяющим заниматься молитвой Иисусовой, для удобнейшего избежания рассеянности и пребывания во внимании, Серафим советует стоять в церкви, при молитвословиях, с закрытыми глазами, и открывать их только тогда, когда будут отягощать сон и дремание. Тогда советует он устремлять взоры к святым иконам, что также охраняет от рассеянности и возбуждает к молитве[258]. Новоначальный с особенным удобством приучается к молитве Иисусовой на продолжительных монастырских молитвословиях. Присутствуя на них, к чему бесплодно и душевредно скитаться мыслями повсюду? А этого невозможно избежать, если ум не будет привязан к чему-либо. Займись молитвой Иисусовой: она удержит ум от скитания, ты сделаешься гораздо сосредоточеннее, глубже, гораздо лучше будешь внимать чтению и песнопениям церковным, вместе неприметным образом и постепенно обучишься умной молитве. Желающему проводить внимательную жизнь Серафим завещает не внимать посторонним слухам, от которых голова наполняется праздными и суетными помышлениями и воспоминаниями, завещает не обращать внимания на чужие дела, не размышлять, не судить и не говорить о них, завещает избегать собеседований, вести себя странником, встречающихся отцов и братий почитать поклонами в молчании, при хранении себя от внимательного воззрения на них[259], потому что такое воззрение производит непременно в душе какое-либо впечатление, которое будет причинять ей развлечение, привлекая к себе внимание ее и отвлекая его от молитвы. Вообще проводящему внимательную жизнь не должно смотреть ни на что пристально и не слушать ничего с особенным тщанием, но видеть, как бы не видя, и слышать мимоходно, чтобы память и сила внимания были всегда свободными, чуждыми впечатлений мира, способными и готовыми к приятию впечатлений Божественных.

Очевидно, что способы, предложенные священноиноком Дорофеем и старцем Серафимом тождественны со способом, предложенным святым Иоанном Лествичником. Но святой Иоанн изложил свой способ с особенной ясностью и определенностью. Этот Отец принадлежит к древнейшим и величайшим наставникам иночества, признан таким Вселенской Церковью; позднейшие святые писатели ссылаются на него, как на достовернейшего учителя, как на живой сосуд Святого Духа — на этом основании мы со всею благонадежностью предлагаем его способ во всеобщее употребление возлюбленным отцам и братиям, не только жительствующим в монастырях, но и жительствующим посреди мира, имеющим искреннее желание непритворно, успешно и богоугодно молиться. Этот способ не может быть устранен: устранение его из молитвы было бы устранением из нее внимания, а без внимания молитва — не молитва. Она мертва! Она — бесполезное, душевредное, оскорбительное для Бога пустословие! Внимательно молящийся непременно молится более или менее этим способом. Если внимание умножится и усилится при молитве, непременно явится образ моления, предлагаемый Божественным Иоанном. «*Проси* плачем, — говорит он, — *ищи* послушанием, *толцы* долготерпением: тако «просяй и приемлет и ищай обретает, и толкущему отверзется» (*Мф. 7:8*).[260].

Опыт не замедлит показать, что при употреблении способа, в особенности сначала, должно произносить слова с крайней неспешностью, чтобы ум успевал вмещаться в слова, как в формы; этого нельзя достигнуть при поспешном чтении. Способ святого Иоанна весьма удобен и при упражнении молитвой Иисусовой, и при келейном чтении молитвословий, даже при чтении Писания и отеческих книг. Приучаться к нему должно, как бы читая по складам – с такой неспешностью. Приучившийся к этому способу стяжал молитву устную, умную и сердечную, свойственную всякому, проводящему деятельную жизнь. Святейший Каллист, патриарх Константинопольский, так рассуждает о молитве: «Непрестанная молитва состоит в непрестанном призывании имени Божия. Беседует ли кто, сидит ли, ходит, делает ли что, ест ли, или занимается чем другим, должен во всякое время и на всяком месте призывать имя Божие, по завещанию Писания: «Непрестанно молитеся» (*1Сол. 5:17*)[261]. Таким образом уничтожаются покушения на нас врага. Молиться должно сердцем, молиться должно и устами, когда мы одни. Если же кто находится на торжище, или в обществе с другими, тот не должен молиться устами, но одной мыслью. Должно наблюдать за зрением и всегда смотреть вниз для охранения себя от развлечения и от сетей врага. Совершенство молитвы заключается в том, когда она произносится к Богу без уклонения ума в развлечение, когда все мысли и чувствования человека собираются во единое моление. Молитва и псалмопение должны совершаться не только умом, но и устами, как говорит пророк Давид: «Господи устне мои отверзеши, и уста моя возвестят хвалу Твою» (*Пс. 50, 17*). И Апостол, показывая, что требуются и уста, сказал: «Приносим жертву хваления Богу, сиречь плод устен исповедающихся имени Его» (*Евр. 13:13*)[262]. Преподобный Варсонофий Великий священноиноку, спросившему его о том, как должно молиться, отвечал: «Должно несколько упражняться в псалмопении, несколько молиться изустно; нужно время и на то, чтобы испытывать и блюсти свои помыслы. У кого на обед много разных снедей, тот ест много и с услаждением, а кто каждый день употребляет одну и ту же пищу, тот не только вкушает ее без услаждения, но иногда, может быть, чувствует и отвращение от нее. Так бывает и в нашем состоянии. В псалмопении и молитве устной не связывай себя, но делай сколько Господь даст тебе. Не оставляй также чтения и внутренней молитвы. Несколько того, несколько другого – и так проведешь день, угождая Богу. Совершенные Отцы наши не имели определенного правила, но в течение целого дня исполняли свое правило: несколько упражнялись в псалмопении, несколько читали изустно молитвы, несколько испытывали помыслы, мало, но заботились и о пище; все же это делали со страхом Божиим»[263]. Так рассуждал и наставлял брата преподобный Отец, бывший в великом молитвенном преуспеянии. Опыт научит всякого упражняющегося в молитве, что произнесение несколько вслух молитвы Иисусовой, и вообще всех молитвословий, очень способствует к удержанию ума от расхищения развлечением. При усиленном вражеском нападении, когда ощутится ослабление произволения и омрачение ума, необходима гласная молитва. Внимательная гласная молитва есть вместе и умная и сердечная.

Убогим словом нашим мы не уклоняем и не устраняем возлюбленных отцов и братий наших от молитвенного, возвышенного преуспеяния; напротив того, всеусердно желаем им его. Да будут все иноки подобны Ангелам и Архангелам, которые не имеют покоя день и ночь от возбуждающей их Божественной любви и по причине ее непрестанно и ненасытно насыщаются славословием Бога. Именно для того, чтобы получено было неизреченное богатство сердечной молитвы в свое время, дается предостережение от действования преждевременного, ошибочного, дерзостного. Воспрещается безрассудное, разгоряченное стремление к открытию в себе благодатной сердечной молитвы, воспрещается это стремление потому, что причина его — неведение или недостаточное знание и гордостное признание себя способным к благодатной молитве и достойным ее; воспрещается это стремление потому, что раскрытие в себе благодатной молитвы одними собственными усилиями — невозможно; воспрещается это стремление, ломящееся неистово во врата таинственного Божиего храма, чтобы оно не воспрепятствовало благости Божией когда-либо умилосердиться над нами, признать недостойных достойными, дать дар не чающим дара, обрекшим себя на вечные казни в узилищах ада. Дар дается смирившемуся и уничижившему себя перед величием дара; дар дается отрекшемуся своей воли и предавшемуся воле Божией; дар дается укрощающему и умерщвляющему в себе плоть и кровь, укрощающему и умерщвляющему в себе плотское мудрование заповедями Евангелия. Жизнь воссияет соответственно степени умерщвления. Придя неожиданно, единственно по благоволению своему, она довершает и совершает умерщвление, предначатое произвольно. Неосторожные, особенно упорные, водимые самомнением и самочинием, искатели высокого молитвенного состояния, всегда бывают запечатлены печатью отвержения, по определению духовного закона (*Мф.* 22:12–13). Снятие этой печати очень затруднительно, по большей части невозможно. Какая тому причина? Вот она: гордость и самомнение, вводящие в самообольщение, в общение с демонами и в порабощение им, не дают видеть неправильности и опасности своего положения, не дают видеть ни горестного общения с демонами, ни бедственного, убийственного порабощения ими. «Оденься прежде листьями, а потом, когда повелит Бог, принесешь и плоды», – сказали Отцы[264]. Стяжи сперва внимательную молитву: предочищенному и предуготовленному внимательной молитвой, образованному, скрепленному заповедями Евангелия, основанному на них в свое время, Бог – всемилостивый Бог, дарует молитву благодатную.

Молитвы учитель – Бог, истинная молитва – дар Божий[265]. Молящемуся в сокрушении духа, постоянно, со страхом Божиим, с вниманием, Сам Бог дает постепенное преуспеяние в молитве. От внимательной и смиренной молитвы являются духовное действие и духовная теплота, от которых оживает сердце. Ожившее сердце привлекает к себе ум, делается храмом благодатной молитвы[266] и сокровищницей доставляемых ею, по ее свойству, духовных даров. «Потрудись, – говорят великие подвижники и учители молитвы, – сердечным болезнованием приобрести теплоту и молитву, и Бог даст тебе иметь их всегда. Забвение изгоняет их; само же оно рождается от нерадения[267]. Если хочешь избавиться от забвения и пленения, то не сможешь иначе достигнуть этого, как стяжав в себе духовный огонь: только от его теплоты исчезают забвение и пленение. И приобретается же этот огонь стремлением к Богу. Брат! Если сердце твое день и ночь, с болезнью не будет искать Господа, то ты не сможешь преуспеть. Если же, оставив все прочее, займешься этим, то достигнешь, как говорит Писание: «упразднитеся и разумейте»[268]. Брат! Умоли благость Того, Который «всем человекам хощет спастися и в разум истины приити» (*1Тим. 2:4*), чтобы Он даровал тебе духовное бодрствование, возжигающее духовный огонь. Господь, Владыка неба и земли, пришел на землю для низведения на нее этого огня (*Лк. 12:49*). Вместе с тобой, по силе моей, буду молиться и я, чтобы это бодрствование даровал тебе Бог, Который подает благодать всем, просящим с трудом и усердием. Она, придя, наставит тебя на истину. Она просвещает очи, исправляет ум, прогоняет сон расслабления и нерадения, возвращает блеск оружию, покрывшемуся ржавчиной в земле лености, возвращает светлость одеждам, оскверненным в плену у варваров, влагает ненависть к мерзостным мертвечинам, составляющим пищу варваров, влагает желание насытиться великой жертвой, приносимой нашим великим Архиереем. Это та жертва, о которой было открыто Пророку, что она очищает грехи и отъемлет беззакония (*Ис. 6:7*), плачущих прощает, смиренным дает благодать (*Притч. 3:34*), является в достойных, и ею они наследуют живот вечный, о имени Отца и Сына и Святого Духа»[269]. «Духовное бодрствование, или трезвение есть духовное художество, совершенно избавляющее человека, с помощью Божией, от греховных дел и страстных помыслов и слов, когда оно проходится в течение долгого времени и усердно. Оно – сердечное безмолвие; оно – хранение ума; оно – внимание себе, чуждое всякого помысла, всегда, непрерывно и непрестанно призывающее Христа Иисуса, Сына Божия и Бога, Им дышащее, с Ним мужественно ополчающееся на врагов, Ему исповедающееся». Такое определение духовному бодрствованию дает святой Исихий Иерусалимский[270]. Согласны с ним и прочие Отцы[271].

«Огонь придя в сердце, восстановил молитву. Когда же она восстала и вознеслась на небо, тогда совершилось сошествие огня в горницу души»[272]. Слова эти принадлежат светильнику Синайскому, Иоанну Лествичнику. Очевидно, что святой говорит из своего блаженного опыта. Подобное случилось и с преподобным Максимом Капсокаливи. «Я, – поведал он преподобному Григорию Синаиту, – от юности моей имел великую веру к Госпоже моей, Богоматери, и молился ей со слезами, чтобы Она подала мне благодать умной молитвы. Однажды пришел я по обычаю в храм Ее и усердно молился Ей об этом. Приступил я и к иконе Ее, начал целовать с благоговением изображение Ее, и внезапно ощутил я, что впала в грудь мою и в сердце теплота, не опалявшая внутренности, напротив того, услаждавшая и орошавшая, побуждавшая душу мою к умилению. С этого времени *сердце* мое начало внутри себя пребывать в молитве, и ум мой услаждаться памятью Иисуса моего и Богоматери, и непрестанно Его, Господа Иисуса, иметь в себе. С этого времени молитва никогда не прекращалась в сердце моем»[273]. Благодатная молитва явилась внезапно, неожиданно, как дар от Бога; душа Преподобного была предуготовлена к получению дара молитвы усердной, внимательной, смиренной, постоянной молитвой. Благодатная молитва не осталась в Преподобном без своих обычных последствий, вовсе не известных и не свойственных плотскому и душевному состоянию. Обильное явление духовного огня в сердце, огня Божественной любви, описано Георгием, Задонским затворником, из собственного опыта[274]. Но прежде этого послан ему был Божественный дар покаяния, предочистивший сердце для любви, дар, действовавший как огонь, истребивший все, оскверняющее дворы Господа Святого и Сильного[275], и повергший самое тело в изнеможение. «Святой и пренебесный огонь, – говорит святой Иоанн Лествичник, – одних опаляет по причине недостаточной чистоты их, других, напротив того, просвещает, как достигших совершенства. Один и тот же огонь называется и огнем поядающим и светом просвещающим. По этой причине одни исходят от молитвы своей, как бы из жарко натопленной бани, ощущая некоторое облегчение от скверны и вещественности, другие же выходят просвещенные светом и одеянными в сугубую одежду смирения и радования. Те же, которые после молитвы своей не ощущают ни которого из этих двух действий, молятся еще телесно, а не духовно»[276]. Духовной молитвой названа здесь молитва, движимая Божественной благодатью, а телесной молитвой — молитва, совершаемая человеком при собственном усилии, без явственного содействия благодати. Необходима второго рода молитва, как утверждает тот же Иоанн Лествичник, чтобы дарована была в свое время молитва благодатная[277]. Чем же ознаменовывает свое пришествие молитва благодатная? Она ознаменовывает свое пришествие плачем вышеественным, и входит человек во врата святилища Божия, своего сердца, во исповедании неизреченном.

Прежде нежели приступим к описанию способа, предлагаемого святыми Отцами почти исключительно безмолвникам, признаем нужным несколько приготовить читателя. Писания Отцов можно уподобить аптеке, в которой находится множество целительнейших лекарств, но больной, не знакомый с врачебным искусством и не имея руководителем врача, очень затруднится в выборе лекарства, приличествующего болезни его. Если же по самонадеянности и легкомыслию, не справясь основательно, за неимением врача, с врачебными книгами, больной торопливо решится сам на выбор и принятие лекарства, то выбор этот может быть самым неудачным. Лекарство, само собой целительное, может оказаться не только бесполезным, но и очень вредным. В положение, подобное положению такого больного, поставлены мы, за неимением Духоносных руководителей по отношению к писаниям святых Отцов о тайнодействии сердечной молитвы и ее последствиях. Учение о молитве, в дошедших до нас Отеческих книгах, изложено с удовлетворительными полнотой и ясностью, но мы, будучи поставлены при неведении нашем перед этими книгами, в которых изображены, в величайшем разнообразии, делания и состояния новоначальных, средних и совершенных, находим себя в крайнем затруднении при избрании делания и состояния, нам свойственных. Несказанно счастлив тот, кто поймет и ощутит эту затруднительность. Не поняв ее, при поверхностном чтении святых Отцов, поверхностно ознакомясь с предлагаемыми ими деланиями, многие приняли на себя делание, не свойственное себе, и нанесли себе вред. Святой Григорий Синаит в сочинении своем, написанном для весьма преуспевшего безмолвника, Лонгина[278], говорит: «Иное дело – безмолвия, и иное – общежития. Каждый, пребывая в том жительстве, к которому призван, спасется. И потому я опасаюсь писать по причине немощных, видя, что жительствуешь посреди них: ибо всякий, проходящий излишне усиленный подвиг молитвы от слышания или учения, погибает, как не стяжавший руководителя»[279]. Святые Отцы упоминают, что многие, принявшись за делание молитвы неправильно, по способам, для которых они не созрели и были не способны, впали в самообольщение и умоповреждение. Не только от чтения Отеческих книг, при недостаточном понимании их, происходит величайший вред, но и от общения с величайшими угодниками Божиими, от слышания святого учения их. Так случилось с сирским монахом Малпатом. Он был учеником преподобного Иулиана. Сопутствуя старцу, Малпат посетил преподобного Антония Великого и сподобился слышать от него возвышеннейшее учение о монашеском жительстве: о самоумерщвлении, о умной молитве, о чистоте души, о видении. Не поняв должным образом учения, разгорячившись вещественным жаром, Малпат возложил на себя строжайший подвиг в неисходном затворе, с надеждой достигнуть того высокого духовного состояния, о котором он слышал от Великого Антония, которое видел и осязал в Великом Антонии. Последствием такого делания было ужаснейшее самообольщение. Соответственно сильному деланию образовалась сильная прелесть, а самомнение, объявшее душу несчастного, сделало эту душу неприступной для покаяния, а потому и для исцеления: Малпат явился изобретателем и главой ереси Евхитов[280]. О, горестное событие! О, горестнейшее зрелище! Ученик великого Святого, услышав учение величайшего из святых, по причине неправильного приложения этого учения к своей деятельности, погиб. Погиб в те времена, когда по причине множества святых, способных и руководить и исцелять, было очень мало погибавших от прелести. Говорится это для нашего предостережения. При сиянии бесчисленных светил путь внутреннего монашества – таинственного, молитвенного уединения и безмолвия ума в сердце – признавался обстановленным опасностями: тем опаснее этот путь при наступившей темной ночи. Мглой и густыми облаками сокрыты светила небесные. Путешествовать должно с крайней неспешностью, ощупью. Изучение Отеческих книг, предоставленных промыслом Божиим в нравственное руководство современному монашеству, отнюдь не малозначащий подвиг. Чтобы совершить его, нужно самоотвержение, нужно оставление житейских попечений, не говорю уже о развлечениях, увеселениях и наслаждениях, нужно жительство по евангельским заповедям, нужна чистота ума и сердца, которой одной усматривается и понимается духовное, святое, таинственное учение Духа, соответственно степени очищения. Тот, кто узнал, что в настоящие времена сокровище спасения и христианского совершенства скрыто в словах, изреченных Святым Духом или под влиянием Его, то есть, в Священном Писании и писаниях святых Отцов, да возрадуется духовно о приобретении существенно полезного познания, да скроется всецело от мира в благочестивую жизнь, «да идет и вся, елика имать, продает, и купует село», на котором сокровенно спасение и совершенство (*Мф. 13:44*). Для основательного изучения Писания, при соответствующей деятельности, нужно продолжительное время. По основательном изучении Писания, с величайшей осторожностью, испрашивая постоянно помощь Божию молитвой и плачем, из нищеты духа, можно касаться и тех деланий, которые ведут к совершенству. Некоторый святой инок поведал о себе, что он в течение двадцати лет изучал писания Отцов, ведя обыкновенную жизнь общежительного монаха; по истечении этого времени, он решился деятельно ознакомиться с глубоким монашеским деланием, теоретическое познание которого стяжал чтением и, вероятно, по свойству того времени, из бесед с преуспевшими Отцами[281]. Преуспеяние иноческое при руководстве чтением идет несравненно медленнее, нежели при руководстве духоносным наставником. Написанное каждым святым писателем написано из его благодатного устроения и из его деятельности, соответственно его устроению и его деятельности. На это должно обратить особенное внимание. Не будем увлекаться и восхищаться книгой, написанной как бы огнем, поведавшей о высоких деланиях и состояниях, нам не свойственных. Чтение ее, разгорячив воображение, может повредить нам, сообщив познание и желание подвигов, для нас безвременных и невозможных. Обратимся к книге Отца, по умеренности своего преуспеяния, наиболее близкого к нашему состоянию. При таком взгляде на отеческие книги, в первоначальное чтение инока, желающего ознакомиться с внутренним молитвенным подвигом, можно предложить наставления Серафима Саровского, сочинения Паисия Нямецкого и друга его, схимонаха Василия. Святость этих лиц и правильность их учения – несомненны. После изучения этих писаний, можно обратиться к книге преподобного Нила Сорского. Мала эта книга по наружности, но духовный объем ее необыкновенной величины. Трудно найти вопрос о умном делании, который не был бы разрешен в ней. Все изложено с необыкновенной простотой, ясностью и удовлетворительностью. Так изложен и способ упражнения молитвой Иисусовой. Впрочем как способ, так и вся книга предназначены для иноков, уже способных к безмолвию.

Преподобный Нил завещает молчать мыслью, не только не допуская помышлять себе о чем-либо греховном и суетном, но и о полезном, по-видимому, и о духовном. Вместо всякой мысли, он повелевает непрестанно взирать в глубину сердца, и говорить: «Господи Иисусе Христе, Сыне Божий, помилуй мя грешнаго». Молиться можно и стоя, и сидя, и лежа; крепкие по здоровью и силам молятся стоя и сидя, немощные могут молиться и лежа, потому что в этой молитве господствует не подвиг тела, а подвиг духа. Должно давать телу такое положение, которое бы предоставляло духу всю свободу к свойственному ему действию. Помнить надо, что здесь говорится о делании иноков, которые достаточным телесным подвигом привели в должный порядок свои телесные влечения, и по причине преуспеяния своего перешли от телесного подвига к душевному. Преподобный Нил повелевает затворять ум в сердце и приудерживать по возможности дыхание, чтобы не часто дышать. Это значит: надо дышать очень тихо. Вообще все движения крови должно удерживать и содержать душу и тело в спокойном положении, в положении тишины, благоговения и страха Божия. Без этого духовное действие появиться в нас не может: оно появляется тогда, когда утихнут все кровяные движения и порывы. Опыт скоро научит, что удерживание дыхания, то есть, нечастое и негрубое производство дыхания, очень способствует к приведению себя в состояние тишины и к собранию ума от скитания. «Много добродетельных деланий, – говорит святой Нил, – но все они – частные, сердечная же молитва – источник всех благ; она напаяет душу, как сады. Это делание, состоящее в блюдении ума в сердце, вне всяких помыслов, для не обучившихся ему крайне трудно; трудно оно не только для новоначальных, но и для долго трудившихся делателей, которые еще не приняли и не удержали внутри сердца молитвенной сладости от действия благодати. Из опыта известно, что для немощных это делание представляется очень тяжким и неудобным. Когда же кто приобретет благодать, тогда молится без труда и с любовью, будучи утешаем благодатью. Когда придет *действие* молитвы, тогда оно привлекает ум к себе, веселит и освобождает от парения»[282]. Чтобы приучиться к способу, предлагаемому преподобным Нилом Сорским, очень хорошо присоединять его к способу святого Иоанна Лествичника, молясь очень неспешно. В преподавании своего способа преподобный Нил ссылается на многих Отцов Восточной и Вселенской Церкви преимущественно же на преподобного Григория Синаита.

Писания преподобного Григория Синаита, имея полное духовное достоинство, уже не так доступны и ясны, как писания преподобного Нила Сорского. Причина тому образ изложения, понятия того времени о разных предметах, для нас чуждые, особенно же духовное преуспеяние как лица, написавшего книгу, так и того лица, для которого написана книга. Способ моления, предлагаемый Синаитом, почти тот же, какой предложен и Нилом, заимствовавшим учение молитвы как из чтения и учения книги Синаита, так и из устных бесед с учениками Синаита при посещении Востока. «В заутрии сей», – говорит преподобный Григорий, ссылаясь на Премудрого Соломона, – «семя твое», то есть, молитвы, «и в вечер да не оставляет рука твоя», чтобы всегдашность молитвы, прерываемая расстояниями, не лишалась того часа, в который могла бы быть услышана: «яко не веси, кое произыдет, сие или оно» (*Еккл. 11:6*). С утра, сев на стул, высотой в пядь, низведи ум от головы в сердце, и держи его в нем, наклонившись болезненно, и очень болезнуя грудью, плечами и шеей, непрестанно взывай умом или душой: «Господи, Иисусе Христе, помилуй мя». Удерживай несколько и дыхание, чтобы не дышать неосторожно»[283]. Относительно учения о том, что должно приудерживать дыхание, Синаит ссылается на преподобных Исаию Отшельника, Иоанна Лествичника и Симеона Нового Богослова. «Если хотим безошибочно найти истину, и познать ее, – говорит Синаит, – то постараемся иметь единственно сердечное *действие*, вполне безвидное, никак не допуская свободы воображению, не дозволяя мечтанию изобразить вид какого-либо святого или свет: потому что обычно прелести, особенно в начале подвига, прельщать ум неискусных такими ложными мечтаниями. Потщимся иметь в сердце действующим одно *действие* молитвы, согревающее и веселящее ум, распаляющее душу к неизреченной любви Божией и человеческой. Тогда от молитвы является значительное смирение и сокрушение, потому что молитва в новоначальных есть приснодвижимое умное *действие* Святого Духа. *Действие* это в начале подобно огню, прозябающему из сердца, в конце же подобно свету благоухающему»[284]. Под именем новоначальных здесь разумеются новоначальные в безмолвии, и вся книга преподобного Григория Синаита назначена для наставления безмолвников. Опять говорит святой Синаит: «Иные, преподавая учение о молитве, предлагают ее творить устами, а другие одним умом: я предлагаю и то и другое. Иногда ум, унывая, изнемогает творить молитву, а иногда уста, и потому должно молиться обоими, и устами, и умом. Однако должно вопиять безмолвно и несмущенно, чтобы голос не смутил чувства и внимания ума и не воспрепятствовал молитве. Ум, обвыкнув в делании, преуспеет и примет от Духа силу крепко и всеми образами молиться. Тогда он не понуждается творить молитву устами и не возможет, будучи вполне удовлетворяем молитвой умной»[285]. Предлагая по временам молитву устную, святой Григорий соединяет свой способ со способом святого Иоанна Лествичника. В сущности это – один и тот же способ, но святой Григорий говорит о нем в его известной степени преуспеяния. Тщательно занимающийся по способу Лествичника, достигнет, в свое время, того молитвенного состояния, о котором говорит Синаит. Молитве, по весьма основательному, практическому мнению Синаита, должно содействовать особенно терпение. «Безмолвствующий должен по большей части сидеть при совершении молитвы, по причине трудности этого подвига, иногда же на короткое время ложиться и на постель, чтобы дать телу некоторое отдохновение. В терпении же должно быть твое сидение во исполнение завещания, что в молитве должно терпеть (*Кол. 4:2*) и не скоро вставать, малодушествуя по причине весьма трудной болезни, умного взывания и постоянного углубления ума в сердце. Так говорит Пророк: «объяша мя болезни яко раждающия» (*Иер. 8:21*). Но опустив голову вниз и ум собирая в сердце — если отверзлось тебе твое сердце — призывай в помощь Господа Иисуса. «Болея плечами и часто подвергаясь головной боли, претерпевай это с постоянством и ревностью, взыскуя в сердце Господа, потому что царство небесное есть достояние понуждающих себя, и понуждающие себя «восхищают е» (*Мф. 11:12*). Господь указал, что истинное тщание заключается в претерпении этих и им подобных болезней. Терпение и пождание во всяком делании есть родитель болезней душевных и телесных»[286]. Под словом *болезни* здесь, по преимуществу, разумеется сокрушение духа, плач духа, болезнование и страдание его от ощущения греховности своей, от ощущения вечной смерти, от ощущения порабощения падшим духам. Страдание духа сообщается сердцу и телу, как неразрывно связанным с духом, и по естественной необходимости принимающим участие в его состояниях. В немощных по телу сокрушение духа и плач его вполне заменяют телесный труд[287]; но от людей сильного телосложения непременно требуется утеснение тела: в них, без утеснения тела, самое сердце не стяжет блаженной печали, которая рождается в немощных от ощущения и сознания немощи. «Всякое делание, — говорит преподобный Григорий, — телесное и духовное, не имеющее болезни или труда, никогда не приносит плода проходящему его, потому что «Царствие Небесное нудится, — сказал Господь, — и нуждницы восхищают е» (*Мф. 11:12*). Под понуждением разумей телесное во всем болезненное чувство. Многие, в течение многих лет, неболезненно делали или делают, но как они трудятся без болезни и теплого усердия сердца, то и пребывают не причастными чистоты и Святого Духа, отвергши лютость болезней.

Совершающие делание в небрежении и слабости, трудятся по-видимому, как они думают, много, но не пожинают плода за безболезненность, будучи всячески безболезненны. Свидетель этому – говорящий: «Если и все виды жительства нашего возвышенны, а болезнующего сердца не имеем, то они не истинны и бесполезны»[288]. Свидетельствует и великий Ефрем, говоря: «Трудясь, трудись болезненно, чтобы тебе устранить от себя болезни суетных трудов. Если по Пророку (*Ис. 21:3*) чресла наши не истают от слабости, будучи измождены постным подвигом, и страданиями болезни не зачнем, как рождающая младенца, болезненным водружением сердца, то не родим Духа спасения на земле сердечной, как ты слышал, но будем только (достойно сожаления и смеха) хвалиться, мнясь быть *нечто* по причине бесполезной пустыни и расслабленного безмолвия. Во время исхода из этой жизни все несомненно познаем весь плод»[289]. Учение преподобного Синаита о болезненности, сопровождающей истинное делание умной молитвы безмолвника, может показаться странным, как оно и показалось, для плотского и душевного разума, не знакомого с опытами монашеской жизни. Приглашая таковых обратить внимание на сведения, обретенные опытностью, мы свидетельствуем, что не только делание умной молитвы, но и внимательное чтение глубоких о ней Отеческих писаний производит головные боли. Сердечное сокрушение, по причине открываемой молитвой греховности, плена и смерти, так сильно, что оно производит в теле страдания и болезни, о существовании и о возможности существования которых вовсе не известно не знакомому с молитвенным подвигом. Когда сердце исповедуется Господу в греховности своей в своем бедственном состоянии, тогда тело распинается. «Пострадах, – говорит опытный в молитвенном подвиге Давид, – и слякохся до конца, весь день сетуя хождах. Яко лядвия моя наполнишася поруганий, и несть исцеления в плоти моей. Озлоблен бых, и смирихся до зела: рыках от воздыхания сердца моего» (*Пс. 37:7–9*). В учении святого Григория о молитве замечается та особенность, что он уставляет ум сосредоточивать в сердце. Это и есть то делание, которое Отцы называют художественным деланием молитвы, которое они воспрещают новоначальным инокам и мирянам, к которому нужно значительное приготовительное обучение, к которому и предуготовленные иноки должны приступать с величайшим благоговением, страхом Божиим и осторожностью. Повелев сосредоточивать ум в сердце, Преподобный присовокупляет: «если отверзлось твое сердце». Это значит: соединение ума с сердцем есть дар Божественной благодати, подаваемый в свое время, по усмотрению Божию, а не безвременно и не по усмотрению подвизающегося. Дар внимательной молитвы обыкновенно предшествуется особенными скорбями и потрясениями душевными, низводящими дух наш в глубину сознания нищеты и ничтожности своей[290]. Привлекается дар Божий смирением и верностью к Богу, выражаемой ревностным отвержением всех греховных помыслов, при самом появлении их. Верность – причина чистоты. Чистоте и смирению вручаются дарования Духа.

Художественное делание умной молитвы изложено с особенной ясностью и полнотой блаженным Никифором, иноком, безмолвствовавшим в святой Афонской горе. Справедливо называет он молитвенное делание художеством из художеств и наукой из наук, как доставляющее уму и сердцу познания и впечатления, истекающие из Духа Божия, между тем, как все прочие науки доставляют познания и впечатления только человеческие. Умное делание есть высшее училище Богословия[291]. «Это великое из величайших деланий, – говорит великий наставник безмолвников, – стяжавают многие или и все от научения. Редкие, будучи не научены, усердным деланием и теплотой веры получают его от Бога, но редкость – не закон. По этой причине нужно искать непрелестного наставника, чтобы назиданием его нам поучаться и наставляться при случающихся в упражнении вниманием десным и шуиим умалениям и превосхождениям, вводимым злохитростью лукавого, потому что наставник обличает нам их, зная их по собственным опытам, которым он подвергался. Он достоверно показывает этот умственный путь, и мы под руководством его удобно совершаем этот путь. Если нет наставника, нам известного, то должно искать его всеусердно. Если же и при таком искании не найдется наставник, то, призвав Бога в сокрушении духа и со слезами, в нестяжании, и помолившись Ему, поступай, как скажу тебе. Знаешь, что дыхание, которым дышим, составляется из воздуха, производим же дыхание сердцем, не иным чем. Оно – орудие жизни и теплоты телесной. Сердце втягивает в себя воздух, чтобы дыханием выпустить вон из себя теплоту свою, а себе доставить прохлаждение. Причина этого механизма, или, точнее, служитель – легкое, которое Бог создал редким, почему оно удобно вводит и изводит содержимое им. Таким образом, сердце, привлекая в себя дыханием прохладу и извергая им теплоту, неупустительно соблюдает тот порядок, в котором оно устроено для содержания жизни. И так ты, сев и собрав твой ум, введи в ноздренный путь, которым дыхание входит в сердце, приведи дыхание в (самое тихое) движение и понудь ум сойти с вдыхаемым воздухом в сердце. Когда он взойдет туда, то последующее за этим будет исполнено для тебя веселья и радости. Как некоторый муж, отлучавшийся из своего дому, когда возвратится, не помнит себя от радости, что сподобился увидеться с женою и детьми, так и ум, когда соединится с душой, исполняется неизреченных сладости и веселия. Брат! Приучи ум твой нескоро выходить оттуда, потому что сначала он очень унывает от внутренних заключения и тесноты. Когда же привыкнет к ним, то не возлюбит скитаться вне, потому что царство небесное – внутри нас. Рассматривая его там и взыскуя чистой молитвой, ум признает все внешнее мерзостным и ненавистным. Если сряду же, как сказано, ты взойдешь умом в сердечное место, которое тебе мной показано, то воздай благодарение Богу и прославь, и взыграй, и всегда держись этого делания, а оно научит тебя тому, чего ты не ведаешь. Надо тебе и то знать, что ум твой, находясь там, не должен молчать и оставаться в праздности, но иметь непрестанным деланием и поучением, никогда не преставая от него, молитву: «Господи, Иисусе Христе, Сыне Божий, помилуй мя». Эта молитва, содержа ум невысящимся, соделывает его неприступным и неприкосновенным для прилогов врага, возводит к ежедневному преуспеянию в любви и желании Божественных. Если же, много потрудившись, о брат, не возможешь взойти в страны сердца, как мы поведали тебе, то делай, что скажу, и найдешь искомое при содействии Божием. Знаешь, что словесность каждого человека находится в его персях. Внутри персей, при молчании уст наших, говорим, совещаемся, совершаем молитвы, псалмопение. Этой словесности, отняв у нее всякий помысл – можешь это сделать, если захочешь – предоставь говорить: «Господи, Иисусе Христе, Сыне Божий, помилуй мя». И понудься вопиять это внутри персей вместо всякой другой мысли. Когда же некоторое время будешь поступать таким образом, тогда, при посредстве этого, отверзется тебе, без всякого сомнения и вход в сердце, как мы написали, узнав это из опыта. Придет же к тебе, с многожелательным и сладостным вниманием, и весь лик добродетелей: любовь, радость, мир, и прочее: ими оно исполнит все прошения твои о Христе Иисусе, Господе нашем»[292]. Здесь, во-первых, должно обратить внимание на устроение блаженного Отца и на устроение, которое он видел в наставляемом им иноке. Это явствует из статей его слова, предшествующих изложению художества, из которых видно, по ссылке на житие святого Саввы, что наставление о сердечном безмолвии, для которого и в соответственность которому предоставляется и наружное безмолвие по телу, приличествует тем инокам, которые вполне обучились правилу монашеского жительства, могут бороться с сопротивными помыслами и блюсти свой ум. Наставляемому лицу блаженный Никифор говорит: «Знаешь, что словесность каждого человека находится в его персях. Там, при молчании уст, мы говорим, совещаваемся, совершаем молитвы и псалмопение». Явственное ощущение силы словесности в персях так, чтобы там можно было совершать молитвы и псалмопение, имеют очень редкие, значительно преуспевшие, занимавшиеся продолжительное время молением по способу святого Иоанна Лествичника, стяжавшие в значительной степени непарительность и очень внимательной молитвой возбудившие дух, названный здесь словесностью, к обильному сочувствию уму. У человеков, в обыкновенном их состоянии, дух, пораженный падением, спит сном непробудным, тождественным со смертью: он не способен к духовным упражнениям, указанным здесь, и пробуждается для них лишь тогда, когда ум постоянно и усиленно займется возбуждением его при посредстве животворящего имени Иисусова. Способ, предлагаемый блаженным Никифором, превосходен. В изложении его видна для понимающего дело и та постепенность, которой должно восходить к нему, и то, что стяжание его – дар Божий. Как этот способ объяснен с особенной подробностью в сочинении Ксанфопулов о молитве и безмолвии, то мы и переходим к упомянутому сочинению.

Святой Каллист Ксанфопул был учеником преподобного Григория Синаита, монашествовал в Афонской горе, обучаясь первоначально монашескому жительству в общежитии, впоследствии он перешел к жизни безмолвной, когда оказался созревшим для нее. Умной молитве научился он, находясь в послушании монастырского повара, он имел и ученость мира сего, что ясно видно из составленной им книги. Уже в преклонных летах святой Каллист возведен в сан патриарха Константинопольского. Святой Игнатий был его ближайшим другом и участником в иноческих подвигах. Оба они достигли великого молитвенного преуспеяния. Книга их исключительно написана для безмолвников. К механизму, изложенному блаженным Никифором, они присовокупляют, что при употреблении его должно иметь уста закрытыми. Они говорят, что новоначальный, по отношению к безмолвной жизни, должен заниматься молитвой Иисусовою по способу блаженного Никифора, непрестанно вводя ее в сердце тихо, при посредстве ноздренного дыхания, столько же тихо испускаемого, имея при этом уста *закрытыми*[293]. Очень важно знать *значение*, которое дают святые наставники умной молитвы предлагаемому им механизму, который, как вещественной способ, никак не должно смешивать с собственным действием молитвы, которому никак не должно придавать особенной важности, как будто от него проистекает все преуспеяние молитвы. В молитвенном преуспеянии действует сила и благодать Божия, они совершают все: способы остаются способами, в которых нуждается наша немощь, и отвергаются, как ненужные и излишние, по стяжании преуспеяния. Возложение упования на эти способы очень опасно: оно низводит к вещественному, неправильному пониманию молитвы, отвлекая от понимания духовного, единого истинного. От ложного понимания молитвы всегда происходит или бесплодное, или душевредное упражнение ею. «И то знай, брат, – говорят Ксанфонулы, – что всякое художество и всякое правило, если же хочешь, и разнообразное делание, предначертаны и правильно установлены по той причине, что мы не можем еще чисто и непарительно молиться в сердце. Когда же это совершится благоволением и благодатью Господа нашего Иисуса Христа, тогда мы, оставив многое и различное, и разнообразное, соединяемся непосредственно, превыше слова, с Единым, единственным и соединяющимся[294]. От пребывания в вышеизложенном художестве сердечной, чистой и непарительной молитвы – впрочем, она может быть отчасти нечистой и не чуждой развлечения по причине, очевидно, восстающих на возбранение ей помыслов и воспоминаний преждесодеянного – подвизающийся приходит в навыкновение молиться без понуждения, непарительно, чисто и истинно, то есть, приходить в такое состояние, при котором ум пребывает в сердце, а не только вводится в него с понуждением, малодушно, посредством вдыхания и потом опять отскакивает, при котором сам ум постоянно обращается к себе, с любовью пребывает в сердце и непрестанно молится»[295]. Подвиг умной и сердечной молитвы «исправляется умом от осенения его помощью Божественной благодати и от единомысленного[296], сердечного, чистого, непарительного, с верой призывания Господа нашего Иисуса Христа, а не от одного, простого, вышеизложенного естественного художества через ноздренное дыхание, или от сидения при упражнении молитвой в безмолвном и темном месте – да не будет! Это изобретено Божественными Отцами не для чего иного, как в некоторое пособие к собранию мысли от обычного парения, к возвращению ее к самой себе и ко вниманию[297]. Прежде всех благодатных даров даруется уму непарение Господом нашим Иисусом Христом и призыванием в сердце святого Его имени с верой. Вспомоществует же этому несколько и естественное художество, способствующее низводить ум в сердце при посредстве ноздренного дыхания, сидение в безмолвном и несветлом месте и другое тому подобное»[298]. Ксанфопулы строго воспрещают преждевременное стремление к тому, чему, по духовной системе монашеского жительства, назначено свое известное время. Они желают, чтобы инок действовал в установленном для него порядке, по законам, преподанным Божественной благодатью. «И ты, – говорят они, – желая обучиться путеводствующему к небу безмолвию, последуй мудро постановленным законам, и, во-первых, с радостью возлюби послушание, потом безмолвие. Как деяние есть восхождение к видению, так и послушание к безмолвию. «Не прелагай предел вечных, – по Писанию, – яже положиша отцы твои» (*Притч. 22:28*); «горе единому» (*Еккл. 4:10*). Таким образом, положив благое основание началу, возможешь со временем возложить благославнейший покров на началоздание Духа. Как все отвержено у того, у кого, по сказанному, начало не искусно, так, напротив, у того все благолепно и благочинно, у кого начало искусно, хотя и случается иногда противное этому»[299]. Вообще признано, что до стяжания непарительности, не обманчивой или кратковременной, но постоянной и существенной, полезно упражняться молитвой Иисусовой в иноческом обществе, вспомоществуя упражнению молитвой деятельным исполнением евангельских заповедей, или, что то же, смирением. После же получения дара непарительности, дозволяется касаться и безмолвия. Так поступили святые Василий Великий и Григорий Богослов. Они, по поведанию святого Исаака Сирина, сперва занимались исполнением тех заповедей, которые относятся к живущим в обществе человеческом, проходя и молитву, соответствующую этому положению, от этого жительства ум их начал ощущать недвижение или непарительность, тогда они удалились в уединение пустыни, там занялись деланием во внутреннем человеке и достигли умозрения[300]. Совершенное безмолвие в наше время очень неудобно, почти невозможно: Серафим Саровский, Игнатий Никифоровский, Никандр Бабаевский, иноки, весьма преуспевшие в умной молитве, пребывали по временам то в безмолвии, то в обществе иноков, особливо последний никогда не уединялся в приметное для людей безмолвие, будучи по душе великим безмолвником. Способ безмолвия, которым руководствовался преподобный Арсений Великий, был всегда превосходным, ныне должен быть признан наилучшим. Этот Отец постоянно наблюдал молчание, по братским кельям не ходил, в свою келью принимал лишь в случаях крайней необходимости, в церкви стоял где-либо за столбом, не писал и не принимал писем, вообще удалялся от всех сношений, могущих нарушить его внимание, имел целью жизни и всех действий сохранение внимания[301]. Образ жительства и безмолвия, которым преподобный Арсений достиг великого преуспеяния, очень похваляется и предлагается к подражанию святым Исааком Сириным, как образ весьма удобный, мудрый и многоплодный[302]. В заключение извлечений наших из творений Ксанфопулов приведем их опытное мнение, согласное с мнением прочих Святых Отцов, что для достижения непарительной сердечной молитвы нужно и много времени, и много усилий. «То, чтобы постоянно внутри сердца молиться, – говорят они, – так как и высшие этого состояния, приводится в исполнение не просто, не как бы случилось, не при посредстве малого труда и времени, хотя и это изредка встречается по непостижимому смотрению Божию, но требует оно и долгого времени, и немалого труда, подвига душевного и телесного, многого и продолжительного понуждения. По превосходству дара и благодати, которых надеемся причаститься, должны быть, по силе, равны и соответственны подвиги, чтобы, по таинственному священному учению, изгнан был из пажитей сердца враг и вселился в него явственно Христос». Говорит святой Исаак: «Желающий увидеть Господа, тщится художественно очистить свое сердце памятью Божией, и таким образом, светлостью мысли своей будет ежечасно видеть Господа». И святой Варсонофий: «Если не внутреннее делание Божией благодатью поможет человеку, то тщетно трудится он по внешности. Внутреннее делание, в соединении с болезнью сердца, приносит чистоту, а чистота – истинное безмолвие сердца, таким безмолвием доставляется смирение, а смирение соделывает человека жилищем Божиим. Когда же вселится Бог, тогда бесы и страсти изгоняются, и соделывается человек храмом Божиим, исполненным освящения, исполненным просвещения, чистоты и благодати. Блажен тот, кто зрит Господа во внутреннейшей сокровищнице сердца, как в зеркале, и с плачем изливает моление свое перед благостью Его». Преподобный Иоанн Карпафийский: «Нужно много времени и подвига в молитвах, чтобы найти в нестужаемом устроении ума некоторое иное сердечное небо, где живет Христос, как говорит Апостол: «Или не знаете, яко Иисус Христос в вас есть? разве чим точию неискусни есте» (*2Кор. 13:5*)[303].

Этими извлечениями из святых Отцов, как удовлетворительно объясняющими делание молитвы Иисусовой, мы довольствуемся. В прочих Отеческих писаниях изложено то же самое учение. Признаем нужным повторить возлюбленным отцам и братиям нашим предостережение, чтобы они не устремлялись к чтению Отеческих писаний о возвышенных деланиях и состояниях иноческих, хотя к этому чтению влечет любознательность, хотя это чтение производит наслаждение, восторг. Наша свобода, по свойству времени, должна быть особенно ограничена. Когда имелись благодатные наставники, тогда увлечения новоначальных удобно замечались и врачевались. Но ныне некому ни уврачевать, ни заметить увлечения. Часто пагубное увлечение признается неопытными наставниками великим преуспеянием, увлеченный поощряется к большему увлечению. Увлечение, подействовав на инока и не будучи замечено, продолжает действовать, уклонять его более и более от направления истинного. Можно безошибочно сказать: большинство находится в разнообразном увлечении, отвергших свое увлечение и увлечения очень мало, не увлекавшихся не существует. По этой причине, когда отеческие книги остались нам в единственное средство руководства, должно с особенной осторожностью и разборчивостью читать их, чтобы единственное средство к руководству не обратить в средство к неправильной деятельности и проистекающему из нее расстройству. «Будем искать, – говорит святой Иоанн Лествичник о Выборе наставника, – не предведущих, не прозорливых, но паче всего точно – смиренномудрых, наиболее соответствующих объемлющему нас недугу, по нравственности своей и месту жительства»[304]. То же должно сказать и о книгах, как уже и сказано выше: должно избирать из них никак не возвышеннейшие, но наиболее близкие к нашему состоянию, излагающие желание, нам свойственное. «Великое зло, – сказал святой Исаак Сирин, – преподавать какое-либо высокое учение тому, кто еще находится в чине новоначальных и по духовному возрасту – младенец»[305]. Плотский и душевный человек, слыша духовное слово, понимает его соответственно своему состоянию, извращает, искажает его, и, последуя ему в его извращенном смысле, стяжает ложное направление, держится этого направления с упорством, как направления, данного святым словом. Некоторый старец достиг христианского совершенства по особенному смотрению Божию, вступив вопреки правилам в безмолвие с юности своей. Сперва он безмолвствовал в России в лесу, живя в землянке, а потом в Афонской горе; по возвращении в Россию, он поместился в общежительный заштатный монастырь. Многие из братий, видя в старце несомненные признаки святости, обращались к нему за советом. Старец давал наставления из своего устроения и повреждал души братий. Некоторый, хорошо знакомый старцу, монах говорил ему: «Отец! Ты говоришь братии о деланиях и состояниях, не доступных для их понятия и устроения, а они, объясняя твои слова по своему и действуя согласно этому объяснению, наносят себе вред». Старец отвечал со святой простотой: «Сам вижу! Да что же мне делать? Я считаю всех высшими меня, и, когда спросят, отвечаю из своего состояния». Старцу был не известен общий монашеский путь. Не только пагубен для нас грех, но пагубно и самое добро, когда делаем его не вовремя и не в должной мере, так пагубны не только голод, но и излишество в пище и качество пищи, не соответствующее возрасту и сложению. «Не вливают вина нова в мехи ветхи: аще ли же ни, то просадятся меси, и вино пролиется, и меси погибнут; но вливают вино ново в мехи новы, и обое соблюдется» (*Мф. 9:17*). Это сказал Господь о деланиях добродетели, которые непременно должны соответствовать состоянию делателя, иначе они погубят делателя и сами погибнут, то есть, предприняты будут бесплодно, во вред и погибель души, противоположно своему назначению.

Кроме вышеизложенных пособий, для вспомоществования новоначальным в упражнении молитвой Иисусовой имеются разные другие пособия. Исчисляем главные из них. 1) Четки или лестовка. Четки состоят обыкновенно из ста зерен, а лестовка из ста ступеней, так как правило, совершаемое с молитвой Иисусовой, обыкновенно исчисляется сотней молитв. По четкам считаются поклоны, также и сидя, иноки упражняются молитвой Иисусовой первоначально по четкам. Когда же при молитве усилится внимание, тогда прекращается возможность молиться по четкам и исчислять произносимые молитвы: все внимание обращается к молитве. 2) Очень полезно обучаться молитве Иисусовой, совершая ее с поклонами земными и поясными, полагая эти поклоны неспешно и с чувством покаяния, как полагал их блаженный юноша Георгий, о котором повествует святой Симеон Новый Богослов в Слове о вере[306]. 3) В церкви и вообще при упражнении молитвой Иисусовой полезно иметь глаза закрытыми, и 4) держать левую руку у персей, над левым сосцем груди, несколько повышее его: последний механизм способствует к ощущению силы словесности, находящейся в персях. 5) Безмолвствующим Отцы советуют иметь несколько темную келью, с завешенными окошками, для охранения ума от развлечения и для воспомоществования ему сосредоточиваться в сердце. 6) Безмолвствующим советуют сидеть на низком стуле, во-первых, для того, что внимательная молитва требует спокойного положения, а во-вторых, по образу слепого нищего, упоминаемого в Евангелии, который, сидя при пути, вопиял ко Господу: «Иисусе, Сыне Давидов, помилуй мя» (*Мк. 10:47*), был услышан и помилован. Также этот низкий стул изображает собой гноище, на котором был повержен Иов, вне града, когда диавол поразил его с ног до головы лютой болезнью (*Иов. 2:8*). Инок должен видеть себя изувеченным, искаженным, истерзанным греховностью, извергнутым ею из естественного состояния, повергнутым в противоестественное, и из этого бедственного состояния вопиять ко всемилостивому и всемогущему Иисусу, Обновителю человеческого естества: «помилуй мя». Низменный стул очень удобен для упражнения молитвой Иисусовой. Этим не отвергается стояние при ней; но как почти все время истинного безмолвника посвящено молитве, то и предоставляется ему заниматься ею и сидя, а иногда и лежа. Особенно больные и престарелые должны остерегаться излишнего телесного подвига, чтобы он не истощал сил их и не отнимал возможности заниматься подвигом душевным.

Сущность делания в Господе и в имени Его. Расслабленный был свешен на одре своем перед Господом сквозь покров дома и получил исцеление (*Мк. 2, 4*). Исцеление привлекается смирением и верой. 7) Подвижники умного делания иногда имеют нужду помогать себе обливанием холодной водой или прикладыванием к местам прилива крови намоченных водой полотенец. Вода должна быть летняя — никак не самая холодная, потому что последняя усиливает разгорячение. Вообще умственные занятия имеют свойство производить жар в известных сложениях. Такой жар чувствовал в себе преподобный *авва Дорофей*, когда занимался науками, почему и прохлаждал себя водой[307]. Такой жар непременно должны ощутить те, которые будут очень понуждать себя к соединению ума с сердцем при помощи вещественных пособий, давая им излишнее значение и не давая должного значения духовным пособиям. При особенном вещественном усилии к сердечной молитве начинает действовать в сердце теплота. Эта теплота есть прямое следствие такого подвига[308]: всякий член человеческого тела, подвергаемый трению, разгорячается, то же делается и с сердцем от постоянного, продолжительного напряжения его. Теплота, являющаяся от усиленного, вещественного подвига также вещественна. Это — теплота плотская, кровяная, в области падшего естества[309]. Неопытный подвижник, ощутив эту теплоту, непременно возомнит о ней нечто, найдет в ней приятность, услаждение, в чем начало самообольщения[310]. Не только не должно думать чего-либо особенного об этой теплоте, но напротив того, должно принять особенные меры предосторожности при появлении ее. Предосторожность необходима по той причине, что эта теплота, как кровяная, не только переходит по разным местам груди, но и очень легко может упасть на нижние части чрева, произвести в них сильнейшее разжение. Естественно, что при этом начинает действовать плотское вожделение, свойственное этим частям в состоянии разгорячения. Некоторые, придя в это состояние и не понимая совершающегося с ними, вдались в смущение, в уныние, в отчаяние, как это известно из опыта. Признавая свое состояние бедственным, они прибегли к знаменитым старцам, ища в их советах врачевания душам своим, растерзанным горестью и недоумением. Старцы, услышав, что при призывании имени Иисуса, явилось сильнейшее разжение, соединенное с действием вожделения, ужаснулись козням диавола. Они признали тут страшную прелесть, страждущим воспретили упражнение молитвой Иисусовой, как причиной зла, многим другим подвижникам поведали это обстоятельство, как замечательное бедственное последствие упражнения молитвой Иисусовой. И многие поверили произнесенному суду по уважению к громкому имени старцев, поверили суду, как выведенному из самого опыта. Между тем, эта страшная прелесть есть не что иное, как прилив крови, происшедший от усиленного, невежественного употребления вещественных пособий. Этот прилив легко может уврачеваться в два, три дня прикладыванием к воспалившимся частям полотна, напитанного летней водой. Гораздо опаснее, гораздо ближе к прелести, когда подвижник, ощутив кровяную теплоту в сердце или груди, сочтет ее за благодатную, возмнит о ней, а потому и о себе нечто, начнет сочинять себе наслаждение, омрачать, обманывать, опутывать, губить себя самомнением. Чем более понуждения и напряжения в подвижнике по телу, тем кровяная теплота разгорается сильнее. Оно так и быть должно! Чтобы умерить эту теплоту, чтобы предупредить падение ее вниз, должно не нажимать ума с особенным усилием в сердце, должно не утруждать сердца, не производить в нем жару чрезмерным удерживанием дыхания и напряжением сердца; напротив того, должно и дыхание приудерживать тихо и ум приводить к соединению с сердцем очень тихо, должно стараться, чтобы молитва действовала в самой вершине сердца, где пребывает словесная сила по учению Отцов и где, по этой причине, должно быть отправляемо Богослужение. Когда Божественная благодать осенит молитвенный подвиг и начнет соединять ум с сердцем, тогда вещественная кровяная теплота совершенно исчезнет. Молитвенное священнодействие тогда вполне изменяется: оно делается как бы природным, совершенно свободным и легким. Тогда является в сердце другая теплота, тонкая, невещественная, духовная, не производящая никакого разжения — напротив того, прохлаждающая, просвещающая, орошающая, действующая как целительное, духовное, умащающее помазание, влекущая к неизреченному люблению Бога и человеков, так поведает об этой теплоте преподобный Максим Капсокаливи из своего блаженного опыта[311]. Предлагаю отцам и братиям убогий совет, умоляя их не отвергнуть убогого совета моего: не понуждайте себя преждевременно к открытию в себе сердечного молитвенного действия. Нужна, нужна благоразумная осторожность, особенно в наше время, когда уже почти невозможно встретить удовлетворительного наставника для этих предметов, когда подвижник должен пробираться сам, ощупью, при руководстве писаниями святых Отцов, в сокровищницу знаний духовных, и также ощупью, сам, выбирать из них свойственное себе. При жительстве по Евангельским заповедям, займитесь внимательной Иисусовой молитвой по способу святого Иоанна Лествичника, соединяя молитву с плачем, имея началом и целью молитвы покаяние. В свое время, известное Богу, откроется само собой действие сердечной молитвы. Такое действие, открываемое прикосновением перста Божия, превосходнее достигаемого усиленным принуждением себя при посредстве вещественных пособий. Превосходнее оно во многих отношениях: оно гораздо обширнее, обильнее, оно вполне безопасно от прелести и других повреждений, получивший таким образом, видит в получении единственно милость Божию, дар Божий, а достигший при усиленном употреблении вещественных пособий, видя дар Божий, не может не видеть своего подвига, не может не видеть самого механического способа, им употребленного, не может не приписывать ему особенной важности. Это на тонком мысленном пути — значительный недостаток, значительное претыкание, значительное препятствие к развитию духовного преуспеяния. Для развития духовного преуспеяния нет ни конца, ни пределов. Ничтожное, незаметное упование на что-либо, вне Бога, может остановить ход преуспеяния, в котором и вождь, и ноги, и крылья – вера в Бога. «Христос для верующего – все», – сказал святой Марк[312]. Из употреблявших с особенным тщанием вещественные вспомогательные средства, достигли преуспеяния весьма редкие, а расстроились и повредились весьма многие. При опытном наставнике употребление вещественных пособий мало опасно, но при руководстве книгами оно очень опасно по удобности впадения, по неведению и неблагоразумию, в прелесть и другие роды душевного и телесного расстройства. Так некоторые, увидев вредные последствия безрассудного подвига и имея о молитве Иисусовой и сопутствующих ей обстоятельствах лишь поверхностное и сбивчивое понятие, приписали эти последствия не неведению и безрассудству, но самой всесвятой молитве Иисусовой. Может ли что быть печальнее, бедственнее этой хулы, этой прелести?

Святые Отцы, научая сердечной молитве, не дали точного наставления, в которой части сердца она должна быть совершаема, вероятно по той причине, что в те времена не встречалось нужды в этом наставлении. Святой Никифор говорит, как об известном предмете, что словесность находится в персях, и что когда возбудится словесность к участию в молитве, то вслед за ней возбудится к такому участию и сердце. Трудно, знающим что-либо со всей подробностью и основательностью, предвидеть и предупредить решением все вопросы, которые могут возникнуть из совершенного неведения: в чем неведение видит темноту, в том для знания нет ничего неясного. В последующие времена неопределенное указание в писаниях отеческих на сердце послужило причиной важного недоумения и ошибочного упражнения молитвой в тех, которые, не имея наставника, не исследовав с должной тщательностью отеческих писаний, на основании наскоро схваченных чтением поверхностных понятий, решились заняться художественной сердечной молитвой, возложив все упование на вещественные пособия к ней. Определенное объяснение этого предмета сделалось, таким образом, необходимостью. Сердце человеческое имеет вид продолговатого мешка, к верху расширяющегося, к низу суживающегося. Оно, верхней оконечностью, находящейся напротив левого сосца груди, прикреплено, а нижняя его часть, нисходящая к оконечности ребр, свободна; когда она придет в колебание, это колебание называется биением сердца. Многие, не имея никакого понятия об устройстве сердца, признают свое сердце там, где чувствуют биение его. Приступая самочинно к упражнению сердечной молитвой, они устремляют дыхание, вводя его в сердце, к этой части сердца, приводят ее в плотское разгорячение, причем биение сердца очень усиливается, призывают к себе и навязывают себе неправильное состояние и прелесть. Схимонах Василий и старец Паисий Величковский повествуют, что из современников их многие повредились, злоупотребляя вещественным пособием[313]. И впоследствии примеры расстройства от такого действия встречались нередко; встречаются они и поныне, хотя расположение к упражнению молитвой Иисусовой умалилось до крайности. Нельзя им не встречаться: они должны быть непременным последствием неведения, самочиния, самомнения, безвременного и гордостного усердия, наконец совершенного оскудения опытных наставников. Схимонах Василий, ссылаясь на святого Феофилакта и других Отцов, утверждает, что три силы души, словесная, сила ревности и сила желания, расположены так: в персях и в верхней части сердца присутствует словесная сила или дух человека, в средней – сила ревности, в нижней – сила желания или естественное вожделение. Старающийся привести в движение и разгорячить нижнюю часть сердца, приводит в движение силу вожделения, которая, по близости к ней половых частей и по свойству своему, приводит в движение эти части. Невежественному употреблению вещественного пособия последует сильнейшее разжение плотского вожделения. Какое странное явление! По-видимому подвижник занимается молитвой, а занятие порождает похотение, которое должно бы умерщвляться занятием и неведение, злоупотребившее вещественным пособием, приписывает Иисусовой молитве то, что должно приписать злоупотреблению. Сердечная молитва происходит от соединения ума с духом разъединенных падением, соединяемых благодатию искупления. В духе человеческом сосредоточены ощущения совести, смирения, кротости, любви к Богу и ближнему и других подобных свойств, нужно, чтобы при молитве действие этих свойств соединялись с действием ума. На это должно быть обращено все внимание делателя молитвы. Соединение совершается перстом Божиим, единым могущим исцелить язву падения; делатель же молитвы доказывает искренность произволения своего получить исцеление постоянным пребыванием в молитве, заключением ума в слова молитвы, деятельностью внешней и внутренней по заповедям Евангелия, делающей дух способным к соединению с молящимся умом. При этом несколько способствует художественное направление ума к словесности и к верхней части сердца. Вообще излишнее напряжение, при употреблении этого вещественного пособия, как возбуждающее вещественную теплоту, вредно: теплота плоти и крови не должна иметь места в молитве. По душеспасительнейшему действию на нас молитвы вообще и памяти Божией или молитвы Иисусовой в особенности, как средства к пребыванию в непрестанном соединении с Богом и к постоянному отражению нападений врага, занятие молитвой Иисусовой особенно ненавистно диаволу. Упражняющиеся молением именем Господа Иисуса подвергаются особенным гонениям диавола. «Весь подвиг и все тщание нашего супостата, – говорит преподобный Макарий Великий, – заключается в том, чтобы мысль нашу отвратить от памятования Бога и от любви к Нему, для этого он употребляет прелести мира, и отвлекает от истинного блага к мнимым, несущественным благам»³¹⁴. По этой причине посвятивший себя в истинное служение Богу, непрестанной молитвой Иисусовой, должен особенно хранить себя от рассеянности мыслей, никак не дозволять себе празднословия мысленного, но, оставляя без внимания являющиеся мысли и мечтания, постоянно возвращаться к молению именем Иисуса, как бы в пристанище, веруя, что Иисус неусыпно печется о том рабе Своем, который находится непрестанно при Нем неусыпным памятованием о Нем. «Лукавые бесы, – говорит преподобный *Нил Синайский*, – *ночью* стараются возмущать духовного делателя через самих себя, а *днем* через человеков, окружая его клеветами, напастями и злоключениями»³¹⁵. Этот порядок в бесовской брани скоро усмотрится на опыте всяким делателем молитвы. Бесы искушают помыслами, мысленными мечтаниями, воспоминанием о нужнейших предметах, размышлениями по-видимому духовными, возбуждением заботливости, различных опасений и другими проявлениями неверия³¹⁶. При всех многообразных бесовских бранях, ощущение смущения служит всегда верным признаком приближения падших духов, хотя бы производимое ими действие имело вид праведности³¹⁷. Подвижникам, уединенно и усиленно молящимся, бесы являются в виде страшилищ, в виде соблазнительных предметов, иногда в виде светлых Ангелов, мучеников, преподобных и Самого Христа; угроз бесовских бояться не должно, а ко всем вообще явлениям нужно быть весьма недоверчивым. В таких случаях, которые однако же бывают нечасты, первейшая обязанность наша прибегнуть к Богу, предаваясь всецело Его воле и прося Его помощи: на явления не обращать внимания и не входить в сношение и собеседование с ними, признавая себя немощными для сношения с духами враждебными, недостойными сношения с духами святыми.

Особенным скорбям и гонениям подвергается истинный, Богоугодный подвижник молитвы от братии своей, человеков. И в этом, как мы сказали уже, главные деятели – демоны: они употребляют в свое орудие как тех человеков, которые деятельность свою слили воедино с деятельностью бесовской, так и тех, которые не понимают браней бесовских и потому удобно делаются орудиями бесов, даже и тех, которые, понимая лукавство врага, недостаточно внимательны к себе, и осторожны, и потому допускают себя быть обманутыми. Разительнейший и ужаснейший пример того, какой страшной ненавистью к Богу, к Слову Божию, к Духу Божию, могут заразиться человеки, слившие настроение своего духа с настроением демонов, видим в иудейских первосвященниках, старцах, книжниках и фарисеях, совершивших величайшее преступление между преступлениями человеческими – Богоубийство. Святой Симеон Новый Богослов, говорит, что по внушению бесов, иноки, проводящие лицемерную жизнь, завидуют истинным подвижникам благочестия, употребляют все меры расстроить их или изгнать из обители[318]. Даже благонамеренные иноки, но проводящие жительство наружное и не имеющие понятия о жительстве духовном, соблазняются на духовных делателей, находят их поведение странным, осуждают и злословят их, делают им различные оскорбления и притеснения. Великий делатель молитвы Иисусовой, блаженный старец Серафим Саровский, много претерпел неприятностей от невежества и плотского воззрения на монашество своих собратий, потому что те, которые читают Закон Божий телесно, полагают исполнять его одними внешними делами, без мысленного подвига, «не разумеюще, ни яже глаголют, ни о нихже утверждают» (*1Тим. 1:7*)[319]. «Проходя путь внутренней, умозрительной жизни, – наставляет и утешает Серафим, черпая наставление и утешение из своей духовной опытности, – не должно ослабевать, не должно оставлять его потому, что люди, прилепившиеся к внешности и чувственности, поражают нас противностью своих мнений в самое сердечное чувство и всячески стараются отвлечь нас от прохождения внутреннего пути, поставляя нам на нем различные препятствия. Никакими противностями в прохождении этого пути колебаться не должно, утверждаясь в этом случай на слове Божием: «Страха их не убоимся, ниже смутимся, яко с нами Бог. Господа Бога нашего освятим в сердечной памяти Его Божественного имени, и Той будет нам в страх» (*Ис. 8:12–13*)[320]. Когда преподобный Григорий Синаит – его в 14 веке промысл Божий употребил в орудие восстановления между иноками забытого ими умного делания – прибыл в Афонскую гору и начал сообщать Богодарованное ему знание благочестивым, ревностным и разумным подвижникам, но понимавшим Богослужение лишь телесно, то они сначала очень воспротивились ему, такой странностью представляется учение о духовном подвиге для не имеющих понятия ни о нем, ни о существовании его, для давших телесному подвигу значение, ему не принадлежащее. Еще большей странностью представляется умное делание для плотского и душевного разума, особенно, когда он заражен самомнением и ядом ереси. Тогда ненависть духа человеческого, вступившего в общение с сатаной, к Духу Божию, выражается с чудовищным неистовством. Чтобы объяснить это и вообще чтобы представить с очевидностью, как превратно плотской и душевный разум понимает все духовное, искажает его соответственно мраку падения, в котором находится, несмотря на свою земную ученость, изложим здесь вкратце клеветы и злоречие на умное делание латинского монаха Варлаама и некоторых западных писателей. Преосвященный Иннокентий в своей церковной истории повествует, что Варлаам, Калабрийский монах, в 14 веке прибыл в Селунь, город восточной греческой империи. Здесь, чтобы действовать в пользу Западной Церкви под покровом Православия, он отвергся Латинства. Написав несколько сочинений в доказательство правоты Восточной Церкви, заслужил этим похвалу и доверие Императора Кантакузена, зная же, что греческое монашество служит главным подкреплением Церкви, он хотел ослабить его, даже сокрушить, чтобы поколебать всю Церковь. С этой целью он выказал желание проводить самую строгую иноческую жизнь и лукаво склонил одного Афонского пустынника открыть ему художественное упражнение Иисусовой молитвой. Получив желаемое, поверхностно, бессмысленно поняв открытое, Варлаам принял за единственную сущность дела вещественное пособие, которое Отцы, как мы видели, называют лишь некоторым пособием, а духовные видения за видения вещественные, зримые одними телесными очами. Он донес об этом императору, как о важном заблуждении. Созван был собор в Константинополе. Святой Григорий Палама, Афонский инок и великий делатель умной молитвы, вступил в прение с Варлаамом, силой благодати Божией победил его. Варлаам и хулы его преданы анафеме. Он возвратился в Калабрию и Латинство, оставил во многих греках, поверхностных христианах, доверие к своему учению, принес его на Запад, где хулы и нелепые клеветы его приняты, как исповедание истины[321]. Историк Флери, описывая действия Варлаама, подобно ему, сосредоточивает все делание умной молитвы в вещественном пособии, искажая его. Флери делает выписку о механизме из слова Святого Симеона Нового Богослова о трех образах молитвы, находящегося в Добротолюбии, утверждает будто бы Симеон научает, сев в углу кельи, обратить глаза и всю мысль к средине чрева, то есть к пупу, удерживать дыхание, даже носом, и так далее. Трудно бы было поверить, что умный и ученый Флери написал такую нелепость, если бы она не читалась на страницах его истории[322]. Бержье, другой, весьма умный и ученый писатель, говорит, что греческие иноки созерцатели, от усилия к созерцанию помешались в рассудке, и впали в фанатизм (прелесть). Чтобы придти в состояние восторга, они упирали глаза в пуп, удерживая дыхание: тогда им представлялось, что они видят блестящий свет, и так далее[323]. Искажая образ моления умных делателей Восточной Церкви, и кощунствуя над ним, латиняне не останавливаются кощунством и над благодатными состояниями, производимыми молитвой, не останавливаются хулить действие Святого Духа. Предоставим суду Божию клеветы и хулу еретиков; с чувством плача, а не осуждения отвратим внимание от произносимых ими нелепостей, послушаем, что говорит о видении света Христова наш блаженный делатель молитвы Иисусовой, Серафим Саровский: «Чтобы приять и узреть на сердце свет Христов, надобно сколько возможно отвлечь себя от видимых предметов, предочистив душу покаянием, добрыми делами и верой в Распявшегося за нас, закрыть телесные очи, погрузить ум внутрь сердца, где вопиять призыванием имени Господа нашего, Иисуса Христа, тогда по мере усердия и горячности духа к Возлюбленному находит человек в призываемом им имени услаждение, которое возбуждает желание искать высшего просвещения. Когда через такое упражнение укоснит ум в сердце, тогда воссияет свет Христов, освящая храмину души своим Божественным сиянием, как говорит пророк Малахия: «и возсияет вам, боящимся имени Моего, солнце правды» (*Мал. 4, 2*). Этот свет есть вместе и жизнь по Евангельскому слову: «в Том живот бе, и живот бе свет человеком» (*Ин. 1:4*)[324]. Из этого видно, в противность пониманию Калабрийского Варлаама и латинян, что свет этот не вещественный, а духовный, что он отверзает душевные очи, созерцается ими, хотя вместе и действует на телесные глаза, как то случилось с святым Апостолом Павлом (*Деян. 9*). Преподобный Макарий Великий, подробно и с особенной ясностью излагая учение об этом свете в 7 слове, говорит, что «он есть существенное осияние в душе силы Святого Духа, через него открывается всякое знание и истинно познается Бог душой достойной и любимой»[325]. Согласно с Великим свидетельствуют и все святые Отцы Восточной Церкви, опытно познавшие христианское совершенство и изобразившие его в своих писаниях, свойственных этому неизобразимому таинству изображением в стране вещества. Очень полезно знать, что плодом чистой непарительной молитвы бывает обновление естества, что обновленное естество снабжается и украшается дарами Божественной благодати, но стремление к преждевременному стяжанию этих даров, стремление, которым, по побуждению самомнения, предупреждается благоволение о нас Бога, крайне вредно и ведет лишь к прелести. По этой причине все Отцы очень кратко говорят о дарах благодати, говорят очень подробно о стяжании чистой молитвы, последствие которой – благодатные дары. Подвиг молитвы нуждается в тщательном обучении, а благодатные дары являются сами собой, как свойства естества обновленного, когда это естество, по очищении покаянием, будет освящено осенением Духа.

Старец Паисий Величковский, живший в конце прошедшего 18 столетия, написал свиток о умной молитве в опровержение хулений, произнесенных против нее некоторым *суетноумным* философом монахом, пребывавшим в Мошенских горах, современником Паисия[326]. «Во дни наши, – говорит Паисий в письме к старцу Феодосию, – некоторый инок, философ *суеумный*, увидев, что некоторым ревнителям этой молитвы, хотя и не по разуму, воспоследовала некоторая прелесть по причине их самочиния и невежественного руководства наставниками, не искусными в этой молитве, не возложил вины на самочиние и неискусное наставление, но вооружился хулой на эту святую молитву, вооружился, возбуждаемый диаволом, столько, что далеко превзошел и древних, трижды проклятых еретиков, Варлаама и Акиндина, хуливших эту молитву. Не боясь Бога, не стыдясь человеков, он воздвиг страшные и срамные хуления на эту святую молитву, на ее ревнителей и делателей, хуления, невыносимые для целомудренного слуха человеческого. Сверх того, он воздвиг такое величайшее гонение на ревнителей этой молитвы, что некоторые из них, оставив все, перебежали в нашу страну и проводят в ней Богоугодно пустынное житие. Другие же, будучи слабоумны, дошли до такого безумия от растленных слов философа, что и имевшиеся у них отеческие книги потопили, как мы слышали, в реке, привязав их к кирпичу. Так возмогли его хуления, что некоторые старцы воспретили чтение отеческих книг при угрозе лишить благословения за чтение. Философ, не довольствуясь устным хулением, вознамерился изложить эти хуления письменно, тогда, пораженный наказанием Божиим, он ослеп, чем и было пресечено его богоборное предприятие». Вообще плотской и душевный разум, как бы ни был богат премудростью мира, смотрит очень дико и недоброжелательно на умную молитву. Она – средство единения духа человеческого с духом Божиим и потому особенно странна и ненавистна для тех, которые благоволят пребыванию своего духа в сонме духов падших, отверженных, враждебных Богу, не сознающих своего падения, провозглашающих и превозносящих состояние падения, как бы состояние высшего преуспеяния. «Слово крестное», возвещаемое устами апостолов всем человекам, «погибающим юродство есть»; оно пребывает юродством, когда возвещается умом сердцу и всему существу ветхого человека молитвой; но «для спасаемых оно сила Божия есть» (*1Кор. 1:18*). Эллины, не познавшие христианства, и *еллины*, возвратившиеся от христианства к эллинству, ищут, сообразной настроению своему, *премудрости* в умной молитве, и находят безумие; но истинные христиане, немощным и малозначащим по наружности подвигом умной молитвы, обретают «Христа, Божию силу и Божию премудрость. Зане буее Божие премудрее человек есть, и немощное Божие крепчае человек есть» (*1Кор. 1:22–26*). Немудрено, что и наши ученые, не имея понятия об умной молитве по преданию Православной Церкви, а прочитав о ней только в сочинениях западных писателей, повторили хуления и нелепости этих писателей[327]. Духовный друг старца Паисия Величковского упоминает и о других, современных ему, иноках, которые отвергали упражнение Иисусовой молитвой, по трем причинам: во-первых, признавая это упражнение свойственным для одних святых и бесстрастных мужей, во-вторых, по причине совершенного оскудения наставников этому деланию, в-третьих, по причине последующей иногда умному подвигу прелести. Неосновательность этих доводов рассмотрена нами в своем месте[328]. Здесь достаточно сказать, что отвергающие, по этим причинам, упражнение умной молитвой, занимаются исключительно молитвой устной, не достигая и в ней должного преуспеяния. Они, отвергая опытное познание умной молитвы, не могут стяжать и в устной молитве должного внимания, доставляемого преимущественно умной молитвой. Псалмопение, совершаемое гласно и устно, без внимания, при значительном развлечении, неотступном от телесных делателей, небрегущих о уме, действует на душу очень слабо, поверхностно, доставляет плоды, сообразные действию. Весьма часто, когда оно совершается неупустительно и в большем количестве, порождает самомнение с его последствиями. «Многие, – говорит схимонах Василий, – не зная опытно умного делания, погрешительно судят, что умное делание приличествует одним бесстрастным и святым мужам. По этой причине, держась, по внешнему обычаю, одного псалмопения, тропарей и канонов, препочивают в этом одном своем внешнем молении. Они не понимают того, что такое песенное моление предано нам Отцами на время, по немощи и младенчеству ума нашего, чтоб мы, обучаясь мало-помалу, восходили на степень умного делания, а не до кончины нашей пребывали в псалмопении. Что младенчественнее этого, когда мы, прочитав устами наше внешнее моление, увлекаемся радостным мнением, думая о себе, что делаем нечто великое, потешая себя одним количеством и этим питая внутреннего фарисея!»[329].

«Да отступит от неправды всяк именуяй имя Господне» (*2Тим. 2:19*), – завещает Апостол. Это завещание, относясь ко всем христианам, в особенности относится к вознамерившимся упражняться непрестанным молением именем Господа Иисуса. Пречистое имя Иисуса не терпит пребывать посреди нечистоты, оно требует, чтобы из сосуда душевного было извергнуто и извергаемо все нечистое; входя в сосуд по степени чистоты его, оно само начинает действовать в нем и совершать дальнейшее очищение, для которого собственные усилия человека недостаточны и которое требуется для того, чтобы сосуд соделался достойным вместилищем духовного сокровища, всесвятой святыни. Устранимся от пресыщения и даже насыщения, положим себе в правило умеренное, постоянное воздержание в пище и питии, откажем себе в наслаждении вкусными яствами и питиями, будем успокаивать себя сном удовлетворительно, но не чрезмерно, откажемся от празднословия, смеха, шуток, кощунства, прекратим ненужные выходы из кельи к братиям и прием братий в келью, под предлогом любви, именем которой прикрываются пустые беседы и занятия, опустошающие душу. Откажемся от мечтательности и суетных помышлений, возникающих в нас по причине нашего неверия, по причине безрассудной попечительности, по причине тщеславия, памятозлобия, раздражительности и других страстей наших. С полнотой веры возложим все на Господа, и многомыслие наше, наши пустые мечты, заменим непрерывающейся молитвой ко Господу Иисусу. Если мы окружены еще врагами, то будем вопиять с сильным плачем и воплем к Царю царей, как вопиют обиженные и угнетенные из толпы народной; если же мы допущены во внутренний чертог Царя, то будем приносить Ему жалобу и просить Его милости с величайшей тихостью и смирением, из самой глубины душевной. Такая молитва – особенно сильна: она – вполне духовна, произносится непосредственно к самому слуху Царя, к Его сердцу.

Необходимое, существенное условие преуспеяния в молитве Иисусовой есть пребывание в заповедях Господа Иисуса. «Будите в любви Моей» (*Ин. 15:9*), – сказал Он ученикам Своим. Что значит пребывать в любви ко Господу? Значит непрестанно памятовать о Нем, непрестанно пребывать в единении с Ним по духу. Первое без последнего мертво и даже не может осуществиться. «Аще заповеди Моя соблюдете, пребудете в любви Моей» (*Ин. 15:10*); если будем постоянно соблюдать заповеди Господа, то духом нашим соединимся с Ним. Если соединимся с Ним духом, то устремимся к Нему всем существом нашим, будем непрестанно памятовать о Нем. Направь поступки твои, все поведение твое по заповедям Господа Иисуса, направь по ним слова твои, направь по ним мысли и чувствования твои – и познаешь свойства Иисуса. Ощутив в себе эти свойства действием Божественной благодати и из этого ощущения стяжав опытное познание их, ты усладишься сладостью нетленной, не принадлежащей миру и веку сему, сладостью тихой, но сильной, уничтожающей расположение сердца ко всем земным наслаждениям.

Усладившись свойствами Иисуса, возлюбишь Его и возжелаешь, чтобы Он вполне обитал в тебе; без Него сочтешь себя погибающим и погибшим. Тогда будешь непрестанно вопиять, вопиять из полноты убеждения, от всей души: «Господи, Иисусе Христе, Сыне Божий, помилуй мя грешнаго». Молитва Иисусова заменит для тебя все прочие молитвословия. И все они какую могут вместить и изложить мысль, более обширную мысли о помиловании грешных Иисусом? Положи себе единственной целью жизни исполнение воли Иисусовой во всяком обстоятельстве, как бы оно по видимому ни было важно или мелочно; старайся делать дела, единственно благоугодные Иисусу, и все дела твои будут одинаково достойны неба. Возлюби волю Иисуса паче пожеланий плоти твоей, паче спокойствия и удобств твоих, паче жизни, паче души твоей. Как можно чаще читай Евангелие, изучай в нем волю Господа и Спаса твоего. Не оставь без внимания ни малейшей черты из Евангелия, никакой маловажной, по наружности, заповеди. Обуздывай и умерщвляй все движения собственные свои, не только греховные, но по видимому и добрые, принадлежащие падшему человеческому естеству, часто весьма развитые у язычников и еретиков, отстоящие от добродетелей евангельских, «яко Запады от Востоков». Да молчит в тебе все ветхое твое! Да действует в тебе один Иисус святейшими заповедями Своими, помышлениями и ощущениями, истекающими из этих заповедей. Если будешь жительствовать таким образом, то непременно процветет в тебе молитва Иисусова, независимо от того, пребываешь ли ты в глубокой пустыне, или посреди молв общежития, потому что место вселения и покой этой молитвы – ум и сердце, обновленные познанием, вкушением, исполнением «воли Божией, благой, угодной и совершенной» (*Рим. 12:2*). Жительство по евангельским заповедям есть единый и истинный источник духовного преуспеяния, доступный для каждого, искренно желающего преуспеть, в какое бы наружное положение он ни был поставлен недоведомым промыслом Божиим.

Упражнение молитвой Иисусовой по самому свойству этого упражнения требует непрерывного бодрствования над собой. «Благоговейная осторожность, – говорит старец Серафим, – здесь нужна по той причине, что «сие море», то есть, сердце со своими помыслами и пожеланиями, которое должно очистить посредством внимания, «великое и пространное, тамо гади, их же несть числа» (*Пс. 103:25*), то есть многие помыслы суетные, неправые и нечистые, порождения злых духов»[330]. Непрестанно должно наблюдать за собой, чтобы не подкрался каким-либо либо образом грех и не опустошил души. Этого мало, непрестанно должно наблюдать, чтобы ум и сердце пребывали в воле Иисусовой и следовали Его святым велениям, чтобы плотское мудрование не вытеснило какой злохитростью мудрования духовного, чтобы не увлечься каким-либо разгорячением крови, чтобы пребывать по возможности в непрестанной мертвости, в некотором тонком хладе (*3Цар. 19:12*). Когда явится ощущение этого тонкого хлада, тогда из него усматривается яснее воля Божия и исполняется свободнее. Когда усмотрится яснее воля Божия, тогда с особенной силой возбуждается алчба и жажда правды Божественной, и подвижник, в глубоком сознании нищеты своей и в плаче, с новым усилием старается раскрыть в себе эту правду внимательнейшей, благоговейнейшей молитвой. «Как эта Божественная молитва, – говорит старец Паисий, – есть высший из всех монашеских подвигов, верх исправлений по определению Отцов, источник добродетелей, тончайшее и невидимое делание ума во глубине сердца, так, сообразно этому, поставляются невидимым врагом против нее невидимые, тонкие, едва постижимые для ума человеческого сети многообразных прелестей и мечтаний»[331].

Положить другое основание для моления именем Иисуса, кроме положенного, невозможно: оно есть Сам Господь наш, Иисус Христос, Богочеловек, непостижимо прикрывший неограниченное естество Божие ограниченным естеством человека и из ограниченного человеческого естества проявляющий действия неограниченного Бога. По младенчеству же нашему святые Отцы преподают некоторые способы, как выше сказано, для удобнейшего приучения себя молитве Иисусовой. Эти способы суть не что иное, как только способы, не заключающие в себе ничего особенного. На них не должно останавливаться с излишним вниманием, им не должно придавать излишней важности. Вся сила и все действие молитвы Иисусовой истекает из покланяемого и всемогущего имени Иисус, имени, единаго «под небесем, о немже подобает спастися нам» (*Деян. 4:12*). Чтобы сделаться способными к открытию этого действия в нас, мы должны быть возделаны евангельскими заповедями, как и Господь сказал: «Не всяк глаголяй Ми: Господи, Господи, внидет в царствие небесное», и в то, которое ожидает нас по блаженной кончине, и в то, которое раскрывается в нас во время земной жизни нашей, «но творяй волю Отца Моего, иже на небесех» (*Мф. 7:21*). Для преуспевших не нужны никакие внешние способы: среди шумящего многолюдства, они пребывают в безмолвии. Все препятствия к преуспеянию духовному – в нас, в одних нас! Если же что извне действует, как препятствие, то это только служит обличением нашего немощного произволения, нашего двоедушия, нашего повреждения грехом. Не были бы нужными никакие внешние способы, если бы мы жительствовали, как должно жительствовать. Жительство наше расслаблено: произволение шатко, ничтожно, и потому мы нуждаемся во внешних способах, как больные ногами в костылях и посохе. Милосердые Отцы, видя, что я желаю заняться Иисусовой молитвой, притом видя, что я вполне жив для мира, что он сильно действует на меня через мои чувства, советуют мне для моления войти в уединенную, темную келью, чтобы таким образом чувства мои пришли в бездействие, прервано было мое сообщение с миром, облегчено было мне углубление в себя. Они советуют сидеть во время упражнения молитвой Иисусовой на низком стуле, чтобы я, по телу, имел положение нищего, просящего милостыни, и удобнее ощутил нищету души моей. Когда я присутствую при Богослужении и во время его занимаюсь молитвой Иисусовою, Отцы советуют мне закрывать глаза для сохранения себя от рассеянности, потому что мое зрение живо для вещества, и едва открою глаза, как начнут тотчас напечатлеваться на уме моем видимые мной предметы, отвлекут меня от молитвы. Много и других внешних способов, найденных делателями молитвы для вещественного вспомоществования духовному подвигу. Эти способы могут быть употреблены с пользой; но при употреблении их должно соображаться с душевными и телесными свойствами каждого: какой-либо механический способ, весьма хорошо идущий для одного подвижника, для другого может быть бесполезным и даже вредным. Преуспевшие отвергают вещественные способы, как исцелевший от хромоты кидает костыль, как младенец, достигший некоторого возраста, отлагает пелены, как от выстроенного дома снимаются леса, при помощи которых он строился.

Для всех и каждого существенно полезно *начинать* обучение молению именем Господа Иисуса с совершения молитвы Иисусовой *устно при заключении ума в слова молитвы*. Заключением ума в слова молитвы изображается строжайшее внимание к этим словам, без которого молитва подобна телу без души. Предоставим Самому Господу преобразовать внимательную устную молитву нашу в умную, сердечную и душевную. Он непременно совершит это, когда узрит нас сколько-нибудь очищенными, воспитанными, возращенными, приуготовленными деланием евангельских заповедей. Благоразумный родитель не даст острого меча младенцу, сыну своему. Младенец не в состоянии употребить меча против врага, он будет играть мечом грозным, скоро и легко пронзит себя им. Младенец по духовному возрасту не способен к дарованиям духовным, он употребит их не во славу Божию, не в пользу свою и ближних, не для поражения невидимых супостатов, употребит их для поражения себя самого, возмечтав о себе, исполнясь пагубного превозношения, пагубного презорства к ближним. И чуждые дарований духовных, исполненные смрадных страстей, мы гордимся и величаемся, мы не перестаем осуждать и уничижать ближних, которые по всем отношениям лучше нас! Что было бы, если бы нам поверилось какое-либо духовное богатство, какое-либо духовное дарование, отделяющее обладателя своего от братий его, свидетельствующего о нем, что он – избранник Божий? Не соделалось ли бы оно для нас причиной страшного душевного бедствия? Потщимся усовершиться в смирении, которое состоит в особенном блаженном настроении сердца, и является в сердце от исполнения евангельских заповедей. Смирение есть тот единственный жертвенник, на котором дозволяется нам законом духовным приносить жертву молитвы, на котором принесенная жертва молитвы восходит к Богу, является лицу Его. Смирение есть тот единственный сосуд, в который влагаются перстом Божиим благодатные дарования. Займемся молитвой Иисусовой бескорыстно, с простотой и прямотой намерения, с целью покаяния, с верой в Бога, с совершенной преданностью воле Божией, с упованием на премудрость, благость, всемогущество этой святой воли. При избрании механических способов постараемся поступить со всевозможной осмотрительностью и благоразумием, не увлекаясь пустой пытливостью, безотчетливой ревностью, которая неопытным представляется добродетелью, а святыми Отцами названа гордостной дерзостью, разгорячением безумным. Будем преимущественно обращаться к способам простейшим и смиреннейшим, как к безопаснейшим. Повторяем: все механические способы должно считать не иным чем, как только способами, сделавшимися для нас полезными по причине немощи нашей. Не возложим упования нашего ни на них, ни на количество делания нашего, чтобы не похищено было у нас таким образом упование на Господа, чтобы по сущности дела мы не оказались уповающими на себя, или на что-либо вещественное и суетное. Не будем искать наслаждения, видений: мы – грешники, не достойные духовных наслаждений и видений, не способные к ним по ветхости нашей. Внимательной молитвой взыщем обратить взоры ума на самих себя, чтобы открыть в себе нашу греховность. Когда откроем ее, встанем мысленно перед Господом нашим Иисусом Христом в лике прокаженных, слепых, глухих, хромых, расслабленных, беснующихся, начнем перед Ним из нищеты духа нашего, из сердца, сокрушенного болезнью о греховности нашей, плачевный молитвенный вопль. Этот вопль да будет неограниченно обилен! Да окажется всякое многословие и всякое разнообразие слов не способным к выражению его. По обилию и невыразимости его, да облекается он непрестанно, да облекается он в малословную, но обширного значения молитву: «Господи, Иисусе Христе, Сыне Божий, помилуй мя грешнаго». Аминь.

# СТРАННИК[332]

Откуда Ты шествуешь? Где Твое обычное селение? Где Ты был доселе? Почто доселе оставлял меня в одиночестве, в сиротстве, в нищете, в смерти ужасной? Познав Тебя, я познал, что без Тебя таким было мое состояние! Так было оно бедственно! Я стоял в преддвериях темного ада, я был повергнут в глубокую, неисходную пропасть. Не оставляй меня! Не могу быть без Тебя! Если оставишь – опять я в дверях ада, опять в пропасти, опять в бедствии невыносимом и невыразимом.

Ты приходишь! Я не вижу образа шествия Твоего; вижу Твое пришествие, вижу не плотскими очами – ощущением. Ты не даешь ни времени, ни способа размыслить – кто Ты? Неожиданно являешься в душе, Невидимый и Непостижимый! Являешься с несказанной тихостью и тонкостью, вместе с властью и силой Творца, потому что изменяешь всего человека: изменяешь, претворяешь, воссоздаешь, обновляешь и ум, и сердце, и тело! Ты – Сильный – входишь в дом, связываешь крепкого, расхищаешь сосуды дома, расхищаешь не в погибель – во спасение! И дом и сосуды были прежде Твоими, Ты их устроил, устроил для Себя, они сами отдались в горестный плен хищнику. И были они доселе – ум мой, душа моя, тело мое – под властью лютого властелина, действовали под его влиянием. Ты приходишь: они отныне поступают в Твое распоряжение, начинают действовать под Твоим влиянием, святым, блаженным. Как назову Тебя? Как скажу о Тебе братии моей?

Как передам им имя Странника, уклонившегося под кров души моей, под кров обветшавший, пришедший в окончательное разрушение, открытый для ветров порывистых, для дождя и снега – под кров, лишь годный для стоялища бессловесных? Что нашел ты в сердце моем, к которому приходили попеременно различные греховные помышления, входили в него беспрепятственно, находили в нем, как в яслях, как в корыте свиней, лакомую пищу разнообразных страстных чувствований? Мне кажется, я знаю имя Гостя моего! Но, взирая на нечистоту мою, страшусь произнести имя. Одно неблагоговейное произнесение великого и всесвятого имени может подвергнуть осуждению! Сколько страшнее самое присутствие Именуемого! Но Ты присутствуешь! Твоя безмерная благость привела Тебя к скверному грешнику, чтобы грешник, познав достоинство и назначение человека, вкусив самым опытом, увидев ощущением, «яко благ Господь» (*Пс. 33, 9*), оставил пути беззаконий, оставил возлюбленное себе блато (болото – *Ред.*) смрадных страстей, позаботился о стяжании чистоты покаянием, соделался Твоим храмом и жилищем.

Как же назову витающего у меня, витающего во мне Странника? Как назову чудного Гостя, пришедшего утешить меня в моем изгнании, исцелить от болезни неисцелимой, изъять из пропасти мрачной, вывести на поле Господне злачное, наставить на стези правые и святые, пришедшего отъять непроницаемую завесу, которая доселе распростиралась пред очами моими, закрывала от меня величественную вечность и Бога моего? Как назову Наставника, возвещающего мне учение о Боге, учение новое и вместе древнее, учение Божественное, а не человеческое? Назову ли Наставника светом? Я не вижу света, но он просвещает ум мой и сердце превышее всякого слова, превыше всякого земного учения, без слов, с несказанной быстротой, каким-то странным – так выражу невыразимое – прикосновением к уму, или действием внутри самого ума. Назову ли Его огнем? Но Он не сжигает, напротив того – орошает приятно и прохлаждает.

Он – некий «глас хлада тонка» (*3Цар. 19, 12*); но от Него бежит, как от огня, всякая страсть, всякий греховный помысл. Он не произносит никакого слова, не произносит и вместе глаголет, учит, воспевает чудно, таинственно, с несказанной тихостью, тонкостью, изменяя, обновляя ум и сердце, прислушивающиеся Ему в безмолвии, в душевной клети. Он не имеет никакого образа, ни вида, ничего в Нем нет чувственного. Он вполне невеществен, невидим, крайне тонок: внезапно, неожиданно, с несказанной тихостью является в уме, в сердце, постепенно разливается во всю душу, во все тело, овладевает ими, удаляет из них все греховное, останавливает действие плоти и крови, соединяет рассеченные части человека во едино, являет целым наше естество, которое рассыпалось от страшного падения, как рассыпается от падения сосуд скудельный. Кто, видя воссоздание, не познает руки Создателя, единого имеющего власть созидать и воссоздавать?

Доселе говорю лишь о действии, не называя, кто действующий. Наименовать мне Его – страшно! Осмотрите меня, братия! Разглядите совершающееся во мне! Вы скажите мне, что во мне совершается? Вы скажите мне, кто совершающий? Чувствую, ощущаю в себе присутствие Странника. Откуда Он пришел, как во мне явился – не знаю. Явившись, Он пребывает невидимым, вполне непостижимым. Но Он присутствует, потому что действует во мне, потому что обладает мной, не уничтожая моей свободной воли, увлекая ее в Свою волю несказанной святостью Своей воли. Невидимой рукой взял Он ум мой, взял сердце, взял душу, взял тело мое. Едва они ощутили эту руку, как ожили! Явилось в них новое ощущение, новое движение – ощущение и движение духовные! Я не знал доселе этих ощущений и движений, даже не ведал, не предполагал существования их. Они явились, и от явлений их скрылись или сковались ощущения и движения плотские и душевные; они явились, как жизнь – и исчезло, как смерть, прежнее состояние. От прикосновения руки ко всему существу моему ум, сердце и тело соединились между собой, составили нечто целое, единое; потом погрузились в Бога, пребывают там, доколе их держит там невидимая, непостижимая, всемогущая рука. Какое же чувство объемлет меня там? Объемлется все существо мое глубоким, таинственным молчанием, вне всякой мысли, вне всякого мечтания, вне всякого душевного движения, производимого кровью; субботствует и вместе действует все существо мое под управлением Святого Духа. Управление это необъяснимо словом. Пребываю как упоенный, забываю все, питаюсь недоведомой, нетленной пищей, нахожусь вне всего чувственного, в области невещественного, в области, которая превыше не только вещества, превыше всякой мысли, всякого понятия: не чувствую самого тела моего. Очи мои смотрят и не смотрят, видят и не видят, уши слышат и не слышат; все члены мои упоены – и я шатаюсь на ногах моих, держусь за что-нибудь руками, чтобы не упасть мне, или лежу, поверженный на одр, как бы в болезни безболезненной и в расслаблении, происшедшем от переизобилия силы. «Чаша» Господня, чаша Духа упоявает «державно» (*Пс. 22, 5*). Так провожу дни, недели!.. И сокращается время!.. Молчание дивное, объемлющее ум, сердце, душу устремившихся всей крепостью своей к Богу и потерявшихся – так сказать – в бесконечном движении к беспредельному, молчание это – вместе и беседа, но – без слов, без всякого разнообразия, без мыслей, превыше мыслей. Странник, совершающий все это, имеет и голос и слово необычное, без слов и звука говорящие и слышимые таинственно. Ищу в Писании, где бы сказано было о таких действиях, чтобы познать чудного Странника, и невольно останавливаюсь перед словами Спасителя: «Дух, идеже хощет, дышет, и глас его слышиши, но не веси, откуду приходит и камо идет, тако есть всяк человек рожденный от Духа» (*Ин. 3, 8*). Как же назвать самое действие? Оно примиряет, соединяет человека с самим собою, а потом с Богом: невозможно не узнать в этом действии веяния благодатного мира Божия, «превышающаго всяк ум, соблюдающаго сердце и помышления во Христе Иисусе» (*Флп. 4:7*), подаемого приходящим к человеку, обновляющим человека Святым Духом. Точно! При этом действии ум и сердце соделываются евангельскими, соделываются Христовыми; человек зрит Евангелие начертанным в себе, на скрижалях души, перстом Духа.

Божественный Странник отходит, скрывается так же незаметно, как незаметно приходит и является. Но Он оставляет во всем существе моем воню бессмертия, невещественную, как и Сам Он невещественен, воню духовную, живительную, ощущаемую новым ощущением, которое Он насадил или воскресил во мне. Оживляемый, питаемый этим благоуханием, пишу и сказую слово жизни братии моей. Когда же истощится это благоухание, когда раздастся в душе моей воня смертная страстей, тогда и слово мое – без жизни, заражено смрадом и тлением!..

Если кто, слыша из уст грешника слово великое о действиях Духа, колеблется неверием, смущается мыслью, полагая, что возвещаемое действие есть действие прелести бесовской, тот да отвергнет помышление хульное. Нет, нет! Не таково действие, не таковы свойства прелести! Скажи, свойственно ли диаволу, врагу, убийце человеков, делаться врачом их? Свойственно ли диаволу соединять во едино рассеченные грехом части и силы человека, изводить их из порабощения греху на свободу, изводить из состояния противодействия, борьбы междоусобной, в состояние священного о Господе мира? Свойственно ли диаволу извлекать из глубокой пропасти неведения Бога и доставлять живое, опытное Богопознание, уже не нуждающееся ни в каких доказательствах извне? Свойственно ли диаволу проповедовать и подробно объяснять Искупителя, проповедовать и объяснять приближение к Искупителю покаянием? Свойственно ли диаволу восстанавливать в человеке падший образ, приводить в порядок расстроенное подобие? Свойственно ли приносить вкушение нищеты духовной и вместе воскресения, обновления, соединения с Богом? Свойственно ли диаволу возносить на высоту Богословия на которой человек бывает как ничто, без мысли, без желания, весь погруженный в чудное молчание? Это молчание есть иссякновение всех сил существа человеческого, устремившихся к Богу, и, так сказать, исчезающих перед бесконечным величием Бога (*Иов. 42, 6*). Иначе действует прелесть, и иначе Бог, беспредельный Владыка человеков, Который был и ныне есть их Создатель. Тот, Кто создал и воссоздает, не пребывает ли Создателем? Итак, услышь, возлюбленнейший брат, услышь, чем различается действие прелести от действия Божественного! Прелесть, когда приступает к человеку, мыслью ли или мечтанием, или тонким мнением, или каким явлением, зримым чувственными очами, или гласом из поднебесной, слышимым чувственными ушами – приступает всегда не как неограниченная властительница, но как обольстительница, ищущая в человеке согласия, от согласия его приемлющая власть над ним. Всегда действие ее, внутри ли оно, или снаружи человека, есть действие извне; человек может отвергнуть его. Всегда встречается прелесть первоначально некоторым сомнением сердца; не сомневаются о ней те, которыми она решительно возобладала. Никогда не соединяет прелесть рассеченного грехом человека, не останавливает движений крови, не наставляет подвижника на покаяние, не умаляет его перед ним самим, напротив того, возбуждает в нем мечтательность, приводит в движение кровь, приносит ему какое-то безвкусное, ядовитое наслаждение, тонко льстит ему, внушает самомнение, устанавливает в душе идол «я».

Божественное действие – невещественно: не зрится, не слышится, не ожидается, невообразимо, необъяснимо никаким сравнением, заимствованным из этого века; приходит, действует таинственно. Сперва показывает человеку грех его, растит в очах человека грех его, непрестанно держит страшный грех пред его очами, приводит душу в самоосуждение, являет ей падение наше, эту ужасную, темную, глубокую пропасть погибели, в которую ниспал род наш согрешением нашего праотца;

потом мало-помалу дарует сугубое внимание и сокрушение сердца при молитве. Приготовив таким образом сосуд, внезапно, неожиданно, невещественно прикасается рассеченным частям, и они соединяются воедино. Как прикоснулся? Не могу объяснить: я ничего не видел, ничего не слышал, но вижу себя измененным, внезапно ощутил себя таким от действия самовластного. Создатель подействовал при воссоздании, как действовал Он при создании. Скажи: слепленное из земли тело Адама, когда лежало еще не оживленное душой пред Создателем, могло ли иметь понятие о жизни, ощущение ее? Когда внезапно оживилось душой, могло ли прежде размыслить, принять ли душу, или отвергнуть ее? Созданный Адам внезапно ощутил себя живым, мыслящим, желающим! С такой же внезапностью совершается и воссоздание. Создатель был и есть неограниченный Владыка – действует самовластно, вышеестественно, превыше всякой мысли, всякого постижения, бесконечно тонко, духовно вполне, невещественно.

Но ты еще колеблешься сомнением! Смотришь на меня и, видя перед собой толикого грешника, невольно вопрошаешь: неужели в этом грешнике, в котором действие страстей так явно и сильно – неужели в нем действует Дух Святой? Справедливый вопрос! И меня он приводит в недоумение, ужас! Увлекаюсь, согрешаю, прелюбодействую с грехом, изменяю Богу моему, продаю Его за мерзостную цену греха. И несмотря на мое постоянное предательство, на мое поведение изменническое, вероломное, он пребывает неизменен. Незлобивый, Он ожидает долготерпеливо моего покаяния, всеми средствами привлекает меня к покаянию, к исправлению. Ты слышал, что говорит в Евангелии Сын Божий? «Не требуют, – говорит Он, – здравии врача, но болящии. Не приидох призвати праведники, но грешники на покаяние» (*Мф. 9, 12–13*). Так говорил Спаситель: так и действовал. Возлежал Он с мытарями, грешниками, вводил их через обращение к вере и добродетели в духовное родство с Авраамом и прочими праведниками. Тебя удивляет, поражает бесконечная благость Сына Божия? Знай, что столько же благ и всесвятой Дух, столько же жаждет спасения человеческого, столько же кроток, незлобив, долготерпелив, многомилостив Дух – едино из трех равночестных Лиц всесвятой Троицы, составляющих собой, неслитно и нераздельно, единое Божественное существо, имеющих единое естество.

И грех-то привлекает Святого Духа к человеку! Привлекает Его грех, не осуществляемый совершением, но зримый в себе, признаваемый, оплакиваемый! Чем более человек вглядывается в грех свой, чем более вдается в плач о себе, тем он приятнее, доступнее для Духа Святого, Который, как врач, приступает только к сознающим себя больными, напротив того отвращается от «богатящихся» суетным своим самомнением (*Лк. 1, 53*). Гляди и вглядывайся в грех твой! Не своди с него взоров! Отвергнись себя, «не имей душу свою честну себе» (*Деян. 20, 24*). Весь вдайся в зрение греха твоего, в плач о нем! Тогда, в свое время, узришь воссоздание твое непостижимым, тем более необъяснимым действием Святого Духа. Он придет к тебе, когда ты не чаешь Его – воздействует в тебе, когда ты признаешь себя вполне недостойным Его!

Но если в тебе кроется ожидание благодати – остерегись: ты в опасном положении! Такое ожидание свидетельствует о скрытном удостоении себя, а удостоение свидетельствует о таящемся самомнении, в котором гордость. За гордостью удобно последует, к ней удобно прилепляется прелесть. Прелесть есть уклонение от Истины и содействующего Истине Святого Духа, уклонение ко лжи и содействующим лжи духам отверженным. Прелесть существует уже в самомнении, существует в удостоении себя, в самом ожидании благодати. Это ее первоначальные виды, так почка, цвет, зародыш – первоначальные виды зрелого плода. От ложных понятий являются ложные ощущения. Из ложных понятий и ощущений составляется самообольщение. К действию самообольщения присоединяется обольстительное действие демонов. Демоны первенствуют и начальствуют в области лжи: произвольно подчинившийся демонам поступает под насильственное влияние их. Как омраченный и обольщенный ложью, признанной им за истину, он лишается самовластия, не примечая того. Такое состояние – состояние прелести. В него входим, в него низвергаемся за гордость нашу и самолюбие. «Любяй душу свою, погубит ю: а ненавидяй души своея в мире сем, в живот вечный сохранит ю» (*Ин. 12, 25*). Аминь.

# ТАИНСТВЕННОЕ ОБЪЯСНЕНИЕ 99-ГО ПСАЛМА

«Воскликните Богови вся земля» (*Пс. 99, 1*). Землей здесь назван человек. Это название дано человеку Самим Творцом его, Богом. Бог сказал Адаму: «земля еси» (*Быт. 3, 19*). Хотя я одушевлен, но – земля: одушевлен я душой мертвой. Мертвая душа во время земной жизни погребена в земле, то есть, заключена в страстном теле, как в темнице, как в оковах, и порабощена ему; по разлучении с телом, она нисходит в недра земли. Для спасения – необходимо оживление.

Чтобы земле ожить, и воскликнуть Богови, нужно предварительное уничтожение в ней разобщения, произведенного в ней падением, нужно соединение ее с собой и в себе. Воскликнуть Богови может только «вся земля»: только все цельное, воссоединенное с самим собой и в себе существо человека, руководимое умом, нерасхищаемым и неколебимым в молитве чуждыми помыслами, может устремиться всеми силами своими к Богу; только все кости могут обратиться с живым словом истинной молитвы к Богу; всеми костями названы в Писании все составные части человека, собранные и воссозданные Господом, соединенные во едино между собой, соединенные воедино с Господом (*Пс. 34, 10*). Тогда поймет человек из внутреннего опыта, совершившегося в душе его, что он ожил духовно, что дотоле был в плену, в оковах, в смерти. Из этого блаженного опыта преподобный Ефрем сказал: «Умножилась на мне, Господи, благодать

Твоя, утолила глад мой и жажду мою, просветила мой омраченный ум, *собрала скитавшиеся помыслы мои*, наполнила мое сердце. Теперь поклоняюсь, припадаю, молюсь и умоляю Тебя, исповедуя мою немощь: ради человеколюбия Твоего, ослабь во мне волны благодати Твоей и сохрани ее для меня, чтобы опять дать мне ее в страшный день (второго пришествия Твоего или в день смерти моей). Не прогневайся на меня, Человеколюбец! Не терплю быть без нее, и потому, отвергши всякое сомнение, обращаюсь к Тебе с молитвой. Превыше меры умножилась во мне благодать Твоя, и язык мой изнемог, не имея средства выразить ее; ум мой пришел в недоумение, не вынося множества волн ее. Образ и сияние благословенного Отца! Укроти во мне ныне волны ее, потому что она сжигает члены мои и сердце, укроти здесь, чтоб там опять дать ее. Спаси меня, Владыко, и соделай достойным царства Твоего. Не помяни беззаконий моих, ниже прогневайся на дерзновение молитвы моей. Даруй мне просимое мной, и вселись в меня, как в обитель (*Ин. 14, 23*), с благословенным Отцом Твоим, в день явления Твоего (*Ин. 14, 21*). Христе! Даруй мне молитву мою, потому что Ты один – податель жизни. Скрой беззакония мои от друзей моих! Прими эти слезы мои! Да предстанет перед Тобой плач мой!»[333] (*Пс. 38, 14*): Божий подвижник взывает: ослабь во мне волны благодати Твоей». Слово 29, гл. 8. В состояние, подобное описанному здесь, пришел юный инок Захария, которому дарована была за смирение его особенная, ощутительная благодать Святого Духа. См. Достопамятные Сказания и Алфавитный Патерик. Святой Иоанн Лествичник говорит: «Огнь, нисшедший в сердце, восстановляет молитву. Когда же она восстанет и вознесется на небо, тогда совершается сошествие огня в горницу души». Слово 27, гл. 45. О духовной теплоте см. в Слове о Иисусовой Молитве (Аскетические Опыты, том II). Эта теплота бывает иной в начале своем и иной в недостижимой полноте своей. Эта речь – речь упоенного духовно милостью Божией: она – восклицание.

«Работайте Господеви в веселии, и внидите пред Ним в радости» (*Пс. 99, 2*). Доколе молитва расхищается чуждыми помыслами, дотоле подвиг молитвы совершается с трудом, со скорбью, с понуждением и насилием себя, дотоле молящийся не допускается пред лице Божие. Когда же молитва начнет произноситься из всего существа, тогда подвиг ее преисполняется духовным наслаждением. Этим наслаждением влечется подвижник к подвигу, ободряется, укрепляется, удерживается в подвиге, подвиг молитвы соделывается главнейшим, непрестанным единственным подвигом подвижника. В несказанной радости делатели непрестанной молитвы входят духом пред невидимое лице Божие и предстоят лицу Божию. Предстоят они этому Лицу, потому что чуждые помыслы и мечтания, составлявшие непроницаемую завесу, отъяты. Нет никакого препятствия к зрению! Но Бог, необъяснимо зримый чистотою сердца, пребывает невидимым: «Бога никтоже виде нигдеже» (*Ин. 1:18*; *Мф. 5:8*) по причине бесконечной тонкости, духовности существа Его. Совершенство существа Божия служит причиной неприступности (*1Тим. 6:16*)[334] (см. объяснение Иоанна Златоуста. Аскетические опыты, т. II, стр. 751.) Его не только к видению тварями, но и к постижению: оно – «мрак под ногама Его», оно – «тьма, положенная в покров», которым закрыт Бог. «Приклони небеса, и сниде Бог, и взыде на Херувимы и лете: лете на крылу ветреню» (*Пс. 17:10–12*). Преклонением небес и сошествием с них названо здесь умаление Богом величия Его, приспособление Его к свойствам тварей, по всемогуществу Его и неизреченной благости. Он как бы умаляется, нисходит с высоты совершенства Своего, чтобы соделать ощутительным всесвятое действие Свое Херувимам и тем человекам, которые оказываются, подобно Херувимам, способными к Богоношению. Действие Духа Божия уподоблено движению ветра или движению на крыльях ветра, чтобы показать, что это действие – невещественно, вполне духовно.

Радость и веселие свойственны душе, ощутившей оживление, ощутившей избавление из плена, в котором держали ее грех и падшие духи, ощутившей осенение Божественной благодати, ощутившей, что действием этой благодати она представлена лицу Божию, возведена в непорочное и блаженное служение Богу. Радость и веселие так сильны, что Святой Дух приглашает ощутившего их к *восклиновению*. Как не воскликнуть от радости освободившемуся, ожившему, окрылатевшемуся, вознесшемуся с земли на небо? Восклиновение принадлежит духу человеческому. Оно сильно, но духовно: плоть и кровь не имеют, и не могут иметь в нем участия. Самовольное действие их устраняется: они поступают в подчинение действующей благодати Божией, служат орудиями в истинном подвиге и уже не увлекают человека в неправильные состояния и действия.

«Уведите, яко Господь той есть Бог наш: той сотвори нас, а не мы: мы же людие Его, и овцы пажити Его» (*Пс. 99, 3*). Молящийся молитвой нечистой имеет понятие о Боге мертвое, как о Боге неведомом и невидимом. Когда же, освободившись от расхищения и пленения помыслами, он допустится пред невидимое лице Божие, тогда познает Бога познанием живым, опытным. Он познает Бога, как Бога[335]. Тогда человек, обратив взоры ума на себя, видит себя созданием, а не существом самобытным, каким обманчиво представляются люди самим себе, находясь в омрачении и самообольщении; тогда уставляет он себя в то отношение к Богу, в каком должно быть создание Его, сознавая себя обязанным благоговейно покоряться воле Божией и всеусердно исполнять ее. *Пажить Бога* – воля Его, открытая для овец Его в Священном Писании и являемая в непостижимых судьбах Его.

«Внидите во врата Его во исповедании, во дворы Его в пениих: исповедайтеся Ему, хвалите имя Его» (*Пс. 99, 4*). Средство к получению доступа пред лице Божие – смирение. Смирение – врата Божии, врата во дворы Божии, в нерукотворенный чертог и храм Божий, в храм сердечный, в котором водворен Бог при посредстве таинства крещения. Врата Божии принадлежат единственно Богу. Они – врата Его; они отворяются исключительно перстом Божиим. Перед отверзением их даруется исповедание, исповедание сердечное, исповедание от всей души. Исповедание есть действие смирения. Исповедание есть выражение человеком сознания его перед Богом. Сознание это является при отверзении очей наших на нас самих от прикосновения благодати к очам души, причем ум отрясает слепоту, доселе омрачавшую его и лишавшую правильного, богоугодного самовоззрения. Мы исповедуем, исповедуем от полноты убеждения, от такой полноты убеждения, с какой произносится и исповедуется Символ веры, что мы существа падшие, обремененные и той греховностью, которая принадлежит всему человеческому роду, и той, которая принадлежит каждому из нас в частности. Мы воздаем славу правосудию Божию, извергшему преступный род наш из рая на землю, обрекшему все человечество на труд и злострадание, карающему каждого человека частными казнями за частные его согрешения. Вслед за исповеданием является непарительная молитва. Она – дар Божий. Десницей этого дара восприемлется молящийся из среды окружавшего и пленявшего развлечения, представляется, вне всякого развлечения, лицу Божию в нерукотворном Божием храме. Из совершенного смирения и из совершенной покорности воле Божией рождается чистейшая, святая молитва. Не может она родиться иначе и из иных деланий: так винограду свойственно родиться на одной лозе, ни на каком ином древе. Молитва эта названа пением, потому что молитва духа есть святая, таинственная песнь, которой воспевается Бог. Великий Павел сказал: «исполняйтеся Духом, глаголюще себе во псалмех и пениих и песнех духовных, воспевающе и поюще в сердцах ваших Господеви» (*Еф. 5:18–19*). «Просвети мои очи мысленныя, отверзи моя уста, поучатися словесем Твоим, и разумети заповеди Твоя, и творити волю Твою, и пети Тя во исповедании сердечнем, и воспевати всесвятое имя Твое!»[336]

«Яко благ Господь, в век милость Его, и даже до рода и рода истина Его» (*Пс. 99, 5*). По познании и исповедании правосудия Божия, по оправдании судеб Божиих (*Пс. 18, 10*)[337], подвижник молитвы вступает в познание бесконечной благости Божией, неразлучной с правосудием Его. В союзе благости Бога с правосудием Его является всесвятая истина Его: «милость и истина сретостеся, правда и мир облобызастася» (*Пс. 84:11*). В молитву молящегося молитвой чистой проливается из ощущения благости Божией духовная сладость, погружающая дух человеческий в бездну смирения, вместе возносящая его от земли на небо. Такой молитвенник есть и уединеннейший безмолвник. Безмолвник этот пребывает непрестанно при Боге по действию в нем Бога, вне мира, вне помышлений о преходящем, вне сочувствия к преходящему. Сердце, ожив ощущением своим для Бога и для всего, что принадлежит Богу, умирает для мира, умирает для всего, что враждебно Богу и что чуждо Бога. В смерти этой – жизнь, и в погибели этой – спасение. Аминь.

# СЛОВО О СПАСЕНИИ И О ХРИСТИАНСКОМ СОВЕРШЕНСТВЕ

Многие говорят о спасении, многие желают спастись; но если спросить их, в чем заключается спасение, то ответ для них делается очень затруднительным. Не беда, если бы дело оканчивалось одной затруднительностью в ответе! Нет: вредное последствие, истекающее отсюда, очень значительно. Незнание, в чем состоит спасение, сообщает действиям нашим на поприще добродетели неопределенность, неправильность. По-видимому, мы делаем много добрых дел; но, в сущности, делаем очень мало дел для спасения. Отчего это? Ответ очень прост: оттого, что не знаем, в чем состоит спасение наше.

Чтобы знать, в чем состоит спасение наше, надо знать наперед, в чем состоит наша погибель, потому что спасение нужно только для погибших. Ищущий спасения, этим самым по необходимости признает себя погибшим: иначе для чего бы ему искать спасения? Погибель наша совершилась через уничтожение общения нашего с Богом и через вступление в общение с падшими и отверженными духами. Спасение наше заключается в расторжении общения с сатаной и в восстановлении общения с Богом[338].

## ЧАСТЬ ПЕРВАЯ

Весь род человеческий находится в погибели, в падении. Мы лишились общения с Богом в самом корне и источнике нашем: в наших праотцах, при посредстве их произвольного согрешения. Они были сотворены непорочными, не причастными греху и тлению: с самого сотворения своего соделались причастниками Святого Духа; получив бытие естественное по человечеству, вместе получили и бытие сверхъестественное от соединения с Божеским Естеством. Произвольно отвергнув подчинение Богу, произвольно вступив в подчинение диаволу, они утратили общение с Богом, свою свободу и достоинство, предали себя в подчинение и рабство падшему духу. Они произвольно отвергли жизнь, призвали в себя смерть, они произвольно нарушили целость дарованного им при сотворении добра, отравили себя грехом[339]. Как начала рода человеческого, они сообщили и не перестают сообщать свою заразу, свою погибель, свою смерть всему человечеству. Адам, сотворенный по всесвятому Образу и Подобию Божиим, долженствовавший произвести соответствующее потомство, осквернил Образ, уничтожил Подобие, произвел потомство, соответствующее оскверненному образу, уничтоженному подобию. Священное Писание, засвидетельствовавшее, что человек сотворен по Образу Божию (*Быт. 1:27*), уже лишает этого свидетельства чад Адамовых. Писание говорит о них, что они родились по образу Адама (*Быт. 5:3*), т. е. такими, каким соделался Адам по падении. По причине утраты подобия, образ соделался непотребным[340]. От лица каждого человека, вступающего в бытие падения, Писание приносит горестную исповедь: «В беззакониих зачат есмь, и во гресех роди мя мати моя» (*Пс. 50:7*). Человеки соделались врагами Бога, Творца своего (*Рим. 5, 10*).

Бог, по неизреченной милости Своей, призвал снова род человеческий в общение с Собой. Это совершил он при посредстве самого чудного, непостижимого способа. Одним из трех Лиц Своих, Всесвятым Словом, Он принял человечество, зачавшись во утробе Пресвятой Девы действием Всесвятого Духа, устранив от Себя обыкновенное человеческое зачатие от семени мужского; зачатие, сообщавшее всем человекам заразу греховную.

Таким образом явился в роде человеческом непорочный Человек каким создан праотец. Этот непорочный Человек был причастником Божественного Естества, подобно первозданному, но несравненно в большей степени: первозданный был святым по благодати человеком, а вочеловечившийся Бог соделался Богочеловеком. Все грехи человеческие Он принял на Себя. Он мог сделать это, потому что, будучи человеком, был и всемогущим, всесовершенным Богом. Приняв все человеческие грехи на Себя, Он принес Себя в искупительную жертву правосудию Божию за согрешившее человечество, Он совершил искупление, ибо мог сделать это. Неограниченно и бесконечно Святой искупил Своими страданиями и смертью многочисленные, но ограниченные, согрешения человеческие – и Священное Писание со всей справедливостью свидетельствует о Нем: «Се Агнец Божий, вземляй грехи мира» (*Ин. 1, 29*). Богочеловек заменяет Собой перед Богом и весь мир, и каждого человека. Добродетели, и общественные и частные, истекающие из падшего человеческого естества, утратили по вочеловечении Бога значение: они заменены великим делом Божиим – «верою в Того, Его же посла Бог» (*Ин.6:29*). В этом великом деле Божием заключается и спасение, как засвидетельствовал Сам Спаситель: «Се же есть живот вечный (спасение), да знают Тебе, единаго истиннаго Бога», и «Егоже послал еси Иисус Христа» (*Ин. 17, 3*). Добродетели христианина должны истекать из Христа, из обновленного Им человеческого естества, а не из естества падшего. Как падение наше состоит не в истреблении добра из естества нашего – это отличительный признак падения отверженных ангелов, – а в смешении нашего естественного добра с неестественным для нас злом, то падшее естество наше имеет свойственные ему добрые дела и добродетели. Совершают их язычники, магометане и все, чуждые Христа. Добрые дела и добродетели эти, как оскверненные примесью зла, недостойны Бога, препятствуют общению с Ним, противодействуют спасению нашему. Отвергнем это мнимое добро или, правильнее сказать, это величайшее зло! Отвергнем деятельность падшего естества! Предадимся деятельности, заповедуемой нам Верой во Христа! Перестанем проводить жительство по указаниям нашего падшего разума, по влечению нашего падшего сердца! Начнем проводить жительство по указанию евангельских заповедей, по требованиям воли Божией. Жительствуя так, спасемся.

Те, которые дают добрым делам падшего естества не заслуживаемую ими высокую цену, впадают в величайшую душевредную погрешность. Они впадают, не понимая того, в уничижение и отвержение Христа. Часто слышится от них вопрос: «Отчего не спастись язычникам, магометанам, лютеранам и всем подобным, явным и прикрытым врагам христианства? Между ними много самых добродетельных людей». Очевидно, что вопросы и возражение являются от совершенного незнания, в чем заключается погибель и спасение человеческие. Очевидно, что таким вопросом и возражением уничижается Христос, выражается мысль, что Искупление и Искупитель не были необходимостью для человеков, что человеки могут удовлетворить своему спасению собственными средствами. Короче, этим вопросом и возражением отвергается христианство. Добродетели падшего человеческого естества имели свою цену, подобно постановлениям ветхозаветным, до пришествия Христова, они приводили человека в состояние, способное принять Спасителя. «Свет прииде в мир», – сказал Богочеловек о своем пришествии к человекам, – «и возлюбиша человецы паче тму, неже Свет: беша бо их дела зла. Всяк бо делаяй злая, ненавидит Света и не приходит к Свету, да не обличатся дела его, яко лукава суть: творяй же истину, грядет к Свету, да явятся дела его, яко о Бозе суть соделана» (*Ин. 3:19–21*). Свойственно возлюбившим грех отвергать Христа, потому что Христос повелевает оставление возлюбленного грешниками греха. Свойственно любителям добродетели притекать и прилепляться ко Христу, потому что исполнение (полнота) возлюбленного ими добра – Христос.

«Не на лица зрит Бог, но во всяком языце бояйся Его и делаяй правду, приятен Ему есть» (*Деян. 10, 34–35*). Эти слова произнес святой Апостол Петр по поводу призванного Богом к Вере язычника, сотника Корнилия. Стремление к истинной добродетели предуготовило и соделало Корнилия способным к принятию спасения. Так должно разуметь слово «приятен», по объяснению великого учителя Церкви, святого Иоанна Златоуста[341]; так объясняется это слово и самым повествованием, изложенным в Деяниях Апостольских святым Евангелистом Лукой. Корнилий, хотя был язычником, но, оставив идолов, молился прилежно единому истинному Богу, и подавал обильную милостыню. Однажды, во время молитвы, предстал ему Ангел Божий и сказал: «Корнилие! Молитвы твоя и милостыни твоя взыдоша на память пред Бога. И ныне посли во Иоппию мужей, и призови Симона, нарицаемого Петра (Апостола): той речет тебе глаголы, в нихже спасешися ты и весь дом твой» (*Деян. 10, 3–6*). Молитвы и милостыни Корнилия были так сильны, что милосердый Господь призрел на них; но они, сами собой, не доставили спасения Корнилию. Они сделали его способным уверовать во Христа, а вера во Христа доставила ему спасение. Вот точная оценка добру падшего естества! Тогда имеет цену это добро, когда оно приводит ко Христу. Когда же оно, удовлетворяясь собой, отлучает от Христа, тогда оно делается величайшим злом, отнимает у нас спасение, даруемое Христом, спасение, которого оно, само собой, никак подать не может.

Подобно действию естественного добра действие Ветхого Завета. Уклонение от него до пришествия Христова, было отступлением от Бога; желание остаться при нем, по пришествии Христа, соделалось отступлением от Бога (*Гал. 5, 4*). Ветхий Завет был служителем спасения, приготовляя человеков к Вере во Христа, которой даруется спасение; но для иудеев, захотевших остаться навсегда при Ветхом Завете, он соделался ходатаем, орудием погибели. Душепагубная погрешность иудеев заключается в том, что они, по действию гордости и самомнения, дали

Богом данному им Завету иное значение, нежели какое дано ему Богом, и ради Ветхого Завета, который был живописной тенью Истины – Нового Завета, отвергли Новый Завет, ради тени они отвергли то, что предызображала тень; ради временного руководства ко спасению, они отвергли самое спасение, отвергли Искупление и Искупителя.

Столько же душепагубна погрешность тех, которые, ослепляясь гордостью и самомнением, дают своим добрым делам, делам падшего естества, не свойственную им цену. «Разбойник и хищник – тот, – говорит преподобный Макарий Великий, – кто «не входит дверьми, но пролазит инуде» (*Ин. 10, 1*): таков и тот, который без оправдывающего Христа, оправдывает сам себя[342]. Все святые, оставляя свою правду, искали правды Божией и в ней обрели (святую) любовь, сокровенную от естества»[343], растленного падением. Естество, будучи растлено падением, имеет и правду растленную. «Заблудихом, – говорит Пророк, – и быхом яко нечисти вси мы, яко же порт нечистыя вся правда наша» (*Ис. 64, 6*). «От ног до главы несть в нем», в падшем человеке, «целости» (*Ис. 1, 6*). Зло, поразившее нас, по объяснению Отцами слов Пророка, не частное, но во всем теле, объяло всю душу, овладело всеми силами ее»[344]. Не осталось в естестве нашем никакой частицы, не поврежденной, не зараженной грехом: никакое действие наше не может обойтись без примеси зла. Когда вода смешана с вином или уксусом, тогда каждая капля ее содержит в себе подмесь, так и естество наше, будучи заражено злом, содержит примесь зла в каждом проявлении деятельности своей. Все достояние и достоинство наше в Искупителе[345]. «Оправдится человек токмо верою Иисус Христовою» (*Гал. 2, 16*)[346]. Чтобы усвоиться Искупителю живой верой, требуется всецелое отвержение души своей (*Лк. 14, 26*), то есть, не только греховности, но и праведности падшего естества. Стремление к удержанию за собой оскверненной грехом правды падшего естества есть деятельное отвержение Искупителя. «Упразднистеся от Христа» (вы отчуждились от Христа) «иже законом» Моисеевым, или естественным «оправдается: отпадосте от благодати» (*Гал. 5, 4*), – говорит Апостол. «Аще бо законом правда, убо Христос туне умре» (*Гал. 2, 21*). Это значит: в образе мыслей (мудровании), допускающем достоинство собственной правды человеческой перед Богом по явлении христианства, непременно существует богохульное понятие, оквашивающее весь этот образ мыслей, понятие о ненеобходимости Христа для спасения, понятие, равновесное отвержению Христа. Господь сказал фарисеям, усиливавшимся удержать за собой свою правду: «глаголете, яко видим: грех убо ваш пребывает» (*Ин. 9, 41*). «Не приидох призвати праведники, но грешники на покаяние» (*Мф. 9, 13*). Это значит: не признающие своих грехов грехами, а своей правды непотребным рубищем, оскверненным и истерзанным посредством общения с грехом и сатаной, отчуждаются от Искупителя, исповедуя Его, может быть, устами, деятельностью и в духе своем отвергают Его. Святой Апостол Павел, бывший непорочным и праведным по законам Моисееву и естественному, вменил свою праведность «в тщету за превосходящее разумение Христа Иисуса, Господа». Он отрекся своей праведности, вменив ее «за уметы» (за сор), «да Христа приобрящу, – говорит великий Павел, – не имый моея правды, яже от закона, но яже верою Христовою, сущую от Бога правду в вере» (*Флп. 3, 4–9*). «Ища же оправдитися о Христе, обретохомся и сами грешницы» (*Гал. 2, 17*): потому что нет возможности приступить к Христу и усвоиться ему, не признав себя от искренности сердца грешником, грешником погибшим, не имеющим никакого собственного оправдания, никакого собственного достоинства. «От дел закона не оправдится всяка плоть пред Богом. Ныне же кроме закона правда Божия явися, свидетельствуема от закона и пророк. Правда же Божия верою Иисус Христовою во всех и на всех верующих: несть бо разнствия. Вси бо согрешиша, и лишени суть славы Божия: оправдаеми туне благодатию Его, избавлением, еже о Христе Иисусе» (*Рим. 3:20–24*).

По непреложному закону подвижничества, обильное сознание и ощущение своей греховности, даруемое Божественной благодатью, предшествует всем прочим благодатным дарам. Оно предуготовляет душу к принятию этих даров. Душа неспособна принять их, если предварительно не придет в состояние блаженной нищеты духа. «Когда ум увидит согрешения свои, количеством подобные песку морскому, то это служит признаком начавшегося просвещения души, признаком ее здравия»[347]. Пришедши в это состояние, святитель Тихон Воронежский сказал: «Познаем грехи наши: се бо есть начало покаяния[348]. Покаемся, признаем себя недостойными ничего. Чем недостойнейшими признают себя они (угодники Божии): тем Бог, яко благ и милосерд, более их удостоивает[349]. Что наше собственное? Немощь, растление, тьма, злость, грехи»[350]. Остережемся смертоносного заблуждения! Убоимся сопряженного с заблуждением отречения от Христа! Убоимся верной утраты спасения за усвоение мысли ложной, враждебной Вере! Тем нужнее осторожность в наше время, что ныне с особенным усилием распространяется проповедь о высоте добродетелей и успехов падшего человечества, с открытой целью привлечь всех на поприще этих добродетелей и этого преуспеяния. Осмеивая всесвятое добро христианства, проповедь эта старается внушить к нему презрение и ненависть.

Дела спасения суть дела Веры, дела Нового Завета. Этими делами исполняется не человеческое разумение, не человеческая воля, но воля Всесвятого Бога, открытая нам в заповедях Евангелия. Христианин, желающий наследовать спасение, должен совершить следующие дела:

1) Уверовать в Бога так, как Бог повелевает веровать в Него, т.е. принять учение о Боге, открываемое Богом, принять христианство, хранящееся во всей чистоте и полноте в недре Православной Церкви, насажденной Богочеловеком на Востоке, распространившейся с Востока по вселенной, доселе пребывающей в целости только на Востоке и содержащей Богопреданное христианское

Учение неизвращенным, без изменения и без примеси к нему учений человеческих и бесовских³⁵¹. «Веровати подобает, – говорит Апостол, – приходящему к Богу, яко есть, и взыскающим Его мздовоздаятель бывает» (*Евр. 11, 6*). Учение христианское возвещено вселенной проповедью, а принято верой. Будучи учением Божественным, учением Богооткровенным, превысшим человеческого разума, оно иначе не может быть принято, как сочувствием сердечным, верой. Вера, по естественному свойству своему, способна принять и усвоить уму и сердцу то, что непостижимо для ума и не может быть принято обыкновенным путем суждения. «Иже веру имет и крестится, – сказал Господь, – спасен будет: а иже не имет веры, осужден будет» (*Мк. 16, 16*).

2) Уверовавший должен принести покаяние в прежней своей произвольно греховной жизни, и твердо решиться проводить жизнь Богоугодную. «По звавшему вы святому», – завещает святой Апостол Петр христианам, – «и сами святи во всем житии будите, яко чада послушания, не преобразующеся первыми неведения вашего похотении» (*1Пет. 1:14–15*). Невозможно ни усвоиться Богу ни пребывать в усвоении Богу, оставаясь и пребывая произвольно в греховной жизни. Новый Завет всем, приступающим к Богу, возвещает покаяние в первое условие доступа к Богу. Проповедник, начавший проповедь Нового Завета, великий Иоанн, Предтеча Господень, начал проповедь свою с приглашения к покаянию. «Покайтеся, – говорил он отверженным человекам, вновь призываемым в общение с Богом, – приближися бо Царствие Небесное» (*Мф. 3, 2*). С этих слов начал проповедь Свою Сам Богочеловек: «оттоле начат Иисус проповедати и глаголати: покайтеся, приближися бо Царство Небесное» (*Мф. 4, 17*). С этих слов заповедало Божие Слово Своим святым Апостолам начинать их проповедь, послав их первоначально «к овцам погибшим дому Исраилева», коснevшим в погибели, несмотря на дарованное им предызображение общения с Богом. «Ходяще, – повелело апостолам Слово Божие, – проповедуйте, глаголюще:

покайтеся, яко приближися Царствие Небесное» (*Мф. 10:6–7*). Призвание к вере и покаянию – Божественны. Послушание к этому призванию необходимо для спасения: оно есть исполнение всесвятой Божией воли.

3) Уверовавшие в Бога, отвергшие греховную жизнь для вступления в общение с Богом, вступают в это общение посредством начального христианского таинства – святого Крещения: Крещение есть рождение в Божественную жизнь. Невозможно вступить в естественное существование, не родившись по закону естества, невозможно вступить в общение с Богом, в чем заключается истинная наша жизнь или наше спасение, не вступив в христианство посредством святого Крещения. Таково Божественное установление. Крещением вступаем в *пакибытие* (*Тит. 3, 5*), т. е. в то святое бытие, которое даровано было Адаму при его сотворении, потеряно им при его падении, возвращено нам Господом нашим Иисусом Христом. «Аще кто не родится свыше, – сказал Господь, – не может видети Царствия Божия. Аще кто не родится водою и Духом, не может внити во Царствие Божие» (*Ин. 3, 3, 5*). Рождаясь по плоти, мы составляем потомство нашего праотца по плоти, Адама, доставляющего нам бытие вместе с вечной смертью; посредством святого Крещения мы переходим в духовное потомство Богочеловека, Который, по свидетельству Пророка, «есть Бог Крепкий, Властелин, Князь мира, Отец будущаго века» (*Ис. 9, 6*), Который рождая нас духовно, уничтожает в нас начало смерти, насажденное рождением по плоти, и дарует нам вечную жизнь, спасение, блаженство в Боге. Святой Иоанн Богослов возвещает об уверовавших в Бога и возрожденных святым Крещением: «Елицы же прияша Его, даде им область чадом Божиим быти, верующим во имя Его, иже не от крове, не от похоти плотския, но от Бога родишася» (*Ин. 1:12–13*). Святое Крещение, соделав нас чадами Божиими, восстанавливает нашу свободу, данную нам при сотворении, утраченную нами при падении, восстанавливает силу воли, предоставляет нашей власти или пребывать чадами Божиими, или отвергнуть

усыновление[352]. Так в раю предоставлено было самовластию праотцев или пребывать вечно в блаженстве или потерять его. «Сего ради подобает нам лишше внимати», т. е. с особенной тщательностью наблюдать за собой, «да не когда отпадем» (*Евр. 2:1*). Святое Крещение запечатлевается другим, непосредственно последующим за ним таинством, святым Миропомазанием. Справедливо это таинство названо печатью, так как святое Крещение со справедливостью может быть названо условием, заветом между Богом и человеком. Печать, которой запечатлевается это условие, – святое Миропомазание.

4) Пребывание в усыновлении Богу, доставляемом через святое Крещение, поддерживается жизнью по евангельским заповедям. Теряется пребывание в усыновлении отступлением от жительства по евангельским заповедям. То и другое засвидетельствовал Сам Господь: «Аще заповеди Моя соблюдете, – сказал Он, – пребудете в любви Моей. Аще кто во Мне не пребудет, извержется вон, якоже розга, и изсышет: и собирают ю, и во огнь влагают, и сгарает» (*Ин. 15, 10, 6*). Для спасения необходимо, чтобы крещенный во Христа жительствовал по законодательству Христа.

5) Богочеловек, родив нас во спасение святым Крещением, вводит нас в теснейшее общение с Собой другим великим, непостижимым таинством, таинством Евхаристии, при посредстве которого мы соединяем и смешиваем[353] наши тело и кровь с телом и кровью Богочеловека. «Ядый Мою плоть, – сказал Господь, – и пияй Мою кровь во Мне пребывает, и Аз в нем. Ядый Мою плоть и пияй Мою кровь, имать живот вечный. Аще не снесте плоти Сына человеческого, ни пиете крове Его, живота не имате в себе» (*Ин. 6:56, 54, 53*). Богочеловек посредством этого таинства совершенно отторгнул нас от сродства с ветхим Адамом и ввел в теснейшее сродство, в единение с Собой. Как не спастись тем, которые с Богочеловеком составляют одно? «Идеже тело, тамо соберутся и орли» (*Лк. 17, 37*), питающиеся этим телом, свидетельствует святое Евангелие. Достойным и учащенным (частым – *Ред.*)

вкушением духовной пищи, сшедшей с Неба и дающей жизнь миру, соделаемся духовными орлами, подымемся с низин плотского состояния на высоты состояния духовного, возлетим туда, куда вознес человеческое естество и тело Свое Богочеловек, искони бывший в Боге Отце по Божеству Своему, воссевший одесную Отца человеческим естеством по совершении искупления человеков.

6) Для поддержания немощи нашей, для врачевания язв греховных, получаемых нами после Крещения, для поддержания святыни, которой запечатлены мы святым Крещением, в целости, Бог даровал нам таинство исповеди. Этим таинством возобновляется и восстанавливается состояние, доставляемое святым Крещением[354]. К таинству Исповеди должно прибегать по возможности часто: душа того человека, который имеет обычай часто исповедовать свои согрешения, удерживается от согрешений воспоминанием о предстоящей исповеди; напротив того, неисповедуемые согрешения удобно повторяются, как бы совершенные в потемках или ночью[355].

## ЧАСТЬ ВТОРАЯ

Евангелие упоминает о двух блаженных состояниях: о состоянии спасения и о состоянии христианского совершенства. Некоторый богатый и знатный юноша иудейский припал к ногам Богочеловека и просил сказать ему, как он должен поступать, чтобы наследовать живот вечный, спасение? Иудею, то есть, правильно верующему в Бога, Господь отвечал: «Аще хощеши внити в живот, соблюди заповеди» (*Мф. 19, 17*). На вопрос юноши, какие бы то были заповеди, Господь указал на одни заповеди, определяющие Богоугодные отношения каждого правоверного к ближнему, не упомянув о заповедях, определяющих отношение человека к Богу, как об известных иудею и с точностью сохраняемых им, по крайней мере по наружности. Нравственный и религиозный недуг иудеев ко времени пришествия на землю вочеловечившегося Бога изменился.

Недуг изменился в своей видимой форме, оставаясь в сущности тем же, чем был и прежде – стремлением к Богоотступничеству. Иудеи не выражали той непреодолимой наклонности к идолопоклонству, которая наветовала, разрушала и духовное и гражданское благосостояние их в течение целого тысячелетия, от исшествия их из Египта до переселения в Вавилон. Сатана не влек их к отступлению от Бога и к поклонению себе при посредстве поклонения идолам: другую козень, более действительную, другую погибельную пропасть, несравненно более глубокую и мрачную, он придумал и приготовил для них. Сатана оставил иудеев служителями истинного Бога по наружности. Мало этого, он увлек их к усиленному, неправильному уважению обрядовых постановлений и старческих преданий, в то же время выкрал уважение к заповедям Божиим, он увлек их в подробнейшее и утонченное изучение Закона Божия по букве, в то же время выкрал у них изучение Закона Божия жизнью; знание Закона Божия по букве он употребил в средство вовлечения в ужаснейшую гордость, в ужаснейшее самомнение, при которых они, именуя себя и представляясь другим чадами Божиими, на самом деле были врагами Бога и чадами диавола (*Ин. 8, 44*). Под предлогом сохранения верности к Богу, они отвергли Бога; под предлогом сохранения общения с Богом, они отвергли общение с Богом, заразились сатанинской ненавистью к Богу, запечатлели эту ненависть Богоубийством[356]. Все это совершилось от оставления жизни Богоугодной! Все это совершилось от оставления заповеданных Богом отношений к ближнему, причем сохраненные по наружности отношения к Богу делаются мертвыми. По этой причине Спаситель возводит иудея, спросившего о том, как ему спастись, в отношения к ближним, заповеданные Богом. Так и всякий православный христианин, если захочет перейти от нерадивой жизни к жизни внимательной, если захочет заняться своим спасением, должен сначала обратить внимание на отношения свои к ближним. В этих отношениях он должен исправить то, что подлежит исправлению, принести искреннее покаяние перед Богом в том, что уже не подлежит исправлению и предначертать себе деятельность благоугодную Богу. «Се пол имения моего», – сказал Господу мытарь Закхей, при обращении своем, «дам нищим, и аще кого чим обидех, возвращу четверицею». Он услышал радостнейшее определение всеблагого и всемогущего Господа, пребывающего и ныне столько же благим и столько же всесильным: «Днесь спасение дому сему бысть, зане и сей сын Авраамль есть, прииде бо Сын Человеческий взыскати и спасти погибшаго» (*Лк. 19:8–10*). Потомок Авраама по плоти признан Богом за потомка в то время, как решился на жизнь Богоугодную: из этого следует, что до того времени он не был признаваем, не смотря на право по плоти. И христианин, доколе проводит произвольную греховную жизнь, противную евангельским заповедям, не признается христианином, хотя имеет право на это наименование, присовокупившись к святому христианскому племени Крещением. Что пользы в исповедании словами при отвержении делами? «Исповем им», небрегущим об исполнении евангельских заповедей, обетовал Господь, «яко николиже знах вас. Отъидите от Мене делающии беззаконие!» (*Мф. 7, 23*) Для спасения необходимо исполнение всех постановлений Евангелия, хранимых в должной целости единой Святой Православной Церковью. Упомянутый выше юноша, услышав ответ Господа, что для спасения нужно жительство по заповедям Божиим, сказал: «Вся сия сохраних от юности моея: что есмь еще не докончал? Рече ему Иисус: Аще хощеши совершен быти, иди, продаждь имение твое и даждь нищим: и имети имаши сокровище на небеси: и гряди вслед Мене, взем крест» (*Мф. 19:20–21; Мк. 10:21*). Спасение возможно при сохранении имения, в жизни посреди мира, для снискания совершенства требуется предварительное отрешение от мира. Спасение необходимо для всех – снискание совершенства предоставлено произволяющим. Образец христианского совершенства мы видим в святых Апостолах, как засвидетельствовал о себе и о них святой апостол Павел, сказав: «Елицы убо совершенни, сие да мудрствуем» (*Фил. 3, 15*), что совершенство христианское, будучи жительством в Боге, есть бесконечное поприще преуспеяния, как бесконечен Бог (*Фил. 3, 20, 12*). «Это совершенное, несовершающееся совершенство совершенных, как поведал мне некто вкусивший его, – говорит святой Иоанн Лествичник, – столько освещает ум и отвергает его от всего вещественного, что, по вступлении в сие небесное пристанище, по большей части из жизни по плоти возносит, приведши в состояние исступления, на небо к видению (и там содержит). Об этом говорит негде познавший, может быть, из опыта, «яко Божии державнии земли зело вознесошася» (*Пс. 46, 10*)[357]. Об этом сказал восхищенный до третьего неба и оставшийся жить там сердечными чувствованиями и помышлениями: «наше житие на небесех есть» (*Фил. 3, 20*). Совершенство состоит в явном причастии Святого Духа, который, вселившись в христианина, переносит все желания его и все размышление в вечность. Такое состояние души своей исповедал святой Давид, засвидетельствовавший о себе: «Дух Господень глагола во мне и слово Его на языце моем» (*2Цар. 23, 2*). От действия Святого Духа мог сказать Давид: «Коль возлюбленна селения твоя, Господи сил, желает и скончавается душа моя во дворы Господни: сердце мое и плоть моя возрадовастася о Бозе живе» (*Пс. 83:2–3*). «Имже образом желает елень на источники водныя: сице желает душа моя к Тебе, Боже. Возжада душа моя к Богу крепкому, живому: когда прииду и явлюся лицу Божию» (*Пс. 41:2–3*). «Увы мне, яко пришельствие мое продолжися» (*Пс. 119, 5*). Неестественно человеку в обыкновенном его состоянии такое пламенное желание переселения в вечность: оно свойственно лишь мужу Духоносному, как и Духоносный Павел сказал о себе: «Мне еже жити, Христос; и еже умрети, приобретение есть. Желание имый разрешитися и со Христом быти» (*Фил. 1, 21, 23*). «Купец, – говорит святой Исаак Сирин, – когда исполнится предприятие его и получится следующая ему часть корысти, спешит возвратиться в дом свой. И монах, доколе не совершено поприще делания его, не хочет разлучиться с телом. Когда же ощутит в душе своей, что поприще им совершено и он получил залог, тогда начинает желать будущего века... Ум, обретший премудрость Духа, подобен человеку, нашедшему корабль на море. Когда он поместится в этот корабль, то немедленно уплывает в нем из моря мира преходящего и приплывает на остров, принадлежащий будущему веку. Ощущение будущего века в сем мире подобно малому острову на море: приставший к этому острову уже не будет более трудиться в волнах мечтаний сего века»[358]. Преподобный Макарий Великий живописует христианское совершенство следующими чертами: «Надобно человеку, так сказать, пройти двенадцать ступеней и потом достигнуть совершенства. Если кто достиг сей степени, то и пришел в совершенство. Опять, когда благодать начнет действовать слабее, он сходит с одной ступени и стоит на одиннадцатой. Иной, богатый и обилующий благодатью, всегда, день и ночь, стоит на степени совершенства, будучи свободным и чистым от всего, всегда увлеченным и восхищенным в горняя. Если бы это сверхъестественное состояние, явленное ныне человеку, изведанное им на самом опыте, всегда ему сопребывало, то он не мог бы ни принять на себя служения Слову, ни понести каких-либо трудов, ни слышать что, ни в нужных случаях позаботиться о себе или о наступающем дне, а сидел бы в одном углу восхищенным и как бы упоенным. По этой причине полная мера совершенства не дана человеку, чтоб он мог иметь попечение о братии и упражняться в служении Слова. Но стена уже разрушена, и смерть побеждена. Это должно понимать так: как в каком-либо месте, при возожженной и светящей в нем свече, может находиться и некоторая мрачная сила, и густой воздух потемнять его, так и при духовном свете находится некоторое покрывало. По сей причине находящийся в этом свете человек исповедует себя еще не совсем совершенным и свободным от греха. Разрушилась, так сказать, и разорилась отделявшая стена, но только отчасти, а не совсем и навсегда, потому что благодать иногда сильнее наставляет и укрепляет человека, а иногда как бы слабеет и уменьшается, сообразуясь с пользой человека. Кто достиг в сей жизни совершенной степени и самым опытом узнал будущий век? Я еще не видел ни одного человека, который бы вполне достиг христианского совершенства, вполне был свободен от всякого порока. Хотя и упокоевается кто в благодати, постигает тайны и откровения, вкушает неизреченную сладость благодати, однако, при всем том и грех в нем обитает... Я еще не видел никого совершенно свободным: ибо и я отчасти восходил некогда до этой степени и узнал, что нет ни одного человека (вполне) совершенного»[359]. По сей-то причине, как мы видели, святой Иоанн Лествичник, а подобно ему и многие святые Отцы, назвали человеческое совершенство в христианстве несовершенным совершенством, как и св. апостол Павел сказал: «Не уже достигох или уже совершился: гоню же, аще и постигну, о немже и постижен бых от Христа Иисуса. Братие! Аз себе не у помышляю достигша: едино же, задняя забывая, в предняя же простираяся, со усердием гоню к почести вышняго звания Божия» – христианского совершенства – «о Христе Иисусе» (*Фил. 3, 12–14*).

Христианское совершенство есть дар Божий, а не плод человеческого труда и подвига, подвигом доказывается только действительность и искренность желания получить дар: подвигом, который обуздывает и укрощает страсти, естество человеческое соделывается способным и предуготовляется к принятию дара. От человека зависит очистить и украсить, и то с помощью Божией, обитель в себе для Бога, пришествие Бога в эту обитель зависит единственно от Божия благоволения (*Ин. 14:23*). Нестяжание и отречение от мира есть необходимое условие к достижению совершенства. Ум и сердце должны быть всецело устремлены к Богу, все препятствия, все поводы к развлечению должны быть устранены, «всяк от вас, – сказал Господь, – иже не отречется всего своего имения, не может быть Мой ученик» (*Лк. 14, 33*). Упование на тленное имущество должно быть заменено упованием на Бога, а самое имущество – обетованием Бога, Который сказал: «не пецытеся глаголюще: что ямы, или что пием, или чим одеждемся? Всех бо сих язы́цы ищут: весть бо Отец ваш небесный, яко требуете сих всех. Ищите же прежде Царствия Божия и правды его, и сия вся приложатся вам» (*Мф. 6, 31–33*). Посреди всех лишений, посреди трудного положения, в которое, по-видимому, приводит себя христианин, отказавшийся от имения и от всех преимуществ, доставляемых миром, он, содействующей ему Божией благодатью, поставляется в самое удовлетворительное положение, какого мир никогда не может дать своим служителям. Это положение изображено святым апостолом Павлом так: «Во всем представляюще себе якоже Божия слуги, в терпении мнозе, в скорбех, в бедах, в теснотах, в ранах, в темницах, в нестроениих, в трудах, во бдениих, в пощениих, во очищении, в разуме, в долготерпении, в благости, в Дусе Святе, в любви нелицемерне, в словеси истины, в силе Божией, оружии правды десными и шуими, славою и безчестием, гаждением и благохвалением: яко лестцы, и истинни: яко незнаеми, и познаваеми: яко умирающе, и се живы есмы: яко наказуеми, а не умерщвляеми: яко скорбяще, присно же радующеся: яко нищи, а многи богатяще: яко ничтоже имуще, а вся содержаще» (*2Кор. 6, 4–10*). В таком положении были все святые Апостолы, все оставившие и шедшие вслед Господа (*Мф. 19, 27*). Они не имели вещественного имущества, но всему миру, утопавшему в погибели, доставили неоцененное духовное богатство – Богопознание и спасение. Они не имели вещественного имущества, но вселенная им принадлежала: во всяком городе, во всяком селении, куда они ни приходили, приготовлены им были Промыслом Божиим и помещение и содержание, и «елицы» из уверовавших во Христа «господие селом или домовом бяху, продающе приношаху цены продаемых и полагаху при ногах Апостол» (*Деян. 4, 34–35*). В таком положении были святые мученики. Перед вступлением в подвиг обыкновенно они давали свободу рабам, а имущество раздавали нищим[360]. Разорвав все связи с миром, они совлекали с себя самую одежду – тело – в беззакониях зачатую, облекались в одежду Святого Духа, в Самого Господа нашего Иисуса Христа, претворяли свою одежду – тело – из плотской в духовную, из тленной в нетленную, из греховной в святую, из земной в небесную. Страдания святых мучеников имели особенный характер: они страдали не как чада ветхого Адама – как члены Христа. Святая мученица Фелицитата была беременной в то время, как ее, за твердое исповедание Веры, заключили в мрачную и душную темницу. В темнице она разрешилась. Во время родов, которые были трудны, Фелицитата не могла удерживаться от воплей. По этому поводу один из тюремных стражей сказал ей: «Ты так кричишь теперь: что же с тобой будет, когда тебя предадут зверям на съедение?» Она отвечала: «Теперь страдаю я, но тогда Другой во мне будет страдать за меня, потому что я страдаю за Него»[361]. Мученичество отнюдь не было изобретением человеческим или последствием одного человеческого произволения: оно было даром Божиим человечеству и потому было сверхъестественно, как и святой апостол Павел сказал: «Вам даровася еже о Христе, не токмо еже в Него веровати, но и еже по Нем страдати» (*Флп. 1, 29*). Подобно мученичеству и монашество есть дар Божий. Монашество есть подвиг вышеестественный. Оно есть тоже мученичество в сущности своей, лишь для поверхностного невежественного взгляда представляясь чем-то иным, неопределенным. Подобно мученичеству, монашество требует, чтобы ему предшествовало отречение от мира. Как подвиг мученичества начинается различными терзаниями тела, а совершается смертью его, так и подвиг монашества начинается отсечением своей воли и своих разумений, отречением от плотского наслаждения, а совершается умерщвлением души и тела для греха, оживлением их для Бога. Встав против греха до смерти, купив победу над ним непощадением тела в усиленных, сверхъестественных подвигах, многие иноки с величайшей удобностью перешли от подвига иноческого к подвигу мученическому по сродству между собою этих двух подвигов, заключающихся в отречении от мира и от себя. Как подвиг мученичества непонятен для гордого, служащего тлению мира, представляется для него буйством, так непонятен и странен для него подвиг монашества. Мученики по мере совершения подвига начинали обнаруживать обилие благодатных Даров, точно так и в иноках благодать Божия открывала свое действие по умерщвлении их для греха, усиливала это действие по мере того, как усиливалась в иноках их святая мертвость. Подвиг всякого инока – сверхъестествен: он непременно должен быть сопряжен с победой скотоподобного свойства телесного, сделавшегося по падении принадлежностью каждого человека. Подвиг некоторых святых иноков кажется более непостижимым по сверхъестественности своей, нежели даже подвиг мучеников. В этом можно убедиться, прочитав жития преподобных Марка Фраческого, Онуфрия Великого, Марии Египетской и других. Отчего мученичество и монашество представляются сумасбродством и нелепостью для рабов греха и мира? Очевидно оттого, что они признают добром одно добро падшего естества, а христианства не знают и не понимают.

Для достижения совершенства, вслед за истощанием (раздачей – *Ред.*) имения на нищих, необходимо взять крест свой (*Мк. 8, 34*). Оставлению имения должно последовать отвержение от самого себя, в чем и заключается принятие креста, или произвольное и постоянное подчинение скорбям двоякого рода, из которых составляется крест, как бы из двух древ, соединенных между собой и пресекающих друг друга. Одни из этих скорбей попускаются промыслом Божиим к нашему душевному созиданию, а другие мы должны возлагать произвольно сами на себя для обуздания и умерщвления страстей своих, для умерщвления в себе своего падшего естества. О скорбях, попускаемых нам промыслом Божиим, говорит святой Апостол Павел: «Егоже любит Господь, наказует: биет же всякого сына, егоже приемлет. Аще наказание терпите, якоже сыновом обретается вам Бог: который бо есть сын, егоже не наказует отец? Аще же без наказания есте, емуже причастницы быша вси» (истинные служители Божии): «убо прелюбодейчищи есте, а не сынове. К сим, плоти нашей отцы имехом наказатели, и срамляхомся: не много ли паче повинемся Отцу духовом, и живи будем?» (*Евр. 12:6–9*). Святой Апостол Петр возводит к духовному разумению скорбей и утешает подвергшихся им следующим образом: «Возлюбленные! Огненнаго искушения, для испытания вам посылаемого, не чуждайтесь, как приключения для вас странного. Но так как вы участвуете в Христовых страданиях, радуйтесь, да и в явление славы Его возрадуетесь и восторжествуете. Если за имя Христово злословят вас, то вы блаженны. Ибо Дух славы и силы, Дух Божий на вас почивает. Теми он хулится, а вами прославляется. Только бы кто из вас не пострадал как убийца, или тать, или злодей, или как мятежник. А если как христианин, то не стыдись, но прославляй Бога за такую участь. Ибо время начаться суду с дома Божия. Если же прежде с нас начнется, то какой конец непокоряющимся Евангелию Божию? Если праведник едва спасется, то нечестивый и грешный где явится? Итак, страждущие по воле Божией, Ему, как верному Создателю, да предают души свои, делая добро» (*1Пет. 4:12–19*)[362]. По наставлению Апостола Павла, попускаемые Промыслом скорби должно принимать с величайшей покорностью Богу, как и Апостол принимал попущенные ему искушения: «благоволю, – говорил он, – в немощех, в досаждениих, в бедах, в изгнаниих, в теснотах по Христе» (*2Кор. 12:10*). По наставлению святого Апостола Петра, при нашествии скорбей должно предаваться всесвятой воле Божией и с особенной трезвенностью, твердо держаться Заповедей Божиих, от которых враг старается во время скорби отторгнуть помыслами печали, безнадежия, ропота, гнева, хулы. «Всю печаль нашу возвергнем на Бога, яко Той печется о нас» (*1Пет. 5, 7*). Подобает нам «иметь всяку радость», то есть, величайшую радость, «егда во искушения впадаем различна» (*Иак. 1, 2*): искушения суть признак призвания нас Богом, признак избрания, признак усыновления. Из среды их будем возносить славословие Богу, как возносил его праведный, многострадальный Иов из среды разнообразных бедствий, отовсюду окруживших его (*Иов. 1:21, 2:10*). Из среды их будем приносить благодарение Богу, исполняющее сердце благодарящего духовным утешением и силой терпения, благодарение, заповеданное Самим Богом. «О всем благодарите, – завещает Апостол, – сия бо есть воля Божия о Христе Иисусе в вас» (*1Сол. 5, 18*). Говорит святой Петр Дамаскин: «Как чадолюбивые родители, будучи побуждаемы любовью, с угрозами обращают к благоразумному поведению детей своих, позволивших себе поведение безрассудное, так и Бог попускает искушения, как жезл, обращающий достойных от диавольского злосоветия. «Иже щадит жезл свой, ненавидит сына своего: любяй же наказует прилежно» (*Притч. 13, 25*). Лучше терпением находящих (попускаемых искушений) прибегать к Богу, нежели из страха бедствий подвергаться отпадению, впадать в руки диавола, и навлечь на себя вечные отпадение и муку с ним. Одно из двух непременно предлежит нам: или мы должны претерпеть первое, временное, или подвергнуться второму, вечному. Праведников не прикасаются ни те, ни другие бедствия: потому что они, любя события, представляющиеся нам несчастьями, радуются им, лобызая искушения, как находки и время для приобретения духовной корысти, пребывают неуязвленными. Не умирает тот, в кого ударила стрела, но не поразила его, погибает тот, кому она нанесет смертельную рану. Повредила ли напасть Иову? Напротив того, не увенчала ли его? Привели ли в ужас апостолов и мучеников муки? Они радовались, говорит Писание, «яко за имя Господа Иисуса сподобишася безчестие прияти» (*Деян. 5, 41*). Победитель чем более бывает борим, тем больших сподобляется венцев, тем большую от этого ощущает радость. Когда он услышит голос трубы, то не приходит в страх, как бы от голоса, возвещающего заколение, напротив того, веселится, как о предвещании венца и воздаяния. Ничто не доставляет победы столько беструдной, как мужество с извещенной верой! Ничто не навлекает с таким удобством побеждения, как самолюбие и боязнь, рождающиеся от неверия»[363]. Господь обетовал скорби последователям Своим на все время земного странствия их, обетовал земную жизнь, подобную Своей, проведенной в лишениях и гонениях, но вместе заповедал им мужество и благонадежие. «Аще мир вас ненавидит, – сказал Он им, – ведите, яко Мене прежде вас возненавиде. Аще от мира бысте были, мир убо свое любил бы: яко же от мира несте, но Аз избрах вы от мира, сего ради ненавидит вас мир» (*Ин. 15:18–19*). «В мире скорбни будете, но дерзайте яко Аз победих мир» (*Ин. 16, 33*): никакая скорбь, никакое искушение не возмогут ни одолеть, ни сокрушить вас, если вы будете веровать в Меня и пребывать во Мне исполнением Моих заповедей». «Верен Бог, – говорил Апостол, – Иже не оставит вас искуситися паче, еже можете, но сотворит со искушением и избытие, яко возмощи вам понести» (*1Кор. 10, 13*). Также и в другом месте Писания Святой Дух свидетельствует: «Многи скорби праведным, и от всех их избавит я Господь. Хранит Господь вся кости их, и ни едина от них сокрушится» (*Пс. 33:20–21*). Поверим обетованию Божию, не устрашимся волнующегося моря скорбей и благополучно переплывем его, держимые невидимой, но всесильной десницей Божией.

Другая часть креста составляется из произвольных подвигов духовных, установленных и заповеданных Богом, которыми обуздываются греховные пожелания тела, а следовательно, и души. О них святой апостол Павел сказал: «умерщвляю тело мое и порабощаю, да не како, иным проповедуя, сам неключим буду» (*1Кор. 9, 27*), а святой апостол Петр: «Христу пострадавшу за ны плотию, и вы в ту же мысль вооружитеся: зане пострадавый плотию, преста от греха» (*1Пет. 4, 1*). «Иже Христовы суть плоть распяша со страстьми и похотьми» (*Гал. 5, 24*): плоть, не распятая, а утучняемая и утешаемая обильным питанием, наслаждением и упокоением, не может не сочувствовать греху, не услаждаться им, не может не быть неспособной к приятию Святого Духа, не может не быть чуждой и враждебной Христу. «Сущая истинная вдовица и уединена», то есть истинно отрекшийся от мира, умерший для него, отделившийся от всех и от всего для служения Богу «уповает на Бога и пребывает в молитвах и молениях день и нощь: питающаяся же пространно», несмотря на оставление мира по наружности и на раздаяние имения нищим, «жива умерла» (*1Тим. 5, 5–6*), потому что «сеяй в плоть свою, от плоти пожнет истление, а сеяй в Дух, от Духа пожнет живот вечный» (*Гал. 6:8*). Необходимо, необходимо для подвижника Христова распятие плоти! Необходимо подчиниться благому игу подвигов для обуздания скотоподобных стремлений плоти, а не для отнятия у нее здоровья и сил, необходимых для самого подвижничества. «Мы научились быть убийцами страстей, а не тела», – говорит Пимен Великий[364]. Даже для немощных по телу и больных очень вредно нарушение воздержания, усиливающее болезни, не подкрепляющее, а расстраивающее слабого и больного. Благоразумная умеренность особенно способна поддерживать и сохранять телесные силы и здоровье, и в людях крепкого сложения, и в людях сложения слабого, болезненного.

По раздаянии имения нищим и по расторжении связи с миром, первым делом для подвижника Христова должно быть удаление из среды соблазнов в уединенную иноческую обитель. Таким удалением изглаживаются прежде полученные греховные впечатления и отвращается возможность заражаться новыми впечатлениями. К такому удалению приглашает истинных служителей Бога сам Святой Дух: «Изыдите от среды их и отлучитеся, глаголет Господь, и нечистоте не прикасайтеся, и Аз прииму вы: и буду вам во Отца, и вы будете Мне в сыны и дщери, глаголет Господь Вседержитель» (*2Кор. 6:17–*

*18*). И в самой святой обители необходимо охраняться от знакомства, от хождения по кельям братий и от принятия их к себе, чтобы душа соделалась способной к посеву на ней Слова Божия, принесла в свое время плод духовный. И вещественная нива приготовляется к обильному хлеборождению разрыхлением посредством железных орудий и устранением из нее всех иных произрастаний. Преподобный *Симеон Благоговейный* заповедал ученику своему, преподобному Симеону, Новому Богослову, при вступлении его в монастырь: «Смотри, чадо, если хочешь спастись, то никак не беседуй на церковных последованиях и не ходи по кельям. Не имей свободного обращения. Храни ум твой, чтоб он не скитался туда и сюда, но чтобы взирал неуклонно на грехи твои и на вечную муку»[365]. В келье должно иметь только самые нужные принадлежности, по возможности простые: к излишним и красивым вещам немедленно является в сердце пристрастие, а ум, по поводу их, получает наклонность к мечтательности и рассеянности, что очень вредно.

Второй подвиг заключается в умеренном посте. Пост для новоначальных определяется монастырской трапезой. В трапезе должно употреблять пищу, не дозволяя себе пресыщения, впрочем, столько, чтобы тело было способно к послушаниям; вне трапезы пищу употреблять воспрещается отеческим преданием и монастырским уставом. Те иноки, которых Бог привел к жизни безмолвной и к постоянному упражнению в молитве и Богомыслии, должны употреблять пищу однажды в день[366], не насыщаясь и употребляя все роды яств, дозволенных монашеству, смотря по тому, что послано будет Богом. При такой свободе строго должно наблюдать, чтобы она не дала повода к наслаждению или излишеству. Истинное наслаждение ожидает нас в будущем веке, а здесь, на пути к нему, возбраним себе наслаждение, удовлетворяя единственно естественной нужде, а не страстной прихоти. Уединение и пост – такие существенные принадлежности иноческой жизни, что от них иноки получили в древности свое название: монах (monacos, solitarius, от слов греческого monos, латинского solus – один) значит уединенный; монахи назывались также и постниками.

Третий подвиг – бдения. Новоначальный инок тогда удовлетворительно упражняется этим подвигом, когда неупустительно присутствует при всех церковных последованиях. Для проводящего безмолвную жизнь подвиг бдения особенно важен. В этот подвиг возводит инока живое памятование, как бы предощущение смерти и последующего за ней нелицеприятного суда Божия. Инок тщится предупредить страшное стояние на этом суде благоговейным и трепетным предстоянием на молитве, как бы пред лицем и взорами Самого Бога. Он надеется испросить и получить здесь прощение грехов, чтобы, по исшествии души из тела, совершить путь от земли к небу без всякого страха, и потому неотступно стоит при дверях милосердия Божия во время келейной уединенной молитвы своей, стучится в эти двери плачем, стучится тяжкими воздыханиями, смиренными словами, исходящими из глубины болезнующего о греховности сердца. По мере того, как усиливается духовное ощущение Страха Божия, усиливается подвиг бдения. Но сначала надо принуждать себя к этому подвигу, без которого невозможно получить окончательной и совершенной победы над страстями. Надо придти в состояние, заповеданное Господом: «Да будут чресла ваша препоясана, и светильницы горящии: и вы подобни человеком, чающим Господа своего, когда возвратится от брака, да пришедшу и толкнувшу, абие отверзут Ему. Блажени раби тии, ихже пришед Господь обрящет бдящих. Аминь, глаголю вам, яко препояшется и посадит их, и минув послужит им. И аще приидет во вторую стражу, и в третию стражу приидет, и обрящет их тако, блажени раби тии. Се же ведите, яко аще бы ведал Господин храмины, в кий час тать приидет, бдел убо бы, и не бы дал подкопати дому своего. И вы убо будите готовы, яко в онь же час не мните, Сын человеческий приидет» (*Лк. 12:35–40*). Такое состояние доставляется ощущением Страха Божия. Пришедшие в него, начинают жить на земле, как путешественники в гостинице, ожидая ежечасно выхода из нее. Время земной жизни сокращается перед их взорами, когда перед ними откроется необъемлемая, величественная вечность. Мысль, что они могут быть призваны Господом неожиданно, содержит их в непрестанном бодрствовании, на непрестанной страже от греха, непрестанно наветующего. Ночи проводят они подобно дням, приемля сон только по необходимой нужде, никак не попуская себе глубоко погружаться в него и разнеживаться им. На жесткие ложа свои они ложатся одетые и препоясанные, чтобы тотчас воспрянуть при требовании нужды. Подвиг бдения должен соответствовать телесным силам человека. Он, как и уединение и пост, усиливается при постепенном переходе подвижника из плотского и душевного состояния в духовное или благодатное. Духовный человек хотя бы и немощен был по телу, выдерживает несравненно больший подвиг, нежели к какому способен человек плотский и душевный. Первый возбуждается к подвигу Божественною благодатию и встречает менее препятствий от своего тела, обыкновенно отлагающего при вступлении в такое состояние значительную часть своей дебелости.

Для составления видимого креста необходимо нужны два бруса в поперечном соединении между собой; так и для составления невидимого креста необходимы и скорби произвольные – подвиги, содержащие тело в распятии, и скорби извне, обуздывающие и смиряющие дух человека, постоянно расположенный к гордости по причине повреждения падением. Из совокупности этих скорбей составляется тот крест, который заповедано нам взять на себя и последовать Христу, без которого последование Христу невозможно. Не распявшие плоти своей, не обуздавшие в ней греховных вожделений и стремлений, увлекающиеся сладострастными ощущениями и помыслами, не могут быть в общении со Христом, состоя посредством услаждения и увлечения грехом в общении с сатаной. «Сущии во плоти», сказал святой Апостол Павел, то есть, проводящие плотскую жизнь, живущие в свое тело, изобильно питающие его, упокоивающие, нежащие, «Богу угодити не могут» (*Рим. 8:8*). «Сущии по плоти, плотская мудрствуют» (*Рим. 8:5*), то есть, проводящие плотскую жизнь непременно имеют плотский образ мыслей, не помнят и не заботятся о вечности, имеют ложное завещание к земной жизни, признавая ее бесконечной и действуя единственно для нее, высоко ценят земные преходящие положения и преимущества, не могут усвоить себе Нового Завета, не могут отвергнуть падшего естества, развивают его, уважают его достоинства и преуспеяние. «Мудрование плотское смерть есть, мудрование плотское вражда на Бога: закону бо Божию не покаряется, ниже бо может» покориться (*Рим. 8, 6–7*). Несвойственна, невозможна ему эта святая покорность. Никакой пользы не принесет нам оставление имущества и мира, удаление в монастырь, если мы будем угождать прихотливым пожеланиям нашей плоти, если не возведем ее на крест, лишив ее излишеств и наслаждений, предоставив одно необходимое к существованию. Первоначальная заповедь, данная Богом человечеству, была заповедь о посте. Она дана в Раю, подтверждена в Евангелии. При нарушении ее, святой Рай не мог предохранить от погибели, при нарушении ее не может предохранить нас от погибели искупление, дарованное нам Богочеловеком. «Мнози ходят, – говорит Апостол Павел, т. е. проводят земную жизнь, – ихже многажды глаголах вам, ныне же и плача глаголю, враги креста Христова, имже кончина погибель, имже Бог чрево, и слава в студе их, иже земная мудрствуют» (*Флп. 3, 18–19*). Апостол, говоря это христианам, умолял их подражать его жительству (*Флп. 3:17*), которое он совершал «в труде и подвизе, в бдениих множицею, в алчбе и жажде, в пощениих многащи, в зиме и наготе» (*2Кор. 11:27*). Пост есть основание всех иноческих подвигов, без него невозможно ни сохранить уединения, ни обуздать языка, ни проводить трезвенной, внимательной жизни, ни преуспеть в молитве и бдении, ни стяжать воспоминания о смерти, ни узреть множества согрешений и немощей своих. Инок, небрегущий о посте, колеблет все здание добродетелей своих; не устоят этому зданию, если здатель не опомнится и не позаботится благовременно об укреплении основания. Святой Иоанн Лествичник говорит: «Начальник бесов – падший денница, и начало страстей – объядение³⁶⁷. Не вводи себя в обман! Ты не освободишься от Фараона и не узришь горней Пасхи, если не будешь постоянно вкушать горького зелья и опресноков. Горькое зелье – понуждение к посту и труд, а опресноки – ненапыщенное мудрование. Да совокупится с жизнью твоей слово сказавшего: «Аз же, внегда стужаху ми» демоны, «облачахся во вретище, и смирях постом душу мою, и молитва моя в недро мое» углублялась (*Пс. 34:13*)³⁶⁸. Если ты дал обет Христу идти тесным и узким путем, то утесняй чрево твое. Упокоивая и расширяя его, ты нарушаешь этот обет. Будь внимателен и услышь говорящего: пространен и «широк путь» чревоугодия, «вводяй в пагубу» блуда, «и мнози суть входящии им. Что узкая врата и тесный путь» поста, «вводяй в живот» чистоты, «и мало их есть, иже входят им»³⁶⁹.

Что значит *последовать* Христу (*Мф. 19:21*), по раздаянии имения и принятии на себя креста? Последовать Христу значит проводить земную жизнь единственно для неба, подобно тому, как проводил свою земную жизнь Богочеловек. Живущие благочестно посреди мира по евангельским заповедям уподобляются уже благими нравами и настроением душевным Сыну Божию, но отрекшиеся от мира, распявшие плоть свою подвижничеством, привлекшие в себя благодать Святого Духа по причине умерщвления плоти для греха (*Рим. 8:10*), стяжают особенное сходство с Богочеловеком. Они «Духом Божиим водятся, и суть сынове Божии» (*Рим. 8:14*), по благодати, образовав себя по образу Небесного Человека, второго Человека, Богочеловека (*1Кор. 15:47–49*). Не буква, не поверхностное познание по букве, не имеющее никакого значения пред Богом, свидетельствует им, что они – чада Божии, свидетельствует это Сам Всесвятый Божий Дух, вселившись в них ощутительно для них и соединившись с их духом (*Рим. 8:16*). «Аще чада, то и наследницы: наследницы убо Богу, снаследницы же Христу» (*Рим. 8, 17*). Откуда могла возникнуть такая слава для бедной, падшей твари – человеков? Из живой веры во Христа, Бога, Создателя и Спасителя нашего, из живой веры, научившей избранных Божиих не только сердцем признать Искупителя, но исповедать самою жизнью, отречением от мира, приятием сугубого креста, составляемого из скорбей вольных и невольных, и точнейшим исполнением «воли Божией, благой, и угодной, и совершенной» (*Рим. 12:2*). «Понеже с ним страждем, – говорит Апостол всему лику подвижников Христовых, – да и с Ним прославимся» (*Рим. 8:17*). Сравнив вечную, небесную славу, уготованную страдальцам о Христе, изведанную Апостолом опытно, с кратковременными скорбями, которыми она приобретается, святой Павел говорит: «Непщую, яко недостойны страсти нынешняго времени к хотящей славе явитися в нас» (*Рим. 8, 18*). Ничего не значат эти скорби! Наш Всемогущий и Всеблагий Подвигоположник вложил в самые скорби такое духовное утешение, что скорби ради Христа уже собой составляют источник радости. «Телесные сии мучения, – сказал великомученик Евстратий о претерпенных им сверхъестественных страданиях в предсмертной молитве своей к Богу[370], – суть веселия рабам Твоим». Точно такое же свойство заключают в себе и скорби иноческие: в недре их истекает и кипит источник духовной сладости и радости, начаток во времени блаженства в вечности. Крест – оружие победы, почетное знамение христианина: «мне же, – говорит Апостол, – да не будет хвалитися, токмо о кресте Господа нашего Иисуса Христа, имже мне мир распятся, и аз миру» (*Гал. 6, 14*).

Достойна глубокого рассмотрения и удивления связь между телом и духом человеческим. Образ мыслей человека, его сердечные чувствования много зависят от того состояния, в котором находится его тело. «При утеснении чрева, – заметил святой Иоанн Лествичник, – смиряется сердце: когда же чрево удовлетворяется, тогда помыслы заражаются превозношением»³⁷¹. «Душа иначе не может придти в смирение, – сказал Пимен Великий, – как умалением пищи для тела». Настоятель некоторого общежития спросил у Великого: «Почему я не ощущаю в себе страха Божия?» «Как ощущать тебе страх Божий, – отвечал Великий, – когда чрево твое начинено пирогами и сырами?»³⁷² При насыщении тела сердце наше не может не порождать блудных ощущений, а ум – блудных помыслов и мечтаний, которые силой своей и увлекательностью способны изменить самое решительное благое произволение, склонить его к услаждению грехом; потому-то святой Иоанн Лествичник сказал: «Угождающий своему чреву и вместе желающий победить духа блудного подобен погашающему пожар маслом»³⁷³. Святой Исаак Сирин говорит: «Возлюби убогие одежды, чтобы уничижить прозябающие в тебе помышления: высокомудрие, говорю, сердца. Любящий блеск не может стяжать смиренных помышлений, потому что «сердце внутри напечатлевается соответственно внешнему образу»³⁷⁴. Святой Апостол Павел, исчисляя дела плотские, наименовал между ними «вражды, рвения, завиды, ярости, распри, соблазны, ереси» (*Гал. 5, 20*) – недостатки собственно духа человеческого. По какой причине? По той, что эти виды грехов обличают плотское мудрование человека, а плотским мудрованием обличается жительство по плоти, отвержение Креста Христова³⁷⁵. Из церковной истории видим, что таковы были все ересиархи.

Убогое Слово это написал я, многогрешный Игнатий, в возбуждение себе, в увещание к жительству подвижническому. Заметил я, что те предметы духовного учения, которые изложу письменно, особенно объясняются для меня самого, и иногда бывают небесполезны для возлюбленных братий моих по современности изложения. Если кто прочтет это Слово, тот да простит мне недостатки познания моего и слова! Если кто прочтет это Слово и найдет в нем что-либо полезное для души своей, того умоляю обратить внимание на это убогое Слово и при понятиях, доставляемых им, тщательно рассмотреть себя.

Необходимо, необходимо всем вообще христианам исполнить с точностью завещания Спасителя, Который сказал: «Иже аще хощет душу свою спасти, погубит ю: а иже погубит душу свою, Мене ради и Евангелия, той спасет ю» (*Мк. 8, 35*). «Любяй душу свою, погубит ю: и ненавидяй души своей в мире сем, в живот вечный сохранит ю» (*Ин. 12, 25*). Что значит любить душу свою? Это — любить свое падшее естество, его свойства, оскверненные падением, его лжеименный разум, его пожелания и влечения, его правду. Что значит спасать душу свою в мире сем? Это — развивать свойства падшего естества, последовать своим разумениям и своей воле, созидать свою праведность из мнимых добрых дел падшего естества. Что значит погубить душу свою ради Христа и Евангелия, что значит ненавидеть душу свою? Это — познать и признать падение и расстройство естества грехом, это — возненавидеть состояние, произведенное в нас падением, и умерщвлять его отвержением поведения по своим разумениям, по своей воле, по своим влечениям, это — прививать насильно к естеству своему разум и волю естества, обновленного Христом, и поведение свое располагать по всесвятому Божию учению и по всесвятой воле Божией, открытых нам Самим Богом во Евангелии. Падшее естество наше враждебно Богу: последование разумениям и влечениям падшего естества есть стремление к верной и вечной погибели. По этой причине святые пустынные Отцы, наставники монашества и всего христианства, произнесли столько страшных изречений против последования своей воле и своим разумениям. Преподобный Пимен Великий говаривал: «Воля человеческая есть стена медная между Богом и человеком, камень ударяющий против воли Божией. Если человек оставит ее, то и он может сказать: «Богом моим прейду стену. Бог мой, непорочен путь Его» (*Пс. 17:30–31*). Если же оправдание соединится с волей, то человек развращается и погибает»[376]. Под словом *оправдание* надо разуметь признание нами деятельности по своей воле справедливой или праведной: это служит верным признаком душевного расстройства и совращения с пути спасительного. Преподобный авва Дорофей говорит: «Я другой причины падению монаха не знаю, кроме последования воле и влечениям своего сердца. Говорят: от того или от другого падает человек, я же, как сказал, не знаю другой причины падения, кроме этой. Увидел ли ты кого падшим? знай: он последовал себе». Далее преподобный Дорофей повествует, что он, находясь в общежитии аввы Серида, руководствовался во всем наставлениями Духоносного старца Иоанна, вполне отвергая собственные разумения и сердечные влечения. Когда представлялась ученому и умному Дорофею какая-либо собственная мысль о духовном предмете, тогда он говорил себе: «Анафема тебе и рассуждению твоему, и разуму твоему, и ведению твоему»[377]. Вот образец блаженной ненависти к душе своей, ненависти, заповеданной Спасителем душ и телес наших! Вот образец блаженного погубления души ради Христа и Евангелия для спасения души! Вот образец отношения Святых к падшему естеству! Последуем, братия, учению Христову!

Последуем жительству, поведению, образу мыслей святых угодников Божиих! Не остановимся для спасения нашего отречься от нашего падшего естества! Для истинной любви к себе, отвергнем обманчивую любовь к себе, наше самолюбие! Для спасительной деятельности по заповедям Евангелия, отринем от себя деятельность по законам естества падшего, возлюбленным для мира, враждебным Богу! Возненавидим мнимые добрые дела, возникающие из лжеименного разума, из движений крови, из сердечных чувств как бы ни казались нам наши чувства и помышления возвышенными, непорочными, святыми. Эти дела способны лишь к развитию в нас пагубных самомнения, гордыни, самообольщения. Они не просвещают очей души, как просвещает их заповедь Господня (*Пс. 18, 9*), напротив того, они усиливают слепоту души, делают эту слепоту неисцельной. Творящие их пойдут в вечную муку, как творящие добро естества падшего, добро, всегда смешанное со злом, добро оскверненное, от которого Господь, как от сатанинской мерзости, отвращает Свои всесвятые взоры. Для совершения добрых дел падшего естества не нужно быть христианином: они принадлежат всему падшему человечеству. Там, где совершаются добрые дела падшего естества, при громе похвал от мира, исключен, отвергнут Спаситель мира. Дела веры, дела спасения, или, что то же, исполнение евангельских заповедей, принадлежат одним христианам. «Благое, – сказал об истинном добре преподобный Марк Подвижник, – не может быть веруемо или действуемо, точию о Христе Иисусе и Святом Дусе»[378]. Исполнение евангельских заповедей вводит человека в истинное Богопознание и самопознание, в истинную любовь к себе, к ближнему, к Богу, в общение с Богом, которое развивается тем обильнее, чем усерднее и точнее исполняются евангельские заповеди. Общение с Богом, даруемое христианину еще во время земного странствования, есть залог блаженства небесного и вечного. Этот залог сам свидетельствует о своей верности, свидетельствует так ясно и сильно, что многие для сохранения его решились подчиниться величайшим скорбям, предпочли его временной жизни. Жалостно, горестно ослепление, с которым гордый мир презрительно смотрит на дела Веры Христианской, с которым он произносит о них суждение безумное и приговор, убийственный для мира. Какими ничтожными делами представляются для мира дела веры в сравнении с громкими и живописными делами мира! Что по-видимому за доброе дело – сознание своей греховности, за которое на мытаря излилась милость Божия?» (*Лк. 18:10–14*). Что, по-видимому, за доброе дело покаяние, при посредстве которого величайшие грешники примирились с Богом и наследовали вечное блаженство? Что за доброе дело исповедание Христа, исповедание, выраженное немногими, простейшими словами? И кем выраженное? Выраженное казненным разбойником. Эти немногие простейшие слова ввели разбойника в рай, совершили то, чего не могли и не могут совершить все блестящие добродетели всего человечества. «Слово крестное погибающим юродство есть», столько же бессмысленною представляются для них и деятельность по Евангелию. «Спасаемым нам» и Слово крестное и деятельность по Евангелию «сила Божия есть» (*1Кор. 1:18*), исцеляющая и спасающая души наши (*Лк. 6, 19*).

Святые Отцы всех времен постоянно выражали свое отношение к откровенному Божию учению словом: *верую*. В современном обществе, которое величает себя по преимуществу образованным и христианским, непрестанно раздается выражение сердечного отношения, залога к Божественному Откровению в слове: я думаю. Откуда явились эти залог и слово? Из незнания христианства. Горестное зрелище, когда сын Восточной Церкви рассуждает о христианской Вере вне учения своей Церкви, противно ее учению Божественному, рассуждает своевольно, невежественно, богохульно. Такое рассуждение не есть ли отречение от Церкви, от христианства? Устрашимся нашего невежества, влекущего нас в вечную погибель; изучим христианство; возлюбим послушание святой Церкви, возлюбленное для всех, имеющих знание Веры христианской. Соделаемся тщательными исполнителями евангельских заповедей, будем исполнять их, как рабы неключимые (*Лк. 17:10*), долженствующие исполнить долг свой, непрестанно погрешающие в исполнении его или исполняющие очень недостаточно. Евангелие да руководит нас к добрым делам, а не движение крови и нервов. Научимся совершать добродетели со смирением, а не с разгорячением, которому непременно сопутствуют и содействуют тщеславие и высокомудрие или гордыня. Когда Господь прольет в нас святой холод смирения и от действия его остановятся волны чувств сердечных: тогда познаем, что разгорячение, совершающее возвышенные и громкие человеческие добродетели есть плоть и кровь, немогущие наследовать Царства Небесного (*1Кор. 15:50*).

Спасайтесь, возлюбленные братия, спасайтесь! «Спасайтесь из сего развращенного рода» (*Деян. 2:40*), – говорил святой Апостол Петр тем современным ему иудеям, которые из среды враждебного христианству народа склонялись принять христианство. «Спасаяй, спасешь свою душу», – говорили древние великие иноки об истинных христианах последнего времени[379]. Это значит: спасение для них будет очень затруднительно по причине особенного умножения греховных соблазнов и по причине всеобщего уклонения человеков ко греху. Для спасения потребуется особенных усилий, особенного тщания, особенной осторожности и самосохранения, особенного благоразумия, особенного терпения. Но всемогущий Вождь и Наставник наш, наша Жизнь, наша Сила, наше Спасение, Господь Иисус Христос, предвозвестивший нам, что «мы в мире скорбни будем», вместе и ободряет нас: «дерзайте, – говорит Он, – яко Аз победих мир» (*Ин. 16, 33*). «Се, Аз с вами есмь во вся дни до скончания века. Аминь» (*Мф. 28, 20*).

# СЛОВО О РАЗЛИЧНЫХ СОСТОЯНИЯХ ЕСТЕСТВА ЧЕЛОВЕЧЕСКОГО ПО ОТНОШЕНИЮ К ДОБРУ И ЗЛУ

### 1. Введение

Христов подвижник, чтобы верно судить о себе и правильно действовать относительно себя, имеет необходимую нужду в правильном понятии о своем естестве. Истинная мысль есть источник всех благ, мысль ложная есть источник ошибочной деятельности и тех плодов, которые непременно должны родиться от нее. Если мы видим подвижничество, не увенчанным духовными плодами, или увенчанным плодами самообольщения, то должны знать, что причиной этого было ложное направление, ложная исходная точка деятельности. Увы! Нередко взор ума поражается печальным зрелищем, возбуждающим сердце к горьким слезам. Что может быть печальнее того зрелища, когда подвижник, проведший свою жизнь в недре святой обители, в непрестанном служении Богу, в непрерывных подвигах, увидит при беспристрастном воззрении на себя свое решительное бесплодие, увидит в себе возросшими и укрепившимися различные страсти, которые, при вступлении его в иночество, были очень слабы, почти недействительны? Что может быть печальнее зрелища, когда то же самое он увидит и в собратьях своих? Тем печальнее это зрелище, что обращение и исправление себя делается в известном возрасте и положении весьма затруднительным. Великое и блаженное дело – когда мы возвеличим в себе Христа. Великое несчастье – несчастье, состоящее в отчуждении от Бога и во времени и в вечности – когда мы разовьем в себе свое падшее я.

## 2. Состояний естества человеческого в отношении к добру и злу – три

Чтобы избегнуть великого злополучия – отчуждения от Бога и во времени и в вечности, вступим на стези правые и святые. Чтобы стяжать правильную христианскую деятельность, с отчетливостью изучим естество человеческое в трех его состояниях: в состоянии по сотворении, в состоянии по падении, в состоянии по искуплении[380]. Тогда только может быть правильной, душеспасительной, богоугодной деятельность христианина, когда он действует или старается действовать исключительно по законам естества человеческого, обновленного.

## 3. О состоянии естества в отношении к добру и злу, по сотворении человека

В состоянии по сотворении, человеческое естество было вовсе непричастно злу. В нем жило и действовало одно цельное добро. Никакого опытного понятия о зле человечество не имело. Оно знало только, что существует зло, что опытное познание зла пагубно для человечества (*Быт. 2:9, 17, 3:2*). Теоретическое, поверхностное познание о зле не могло иметь никакого вредного влияния на человеческое естество, как познание мертвое, равновесное незнанию в отношении к внутренней и внешней деятельности человека. Падение человека совершилось при посредстве деятельного, опытного познания зла; падение человека заключается в деятельном, опытном познании зла, в усвоении себе зла. Так теоретическое познание о яде не причиняет смерти, напротив того, предостерегает от нее; практическое познание яда, то есть, вкушение его, приносит смерть.

## 4. О состоянии по падении человека

В падшем естестве человеческом добро смешано со злом. Пришедшее в человека зло так смешалось и слилось с природным добром человека, что природное добро никогда не может действовать отдельно, без того, чтобы не действовало вместе и зло. Человек вкушением греха, то есть опытным познанием зла, отравлен. Отрава проникла во все члены тела, во все силы и свойства души: поражены недугом греховным и тело, и сердце, и ум. Пагубно льстя себе и обманывая себя, падшие человеки называют и признают свой разум здравым. Здравым разум был до падения; по падении у всех человеков, без исключения, он сделался лжеименным, и для спасения должен быть отвергнут (*1Тим. 6:20–21*). «Свет очию моею, и той несть со мною» (*Пс. 37:11*), говорит Писание о разуме падшего естества. Пагубно льстя себе и обманывая себя, падшие человеки называют и признают свое сердце добрым: оно было добрым до падения; по падении добро его смешалось со злом, и для спасения должно быть отвергнуто, как оскверненное. Сердцеведец Бог всех человеков назвал злыми (*Лк. 11:13*). От греховной заразы все в человеке пришло в расстройство, все действует неправильно, все действует под влиянием лжи и самообольщения. Так действует его воля, так действуют все его сердечные чувствования, так действуют все его помышления. Тщетно и всуе именует их падшее и слепотствующее человечество добрыми, изящными, возвышенными! Глубоко наше падение: весьма немногие человеки сознают себя существами падшими, нуждающимися в Спасителе; большинство смотрит на свое состояние падения, как на состояние полного торжества, употребляет все усилия, чтобы упрочить, развить свое состояние падения.

Отделение собственными усилиями пришедшего зла от природного добра сделалось для человека невозможным. Зло проникло в самое начало человека: человек зачинается в беззакониях, рождается во грехах (*Пс. 50:7*). С самого рождения своего человек не имеет ни одного дела, ни одного слова, ни одного помышления, ни одного чувствования, ниже на кратчайшую минуту, в которых бы добро было без большей или меньшей примеси зла. Это засвидетельствовано Священным Писанием, которое говорит о падших человеках, что между ними «несть праведен никтоже: вси уклонишася, вкупе непотребна быша. Несть творяй благостыню, несть до единаго» (*Рим. 3:10–12*). Указывая на свое падшее естество, святой Апостол Павел говорит: «не живет во мне, сиречь во плоти моей, доброе» (*Рим. 7:18*). Здесь под именем *плоти* Апостол разумеет не собственно тело человеческое, но плотское состояние всего человека: его ума, сердца и тела. И в Ветхом Завете назван *плотью* весь человек: «Не имать Дух Мой, — сказал Бог, — пребывати в человецех сих во век, зане суть плоть» (*Быт. 6:3*). В этом плотском состоянии, как в своем теле, живут грех и вечная смерть. Апостол называет плотское состояние *телом смерти* (*Рим. 7:24*), *телом греха* (*Рим. 6:6*). Состояние это по той причине называется плотью, телом, телом смерти и греха, что в нем мысль и сердце, долженствующие стремиться к духовному и святому, устремлены и пригвождены к одному вещественному и греховному, живут в веществе и грехе. Человеческое тело Апостола, как всем известно, было храмом Святого Духа, было проникнуто Божественной благодатью и источало из себя действия Божественной благодати (*Деян. 19:12*). К нему не могут относиться выражения, так верно относящиеся к плотскому состоянию, в которое низверглось человеческое естество падением: «сущии во плоти угодити Богу не могут» (*Рим. 8:8*), «да упразднится тело греховное» (*Рим. 6:6*), «кто мя избавит от тела смерти сея?» (*Рим. 7:24*).

Превосходно описывает Апостол смешение добра со злом в падшем человеке, предоставленном собственным усилиям к творению добра, причем по необходимости зло проникает из естества, искажает его добро, и низлагает замыслы ума тщетно покушающегося ввести в душевный храм истинное служение Богу. «Закон, — говорит Апостол, — духовен есть: аз же плотян есмь, продан под грех. Еже бо содеваю, не разумею: не еже бо хощу, сие творю, но еже ненавижду, то соделоваю. Аще ли, еже не хощу аз, сие творю, уже не аз сие творю, но живый во мне грех. Обретаю убо закон, хотящу ми творити доброе, яко мне злое прилежит. Соуслаждаюся бо закону Божию по внутреннему человеку: вижду же ин закон во удех моих, противу воюющь закону ума моего и пленяющь мя законом греховным, сущим во удех моих. Окаянен аз человек: кто мя избавит от тела смерти сея? Тем же сам аз умом моим работаю закону Божию, плотию же закону греховному» (*Рим. 7:14–25*). Под словом *плоть* здесь опять надо разуметь плотское состояние, которым ниспровергаются все покушения ума человеческого исполнить волю Божию, доколе человек пребывает в состоянии падения, доколе он не обновлен Духом: Дух, вселившись в человека, освобождает его от греховного рабства (*Рим. 8:14*), разрушая тело греха (*Рим. 6:6*), то есть, плотское состояние в человеке. Так надо понимать и слова Апостола: «плоть и кровь Царствия Божия наследити не могут» (*1Кор. 15:50*). Здесь под именем плоти и крови разумеются помыслы и чувствования, рождающиеся в падшем естестве, содержащие человека в плотском состоянии по его уму, сердцу и телу. Это состояние называется и «ветхим человеком» (*Еф. 4, 22*), которого Апостол повелевает христианину отложить и облечься «в новаго человека, созданного по Богу в правде и преподобии Истины» (*Еф. 4:23–24*). Это – то же самое, что он сказал в послании к Римлянам: «Облецытеся Господом нашим Иисусом Христом» (*Рим. 13:14*), и к Коринфянам: «Облечемся во образ Небеснаго» (*1Кор. 15:49*) (человека). Известно, что Апостол был обновлен Духом и облечен во Христа; просвещенный Духом и движимый любовью к ближним, он произнес от лица падшего человека, усиливающегося расторгнуть цепи греховные, исповедание состояния, производимого падением, состояния, при котором человек, насилуемый живущим в нем злом, не может не совершать зла, хотя бы и желал совершать добро[381]. Такое зрение падения человеческого – дар благодати Божией[382].

В обществе падшего человечества некоторые люди называются добрыми. Так называются они неправильно, относительно. В этом обществе называется добрым тот человек, который делает наименее зла, а злым тот, который делает наименее добра. Впрочем, злой человек может до того преуспеть во зле, что вся деятельность его обращается в непрерываемый ряд злодеяний. В точном смысле доброго человека – нет. Нет человека, который бы в падшем состоянии своем делал чистое добро, не оскверненное злом: «никтоже благ, токмо един Бог» (*Мк. 10, 18*), говорит Слово Божие. Оно всех человеков, как выше сказано, признает и называет «злыми» (*Лк. 11, 13*). Ветхозаветные праведники именовались праведниками единственно по отношению к прочим человекам (*Рим. 4:2–3; Иов. 1, 8*), а не по отношению к Богу. По отношению к Богу все, без исключения, падшее человечество сделалось недостойным Бога, все дела растленного падением естества сделались не благоугодными Богу, как оскверненные неотъемлемой примесью зла. Одна вера в обетованного Искупителя, доказываемая делами веры, усвоивала Богу ветхозаветных праведников, вменялась им в правду (*Рим. 4:2–8; Гал. 2, 18–26*), доставляла надежду спасения, надежду исшествия из темниц адовых, в который низвергались все без исключения души человеческие по разлучении их с телами, доколе вочеловечившийся Бог не сокрушил заклепов и врат адских.

Мало того, что грех чрез падение сделался как бы естественным человеку, столько свойственным ему, что Писание назвало грех душой человека (*Мф. 10, 39*), что отречение от греха сделалось отречением от себя (*Мф. 16:24*), падший человек принял в себя обольстившего его сатану и сделался жилищем сатаны. «Обретается некоторым образом, – говорит преподобный Макарий Великий, – внутри нас пребывающим и сам враг, борющий пленяющий нас»[383]. Это отнюдь не произвольное суждение и не мечта, а опытное познание, получаемое теми, которые, как говорит тот же угодник Божий, искренно предали себя Господу, твердо пребывают в молитве и непоколебимо противостоят борющему их врагу[384].

Такое опытное познание человеческого падения недоступно для христианина, живущего посреди мира, связанного попечениями, отторгаемого от самозрения непрерывным развлечением. Не к нему наше слово. Пусть добрыми делами в недре Православной Церкви, осо́ливо милостыней и целомудрием, он зарабатывает свое спасение. Мы беседуем с иноками, всецело предавшими себя в служение Богу, желающими увидеть в себе Царство Божие открывшемся в силе и славе. Непреложный духовный закон подвижничества требует, чтобы человек сперва расторг узы вещества, которыми он связан извне, и потом уже приступил к расторжению тех уз, которыми он связан во глубине своего ума и сердца духами злобы. «Двояким образом и двоякого рода узами, – говорит св. Макарий Великий, – оказался человек связанным по преступлении им заповеди и по изгнании его из рая: (оказался связанным) в мире сем предметами мира и любовью к миру, то есть к плотским пожеланиям и страстям, к богатству и славе, также любовью к тварям, к жене и детям, к сродникам, к отечеству, к местам, к одеждам, короче сказать: любовью ко всем видимым вещам, от которых Слово Божие повелевает ему отречься по собственному произволению (потому что человек порабощает себя всему видимому произвольно), чтобы, разрешившись и освободившись от всего этого, он возмог исполнить волю Божию совершенно. Внутри же себя (человеческая) душа связана, заключена, окружена стенами и окована узами мрака до такой степени духами злобы, что не может, как бы ей хотелось, любить Бога, веровать в Него и почитать Его»[385]. Далее в беседе своей великий угодник Божий и наставник иноков научает, что только те, которые свергли с себя узы мира и предали себя в истинное и исключительное служение Богу, могут открыть в себе плен свой, свое рабство, свою вечную смерть. Напротив того, тот, кто предварительно не позаботился о разрешении уз, возложенных на него веществом, то есть видимым миром и земной временной жизнью с ее положением и отношениями – никогда не познает, не приметит своего плена и не увидит духов злобы, в нем действующих. Он остается навсегда чуждым сам себе: питая в себе сокровенные страсти, не только не познает их, но весьма часто признает побуждения их за побуждения правды и действие их за действие благодати Божией, или за утешение совести. В самой монашеской жизни телесный подвиг, как бы он ни был велик, не может сам собой открыть внутренних уз и внутреннего бедствия: для этого необходим подвиг душевный. Телесный подвиг, не сопровождаемый душевным, более вреден, нежели полезен, он служит причиной необыкновенного усиления душевных страстей: тщеславия, лицемерия, лукавства, гордыни, ненависти, зависти, самомнения[386]. «Если внутреннее делание по Богу, – сказал великий Варсанофий, – не поможет человеку, то напрасно он трудится во внешнем»[387].

Следующие духовные подвиги открывают для подвижника его внутренний плен, служа причиной возбуждения брани в помыслах и чувствованиях: 1) истинное послушание; при нем новоначальный подвижник, отсекая ради Бога свою волю и свои разумения для исполнения воли и разумений подвижника преуспевшего, стяжавшего неуклонное послушание к Богу, непременно возбудит к противодействию гордого падшего ангела и тем откроет его присутствие в себе. Если подвижник не обольстится злохитрыми представлениями лукавого, стремящегося под разными предлогами отвлечь от послушания, и пребудет постоянным в подвиге, то возбудит к зависти и лютой борьбе невидимого врага, который не преминет воздвигнуть в подвижнике разнообразные греховные мечтания, помышления, ощущения, увлечения, и тем обнаружить зло, в необыкновенной обширности таившееся во глубине сердечной и представлявшееся вовсе не существующим; 2) чтение, изучение и исполнение евангельских заповедей, которые, отсекая деятельный грех, по преимуществу истребляют грех в самом уме, в самом сердце. Исполнение этих заповедей или, правильнее, усилие к исполнению заповедей, по необходимости обличает живущий внутри нас грех и возбуждает жестокую внутреннюю борьбу, в которой принимают сильнейшее участие духи злобы; 3) бесчестия и другие скорби также обнаруживают таящийся грех во глубине души. Скорбь по той причине и называется искушением, что она открывает сокровенное состояние сердца. Естественно, что в человеке, находящемся еще под властью греха, она обличает живущий во глубине души грех, который обнаруживается сердечным огорчением, печалью, помыслами ропота, негодования, самооправдания, мщения, ненависти. Усиленное действие этих страстей в душе, особенные нашествие и напор помыслов и мечтаний, служит несомненным признаком действия падшего гордого духа; 4) внимательная молитва, особенно молитва именем Господа нашего Иисуса Христа, при усилии соединяет сердце с умом, обличает гнездящегося в сердечной глубине змея и, уязвляя его, побуждает к движению. Преподобные Каллист и Игнатий Ксанфопулы в сочинении своем о безмолвии и молитве приводят следующие слова святого Иоанна Златоуста: «Молю вас, братия, никогда не попирать и не презирать правила молитвы. Слышал я некогда отцов, говоривших, что не инок тот, кто поперет или презрит это правило: но он должен – употребляет ли пищу или питие, пребывает ли в келье или находится в послушании и в путешествии, или что другое делает – непрестанно вопиять так: Господи Иисусе Христе, Сыне Божий, помилуй меня, чтобы непрестанно воспоминаемое имя Господа нашего Иисуса Христа раздражало на брань врага. Ибо нудящаяся душа может все найти таким воспоминанием, и злое, и благое. Сперва она увидит зло во внутренности сердца своего, а потом (сокровенное в нем) добро (т. е. благодать Божию, насажденную в каждого православного христианина святым Крещением»[388]. Такое состояние внутренней борьбы должно переносить благодушно, как наставляет преподобный Макарий Великий, с несомненной верой и надеждой на Господа, с великим терпением, ожидая от

Господа помощи и дарования внутренней свободы. Брань не может быть увенчана победой, и свобода не может быть приобретена собственными усилиями человека, то и другое – дар Божий, даруемый подвижнику в свое время, известное одному Богу[389].

Весьма ошибочно поступают те, которые, находясь под властью страстей, требуют от себя бесстрастия. При таком неправильном требовании от себя, происходящем от неправильного понятия о себе, они приходят в необыкновенное смущение, когда проявится каким-либо образом живущий в них грех. Они приходят в уныние, в безнадежие. Им представляется, по неправильному взгляду их на себя, проявление греха чем-то необычным, чем-то совершающимся вне порядка. Между тем проявление греха в помыслах, чувствованиях, словах и делах (здесь говорится не о смертных грехах и не о грехах произвольных, но об увлечениях), есть проявление логичное, естественное, необходимое. «Если страсть тревожит нас, – говорит преподобный авва Дорофей, – то мы не должны этим смущаться: смущаться тем, что тревожит нас страсть, есть дело неразумия и гордости и происходит от того, что мы не знаем своего душевного состояния и избегаем труда, как сказали Отцы. Потому мы и не преуспеваем, что не знаем меры нашей и не имеем терпения в начинаемых нами делах, но без труда хотим приобрести добродетель. Чему удивляется страстный, когда страсть тревожит его? Зачем смущается? Ты стяжал ее, имеешь в себе и смущаешься! Принял в себя и залоги ее, говоришь: зачем она тревожит меня? Лучше терпи, подвизайся и моли Бога»[390] (*Рим. 14, 22*).

Созерцающие в себе грех, по причине этого созерцания, весь день земной жизни проводят в сетовании о греховности своей, умственно показывают себя, свое бедственное состояние Господу и вопиют в болезни сердечной: «Очи мои выну ко Господу, яко Той исторгнет от сети нозе мои. Призри на мя и помилуй мя, яко единород и нищ есмь аз. Скорби сердца моего умножишася, от нужд моих изведи мя. Избави от оружия душу мою, и из руки песии единородную мою. Кая бо польза человеку, аще мир весь приобрящет, душу же свою отщетит? Или что даст человек измену за душу свою? Спаси мя от уст львовых, и от рог единорожиих смирение мое, зане супостат мой диавол, яко лев, рыкая, ходит иский мя поглотити. Виждь смирение мое и труд мой, и остави вся грехи моя. Виждь враги моя, яко умножишася и ненавидением неправедным возненавидеша мя. Сохрани душу мою», яко душу Иова, раба твоего, «и избави мя, да не постыжуся, яко уповах на тя» (*Пс. 24:15–17; Пс. 21:21–22; Мф. 16:26; 1Пет. 5:8; Иов 2:6*). Живущий этим правилом без всякого сомнения удостоится сказать в свое время: «терпя потерпех Господа, и внят ми, и услыша молитву мою: и возведе мя от рова страстей, и от брения тины, и постави на камени нози мои, и исправи стопы моя: и вложи во уста моя песнь нову, пение Богу нашему» (*Пс. 39:2–4*). Неложен даровавший обетование уповающим на Него и не отторгающимся от упования на Него, несмотря на продолжительное и мучительное томление, производимое в сердце насилием грехов. Даровавший обетование непременно исполнит его. «Бог не имать ли сотворити отмщение, – свидетельствует Сын Божий, – избранных своих, вопиющих к Нему день и нощь, и долготерпя о них? Глаголю вам, яко сотворит отмщение их вскоре» (*Лк. 18:7–8*). Здесь под словом долготерпение должно разуметь попущение Божие искушаться человеку, для его же пользы, в течение известного времени, грехом, живущим внутри человека, и духами злобы. «Князь века сего, – говорит святой Макарий Великий, – для младенцев по духу есть жезл наказующий (вразумляющий) и бич, дающий раны; но он, как выше сказано, этим приготовляет великую славу и большую честь, озлобляя и искушая их... Через него некоторое великое устраивается дело спасения, как негде сказано: «зло, имея целию зло, споспешествует добру». Для благих душ, имеющих благое произволение, и самое по-видимому скорбное обращается наконец во благо, как свидетельствует сам Апостол: «Любящим Бога вся споспешествуют во благое» (*Рим.*

*8:28*). Этот жезл наказания допущен действовать с той целью, чтобы, при посредстве его, сосуды были испытаны, как в разженной печи, и хорошие сделались более твердыми, а негодные обличились своей способностью к сокрушению, не выдержав силы огня. Он, то есть, диавол, будучи творение и раб Божий, не столько искушает, сколько ему рассудится, не в такой степени озлобляет, сколько бы ему хотелось, но сколько дозволит и попустит ему Божие мановение. Бог, в точности зная состояние всех и то, сколько каждый имеет сил, столько каждому допускает и искуситься. «Верен Бог, – говорит Апостол, – иже не оставит вас искусится паче, еже можете, но сотворит со искушением и избытие, яко возмощи вам понести» (*1Кор. 10:13*). Ищущий и ударяющий в дверь, просящий до конца, получит просимое»[391].

Причина попущения Божия искушаться подвижнику от духов злобы и греха заключается в необходимости для человека познания в точности и подробности его падения, без чего не может быть им, как должно, познан и принят Искупитель. Необходимо познать свое падшее естество, его наклонности, свойственную ему деятельность, чтоб впоследствии, приняв благодать Святого Духа, доставляемую Искупителем, не употребить ее во зло себе, не приписать ее действий себе, но быть достойным ее сосудом и орудием. Говорит святой Григорий Синаит: «Если человек не будет оставлен и побежден и обладан, поработившись всякой страсти и помыслу, и духом побеждаем, не обретая никакой помощи ни от дел, ни от Бога, ни от иного кого, от чего он приходит почти в отчаяние, будучи искушаем отовсюду, то он не может придти в сокрушение духа, счесть себя меньшим всех, последнейшим и рабом всех, неключимейшим самих бесов, как мучимого и побеждаемого ими. Это – (смотрительное) попускаемое Промыслом и наказательное смирение, вслед за которым даруется Богом второе, высокое, которое есть Божественная сила, действующая Богом и совершающая Им все; (человек) видит ее в себе как орудие, и этим орудием совершает

Божии Чудеса»[392]. Так объясняется то дивное зрелище, которое представляют собой Святые Божии: они, будучи сосудами Святого Духа, вместе видели, признавали, исповедали себя величайшими грешниками, достойными казней временных и вечных. Они основательно познали и изучили свое падшее естество, в котором ничего нет неоскверненного, и потому все благое, которое посредством их совершалось вселившейся в них Божественной благодатью, они с полным убеждением приписывали Ей и постоянно трепетали, чтобы не возник из падшего естества какой помысел или какое чувство, оскорбительные для Святого Духа[393]. Не полезен для человека быстрый переход от состояния борьбы к состоянию духовной свободы. Святой Макарий Великий замечает, что «нередко души, будучи уже причастницами Божественной благодати, будучи преисполнены небесной сладости и наслаждаясь спокойствием духа, но не свидетельствованные, не искушенные скорбями, наносимыми от злых духов, пребывают в младенчестве, и, так сказать, не способны к царству небесному. «Аще без наказания есте, – говорит Божественный Апостол, – емуже причастницы быша вси, убо прелюбодейчищи есте, а не сынове» (*Евр. 12:8*). Потому и искушения и скорби посылаются человеку для его пользы, чтобы испытанная ими душа сделалась более сильной и честной перед Господом своим. Если она претерпит до конца с надеждой на Господа, то невозможно ей не получить благ, обещанных Святым Духом, и совершенного освобождения от злобы страстей»[394]. По этой причине, за исключением немногих случаев, вследствие особенного Божественного смотрения, подвижники Христовы значительную часть своего земного странствования проводят в горькой борьбе с грехом, под игом немилосердого фараона. При выходе из Египта – страны плинфоделания и пресыщения мясами, чем изображается плотское состояние, – служители истинного Бога обирают египтян, то есть, выносят с собой богатство деятельного разума, который приобретается в борьбе с грехом и духами злобы. Таково Божественное постановление духовного закона (*Исх. 3:21–22*). Святой Исаак Сирин рассказывает следующую повесть: «Некто из святых говорил: был отшельник, старец достопочтенный. Однажды я пошел к нему, потому что угнетала меня печаль от постигших искушений. Старец в это время был болен, лежал. Я приветствовал его, сел близ него и сказал: Отец! Помолись обо мне, потому что я очень скорблю от искушений бесовских. Он открыл глаза, посмотрел на меня внимательно и сказал: Сын! Ты молод: Бог не попускает тебе искушений. Я отвечал ему: Точно, я молод, но искушаюсь искушениями крепких мужей. Он опять сказал: Если так, то Бог хочет упремудрить тебя. Я сказал: как Бог упремудрит меня, когда я ежедневно вкушаю смерть? Опять он: Бог любит тебя: молчи. Бог даст тебе благодать Свою, и присовокупил: Знай, сын, что я боролся с бесами в продолжение тридцати лет. Проведя в борьбе двадцать лет, я не ощутил никакого облегчения. На двадцать пятом году я начал чувствовать покой. С течением времени покой умножался. По прошествии двадцати семи лет, на двадцать восьмом году покой начал особенно умножаться. В исходе тридцатого года, уже к концу его, так утвердился покой (значит, прежде покой колебался, то приходил, то отходил), что уже не знаю и меры, в которую он преуспел...» Вот какой покой родился от многотрудного и долговременного делания (подвига)»[395].

Возложив упование на всесильного и всеблагого Бога нашего, потщимся, посредством истинного монашеского жительства, сквозь облак, дым и бурю непрестанно возникающих в нас помышлений, низойти к душе нашей, плененной и умерщвленной грехом, смердящей, обезображенной, лежащей во гробе падения. Там, в сердечной бездне, мы увидим и змея, убившего нашу душу[396]. Глубокое и точное познание падения человеческого весьма важно для подвижника Христова: только из этого познания, как бы из самого ада, он может молитвенно, в истинном сокрушении духа, воззвать ко Господу, по наставлению святого Симеона, Нового Богослова: «Боже и

Господи всех! Всякого дыхания и души имеющий власть, Един исцелити меня могущий, услышь моление меня окаянного, и гнездящагося во мне змея наитием Всесвятого и Животворящего Духа умертвив, потреби»[397]. В состоянии падения грех и диавол так насилуют человека, что он не имеет никакой возможности противиться им, но невольно увлекается ими[398] не в смертные грехи, как мы сказали выше, но наиболее в поползновения мысленные. В тщаливых[399] подвижниках внутреннее волнение весьма редко попускается обнаружиться и словом, не только делом.

### 5. О состоянии по искуплении человека

Искуплением обновлено человеческое естество. Богочеловек обновил его Собою и в Себе. Такое обновленное Господом естество человеческое прививается, так сказать, к естеству падшему посредством Крещения. Крещение, не уничтожая естества, уничтожает его состояние падения, не делая естества иным, изменяет его состояние, приобщив человеческое естество естеству Божию (*2Пет. 1, 4*).

Крещение есть вместе и умерщвление и оживотворение, вместе и погребение и рождение. В купель Крещения погружается, в ней погребается и умирает греховное повреждение падшего естества, и из купели восстает естество обновленное; в купель погружается сын ветхого Адама, из купели выходит сын Нового Адама. Это засвидетельствовано Господом, который сказал: «Аще кто не родится водою и Духом, не может внити в царствие Божие, рожденное от плоти плоть есть, от Духа дух есть» (*Ин. 3:5–6*). Из этих слов очевидно, что Святой Дух, приняв в купель Крещения плотского человека, каким человек сделался по падении, извлекает из купели того же человека, но уже духовным, умертвив в нем греховное плотское состояние и родив духовное. При крещении человеку прощается первородный грех, заимствованный от праотцев, и собственные грехи, соделанные до крещения. При крещении человеку даруется духовная свобода[400]: он уже не насилуется грехом, но по произволу может избирать добро или зло. При крещении, сатана, жительствующий в каждом человеке падшего естества, изгоняется из человека; предоставляется произволу крещенного человека или пребывать храмом Божиим и быть свободным от сатаны, или удалить из себя Бога и снова сделаться жилищем сатаны (*Мф. 12:43–45*)[401]. При крещении человек облекается во Христа (*Гал. 3:27*). При крещении все человеки получают равенство, потому что достоинство каждого христианина есть одно и то же. Оно – Христос. Достоинство это бесконечно велико, в нем уничтожается всякое земное различие между человеками (*Гал. 3:28*). Как ничтожное, это различие, по его наружности, не отъято во время земной жизни Христом, и, пребывая, еще яснее обнаруживает свое ничтожество. Так труп, когда исторгнута из него душа, признается мертвым, хотя бы еще не разрушился. При крещении изливается на человека обильно благодать Всесвятого Духа, которая отступила от преступившего заповедь Божию в раю, от последовавшего греховному разуму и воле падшего ангела. Благодать снова приступает к искупленному кровью Богочеловека, к примиряющемуся с Богом, к отрекающемуся своего разума и воли, к погребающему в купели крещения влечения падшего естества, его жизнь – причину смерти. «Христос, будучи совершенным Богом, – сказал преподобный Марк Подвижник, – даровал крестившимся совершенную благодать Святого Духа, не приемлющую от нас приложения, но открывающуюся и являющуюся нам по мере делания заповедей»[402]. Крещеный человек, делая добро, принадлежащее естеству обновленному, развивает в себе благодать Всесвятого Духа, полученную при крещении, которая, будучи неизменяема сама по себе, светлее сияет в человеке по мере делаемого им Христова добра: так светлее сияет не изменяющийся сам по себе солнечный луч по мере того, как свободнее небо от облаков. Напротив того, делая по крещении зло, доставляя деятельность падшему естеству, оживляя его, человек теряет более или менее духовную свободу: грех снова получает насильственную власть над человеком; диавол снова входит в человека, соделывается его владыкой и руководителем. Избавленный от горестного и тяжкого плена всемогущей десницей Божией, опять является в цепях, в плену, в темнице, во аде, по собственному произволу. Такому бедствию подвергается человек, в большей или меньшей степени, соответственно тем грехам, которые он позволяет себе, и соответственно навыку, который он стяжал к греховной жизни. Грех, живущий внутри человека и насилующий его, называется страстью. Страсть не всегда выражается очевидно: она может жить тайно в человеке, и губить его. Духовная свобода совершенно теряется и от того, если крещенный человек позволит себе проводить жительство по разуму и воле естества падшего: потому что крещенный отрекся своего естества и обязался во всех действиях, словах, помышлениях и ощущениях проявлять одно обновленное естество Богочеловеком, то есть жительствовать единственно по воле и разуму Господа Иисуса Христа, иначе, по евангельским заповедям и учению. Последование своему падшему естеству, последование его разуму и воле, есть деятельное отвержение Христа и дарованного Им обновления при Крещении. Оживление в себе падшего естества есть полное возвращение к вечной смерти, полное водворение и развитие ее в себе. Отчего погибли и погибают иудеи и эллины? От любви к падшему естеству. Одни хотят удержать достоинство за правдой падшего естества, за его добром, другие за его разумом: те и другие делаются чужды Христа, этой единой Правды, этой единой сокровищницы разума (*Кол. 2:3; Рим. 5:19*). Невозможно не отрекшемуся естества, не признавшему его, по причине падения непотребной, по всем отношениям, скверной, приблизиться и усвоиться Христу, или, и усвоившись, пребыть в усвоении.

Милосердие Божие живописно изобразило в видимой природе многие таинственные учения христианства. Оживление всех произрастений весной служит образом воскресения человеков; действие некоторых лекарств, сперва обнаруживающих болезни и как бы усиливающих ее, а потом уже исцеляющих, служит образом духовного подвига, которым сперва обличает в человеке тайные его страсти, приводит их в движение, а потом мало-помалу уничтожает[403] (*Пс. 91, 8*). Грешники, прозябающие как трава, суть страстные помышления, подобные траве слабой и не имеющей силы. Итак, когда прозябают в душе страстные помышления, тогда *проникают*, т. е. обнаруживаются «вси делающии беззаконие», т. е. страсти, «яко да потребятся в век века»: ибо когда страсти соделаются явными для подвизающихся, тогда они истребляются ими. Вникните в порядок изложения: сперва прозябают страстные помышления, таким образом обнаруживаются страсти, и затем истребляются». Пр. авва Дорофей, Поучение 13, О терпении искушений.. Действие Крещения над человеком имеет также свое разительное подобие. Пойдем в сад и посмотрим там, что делает садовник с яблонями, чтобы доставить им способность приносить вкусные плоды. Всякая яблоня, выросшая из семени, взятого хотя бы из лучшего яблока, может приносить только кислые, горькие и вредные плоды, негодные для употребления: по этой причине всякая яблоня, выросшая из семени, называется дикой. Наше падшее естество подобно дикой яблоне. Оно может приносить только горький, зловредный плод: добро, смешанное со злом и отравленное злом, погубляющее того, кто это добро, сделавшееся злом от примеси зла, признает добром, достойным Бога и человека. Садовник, чтобы превратить дикую яблоню в благородную, без пощады отсекает все ее ветви, оставляет один ствол. К оставшемуся стволу он прививает сучок с благородной яблони; этот сучок срастается со стволом и корнем, начинает пускать от себя ветки во все стороны, ветками заменяются отсеченные ветви; природное дерево заменяется древом искусственным, привитым; привитое дерево держится, однако, на природном стволе, тянет соки из земли посредством природных корней – словом, жизнь свою неразрывно соединяет с жизнью природного дерева. Такое дерево начинает приносить превосходные плоды, которые принадлежат природному дереву, и вместе вполне отличаются от плодов, приносимых природным деревом в его диком состоянии. Потом, во все время существования дерева в саду, садовник тщательно наблюдает, чтобы из ствола и от корня не пошли отрасли, принадлежащие природному дереву, потому что они опять будут приносить свой негодный плод, и, привлекая в себя соки, отнимут их у привитых ветвей, отнимут у этих ветвей силу приносить свой прекрасный плод, высушат, погубят их. Для сохранения достоинства, здравия и силы в яблоне необходимо, чтобы все ее ветви произрастали единственно из привитого сучка. Подобное обряду прививания благородного сучка к дикой яблоне совершается в таинстве Крещения с крещаемым человеком; подобное поведению садовника относительно привитой яблони должно совершаться относительно крещенного человека. В крещении не отсекается наше бытие, имеющее началом зачатие в беззакониях и рождение во грехах: отсекается тело греха, отсекается плотское и душевное состояние естества, могущее производить добро лишь в смешении со злом, к бытию, к жизни, к существу человека прививается обновленное Богочеловеком естество человеческое. Все помыслы, чувствования, слова, дела крещеного должны принадлежать обновленному естеству, как преподобный Марк Подвижник сказал: «Благое не может быть веруемо или действуемо, как только во Христе Иисусе и Святом Духе»[404]. Крещеный никак не должен допускать в себе действие падшего естества, должен немедленно отвергать всякое его влечение и побуждение, хотя бы они и казались по наружности добрыми, он должен исполнять единственно заповеди евангельские и помышлениями, и чувствами, и словами, и делами. К такому образу мыслей приводят завещания, данные Господом Его ученикам и последователями: «Будите во Мне, и Аз в вас. Якоже розга не может плода сотворити о себе, аще не будет на лозе, тако и вы, аще во Мне не пребудете. Аз есмь лоза, вы же рождие: и иже будет во Мне, и Аз в нем, той сотворит плод мног, яко без Мене не можете творити ничесоже. Аще кто во Мне не пребудет, извержется вон, якоже розга, и изсшет: и собирают ю и во огнь влагают, и сгарает. Будите в любви Моей. Аще заповеди Моя соблюдете, пребудете в любви Моей» (*Ин. 15, 4–10*). Что может быть яснее, определеннее? Только соблюдающий со всей тщательностью евангельские заповеди, как подобает исполнять заповеди, данные Богом, может пребывать в любви к Богу – не в той любви, которая принадлежит падшему естеству, но в той, которая есть дар Святого Духа, которая изливается в обновленного человека действием Святого Духа (*Рим. 5:5*), и соединяет человека с Богом. Небрегущий о заповедях, последующий влечениям падшего естества, нарушает любовь, расторгает соединение. Призвав народ с учениками Своими, повествует Евангелие, Господь объявил им: «Иже хощет по Мне ити, да отвержется себе, и возмет крест свой, и по Мне грядет. Иже бо аще хощет душу свою спасти, погубит ю: а иже погубит душу свою Мене ради и Евангелия, той спасет ю» (*Мк. 8:34–35*). Очевидно, что здесь требуется отвержение не бытия, а отвержение падшего естества, его воли, его разума, его правды. Грех и состояние падения так усвоились нам, так слились с существованием нашим, что отречение от них сделалось отречением от себя, погублением души своей. Для спасения души соделалось совершенной необходимостью погубление души, для спасения себя сделалось совершенною необходимостью отречение от себя, от своего падшего «я», не сознающегося в падении. Доколе это «я» существует, дотоле Христос не может принести нам никакой пользы. «Иже не возненавидит душу свою, не может быти Мой ученик» (*Лк. 14:26*). «Иже не приимет креста своего и в след Мене грядет, несть Мене достоин. Обретый душу свою погубит ю: а иже погубит душу свою Мене ради обрящет ю» (*Мф. 10:38–39*), засвидетельствовал Господь. Он заповедал погубление души не только ради Его, но и ради Евангелия, объясняя последним первое. Погубление души ради Господа есть отвержение разума, правды, воли, принадлежащих падшему естеству, для исполнения воли и правды Божией, изображенных в Евангелии, для последования разуму Божию, сияющему из Евангелия. Все, которые понуждали себя исполнять евангельское учение, опытно знают, как противоположны и враждебны Евангелию разум, правда и воля падшего естества. Примирение и соглашение – невозможны. Отвержение падшего естества есть неизбежная, осязательная необходимость спасения. Совершает это отвержение тот, кто непрестанно изучает Евангелие и старается оживлять его в себе всей деятельностью своей. Евангелие есть учение Христово. Учение Христово, как учение Божие, есть закон. Точное исполнение закона, изреченного Богом, Творцом и Искупителем, есть непременный долг искупленных созданий. Небрежение об изучении и исполнении закона есть отвержение Законодателя. Святой Апостол Павел сказал: «Елицы во Христа крестистеся во Христа облекостеся» (*Гал. 3:27*). Это значит: крестившиеся во Христа прияли при Крещении, в самом Крещении дар от Святого Духа, подействовавшего на них: живое ощущение Христа, ощущение свойств Его. Но свобода избирать произвольно ветхое или новое не отнята у крещенных, так как была не отнята и у Адама в раю свобода сохранить заповедь Божию или нарушить ее. Апостол говорит уверовавшим и крещенным: «Нощь убо прейде, а день приближися. Отложим убо дела темная, и облечемся во оружие света. Яко во дни, благообразно да ходим: не козлогласовании и пьянствы, не любодеянии и студодеянии, не рвением и завистию: но облецытеся Господем нашим Иисусом Христом, и плотоугодия не творите в похоти» (*Рим. 13:12–14*). Имея свободу избрания, крещенный приглашается Святым Духом к поддержанию единения с Искупителем, к поддержанию в себе естества обновленного, к поддержанию состояния духовного, дарованного крещением, к воздержанию от угождения вожделениям плоти, то есть, от уклонения во след влечений плотского, душевного мудрования. Такое же значение имеют слова Апостола: «Первый человек от земли перстен: вторый человек, Господь с небесе. Яков перстный, таковы и перстнии: и яков небесный, тацы же и небеснии: и якоже облекохомся во образ перстнаго» – ибо мы все рождаемся в первородном грехе и со всеми, усвоившимися нашему естеству вследствие падения, немощами, каковые открылись в Адаме по его падении – «да облечемся и во образ небеснаго» посредством Крещения, дарующего нам этот образ, и тщательного соблюдения евангельских заповедей, которые сохраняют в нас образ целым, в его совершенстве и изяществе Божественных (*1Кор. 15:47–49*). Облекаться во образ Небесного Человека, облекаться в Господа Иисуса Христа, всегда носить в теле мертвость Господа Иисуса Христа (*2Кор. 4:10*), значит не что иное, как постоянно умерщвлять в себе плотское состояние постоянным пребыванием в евангельских заповедях. Так облекся и пребывал облеченным в Богочеловека святой Апостол Павел, по этой причине он мог со дерзновением сказать о себе: «Живу не ктому аз, но живет во мне Христос» (*Гал. 2:20*). Того же он требует и от всех верующих. «Или не знаете себе, – говорит он, – яко Иисус Христос в вас есть? разве точию чим неискусни есте»[405] (*2Кор. 13, 5*). Справедливое требование и справедливое обличение! Святым Крещением отсекается в каждом крещеном человеке падшее естество, прививается к человеку естество, обновленное Богочеловеком. По этой причине Крещение называется в Священном Писании «банею пакибытия», а жизнь по крещении – «пакибытием» (*Тит. 3:5; Мф. 19:28*). Обновленное естество обязан явить и развить в себе каждый крещенный: это и есть – явить в себе жительствующим, глаголющим и действующим Господа Иисуса Христа. Христианин, не сделавший этого – не то, чем он должен быть.

С особенной точностью и подробностью объясняет таинство Крещения святой Апостол Павел: «Крестившиеся во Иисуса Христа»[406], – говорит он, – *погружались*[407] в смерть Его. Итак мы погреблись с Ним Крещением в смерть, чтобы как Христос из мертвых воскрес славой

Отца, так и мы ходили в обновленной жизни. Ибо если мы соединены с ним подобием смерти, то должны быть соединены подобием воскресения, зная то, что ветхий наш человек распят с Ним, чтобы исчезло тело греха и нам не быть уже рабами греха. Ибо кто умер, тот свободен от греха. Если же мы умерли со Христом, то верим, что нам и жить с Ним, зная, что Христос, воскресши из мертвых, уже не умирает, смерть уже не имеет над Ним власти. Ибо когда Он умер, умер однажды для греха: а живя, Он живет для Бога. Так и вы почитайте себя для греха мертвыми, а живыми для Бога во Христе Иисусе, Господе нашем. Итак да не царствует грех в смертном вашем теле, так, чтобы вы не повиновались ему в похотях его. Не предавайте членов тела вашего греху в орудие неправды, но представьте себя Богу, как ожившие из мертвых, и члены ваши Богу в орудие правды» (*Рим. 6:3–13*)[408]. Отсюда опять видно, что Крещение есть вместе и умерщвление и оживление. При согрешении праотцов смерть немедленно поразила душу, немедленно отступил от души Святой Дух, составлявший Собой истинную жизнь души и тела, немедленно вступило в душу зло, составляющее собой истинную смерть души и тела. Угроза Творца сбылась буквально: «от древа, еже разумети доброе и лукавое, не снесте от него: а в оньже аще день снесте от него, смертию умрете» (*Быт. 2:17*). Смерть в одно мгновение сделала духовного человека плотским и душевным, святого – грешным, нетленного – тленным; сообщила телу дебелость, болезненность, нечистые похотения; окончательно же поразила тело по прошествии нескольких столетий[409]. Святое Крещение, напротив того, доставляет воскресение душе, плотского и грешного человека претворяет в духовного и святого, умерщвляет тело греха, то есть плотское состояние человека, освящает не только душу человека, но и его тело, доставляет ему способность воскреснуть во славе, самое же воскресение совершится впоследствии, в определенное Богом время. Как между явлением смерти в человеке, не явным для плотских очей, и разлучением души от тела, явным и для плотских очей, протекло значительное время, так и между явлением жизни в человеке и оживлением этой жизнью тела, долженствующего опять соединиться с душой, назначено свое, Единому Богу известное время. Что душа для тела, то Святой Дух для всего человека, для его души и тела. Как тело умирает той смертью, которой умирают все животные, когда оставит его душа, так умирает весь человек, и телом и душой, в отношении к истинной жизни, к Богу, когда оставит человека Святой Дух. Как тело оживает и воскресает, когда возвратится в него душа, так весь человек, и телом и душой, оживает и воскресает духовно, когда возвратится в него Святой Дух. Это-то оживление и воскресение человека совершаются в таинстве св. Крещения. Оживает и воскресает посредством святого Крещения сын первозданного Адама, но уже не в том состоянии непорочности и святости, в котором был создан Адам; оживает и воскресает он в состоянии несравненно высшем, в состоянии, доставленном человечеству Богом, принявшим человечество. Обновляемые Крещением человеки облекаются не в первоначальный, непорочный образ первозданного человека, но в образ человека небесного, Богочеловека[410]. Второй образ столько превосходнее первого, сколько Богочеловек превосходнее первого человека в его состоянии непорочности.

Изменение, производимое святым Крещением в человеке вполне ясно, вполне ощущается, однако это изменение остается для большей части христиан неизвестным: мы крещаемся в младенчестве, с детства предаемся занятиям, принадлежащим преходящему миру и падшему естеству, помрачаем в себе Духовный Дар, преподанный святым Крещением, как помрачается сияние солнца густыми тучами. Но дар не уничтожается, он продолжает пребывать в нас во все время земной жизни нашей. Так не уничтожается и продолжает существовать солнце, закрытое облаками. Лишь крещеный человек оставит деятельность падшего естества, начнет омывать свои согрешения слезами покаяния, распнет плоть со страстями и похотями, вступит в поприще деятельности Нового

Человека – дар Духа снова начинает обнаруживать свое присутствие в крещеном, развиваться, преобладать. Очищение покаянием есть последствие и действие благодати, насажденной Крещением. Покаяние есть возобновление, возвращение состояния, произведенного Крещением[411]. Очистившийся покаянием может иметь опытное понятие об изменении, произведенном в человеке Крещением.

«Когда крещаемся, – говорит святой Иоанн Златоуст, – тогда душа, очищаемая Духом, сияет светлее солнца, и не только зрим Славу Божию, но и из нее заимствуем некоторое сияние. Как чистое серебро, положенное против солнечных лучей, само также испускает лучи, не только по своему естеству, но и от сияния солнечного, таким же образом душа, будучи очищена и сделана светлее серебра, приемлет от Духа луч славы и взаимно испускает его»[412].

В книге Деяний Апостольских хотя и нет прямого, фактического изложения о том изменении, которое производилось в крещаемых таинством святого Крещения – потому что в первенствующей Церкви всем было известно изменение, производимое Крещением – для всех было явным это изменение по плодам Святого Духа, большей частью открывавшимся немедленно по крещении, – однако описаны случаи, сохранившие для потомства доказательство об этом изменении. Так, когда крестился евнух эфиопской царицы и вышел из воды, немедленно низошел на него Святой Дух; евнух, уже не нуждаясь в наставнике – удовлетворительным его наставником сделался Дух – отправился с радостью в свой дальний путь, хотя только что узнал о Господе Иисусе Христе из самой краткой беседы с Апостолом Филиппом (*Деян. 8, 39*). На Корнилия сотника, язычника, и других язычников, бывших с ними и уверовавших в Господа, еще прежде крещения низошел Святой Дух, и они начали говорить на иностранных, доселе вовсе им не известных языках, возвещая величие Божие, которого они до сей минуты вовсе не понимали (*Деян. 10, 44–48*). Несмотря на то, что уже нисшел на них Дух, святой Апостол Петр повелел крестить их в воде, по неотложному требованию таинства. Церковная история сохранила для нас следующее величайшей важности событие. Римский император Диоклетиан, при котором было воздвигнуто самое жестокое гонение на христиан, провел большую часть 304-го года по рождестве Христовом в Риме. Он прибыл в столицу для празднования своих побед над персами. В числе прочих увеселений, которым предавался император, было и посещение театра. Некто Генесий, комический актер, очень забавлял публику импровизациями. Однажды, играя в театре в присутствии императора и многочисленного народного собрания, он, представясь больным, лег на постель и сказал: «Ах, друзья мои! чувствую себя очень тяжело: мне бы хотелось, чтобы вы утешили меня». Другие актеры отвечали: «Как нам утешить тебя? Хочешь ли, погладим тебя скоблем[413], чтобы тебе сделалось легче?» «Безумные! – отвечал он. – Я хочу умереть христианином». «Для чего?» – сказали они. «Для того, чтобы в этот великий день Бог принял меня, как блудного сына». Тотчас послано за священником и заклинателем. Они, то есть, представлявшие их актеры, пришли, сели возле кровати, на которой лежал Генесий, и сказали ему: «Сын наш, для чего ты призвал нас?» Он отвечал: «Потому что я хочу получить милость от Иисуса Христа, и возродиться для освобождения от грехов моих». Они исполнили над ним весь обряд святого таинства, потом облачили его, по обычаю новокрещенных, в белую одежду. Тогда воины, продолжая игру, взяли его, и представили императору, как бы для допроса, подобно мученикам. Генесий сказал: «Император и весь двор его! Мудрецы сего города! выслушайте меня. Когда только ни случалось мне слышать имя христианина, я ощущал к этому имени ужасное отвращение, я осыпал ругательствами тех, которые пребывали в исповедании этого имени, я ненавидел даже моих родственников и близких по причине имени христианина, я презирал эту веру до такой степени, что с точностью изучил ее таинства, чтобы забавлять вас представлениями их. Но когда меня, обнаженного, прикоснулась вода, когда я, спрошенный, отвечал, что верую, я увидел руку, нисходящую с неба, окружая ее, низошли на меня Ангелы светозрачные. Они в некоей книге прочитали все согрешения, соделанные мною с детства, смыли их той самой водой, в которой я крестился в присутствии вашем, и потом показали мне книгу, которая оказалась чистой (неисписанной), подобно снегу. Итак, великий император и народ, вы, осыпавшие насмешками христианские таинства, уверуйте, как уверовал я, что Иисус Христос есть истинный Господь, что Он – Свет Истины и что, при посредстве Его, вы можете получить прощение». Диоклетиан, приведенный в крайнее негодование этими словами, приказал жестоко бить Генесия палками, потом его предали префекту Плавциану, чтобы принудить к жертвоприношению идолам. В продолжение значительного времени его драли железными ногтями и жгли горящими факелами. Среди этих мучений он восклицал: «Нет другого царя, кроме Того, Которого я видел! Чту Его и служу Ему! И если бы тысячекратно лишили меня жизни за служение Ему – я всегда буду принадлежать Ему! Мучения не исторгнут Иисуса Христа ни из уст моих, ни из сердца. Крайне сожалею о моем заблуждении, о том отвращении, которое я имел к Его святому Имени, и о том, что я так поздно сделался поклонником Его». Генесию отрубили голову[414]. Святой Григорий Богослов в надгробном слове по отцу своему по плоти, Григорию, епископу Назианза, принявшему святое Крещение уже в преклонных летах, говорит нижеследующее: «Родитель приступает к возрождению водой и Духом, через которое, как исповедуем, перед Богом образуется и совершается человек Христов, земное прелагается в дух и воссозидается. Приступает же к омовению с пламенным желанием, с светлой надеждой, предочистив себя, сколько мог, став по душе и по телу гораздо чище готовившихся принять скрижали от Моисея. Их очищение простиралось на одни одежды, состояло в кратковременном целомудрии и в том, чтобы обуздать несколько чрево; а для него вся протекшая жизнь была приготовлением к просвещению и очищению до очищения, ограждающим дар, чтобы совершенство вверено было чистоте, и даруемое благо не подверглось опасности от навыков, противоборствующих благодати. При выходе из воды осияет его свет и слава, достойные того расположения, с каким он приступил к дарованию веры. Это явственно было и для других. Хотя они сохранили тогда чудо в молчании, не осмеливаясь разглашать, потому что каждый почитал себя одного видевшим, однако же вскоре сообщили о том друг другу. Но тому, кто крестил и совершил его таинством, видение было весьма ясно и вразумительно, и он не мог сохранить его в тайне, но всенародно возвестил, что помазал Духом своего преемника»[415]. Здесь святой Григорий Богослов называет святое Крещение возрождением водой и духом, просвещением, очищением, даром, совершенством, даруемым благом, дарованием веры, таинством. В слове о Крещении Богослов говорит так: «Этот дар, как и податель его, Христос, называется многими и различными именами, и происходит это или от того, что он очень приятен для нас — обыкновенно питающий к чему-либо сильную любовь с удовольствием слышит и имена любимого — или от того, что многообразие заключающихся в нем благодеяний произвело у нас и наименования. Мы именуем его даром, благодатью, крещением, помазанием, просвещением, одеждой нетления, баней пакибытия, печатью — всем, что для нас досточестно»[416]. В этом же слове святой Григорий восклицает: «Познать силу этого таинства есть уже просвещение!» Так понимал святое Крещение Григорий Богослов, крестившийся в зрелом возрасте, узнавший из собственного опыта и из опыта других, современных ему святых мужей, то неизреченное изменение, то совершенное перерождение, ту новую жизнь, которые ощущаются от таинства Крещения крестившимися достойно, приуготовившимися к Крещению должным образом, и потому ощутившими и познавшими всю его силу. Как мы видели, Григорий Богослов упоминает об осиянии дивным Светом его родителя, исшедшего из купели. Друг Богослова, святой Василий Великий, архиепископ Кесарии Каппадокийской, подвергся также весьма ощутительному действию таинства. Повествуется это в житии его[417].

Необходимо тщательное приготовление перед принятием святого Крещения. В тщательном приготовлении заключается неотъемлемое условие того, чтобы великое таинство принесло обильно плод свой, чтобы оно послужило во спасение, а не в большее осуждение. Это говорится для объяснения таинства и в особенности для приступающих к нему не в младенческом возрасте, в котором по обстоятельствам настоящего времени почти все мы принимаем Крещение. Приготовление к святому Крещению есть истинное покаяние. Истинное покаяние есть неотъемлемое условие для того, чтобы святое Крещение было принято достойным образом, во спасение души. Такое покаяние состоит в признании своих грехов грехами, в сожалении о них, в исповедании их, в оставлении греховной жизни. Иначе: покаяние есть сознание падения, сознание необходимости в Искупителе, покаяние есть осуждение своего падшего естества и отречение от него для естества обновленного. Необходимо, чтобы наш сосуд — сосудом называю ум, сердце и тело человеческие по отношению к Божественной благодати — был очищен для принятия и сохранения Духовного Дара, преподаваемого святым Крещением. Необходимо, чтобы этот сосуд не только был очищен, но и осмотрен прилежно, необходимо, чтобы имеющиеся в нем повреждения, особенно скважины, были тщательно исправлены; если же они останутся неисправленными, то живая вода (*Ин. 7, 38*), вливаемая в сосуд святым Крещением, не удержится в сосуде: она излиется из него, к величайшему его бедствию. Скважинами называю греховные навыки. Необходимо, чтобы наш Иерусалим был отовсюду обнесен, как стенами, благими нравами и обычаями: тогда только может быть принесено в жертву и всесожжение, в купели Крещения, наше падшее естество, а естество обновленное, доставляемое Крещением, сделаться алтарем благопотребным для принесения жертв и всесожжения, благоугодных Богу (*Пс. 50:20–21*). Без такого приготовления какая может быть польза от Крещения? Какая может быть польза от Крещения, когда мы, принимая его в возрасте, нисколько не понимаем его значения? Какая может быть польза от Крещения, когда мы, принимая его в младенчестве, остаемся впоследствии в полном неведении о том, что мы приняли? Между тем мы приняли неоцененный Дар, приняли на себя страшное обязательство; ответственность по этому обязательству так же неизмерима и бесконечна, как неизмерим и бесконечен Дар. Какая может быть польза от Крещения, когда мы не понимаем нашего падения, даже не признаем, что наше естество находится в состоянии горестнейшего падения? Когда мы считаем изящным и благоугодным добром непотребное добро падшего естества? Когда мы стремимся с упорством делать это добро, не примечая того, что оно только питает и растит в нас наше самолюбие, только удаляет нас более и более от Бога, только упрочивает, печатлеет наше падение и отпадение? Какая может быть польза от Крещения, когда мы не считаем грехами даже смертные грехи, например: прелюбодеяние со всеми его отраслями, а называем их наслаждением жизнью? Когда мы не знаем, что наше естество обновлено Крещением? Когда вполне пренебрегаем деятельностью по законам обновленного естества, осыпаем ее хулами и насмешками? Иоанн, Предтеча Господень, которого крещение было только крещением, вводящим в покаяние, а не доставляющим Небесное Царство, требовал от приходивших к нему креститься исповедания грехов, не сам имея нужду в этом исповедании как замечает Иоанн Лествичник[418], но заботясь о душевной пользе крестившихся у него. В самом деле: как может человек вступить в поприще покаяния, не исповедав грехов своих? Как узнает он степень важности различных грехов и способ покаяния в них, если не скажет ему того и другого опытный, духовный наставник? Как ознакомится он без наставника с оружиями духовными, с употреблением их против греховных помыслов и ощущений, против греховных навыков, против страстей, укоренившихся от долгого времени? Исповедание грехов необходимо нужно и для того, чтобы раскаяться надлежащим образом в преждесодеянных грехах, и для того, чтобы предохраниться на будущее время от впадения в грехи. Исповедание грехов всегда признавалось в Церкви Христовой неотъемлемой принадлежностью покаяния. Его требовали от всех намеревающихся креститься с той целью, чтобы преподанное святое Крещение было принято и сохранено так, как подобает быть принятым и сохраненным великому, неповторяемому таинству. Наконец, покаяние есть установление Божие и Дар Божий падшему человечеству.

«Покайтеся, приближибося Царствие Небесное» (*Мф. 3:2*), – возвещал святой Предтеча приходившим к нему и принимавшим от него Крещение покаяния. Небесным Царством, как далее объяснял Предтеча, знаменовалось в проповеди его святое новозаветное таинство Крещения (*Мф. 3:11*). Чтобы принять Небесное Царство, нужно покаяние. Покаяния требовал от человеков Спаситель мира, чтобы даровать человекам дар спасения посредством святого Крещения, чтобы сделать человеков способными к принятию небесного духовного Дара. «Покайтеся, – говорил он, – приближися бо Царство Небесное» (*Мф. 4:17*); «покайтеся и веруйте во Евангелие» (*Мк. 1:15*). Для вас уже сделано все, от вас не ищется никакого труда, никакого подвига, никакого приложения к дару! От вас ищется одно очищение покаянием, потому что нечистым и не намеревающимся быть чистыми невозможно вверить бесценное, всесвятое, духовное сокровище. Посылая учеников на проповедь, Богочеловек повелевает им возвещать человечеству покаяние по причине приблизившегося Небесного Царства (*Мф. 10, 7*). Апостол Павел говорит о себе, что он, странствуя по вселенной, возвещал всем, и иудеям и эллинам, покаяние, обращение к Богу и веру в Господа нашего Иисуса Христа (*Деян. 20:21*). Когда в Иерусалиме тысячи иудеев уверовали в Спасителя вследствие проповеди святого

Апостола Петра и спросили его и прочих Апостолов: «что сотворим, мужие братие?» Тогда Апостол Петр сказал: «покайтеся, и да крестится кийждо вас во имя Иисуса Христа во оставление грехов: и приимете дар Святаго Духа» (*Деян. 2:37–38*). Повсюду видим покаяние, как единственный вход, единственную лествицу, единственное преддверие перед Верой, Евангелием, Царством Небесным, перед Богом, перед всеми христианскими таинствами, перед святым Крещением – этим рождением человека в христианство. Необходимо отвержение прежней греховной жизни и решимость проводить жизнь по евангельским заповедям, чтобы достойно принять и иметь возможность достойно сохранять в себе Дар Святого Духа, получаемый при Крещении. Церковные пастыри христианской Церкви первых веков принимали всевозможное попечение о том, чтобы святое Крещение, которое принималось тогда почти исключительно в зрелом возрасте, было принимаемо принимающими его с полным понятием о принимаемом Духовном Даре[419].

И на современных пастырях лежит священная, непременная обязанность доставлять точное и подробное понятие о святом крещении тем, которые приняли таинство в младенчестве и потому не имеют о таинстве никакого опытного знания. Дар получен ими: отчет в употреблении Дара неминуем. Благовременное приготовление к отчету нужно, крайне нужно! Небрежное и невежественное владение Даром влечет за собой самые бедственные последствия. Кто не употребит Дара по желанию и повелению Дародателя, кто не разовьет в себе благодати Крещения деятельностью по евангельским заповедям, но скроет врученный ему талант в земле – т. е. закопает, похоронит благодать Крещения, уничтожит в себе всякое ее действие, всецело предавшись земным попечениям и наслаждениям – у того отнимется благодать Крещения на суде Христовом. Недостойный владетель ее ввергнется «во тьму кромешную: ту будет плач и скрежет зубов» (*Мф. 25, 30*). Чтобы иметь должное понятие о важном значении святого Крещения, надо проводить жизнь Богоугодную, евангельскую: одна она с должной ясностью и удовлетворительностью открывает христианину тайны христианства[420].

Крещение – неповторяемое таинство. «Исповедую едино Крещение во оставление грехов», возвещает православный Символ Веры. Как рождение в бытие может совершиться однажды, так и рождение в пакибытие – Крещение – может совершиться однажды. Как различные недуги, приключающиеся человеку по рождении, наветующие, потрясающие, разрушающие его бытие, врачуются различными лекарствами, находящими свою опору в жизненной силе, сообщенной с бытием: так и различные согрешения, совершенные после Крещения, наветующие и расстраивающие духовную жизнь человека, врачуются покаянием, которого действительность основывается на благодати Святого Духа, насажденной в человека святым Крещением, и заключается в развитии этой благодати, подавленной и заглушенной согрешениями. «Христос, – говорит преподобный Марк Подвижник, – как совершенный Бог даровал крестившимся совершенную благодать Святого Духа, которая не приемлет от нас приложения, но открывается нам и является по мере делания заповедей, и подает нам приложение, чтобы все мы достигли «в соединение веры, в мужа совершенна, в меру возраста исполнения Христова» (*Еф. 4:13*). Под соединением веры разумеется здесь поглощение всей деятельности христианина верой, причем вся деятельность служит выражением духовного разума или Евангелия. «Итак, что ни приносим Ему (Христу), по нашем возрождении (Крещением), все уже от Него и Им было насаждено в нас (при таинстве Крещения)»[421].

### 6. Об обновлении искупленного естества, в случае его повреждения, покаянием

Желающие стяжать опытное познание святого Крещения, желающие открыть сокровенное таинство и бесценный Духовный Дар, вложенный неизреченной благостью

Божией в душевную сокровищницу, желающие узреть свое естество в состоянии обновления и пакибытия, желающие ощутить и узреть в себе Христа, могут достичь всего этого покаянием. Образ покаяния, приличествующий и подобающий христианину, соответствен тому Дару, который он желает раскрыть в себе: истинное покаяние соответствует таинству Крещения. Крещением, единственно, по неизреченной благости Божией, сообщается человеку Дар Божий: и при покаянии христианина, допустившего себе по Крещении деятельность и жизнь падшего естества, оживившего в себе смерть, убившего в себе жизнь, возвращается Дар единственно благостью Божией. При Крещении мы рождаемся водой и Духом, при покаянии возрождаемся слезами и Духом. Покаяние есть младенческий, неумолкающий плач перед Богом о потере Дара, при надежде снова получить Дар. «Винограда моего не сохраних!» — вопиет в страшной скорби душа, нисшедшая от естества, обновленного Крещением, в область естества падшего, потерявшая свободу, насилуемая грехом; «пасу козлища мои!» — нет во мне ощущений и помыслов духовных! все стада чувствований и мыслей моих непотребны! они — козлища, как составляющие смешение добра со злом! они — мои, потому что рождаются из моего падшего естества! (*Песн. 1:5, 7*). Свойства естества обновленного мной утрачены! Святой Исаак Сирин, будучи спрошен: какими размышлениями должен постоянно заниматься подвижник Христов в своем уединении, отвечал: «Ты вопрошаешь о размышлении и о той мысли, которая должна непрестанно занимать человека в его келье, чтобы соделать его мертвым? (для мира, то есть, для греха)? Рачительный и трезвящийся человек нуждается ли спрашивать, как ему вести себя, когда он один, сам с собой? Что другое может быть мысленным занятием монаха в его келье, как не плач? Плач оставляет ли ему возможность обратиться к другим каким помышлениям? Какое другое мысленное занятие может быть лучше этого? Самое местопребывание инока, его уединение, его жительство, подобно жительству во гробе, чуждое радости человеческой, учит его, что плач есть его делание. Самое значение имени его призывает и побуждает его к плачу; он именуется сетующим, то есть, преисполненным горести в сердце. Все святые отошли из здешней жизни в плаче. Если святые плакали, и очи их непрестанно исполнялись слез до самого переселения из сей жизни, то кому не плакать? Утешение для монаха рождается из его плача. Если совершенные и победоносные плакали здесь, то как стерпит престать от плача исполненный язв? Имеющий мертвеца своего лежащим перед собой и видящий самого себя умерщвленным грехами, нуждается ли в учении – при каком роде мыслей ему проливать слезы? Душа твоя умерщвлена грехами, повержена мертвой перед тобой та, которая для тебя дороже всего мира: неужели она не нуждается быть оплаканною? Если мы вступим в безмолвие и в нем пребудем с терпением, то непременно можем пребывать в плаче. По этой причине будем непрестанно молиться умом Господу, чтобы Он подал плач. Если будет дарован нам этот дар благодати, лучший и превосходнейший прочих даров, то мы, при посредстве его, войдем в чистоту. Когда приобретем чистоту, тогда чистота эта не отнимется от нас до исшествия нашего из этой жизни»[422]. Очевидно, что такой плач может родиться только в том, кто имеет ясное понятие о состояниях естества падшего и естества обновленного Крещением. Только тот может восплакать горько и плакать постоянно, кто понимает цену утраченного Дара. «Плач по Боге, – сказал святой Иоанн Лествичник, – есть постоянное чувство болезнующего сердца, ему усвоившееся, – с исступлением непрестанно ищущее того, чего оно жаждет, с напряжением гонящееся за тем, чего оно лишено, и сильно рыдающее во след его»[423]. Страдальческое ощущение плача должно составить характер кающегося христианина. Оставление плача есть признак самообольщения и заблуждения. Одно христоподражательное смирение может успокоить плачущего; одна любовь во Христе может утешить его, может отереть слезы его, может озарить светом небесного радования лицо его и сердце. Жертвы и всесожжения от падшего естества не приемлются; одна жертва от этого естества, благоугодная Богу: «дух сокрушен» (*Пс. 50, 18–19*).

Как уклонение от состояния, принадлежащего естеству обновленному, и ниспадение в состояние, принадлежащее естеству падшему, совершается при посредстве оставления деятельности, принадлежащей естеству обновленному, иначе, от оставления жительства по евангельским заповедям, и посредством уклонения в деятельность, принадлежащую падшему естеству – так, наоборот, возвращение от состояния, принадлежащего естеству падшему, к состоянию, принадлежащему естеству обновленному, совершается посредством решительного и полного отвержения деятельности по разуму и воле падшего естества, посредством решительного и полного восприятия деятельности по учению и завещанию Богочеловека. При этом открывается внутренняя борьба в человеке, потому что предшествовавшая покаянию жизнь по собственной воле и разуму лишила человека духовной свободы, предала в плен греху и диаволу. Кающийся усиливается поступать по евангельским заповедям, а грех и диавол, получившие власть, произвольно им переданную предшествовавшим жительством, стараются удержать пленника в плену, в оковах, в темнице! Опытное познание плена через ощущения плена и насилия, опытное познание душевной смерти через ощущение смерти, усиливают и упрочивают плач кающегося. «Борьба эта, – говорит преподобный Марк Подвижник, – междоусобная. Она не извне, и не с братией нашей мы должны бороться. Она внутри нас, и никто из человеков не может вспомоществовать нам в ней. Одного имеем мы помощника: таинственно сокровенного в нас Крещением Христа, непобедимого и не могущего быть подавленным (уничтоженным). Он будет укреплять нас, если мы по силе будем исполнять Его заповеди»[424]. Здесь Преподобный подвижник не отвергает руководства советами и наставлениями духовных и опытных человеков – нет! Он советует непременно и тщательно прибегать к совету духовных Отцов и братий![425] Здесь он хочет показать, что невидимое торжество наше во внутренней брани зависит единственно от воли и действия благодати, насажденной в нас Крещением, действующей сообразно нашему произволению, являемому и доказываемому исполнением евангельских заповедей, и сообразно непостижимому изволению Божию о человеке. По этой причине одни, при обильном и постоянном человеческом руководстве, приносят самый скудный плод; другие, услышав самое краткое наставление, в краткое время обнаруживают быстрый успех духовными дарованиями своими. «Знай наверно, – сказал святой Исаак Сирин, – что всякого блага, действующего в тебе мысленно и втайне, были ходатаями Крещение и Вера, которыми ты призван Господом нашим Иисусом Христом на благие дела Его»[426], а не на мнимые благие дела падшего естества.

Кающемуся таким образом вспомоществуют судьбы Божии, как сказал святой Пророк Давид: «Судьбы Твоя помогут мне» (*Пс. 118:175*). Промыслом Божиим попускаются кающемуся многоразличные скорби: «егоже любит Господь, – говорит Апостол, – наказует: биет же всякаго сына, егоже приемлет» (*Евр. 12, 6*). Терпение скорбей с благодарением Богу, с признанием себя достойным скорби, с признанием попущенной скорби именно тем спасительным врачевством, в котором нуждаемся для исцеления, есть знамение истинного покаяния. «Не познающий Судеб Божиих, – говорит преподобный Марк, – идет умом по пути, пролегающему между стремнин, и от всякого ветра удобно низлагается. Кто противится постигающим его скорбям, тот, сам не зная того, противится повелению Божию, а кто принимает их с истинным разумом, тот, по Писанию, «терпит Господа» (*Пс. 39, 2*). Познавший истину не противится скорбным приключениям: знает, что они приводят человека к страху Божию. Прежние грехи, будучи воспоминаемы по виду, приносят вред имеющему благую надежду: если возникнет это воспоминание в соединении с печалью, то им отнимается упование; если же возникнет без печали, то обновляет внутри прежнюю скверну. Когда ум чрез отречение от самого себя простотой (несложностью) мысли приобретет надежду, тогда враг, под предлогом исповедания, изображает (в памяти) преждесодеянные согрешения, чтобы возобновить страсти, которые благодать Божия изгладила забвением, чтобы таким образом неприметно причинить вред человеку. Тогда и твердый, ненавидящий страсти (ум) по необходимости помрачится, смутившись воспоминанием соделанных грехов. Если он еще темен и сластолюбив, то непременно умедлит в воспоминании и будет страстно беседовать с приходящими помыслами, так что такое воспоминание соделается не исповеданием, а мысленным обновлением в себе преждесоделанных грехов[427]. Если хочешь приносить Богу неосужденное исповедание, не вспоминай греховных поползновений по виду, но мужественно терпи наводимые за них скорби. Скорби приходят (в возмездие) за прежние грехи, принося всякому согрешению сродное (соответствующее) возмездие. Разумный и ведущий истину исповедуется Богу не воспоминанием соделанных грехов, но терпением приключающихся скорбей. Отвергнув страдания и бесчестие, не обещайся принести покаяния при посредстве других добродетелей; тщеславие и безболезненность умеют служить греху и при посредстве правых дел»[428]. «Путь Божий есть повседневный крест. Человек, состоящий под особенным промыслом Божиим, познается по тому, когда постоянно посылаются ему Богом скорби»[429]. «Сила Божия совершается в немощи» (*2Кор. 12:9*) естества падшего, когда это естество стирается в прах Крестом Христовым (*Мф. 21:44*). Напротив того, падшее естество может развиваться только при обилии пособий, доставляемых падшим человеческим обществом: при учености, при богатстве, при почестях. Таковы основания и вместе признаки развития падшего естества. В таком развитии своем падшее естество приемлет, как апокалипсическая жена, поклонение (*Апок. 17*) от ослепленного, несчастного человечества, и вступает с ней в блудное сочетание при отречении его от Христа и Святого Духа – может быть, без слов отречения – при отречении существенном, деятельностью, жизнью. По обновлении нашего естества Богочеловеком возвращение человека к своему естеству падшему есть в отношении к Богу прелюбодеяние.

Благодать святого Крещения посредством покаяния возводит христианина в духовную свободу, в ту свободу, которую он уже имел при исшествии из купели Крещения. Так больной, после усиленного лечения, начинает чувствовать в себе ту свежесть и те силы, которые он имел до болезни, в состоянии здоровья. Начальной причиной обновления сил не лекарства, а та жизнь, которая вложена Создателем в человеческое естество: лекарства только помогли жизненной силе успешно бороться с болезнью, победить и изгнать болезнь, которая есть ни что иное, как расстройство действий жизненной силы. Покаяние требует более или менее продолжительного времени по разным обстоятельствам, особенно же по воле Божественного Промысла, нами управляющего. Это можно усмотреть из жизнеописаний многих угодников Божиих, перешедших из состояния греховности в состояние святости покаянием. Преподобная Мария Египетская поведала о себе блаженному Зосиме, что она боролась с своими помышлениями и похотениями, как с зверями лютыми, в течение семнадцати лет[430]. От нашего небрежения о сохранении драгоценного Дара, доставляемого нам Крещением, от деятельности по беззаконному закону падшего естества, власть греха вкрадывается в нас неприметно: неприметно мы теряем свободу духовную. Самый тяжкий плен остается для многих невидным, признается удовлетворительнейшей свободой. Наше состояние плена и рабства обнаруживается для нас только тогда, когда мы приступим к исполнению евангельских заповедей, тогда разум наш с ожесточением восстает против разума Христова, а сердце дико и враждебно взирает на исполнение воли Христовой, как бы на смерть свою и на убийство свое; тогда опытно познаем мы горестную потерю свободы, свое страшное падение; тогда усматриваем всю глубину этого падения, нисходящую до пропастей адских. Не должно приходить в уныние и расслабление от такого зрелища: должно с мужеством и решительностью предаться покаянию, как всесильному врачу, имеющему повеление и власть от Бога врачевать и исцелять все грехи, как бы эти грехи ни были велики и многочисленны, как бы навык к грехам ни был застарелым и укрепившимся. Христос дал Себя нам и вошел в нас посредством святого Крещения, потом утаил Себя в нас, когда мы не представили нашего произволения, чтобы Он обитал в нас и управлял нами, Христос непременно явит Себя в нас, если мы истинным покаянием докажем решительное произволение, чтобы Он обитал в нас. «Се, стою при дверех, – говорит Он, – и толку: аще кто услышит глас Мой и отверзет двери, вниду к нему и вечеряю с ним, и той со Мною. Побеждающему дам сести со Мною на престоле Моем, якоже и Аз победих и седох со Отцем Моим на Престоле Его» (*Апок. 3:20–21*). Голос Христов – Евангелие.

Порядок, которым кающийся грешник восходит посредством покаяния к святости, преподобный Макарий Великий излагает так: «Хотящий приступить к Господу и сподобиться вечной жизни, соделаться домом Божиим и удостоиться Святого Духа, чтобы получить возможность непорочно и чисто приносить плоды Духа по заповедям Господним, должен начать таким образом: во-первых, он должен твердо веровать Господу, всецело предать себя глаголам заповедей Его, отречься мира во всем, чтобы ум не был занят ничем из видимых предметов (мира), пребывать непоколебимо в молитвах, не приходить в отчаяние (в уныние, безнадежность) при ожидании (замедлении) посещения и помощи от Господа, во всякое время иметь ум непрестанно направленным к Господу. Потом он должен постоянно принуждать себя ко всякому благому делу и ко всем Господним заповедям, хотя бы и не желало того сердце по причине пребывающего в нем греха, он должен насиловать себя к смирению перед всеми людьми, к вменению себя меньшим и худшим всех; он должен не искать себе чести, или славы, или похвалы от кого-либо, как предписано в Евангелии, но всегда иметь перед очами одного Господа и Его заповеди, Ему одному стараясь благоугождать. Он должен принуждать себя также к кротости, хотя бы сердце и противилось тому, по сказанному Господом: «Научитеся от Мене, яко кроток есмь и смирен сердцем: и обрящете покой душам вашим» (*Мф. 11, 29*). Равным образом он должен быть милостивым, снисходительным, сострадательным, благим, принуждая к тому себя насильно, как сказал Господь: «Будите милосерди, якоже Отец ваш небесный милосерд есть» (*Лк. 6, 36*). И еще: «Аще любите Мя, заповеди Моя соблюдите» (*Ин. 14, 15*). И еще: Принуждайте себя: потому что «нуждницы» (принуждающие, насилующие себя) «восхищают Царствие Небесное» (*Мф. 11, 12*). И: «Подвизайтеся внити сквозе тесная врата» (*Лк. 13, 24*). Он должен иметь всегда перед очами смирение Господне, Его жизнь, Его поведение, содержать их постоянно в памяти, как бы образец и пример, не допуская похищения их забвением. Он должен, сколько имеет сил, понуждать себя к непрестанному пребыванию в молитвах, постоянно прося с постоянной верой, чтобы Господь пришел и сотворил его Своей обителью (*Ин. 14, 23*), чтобы наставил его всем Своим заповедям, утвердил в них, да соделается душа его домом Иисуса Христа. Когда таким образом он будет поступать, насилуя себя, при сопротивлении сердца, приучаясь ко всякому благому делу, ко всегдашнему памятованию Господа, ко всегдашнему ожиданию Его во многой благости и любви, тогда Господь, видя такое расположение его и такое благое рачение, как он всегда насилует себя к памятованию Господа и ко всякому благому делу, к смиренномудрию, кротости и любви, как он подклоняет игу (Христову) свое сердце, сопротивляющееся тому, принуждая сердце ко всему доброму — тогда, говорю, Господь изливает на него Свою милость (в известное время), избавляет его от врагов его и от живущего в нем греха, исполняя его Святым Духом.

Таким образом он будет, без всякого с своей стороны труда и насилия, исполнять истинно заповеди Господни все и всегда. Правильнее же: Сам Господь будет совершать в нем свои заповеди и являть плоды духовные, а человек будет плодоприносить их в чистоте. Но прежде этого надо всякому приходящему к Господу (как выше сказано) принуждать себя к благому, несмотря на сопротивление сердца, в постоянном ожидании с несомненной верой милости Божией; надо насильно принуждать себя, чтобы быть милосердым ко всем, чтобы иметь человеколюбивое сердце, чтобы иметь смирение перед всеми, долготерпение ко всем, не скорбеть душою при изгнаниях и бесчестиях, не жаловаться – по сказанному: «не себе отмщающе, возлюблении» (*Рим. 12:19*) – понуждать себя и к молитве, когда кто не получил дара ее от Святого Духа. Когда Бог увидит кого так подвизающимся и насильно принуждающим себя к благому, тому дает истинную Христову молитву, утробу милосердия, истинное человеколюбие, кратко сказать: дает ему все духовные плоды»[431].

Мы видим, что многие из грешников, принеся покаяние, достигли в высшей степени христианского совершенства. Они восстановили в себе Дар Крещения не только в той степени, в какой он дается, но и в той, в какой он развивается впоследствии от жительства по евангельским заповедям. Стяжав, возвратив себе духовную свободу, они не останавливались на этом, не удовлетворились этим, они не перестали от покаяния и плача, возвративших им свободу. Познанная ими на опыте немощь и удобопоползновенность человека, его способность скоро изменяться[432], постоянно возбуждали их к плачу. «Не веси что родит находяй» (наступающий) «день» (*Притч. 27:1*), – говорили они ежедневно сами себе устами Писания: по причине чистоты их открылось им, что «заповедь Господня широка зело» (*Пс. 118:96*). Сравнивая с необъемлемо обширной заповедью необъемлемого Господа свое исполнение заповеди, они признавали это исполнение вполне недостаточным. Свое исполнение евангельских заповедей они называли и признавали осквернением заповедей[433]. Они омывали свои добродетели, как бы грехи, потоками слез. Так никогда не плачет ослепленный грешник об ужаснейших грехах своих, как плачут рабы Христовы о своих добродетелях. «Небо не чисто пред Ним» (перед Богом) (*Иов. 15, 15*), то есть, чистые святые Ангелы, как имеющие ограниченную чистоту, не чисты пред всесовершенной чистотой Бога, нечисты перед Ним и святые человеки, которых житие хотя и на земли, но вместе и на небесех (*Флп. 3, 20*). Оттого они плачут, и, принося покаяние, более и более погружаются в покаяние. «Я ничего за собою не знаю, – сказал святой Апостол Павел, – но тем не оправдываюсь: судия мой Господь» (*1Кор. 4, 4*)[434]. Несмотря на великие духовные дарования, несмотря на преизобильную благодать Божию, обитавшую в Апостоле, Он говорил: «Христос Иисус прииде в мир грешники спасти, от нихже первый есмь аз» (*1Тим. 1, 15*). Жительство по евангельским заповедям, созерцание своего падшего естества, созерцание бесконечного величия и бесконечных совершенств Божиих, сличение ничтожного по ограниченности своей человеческого естества с неограниченным естеством Божиим, созерцание последствий грехопадения прародителей и последствий своей собственной греховности, плач о бедствии собственном и всего человечества, терпение всех скорбных случаев развивает в православном христианине благодать Крещения в необъятных размерах, непостижимых и невероятных для ума человеческого в падшем его состоянии. Развитие священного, духовного Дара, доставляемого Крещением, столько же необъятно, сколько необъятен Дар, даруемый Богом из Его Божественного естества (*2Пет. 1:4*), это развитие столько же необъятно и непостижимо, сколько необъятен и непостижим Сам Бог, вселяющийся в сердца наши Крещением. Это развитие объемлет все существо христианина. Когда всмотримся на это развитие в избранных сосудах Божиих, тогда изображение притчами евангельскими действия в человеке, производимого святым Крещением, делается вполне ясным. «Подобно есть Царствие Небесное, – сказал Спаситель, – зерну горушичну, еже взем человек всея на селе своем: еже малейше убо есть от всех семен: егда же возрастет, более всех зелий есть и бывает древо, яко приити птицам небесным, и витати на ветвех его» (*Мф. 13, 31–32*). Уподобление, исполненное Божественного смиренномудрия[435]. «Сын Божий Себе умалил, зрак раба приим, в подобии человечестем быв и образом обретеся якоже человек» (*Флп. 2, 7*). В этом *образе* Он благоволил сопричислиться не к сонму сильных, славных и богатых мира, но к сонму нищих и страдальцев. «Вид его безчестен, – говорит Пророк, – умален паче всех сынов человеческих» (*Ис. 53, 3*). «Предана бысть на смерть душа Его, и Он со беззаконными вменися» (*Ис. 53, 12*), заняв место между двумя разбойниками, как бы главнейший и опаснейший из преступников. Свои всесвятые, животворящие, Божественные заповеди Он назвал малыми (*Мф. 5, 19*), по той простейшей, безыскусственной форме, в которой они были предложены, присовокупив, однако же, что нарушение одной такой заповеди может быть причиной вечного бедствия для нарушителя[436]. Так и благодать Крещения Он уподобил самому малому из семен земных. И в самом деле, что может быть проще и обыкновеннее, по наружности, святого Крещения? Людям обычно обмываться в воде, погружаясь в ней – с этим общеупотребительным действием сопряжено таинство, в котором омываются и душа и тело от греховной нечистоты[437]. Смерть и погребение человека заменяются мгновенным погружением его в воде. Незаметно для плотских очей нисходит Святой Дух, и воссоздает падшего человека. Обстоятельства временной жизни остаются для крещеного, по наружности, теми же, какими они были до Крещения. По наружности так незаметен Дар, сообщаемый Крещением, что он со всей точностью и справедливостью должен быть уподоблен малейшему горчичному семени[438]. Дар этот – цены безмерной. Он возрастает, будучи развит деланием заповедей: тогда величием своим превзойдет все прочие дары, которыми щедрая рука Создателя изобильно наградила человека, и соделает его храмом небесных помышлений, ощущений, откровений, состояний, свойственных одним небожителям. «Подобно есть, – сказал также Спаситель, – Царствие Небесное квасу» (в русском переводе: закваске), «еже вземши жена скры в сатех трех муки, дóндеже вскисоша вся» (*Мф. 13:33*). Как смиренно и как верно духовный Дар, сообщаемый святым Крещением, назван закваской! Всякий, приемлющий святое Крещение уневещивается Христу, сочетается со Христом, и потому со всей справедливостью назван приточно женой. Эта жена скрывает, то есть, сохраняет и растит благодатный Дар, посредством жительства по Евангелию, в уме, сердце и теле своем (*1Сол. 5:23*), пока Дар не проникнет, не преисполнит, не обымет собой всего человека. Хотите ли видеть не только душу, но и тело человеческое, напоенное и проникнутое благодатным Даром, данным при Крещении? Обратите внимание на Павла, которого одежды чудодействовали (*Деян. 19:12*), которого укушение ехидны не повредило (*Деян. 28:5*); воззрите на Марию Египетскую, возвышавшуюся от земли при молитве своей, ходившую по струям Иордана, как по суху, совершившую тридцатидневный путь в течение одного часа[439]; воззрите на Марка Фраческого, на голос которого гора снялась с оснований своих и двинулась в море[440]; воззрите на Иоанникия Великого, который, как дух, был невидим теми, которыми он не желал быть видим, хотя и находился в присутствии их[441]; воззрите на тела угодников Божиих, почивающих в священном нетлении в течение многих столетий, не покоряющиеся закону тления, общему для всего человечества, источающие потоки исцелений, потоки благоухания, потоки жизни.

Преподобный Сисой Великий, особенно обиловавший дарами Святого Духа, сказал: «Тому (человеку), в котором вселился Бог благодатью святого Крещения и деланием заповедей, (духовные) Дары – естественны»[442]. Это произнес святой пустынножитель из собственного опыта. Не то ли же самое засвидетельствовано Священным Писанием? «Елицы во Христа крестистеся, – говорит оно, – во Христа облекостеся» (*Гал. 3:27*). Облеченным во Христа, имеющим в себе Христа, естественны дарования Духа: где Христос, там и Отец и Дух.

## 7. Об отношении обновленного естества ко злу

Здесь сам собой является вопрос: какое отношение имеет обновленный человек ко злу? Он не может не иметь точного познания о зле. Но мы видели, что невинное естество человеческое, в состоянии его по сотворении, едва получило такое познание, как и погибло от него. Тем нужнее знать отношение естества обновленного к познанию зла. Отвечаем: чистота сердца – духовное состояние обновленного естества, названное в Евангелии блаженством, доставляющим человеку Боговидение (*Мф. 5, 8*), является в душе после блаженства милости, проистекает из этого блаженства. Известно, что евангельские блаженства суть духовные состояния, открывающиеся в христианине от исполнения евангельских заповедей, что блаженства открываются одно вслед за другим, рождаясь одно от другого[443]. По отвержении своей правды, как оскверненной злом, из среды плача о своем состоянии падения, из среды кротости – этого примирения ко всем скорбям, видимым и невидимым – начинает ощущаться в душе алкание и жажда Правды Божией. Правда Божия обретается в милости, где Евангелие и повелевает искать ее. «Любите враги ваша, – говорит оно, – благословите кленущия вы, добро творите ненавидящим вас и молитеся за творящих вам напасть и изгонящия вы: яко да будете сынове Отца вашего, иже есть на небесех: яко солнце свое сияет на злыя и благия и дождит на праведныя и на неправедныя. Аще бо любите любящих вас, кую мзду имате? Не и мытари ли тожде творят? И аще целуете други ваша токмо, что лишше творите? Не и язычницы ли такожде творят? Будите убо вы совершени, якоже Отец ваш небесный совершен есть» (*Мф. 5:44–48*). Совершенство христианской, а потому и человеческой, добродетели в обновленном естестве есть благодатное

Богоподражательное милосердие, производимое в христианине развитием Божественной благодати, данной ему в Крещении и возделанной заповедями. От такого милосердия является духовная чистота: она питается им, она живет им. Преподобный Исаак Сирин на вопрос: *что есть чистота?* отвечал: «Чистота – сердце, исполненное милости о всяком создании». На вопрос: *что есть милостивое сердце?* этот великий учитель иночествующих сказал: «Это – горение сердца о всякой твари, о человеках, о птицах, о животных, о бесах – словом, о всяком создании. От воспоминания о них и видения их очи милостивого источают слезы по причине обильной и сильной милости, овладевшей сердцем. От постоянного терпения сердце его сделалось сердцем младенца, и он не может быть равнодушным, когда услышит или увидит какой-либо вред, или даже малую скорбь, которым подверглась тварь. И потому он ежечасно приносит молитву, сопровождаемую слезами и о бессловесных, и о врагах истины, и о наветующих ему, чтобы они были сохранены и очистились; даже он делает это о естестве пресмыкающихся, от великой милости, движущейся чрезмерно в его сердце по подобию Божию»[444]. От великой милости, которую ощущал в себе великий Исаак, он восклицает: «В тот день, в который ты состраждешь кому-либо каким бы то ни было образом страждущему, телесно или мысленно, благому или злому – почитай себя мучеником и взирай на себя, как на пострадавшего за Христа, как на сподобившегося исповедничества. Вспомни, что Христос умер за грешников, а не за праведников. Смотри, как велико скорбеть о злых и благодетельствовать грешникам! Оно более нежели делать то и другое относительно праведников. Апостол воспоминает об этом, как о достойном удивления»[445]. Святой Исаак, сравнивая правду падшего человеческого естества с Божественной правдой, состоящей в благодатном, духовном милосердии, вторую называет служением Богу, а первую служением идолам[446]. О стяжании этого милосердия говорит Апостол, когда завещает уверовавшим во Христа: «Облецытеся якоже избраннии Божии, святи и возлюбленни, во утробы щедрот, благость, смиренномудрие, кротость и долготерпение: приемлюще друг друга и прощающе себе, аще кто на кого имать поречение: якоже и Христос простил есть вам, тако и вы» *(Кол. 3:12—13)*. Святой Макарий Великий говорит: «Благодать так действует и умиряет все силы и сердце, что душа, от великой радости (милости), уподобляется незлобивому младенцу, и человек не осуждает уже ни эллина, ни иудея, ни грешника, ни мирянина, но на всех чистым оком взирает внутренний человек и радуется о целом мире, и всемерно желает чтить и любить и эллинов и иудеев»[447]. «Чистота сердца, – сказал вышеприведенный святой Исаак, – зрит Бога; она сияет и цветет в душе не вследствие учения человеческого, но от невидения злобы человеческой»[448]. Тогда человек не видит злобы в ближних своих, когда все отношения его к ближним будут поглощены милостью к ним. Неужели такое невидение недостатков в ближних есть ослепление ума, есть признание зла добром? Напротив того: ослепление ума, невидение греха и зла, признание зла добром принадлежат нераскаянным грешникам, оправдывающим грех свой. Святые Божии, просвещенные Духом Божиим, понимают зло во всей его подробности, знают его козни и его ядовитость; они, при помощи этого познания, доставляемого Духом, с особенной тщательностью охраняют себя от опытного знания грехов, доставляемого исполнением греха на самом деле. «Рожденный от Бога, – говорит святой Иоанн Богослов, – не согрешает: но рожденный от Бога блюдет себе, и лукавый не прикасается ему» *(1Ин. 5:18)*. При посредстве благодатного милосердия, которым истинные христиане дышат к ближним, они пребывают чуждыми греховности ближних, сообщающейся через осуждение осуждающему, нарушающей его собственное, спокойное, радостное, святое устроение. «Мир Христов превосходяй всяк ум», обитающий в святых Божиих, немедленно обличает всякий приближающийся помысел сопротивного, какой бы личиной праведности ни был прикрыт этот помысел

(*Флп. 4:7*). Святой Иоанн Лествичник в слове[449] о духовном рассуждении и о помыслах, страстях и добродетелях говорит, что оно является от непорочной совести и чистоты сердечной; что оно в новоначальных по преуспеянию есть познание падения и греховности своей; что оно в средних (по преуспеянию) отделяет истинное добро от естественного и от зла, как открытого, так и прикрытого личиной добра; наконец, что оно в совершенных есть духовный разум, воссиявший от Святого Духа, и видящий образ действия зла в других человеках. Так святой Апостол Петр сказал Симону Волхву: «в желчи бо горести и союзе неправды зрю тя суща» (*Деян. 8, 23*). В предисловии к Слову о священном Безмолвии, святой Иоанн говорит, что Святые Божии имеют точное и подробное знание греха по откровению Святого Духа[450]. Начало просвещения души и признак ее здравия заключается в том, когда ум начнет зреть свои согрешения, подобные множеством своим морскому песку, сказал святой Петр Дамаскин[451]. Этот Отец называет зрение своего падения и зрение грехов своих духовным видением, открывающимся от действия благодати в делателе Христовых заповедей[452]. Святая Церковь законоположила чадам своим испрашивать теплейшей молитвой у Бога великий дар – зрение грехов своих[453]. Падшее естество поражено слепотой ума. Оно не видит своего падения, не видит грехов своих, не видит своего странничества на земле и распоряжается собой на ней как бы бессмертное, как бы существующее единственно для земли. Оно не только с жестокостью судит и осуждает грехи ближнего, но и из собственного своего бедственного устроения сочиняет для ближнего грехи, каких в нем нет; оно соблазняется самыми возвышенными христианскими добродетелями, искажая значение их сообразно лжеименному разуму своему по своей сердечной злобе. Напротив того, обновленное естество имеет благодатное знание и зрение зла, даруемые Богом, знание и зрение зла, не только не нарушающие целости добра в человеке, но и служащие к строжайшему охранению человека от опытного познания зла, гибельного для человека. Обновленное естество видит и ведает зло в себе, в человеках и в демонах, но пребывает неоскверненным от зла, потому что эти видение и ведение естества обновленного принадлежат не собственно человеку, приобретены не собственным усилием человека, но дарованы ему Богом. Можно уподобить знание зла, приобретенное человеками чрез падение, знанию больными болезней, которыми они страждут, а знание зла человеками обновленными – знание болезней врачами. Больные опытно знают болезнь, но не знают ни причин ее, ни средств к врачеванию ее; врачи, не зная опытно болезни, знают ее несравненно определеннее, нежели больные, знают причины ее и средства пользования (лечения – *Ред.*) от нее.

## 8. Заключение

Изложив, по мере скудных сил, состояние в отношении к добру и злу человеческого естества по сотворении, по падении и по искуплении его, к кому обращусь с заключением этого убогого Слова? Слово служит обличением моих собственных недостатков, и потому обращаюсь с увещанием, которым обыкновенно оканчивается всякое Слово, к самому себе. Увещание заимствую от Отца Церкви. Если кто из ближних моих признает его приличествующим и для себя, то да приимет его с любовью. «Ты вспомнил, – говорит воспомянутый мной Отец, – то благородство, которое ты принял в Крещении от благодати, отверг же произвольно страстями в мире, ты возжелал восстановить (это благородство) благим произволением; такое желание ты доказал делом, придя в священное училище, облекшись в честные одежды покаяния и дав обет благодушно пребывать в монастыре до самой смерти. Ты завещал с Богом второй завет. Первый был сделан при вступлении в настоящую жизнь; второй сделан, когда ты начал склоняться к концу настоящей жизни. Тогда ты был принят Христом ради благочестия, ныне ты присоединился Христу покаянием. Тогда ты получил благодать, ныне исповедал долг. Тогда, будучи младенцем, ты не ощутил данного тебе достоинства, хотя впоследствии, придя в возраст, познал величие дара, и заграждены уста твои (к самооправданию): ныне при достаточном развитии познания, ты постигаешь значение обета. Смотри, чтобы не пренебречь и этим обещанием (покаяния); смотри, чтобы не быть отвергнутым и повергнутым, подобно какому-нибудь сосуду, совершенно сокрушенному, во тьму кромешную, где «будет плач и скрежет зубов» (*Мф. 22:13*). Кроме пути покаяния нет другой стези, возвращающей ко спасению»[454]. «Глаголет Дух Святый: днесь, аще глас Его услышите, не ожесточите сердец ваших, якоже в прогневании, во дни искушения в пустыни: идеже искусиша Мя отцы ваши, искусиша Мя и видеша дела Мои четыредесят лет. Сего ради негодовах рода того и рех: присно заблуждают сердцем, тии же не познаша путей Моих: яко кляхся во гневе Моем, аще внидут в покой Мой. Блюдите, братие, да не когда будет в некоем от вас сердце лукаво, исполнено неверия, во еже отступити от Бога жива. Но утешайте себе на всяк день, до́ндеже днесь нарицается, да не ожесточится некто от вас лестию греховною: причастницы бо быхом Христу, аще точию начаток состава[455] (*Лк. 11, 23*), – сказал Господь, – даже до конца известен удержим» (*Евр. 3:7–14*). «Имуще убо Архиерея Велика, прошедшаго небеса, Иисуса Сына Божия, да держимся исповедания. Не имамы бо Архиерея, не могуща спострадати немощем нашим, но искушена по всяческим по подобию, разве греха. Да приступаем убо с дерзновением к престолу благодати, да приимем милость и благодать обрящем во благовременну помощь» (*Евр. 4:14–16*). Аминь.

*Конец второго тома.*

# ПРИМЕЧАНИЯ

1 – Пс. 1.
2 – Так объяснен этот стих прп. Пименом Великим, см. Патерик Скитский.
3 – Св. Исаак Сирин. Слово 38.
4 – Преподобный Ефрем Сирин, церковный писатель IV века, составил сказание о прекрасном Иосифе, в литературной форме того времени. Эта повесть читается, по указанию церковного Устава, на утрени во вторник Страстной недели.
5 – Благодарение Богу составляет часть умного иноческого делания и состоит в благодарении и славословии Бога за все случающееся – и приятное, и скорбное. Это делание завещано Апостолом от лица Господня: «о всем благодарите,»
6 – См. Главы зело полезные Григория Синаита, главу 10. Добротолюбие, ч. 1. Этого мнения держатся и все прочие Отцы Церкви.
7 – Porro ab Aegiptiis didicimus, quod in linqua eorum resonet: Salvator mundi, S. Hieronimi. Liber de nominibus hebraicis.
8 – Записки на книгу Бытия московского митрополита Филарета.
9 – Записки на книгу Бытия московского митрополита Филарета.
10 – Преподобный Исаак Сирин. Слово 1.
11 – Преподобный Кассиан Римлянин. О гневе, Добротолюбие, ч. 4.
12 – Слово 2.

13 – Слово 28, гл. 45, по переводу Паисия Нямецкого.
14 – По объяснению прп. Варсонофия Великого, Ответ 158.
15 – Слово 48.
16 – Каллиста и Игнатия Ксанфопулов, гл. 5. Доброт. ч. 2.
17 – Каллиста и Игнатия, гл. 6.
18 – Слово 72.
19 – Слово 5-е.
20 – Слово 2-е
21 – Слово 49.
22 – Прп. Нил Сорский. Слово 7.
23 – Алфавитный Патерик и Достопамятные Сказания.
24 – Слово 1.
25 – Алфавитный Патерик.
26 – Cassianus lib. IV. De institutis, renuntiantiam, cap. XXXIX.
27 – Cap. 35.
28 – Прп. Авва Дорофей. Поучение 4 о страхе Божием.
29 – Прп. Макарий Великий, Беседа 37, гл. 2, 3.
30 – Письма затворника Георгия, ч. 2, письмо 37, издание 1860.
31 – Слово 89.
32 – Св. Исаак Сирин. Слово 55-е.
33 – Как Иаковом, так и Израилем назван здесь народ Израильский по имени своего родоначальника, который при рождении наречен Иаковом, и переименован Израилем после того, как сподобился Боговидения. В духовном смысле Израилем называются христиане, достигшие значительного духовного преуспеяния.
34 – Св. Исаак Сирин, Слово 56.
35 – Ожесточение, нечувствие, ослепление ума и сердца.
36 – Прп. Авва Дорофей, поучение 11.
37 – «Ангелы, – говорит святой Иоанн Дамаскин, – называются бестелесными и невещественными в сравнении с нами. В сравнении же с Богом, единым несравнимым, все оказывается грубым и вещественным». Изложение православной Веры, книга 2-ая, гл. 3, Об Ангелах. Наука, в современном развитии ее, определяет со всей отчетливостью, что все ограниченное – по необходимости – и вещественно.

38 – Св. Иоанн Дамаскин, Изложение Православной Веры, Книга 2, гл. 3, Об Ангелах.

39 – Физика.

40 – Патерик Скитский.

41 – Св. Иоанн Дамаскин, Изложение Православной Веры, книга 2, гл. 3, об Ангелах.

42 – Св. Иоанн Дамаскин, Изложение Православной Веры, книга 4, гл. 13.

43 – Это относится к одним плотским людям, в которых душа не оживлена действием Божественной благодати. Оживленные этим действием имеют о душе более ясное понятие.

44 – Гипотезы.

45 – Трупом называется тело человеческое в первых степенях разложения по оставлении его душой, но еще не разложившееся окончательно.

46 – Декарт и его последователи признают душу субстанцией, совершенно противоположной телу, не имеющей с ним ничего общего, не имеющей никакого отношения к пространству и времени: мы признаем такой субстанцией единого Бога.

47 – Точное изложение Православной Веры св. Иоанна Дамаскина, книга IV, гл. 13.

48 – По объяснению блаженного Феофилакта Болгарского 17-го стиха 14-й главы Евангелия от Луки.

49 – Многочисленнейшая армия Римлян, владык вселенной, простиралась до 12-ти легионов. Очевидно, что здесь намерение Слова Божия состояло в том, чтобы выразить понятие о таком воинстве, которое многочисленнее и сильнее всякого человеческого войска.

50 – Удобно запинающий нас.

51 – Не обратив внимания на нанесенное Ему бесчестие.

52 – Поругание.

53 – С особенною ясностью видно это из книги Иова. Праведник сперва исчислял свои добродетели, и представил их в прекрасной, живописной картине; когда же он очистился и усовершенствовался скорбями, тогда изменилось в нем понятие о себе: он увидел себя как бы

исчезнувшим пред величием Божества, признал себя землей и пеплом.

54 – Каллиста Катафигиота, Доброт., ч. 4, гл. 3.

55 – Брат просил преподобного Сисоя Великого сказать ему слово на пользу. Старец отвечал ему, что монах должен быть ниже идолов. На вопрос же брата, что бы значило быть ниже идолов, старец сказал: «Писание говорит об идолах, что они «уста имут и не глаголют, очи имут и не видят, уши имут и не слышат» (Пс. 113:13–14): таковым должен быть и монах. И как идолы суть мерзость, так и монах да помышляет о себе, что он – мерзость». Патерик Скитский, буква С.

56 – Св. Исаак Сирин, Слово 55.

57 – Подражание, Московского издания, 1834 г., кн. 3, гл. 2. В указываемом нами месте западного писателя разгорячение, самомнение и самообольщение выставляются так ярко и живописно, что признается нелишним представить вниманию читателя самый текст: «Говори, Господи, ибо раб Твой слышит. Я – раб Твой! Вразуми меня, да познаю свидетельства Твои. Приклони сердце мое к словам уст Твоих, и да снидет, как роса, глагол Твой. Сыны Израилевы говорили некогда Моисею: говори ты к нам, и мы будем слушать; Господь же да не говорит к нам, дабы нам не умереть. Не так, Господи, не так молю я! Но паче с пророком Самуилом смиренно и ревностно умоляю: говори, Господи, ибо раб Твой слышит. Да не говорит мне Моисей или другой кто из пророков: но паче говори Ты, Господи Боже, дарующий вдохновение и просвещение всем пророкам. Ты один, без них, можешь совершенно научить меня; они же без Тебя не могут иметь никакого успеха. Могут звучать слова их, но Духа не сообщают! Они изящно говорят, но, когда Ты молчишь, не воспламеняют сердца! Они передают буквы, но Ты отверзаешь смысл! Они изрекают таинства, но Ты отверзаешь разум иносказаний! Они объявляют Твои веления, но Ты подаешь силу к исполнению! Они показывают путь, но Ты даешь крепость проходить его! Они действуют только извне, но Ты наставляешь и

просвещаешь сердца! И потому да не говорит мне Моисей! Говори Ты, Господи, Боже мой, вечная Истина. Да не умру и останусь бесплодным, если буду наставляем только наружно, внутренне же не буду воспламенен, и да не будет мне в суд слово слышанное и неисполненное, – познанное, и любовью не объятое, – уверованное и не соблюденное. И так, говори, Господи, ибо раб Твой слышит: Ты имеешь глаголы жизни вечной». Дерзость этого напыщенного велеречия и пустословия наводит ужас и глубокую печаль на душу, воспитанную учением Православной Церкви. Устранено тут покаяние! Устранено сокрушение духа! Тут решительное стремление к ближайшему и теснейшему соединению с Богом! Таково вообще настроение аскетических западных писателей. Один из них, выражая свое неправильное понимание достоинства Божией Матери, заключает исступленное велеречие следующим образом: «Итак! Кинемся в объятия Богоматери!» Противоположно это настроение настроению, которое преподает святая Восточная Церковь своим чадам. «Аще не быхом святые Твоя имели молитвенники, – говорит она в одном из песнопений своих, – и благостыню Твою милующую нас, како смели быхом, Спасе, пети Тя, Его же славословят непрестанно Ангели» (Тропарь на Великом Повечерии). В другом песнопении она говорит: «К Богородице прилежно ныне притецем, грешнии и смирении, и припадем, в покаянии зовуще из глубины души: Владычице помози, на ны милосердовавши! потщися: погибаем от множества прегрешений! не отврати твоя рабы тщы: тя бо и едину надежду имамы» (Канон молебный ко пресвятой Богородице). Непонятно состояние самообольщения и бесовской прелести для тех, которые не воспитаны духовным подвигом по преданию Православной Церкви: признают они это бедственное состояние за состояние самое правильное, благодатное. Потрудившийся перевести «Подражание» с латинского языка на русский поместил в конце книги свои наставления для читателя. Указывая на 2-ю главу 3-й книги, на эту живопись самообольщения и самомнения, он советует перед всяким благочестивым чтением приводить себя в настроение, изображенное в этой главе. Очевидно, что таким настроением предоставляется свобода объяснять Священное Писание по произволу, снимается обязательство последовать объяснению, сделанному святыми Отцами и принятому Церковью. Это – догмат протестантизма.

58 – Прп. Григорий Синаит. О прелести и пр. Доброт., ч. 1. Св. Каллист и Игнатий Ксанфопулы, гл. 73. Доброт., ч. 2.

59 – Прп. Исаак Сирин, Слово 55.

60 – Его же слово 36.

61 – Св. Исаак Сирин, Слово 21.

62 – Св. Димитрий Ростовский. Летопись.

63 – Тропари по Непорочных в субботу, гл. 5. Псалтирь с возследованием.

64 – Прп. Макарий Великий. Беседа 4, гл. 9.

65 – Прп. Макарий Великий. Беседа 8, гл. 6.

66 – Прп. Макарий Великий. Беседа 37, гл. 2, 4.

67 – Опытное доказательство сказанного видим в святом мученике Арриане. Он, будучи идолопоклонником, в сане игемона, обагрил себя кровью многих святых мучеников, потом уверовал во Христа и веру запечатлел торжественным исповеданием ее и своей кровью. Четьи-Минеи. Страдание св. мученика Филимона в 14 день декабря, также св. мучеников Тимофея и Мавры 3 мая.

68 – Слово 26.

69 – Слово 4.

70 – Слово 4.

71 – Слово 3, гл. 1.

72 – Лествица. Заглавие 28 Слова.

73 – О трех образах молитвы. Доброт., ч. 1.

74 – Так назван он Святыми Ксанфопулами. Доброт., ч. 2, гл. 18.

75 – Никифор монах. Слово его, Доброт., ч. 2.

76 – Доброт. ч. 2.

77 – Слово 2.

78 – Наставление 11.

79 – Наставление 4. По изданию 1844 г.
80 – Лествица. Слово 28, гл. 46.
81 – Слово 2.
82 – Слово 28, гл. 55.
83 – Никифора Монашествующего Слово. Доброт., ч. 2.
84 – Доброт., ч. 4. Об авве Филимоне.
85 – О третьем образе внимания и молитвы Святого Симеона Нового Богослова. Доброт., ч. 1.
86 – Лествица. Слово 4, гл. 2.
87 – Лествица. Слово 28, гл. 31.
88 – Прп. Исаак Сирин. Слово 55.
89 – Эти слова произнес иеросхимонах Афанасий, безмолвствовавший в башне Свенского монастыря Орловской епархии, некоторому страннику, посетившему его в 1829 году.
90 – Лествица. Слово 7, гл. 64, по изданию Московской Духовной Академии 1851 г.
91 – Св. Исаак Сирин. Слово 89.
92 – Он же. Слово 11.
93 – Прп. Григорий Синаит. О прелести, идеже и о иных многих предлогах. Доброт., ч. 1. «Егда видит кого диавол, – говорит святой Григорий, – плачевне живуща, не пребывает тамо, еже от плача, приходящаго смирения бояся».
94 – Лествица, Слово 28, гл. 9.
95 – Прп. Мелетий, в Галисийской горе подвизавшийся. Стихотворение о молитве; Лествица, Слово 28, гл. 21.
96 – Лествица, Слово 28, 17.
97 – Совет старца, иеромонаха Серафима Саровского. О том, что полезно молиться при закрытых глазах, сказано и в 11 наставлении его, о молитве. Издание 1841 года. Москва.
98 – Прп. Марк Подвижник. О мнящихся от дел оправдатися, гл. 34. Доброт., ч.1.
99 – Прп. Григорий Синаит. «О еже како подобает безмолвствующему сидети и творити молитву». Доброт., ч. 1.
100 – Прп. Каллист и Игнатий. О безмолвии и молитве. Слово 73. Доброт., ч. 2 и Лествица. Слово 28, гл. 42.

101 – Лествица. Слово 28, гл. 45.

102 – Прп. Максим Капсокаливи. Собеседование с прп. Григорием Синаитом. Доброт., ч. 1.

103 – Прп. Симеон Новый Богослов. О первом образе молитвы у прп. Синаита, гл. 131. Доброт., ч.1.

104 – Лествица. Слово 28, гл. 59.

105 – Там же, гл. 1.

106 – Вышеупомянутое стихотворение прп. Мелетия. Слово о сокровенном делании Феолипта, митрополита Филадельфийского. Доброт., ч. 2.

107 – Св. Димитрий Ростовский, ч. 1. Внутренний человек, гл. 4.

108 – Прп. Макарий Великий. Слово 3, гл. 1. Лествица. Слово 28, заглавие. Согласно сему поучают и другие Отцы.

109 – Св. Исаак Сирин. Слово 5.

110 – Св. Исаак Сирин. Слово 21.

111 – Мнение прп. Пимена Великого. Алфавитный Патерик.

112 – Слово св. Феолипта. Доброт. ч. 2.

113 – Прп. Матой. Алфавитный Патерик Скитский, буква М.

114 – Прп. Исаак Сирин. Слово 17.

115 – Новая скрижаль, гл. 1.

116 – Последование Утрени, тропарь по Славословии.

117 – Сочинения Святителя. Ч. 1. Внутренний человек.

118 – Прп. Макарий Великий. Слово 1, гл. 3; Слово 3, гл. 2 и 3.

119 – Слово 40.

120 – О семи службах см. Новую Скрижаль, ч. 1, гл. 13.

121 – См. житие св. Игнатия Богоносца. Декабрь 20 д., св. Исаака Сирина, слово 71.

122 – Предисловие от Писаний святых Отцов о мысленном делании, сердечном и умном хранении и проч.

123 – Внутренний человек, гл. 3.

124 – Слово 40.

125 – Св. Петр Дамаскин. О третьем видении. Доброт., ч. 3.

126 – Житие его. Четьи-Минеи, 24 мая.
127 – Слово 31.
128 – См. житие преподобного.
129 – Рукописное житие прп. Илариона Суздальского.
130 – 1-я из молитв утренних: «От сна возстав...»
131 – 6-я из утренних молитв: «Тя благословим, Вышний Боже...»
132 – Слово о трех образах молитвы св. Симеона Нового Богослова. Доброт., ч. 1.
133 – Прп. Григорий Синаит. 15 глав о безмолвии, глава 8. Доброт., ч. 1.
134 – Слово 12.
135 – Требник или особая книга, содержащая чин пострижения в малую схиму. Настоятель, вручая новопостриженному четки, завещает ему непрестанную молитву Иисусову. Принятием четок новопостриженный дает обет исполнять завещание настоятеля.
136 – Св. Исаак Сирин, Слово 21.
137 – Antonii Magni Opera. Patrologiae Graecae.
138 – Слово 4, гл. 17.
139 – Collatio X, cap. X.
140 – Житие преподобного Досифея в книге преподобного аввы Дорофея, также в Четьих-Минеях Февраля 19.
141 – Канонник, Молитвы на сон грядущим. Также житие Преподобного.
142 – Четьи-Минеи. 9 января.
143 – Письменный патерик из библиотеки епископа Игнатия.
144 – Слово 52.
145 – 15 глав о безмолвии, глава 2. Доброт., ч. 1.
146 – Св. Исаак Сирин. Слово 72.
147 – Слово 21, гл. 7.
148 – Алфавитный Патерик Скитский, буква Н.
149 – Слово 8.
150 – Слово 69.
151 – Cassiani callatio X, cap. X.
152 – Доброт., ч. 2. Ксанфопулов гл. 21.
153 – О авве Филимоне. Доброт., ч. 4.

154 — Смотри выше о поучении преподобного Исаии Отшельника, уподобляющего душу, огражденную поучением, дому, отовсюду затворенному и заключенному.
155 — Слово 28, гл. 17. О стоянии и приснодвижимости ума смотри главы святого Каллиста Катафигиота. Доброт., ч, 4.
156 — Слово 28, гл. 31.
157 — Лествица. Слово 28, гл. 25.
158 — Преподобный Исаак Сирин. Слово 55.
159 — Св. Исаак Сирин. Слово 5: «Не должно нам преждевременно искать великих мер, чтобы Божие дарование не потребилось по причине скорости приятия его. Все, легко приобретенное, легко и утрачивается; все же, приобретенное с сердечной болезнью, хранится тщательно».
160 — Прп. Симеон Новый Богослов. О первом образе внимания и молитвы. Доброт., ч. 1. Также: Аскетические Опыты, ч. 1. О Иисусовой молитве. Разговор старца с учеником его.
161 — Слово 55.
162 — Житие преподобного Досифея. Книга поучений прп. аввы Дорофея.
163 — Слово 21.
164 — Слово 41.
165 — Слово 41.
166 — Опыт показывает, что встреча с женским полом, с развратным обществом и с другими соблазнами действуют несравненно сильнее на инока, нежели на мирянина, всегда вращающегося среди соблазнов. Действие это на инока тем сильнее, чем внимательнее и строже его жительство. Страсти в нем измучены голодом и кидаются с неистовством и исступлением на свои предметы, когда не будет принята осторожность. Если возбужденная страсть и не совершит убийства, то может нанести страшную язву, для врачевания которой потребуются многие годы, кровавые труды, а более всего особеннейшая милость Божия.
167 — Подлинный стих Писания читается так: «Сие беззаконие Содомы сестры твоея, гордость, в сытости хлеба, и во изобилии вина, и сластолюбствоваша та и дщери ея»

168 – Прп. Марк Подвижник. Слово к Николаю иноку.

169 – Прп. Марк Подвижник. Слово 7, О пощении и смирении.

170 – Прп. Исаия Отшельник. Слово 8, гл. 1. Этот глубоко вникавший в себя инок говорил: «Иногда вижу себя подобным коню, блуждающему без всадника: кто найдет его, садится на него, когда же сей отпустит, то схватывает другой, и равным образом садится на него».

171 – Св. Иоанн Карпафийский, гл. 87. Доброт., ч. 4.

172 – По объяснению прп. Макария Великого (Беседа 37, гл. 5) и прп. Марк Подвижник, Слово 6.

173 – Слово 56.

174 – Прп. Нил Сорский Слово,11.

175 – «Прежде всех (духовных даров) непарение даруется уму Господом». Каллист и Игнатий Ксанфопулы, гл.24. Доброт., ч. 2.

176 – Беседа прп. Максима Капсокаливи с преподобным Григорием Синаитом. Доброт., ч. 1.

177 – Различие показано выше.

178 – Алфавитный Патерик.

179 – Варсонофий Великий. Ответ 184-й. Св. Григорий Палама. Послание к монахине Ксении.

180 – Св. Исаак Сирин. Слово 15.

181 – Руководство к духовной жизни преподобных Варсонофия Великого и Иоанна Пророка, ответ 59.

182 – Лествица, Слово 28, гл. 61.

183 – Слово 19. Эта же мысль помещена преподобным и в 17 Слове его.

184 – Слово 56.

185 – Доброт., ч. 1, гл. 114.

186 – Наставление 11 о молитве.

187 – Четьи-Минеи, 19 Июня. Житие преподобного Паисия Великого.

188 – Наставления 3 и 4. О мире душевном и о хранении его. Москва, издание второе 1844 года.

189 – Поучение преподобного аввы Дорофея о смирении.

190 – Слово 25, гл. 3.

191 – Слово 48.

192 – Слово о думающих оправдаться делами, гл. 35.
193 – Слова 25, 28.
194 – Преподобный Симеон, Новый Богослов, называет такое состояние нашего естества раздранием его. Слово 3.
195 – Преподобный Симеон. Новый Богослов. Слово 10.
196 – Лествица. Слово 29, гл. 10.
197 – Слово 28, гл. 38.
198 – Преподобный Нил Синайский. Главы о молитве, гл. 61.
199 – «Внегда возвратити Господу плен Сионь, быхом яко утешени. Тогда исполнишася радости уста наша и язык наш веселия. Тогда рекут во языцех: возвеличил есть Господь сотворити с ними»
200 – О молитве Иисусовой помещена статья в 1 части Опытов: как в этом слове имеются свои особенности, то не сочтено излишним предложение его вниманию боголюбцев. О повторениях же, по необходимости вступивших в него из упомянутой статьи, можно сказать, что повторение столько спасительных истин отнюдь не бесполезно. «Таяжде писати вам», – говорит Апостол, – мне убо неленостно, вам же твердо» (Флп. 3, 1).
201 – Схимонах Василий Поляномерульский. Сочинения его изданы Введенской Оптиной Пустыни вместе с сочинениями старца Паисия Величковского. Москва, 1847 год.
202 – Слово 2.
203 – О безмолвии в 15-ти главах, гл. 2. Доброт., ч.1.
204 – Спаситель – на еврейском Иисус.
205 – Псалтирь с возследованием.
206 – Псалтирь с возследованием.
207 – Четьи-Минеи. Декабря в 20 день.
208 – Подобие 9-е, гл. 14. Книга святого Гермия особенно уважалась в первенствующей церкви Христовой. Иногда присовокуплялась она к Новому Завету и читалась при Богослужении.
209 – Четьи-Минеи. 27 сентября.
210 – Слово прп. Исихия. Добротолюбие, ч. 2, гл. 1.
211 – Изд. Москва, 1844.

212 – Прп. Нил Сорский, Слово 9.

213 – О том, как подобает петь. Добротолюбие, ч. 1.

214 – Лествица, Слово 21, гл. 7.

215 – По объяснению блаженного Феофилакта. Благовестник.

216 – Прп. Григорий Синаит. Глава 3. О дыхании. Добротолюбие, ч. 1.

217 – Прп. Варсонофий. Ответ 116.

218 – Ответ 301.

219 – Прпп. Каллист и Игнатий Ксанфопулы. Глава 49. Добротолюбие, ч. 2.

220 – Слово 1, гл. 1.

221 – Беседа 2, гл. 1, 2.

222 – Прп. Каллист и Игнатий Ксанфопулы, гл. 56. Доброт., ч. 1.

223 – О третьем образе внимания. Доброт., ч. 1.

224 – Доброт., ч. 1.

225 – О еже обрести действо. Доброт., ч. 1. § 4.

226 – Благовестник.

227 – Ответ 181.

228 – Псалтирь с последованием.

229 – Беседа 8, на послание к Римлянам.

230 – Каноник. Издание Киево-Печерской Лавры.

231 – Ответ 74. Прп. Григорий Синаит. 4 глава из 15 глав о безмолвии. Доброт., ч. 1.

232 – Издание Оптиной Пустыни 1847 года.

233 – Четьи-Минеи. 1 Апреля.

234 – Главы о умной молитве. Гл. 1. Издание Оптиной Пустыни, 1847 г.

235 – Гл. 4.

236 – Старец Василий. Предисловие на книгу преподобного Григория Синаита.

237 – Старец Василий. Предисловие на книгу блаженного Филофея Синайского.

238 – Слово 11.

239 – Слово 11.

240 – Прп. Григорий Синаит посетил Афонскую гору в 14 веке по Рождеству Христовом. В то время монашество

в Палестине, особенно же в Египте, было почти уничтожено магометанами, покорившими своей власти Египет и Палестину еще в начале 7 века. Во времена святого Григория Синаита учение об умной молитве до крайности умалилось повсеместно. Его можно признавать восстановителем этого учения, как это сказано в кратком жизнеописании его, помещенном в Добротолюбии. И во времена Григория Синаита были иноки, достигшие великого преуспеяния в молитве, как, например, Максим Капсокаливи, жительствовавший в Афонской горе — наставлениями его пользовался сам Григорий, называвший Максима земным Ангелом (Доброт., ч. 1). Прп. Григорий научен умной молитве некоторым иноком острова Кипра, до знакомства с этим иноком, он занимался исключительно псалмопением (Рукописное житие преподобного Григория Синаита).

241 – Житие и писания молдавского старца Паисия Величковского. Издание Введенской Оптиной Пустыни, 1847 г.

242 – Слово 28, гл. 17.

243 – Там же, гл. 19.

244 – Слово 4, гл. 93.

245 – О мнящихся от дел оправдиться, гл. 34. Добротолюбие, ч. 1.

246 – Слово 28, гл. 51.

247 – Гл. 14.

248 – Св. Исаак Сирин. Сл. 8-е.

249 – Св. Исаак Сирин. Сл. 2-е.

250 – Ответ 115-й.

251 – То есть, по действию Божественной благодати.

252 – Цветник, Поучение 32. Сведения о священноиноке Дорофее помещены в 1 части, в статье «Посещение Валаамского монастыря».

253 – Весьма редкие получают соединение ума с сердцем вскоре после начатия молитвенного подвига, обыкновенно протекают многие годы между началом подвига и благодатным соединением ума с сердцем: мы должны доказать искренность нашего произволения постоянством и долготерпением.

254 – Наставление 32.
255 – Наставление 29.
256 – Наставление 4.
257 – Наставление 11.
258 – Наставление 11.
259 – Наставление 6.
260 – Слово 28, гл. 56.
261 – 1Сол.5:17
262 – Доброт., ч. 4.
263 – Ответ 177.
264 – Прп. Варсанофий Великий и Иоанн пророк, ответ 325-й.
265 – Лествица, Слово 28, гл. 64.
266 – Лествица Божественных даров инока Феофана. Доброт., ч. 1., Каллист и Игнатий Ксанфопулы, гл. 5; Доброт., ч. 2, наставление старца Серафима 11.
267 – Прп. Варсанофия Великого и Иоанна пророка ответы 264-й и 274-й; Пс. 45, 11. Приведенные здесь ответы даны прп. авве Дорофею, который по благословению этих отцов занимался непрестанной памятью Божией, т. е. умной Иисусовой молитвой. Отцы завещали авве не ослабевать в этом подвиге, но сеять с надеждой, – ответ 263.
268 – Там же.
269 – Ответ 111.
270 – Слово о трезвении, гл. 1,3 и 5. Доброт., ч. 2.
271 – Блаженный Никифор, Слово о трезвении и хранении сердца. Доброт., ч. 2-я. Прп. Симеон Новый Богослов, О третьем образе молитвы. Доброт., ч. 1.
272 – Слово 28, гл. 45.
273 – Доброт., ч. 1.
274 – Поведание затворника описано в 1-м т. Аскетических Опытов, в «Слове о Страхе Божием и о любви Божией».
275 – Св. Исаак Сирин, Слово 68-е.
276 – Лествица, Слово 28, гл. 51.
277 – Лествица, Сл. 28, гл. 16, 21 и 27.
278 – См. статью под заглавием: «О еже како подобает пети». Доброт., ч. 1.

279 – Там же.

280 – Св. Исаак Сирин, Слово 55.

281 – Письменный Отечник.

282 – Слово 2.

283 – О безмолвии в 15 главах, гл. 2 и 8.

284 – Ведение известное о безмолвии и молитве. О еже како обрести действо.

285 – О безмолвии. О еже како подобает глаголати молитву.

286 – О еже како подобает безмолвствующему сидети и творити молитвы.

287 – Св. Исаак Сирин, Слово 89.

288 – Лествица, Слово 7.

289 – О безмолвии и о двух образах молитвы, в 15 главах, гл. 14.

290 – Св. Исаак Сирин, Слово 78.

291 – Прп. Нил Синайский. О молитве. Доброт., ч. 4, гл. 61.

292 – Доброт. ч. 2.

293 – Главы 19 и 45.

294 – Глава 38.

295 – Глава 53.

296 – Техническое монашеское слово.

297 – Глава 24.

298 – Заглавие 24 главы.

299 – Глава 14.

300 – Слово 55

301 – Патерик Алфавитный и Достопамятные Сказания об Арсении Великом.

302 – Слово 41.

303 – Глава 52.

304 – Лествица, Слово 4, Гл. 121.

305 – Слово 74.

306 – Доброт., ч.1.

307 – Преподобный авва Дорофей. Поучение 10, О еже ити в путь Божий.

308 – Святейший Каллист, патриарх Константинопольский. Образ внимания молитве. Доброт., ч. 4.

309 – Там же.
310 – Там же.
311 – Доброт., ч. 1.
312 – О законе духовном. Доброт., ч. 1, гл. 4.
313 – Предисловие на главы блаженного Филофея Синайского. Письмо старца Паисия к старцу Феодосию, стр. 231. Издание Оптиной Пустыни, 1847 г.
314 – Слово 1, гл. 3. Слово 2, гл. 15.
315 – О молитве, гл. 139. Доброт., ч. 4.
316 – Там же, гл. 9, 10 и проч.
317 – Там же, гл. 91, 100. Ксанфопулов гл. 73. Доброт., ч. 2.
318 – Гл. 13. Доброт., ч. 1.
319 – Прп. Марк Подвижник. Слово о законе духовном, гл. 34.
320 – Наставление 29.
321 – Часть 2. Раскол Варлаамов.
322 – Том VI, книга 95, гл. 9.
323 – Dictionnare Theologique par Bergier, Tome 4, Hesichistes.
324 – Наставление 12.
325 – Слово 12, гл. 43.
326 – Житие и писания Паисия.
327 – Энциклопедический Словарь Старчевского. Исихасты. Смотри это же слово в Богословском Лексиконе Бержье.
328 – Аскетические Опыты, ч. 1. О Иисусовой молитве, разговор старца с учеником.
329 – Предисловие к книге преподобного Григория Синаита.
330 – Наставление 5.
331 – Свиток, гл. 4.
332 – Эта статья заимствована из опыта инока, занимавшегося умной молитвой и пришедшего от нее в то упоение, о котором говорит святой Исаак Сирин в конце 55-го Слова. Такое упоение есть действие духовного ощущения, как тот же Исаак Сирин в 38-м Слове сказал: «Духовный разум есть ощущение живота вечного, а живот вечный – ощущение Божественное, т. е. дару-

емое Святым Духом». О духовном ощущении говорит преподобный Макарий Великий в 7 беседе; прп. Симеон Новый Богослов в Слове 1-м; преподобные Григорий Синаит и Нил Сорский называют его благодатным молитвенным действием. Наименование Странник, в смысле статьи, употреблено в 4-й беседе прп. Макария Великого.

333 – Слово 58-е, по славянскому переводу. На эти слова преподобного Ефрема Сирина ссылается святой Иоанн Лествичник в Лествице своей: «Кто, прежде будущей славы, сподобился такого бесстрастия, какого сподобился святой Сириянин? Славный в пророках Давид говорит Господу: «ослаби ми, да почию»

334 – «Во свете живый неприступнем»

335 – Прп. Марк Подвижник. О Законе Духовном, главы 13 и 14-я.

336 – Утренняя молитва.

337 – «Судьбы Господни истинны, оправданы вкупе»

338 – Требник. Последование святого Крещения.

339 – Послание святого Григория Паламы к монахине Ксении.

340 – О различии между образом и подобием Божиим в человеке, см. сочинения св. Димитрия Ростовского, Летопись, том 4, стр. 15. 1840 г.

341 – Беседа 23 на Деяния Апостольские.

342 – Беседа 31, гл. 4.

343 – Беседа 37, гл. 2.

344 – Преподобный авва Дорофей, Поучение 1, об отвержении мира.

345 – Прп. Марк Подвижник. О Законе Духовном, гл. 4.

346 – Подтверждают это требование все Евангелисты.

347 – Святой Петр Дамаскин. Книга 1, статья 2. Добротолюбие, ч. 3.

348 – Келейные письма, том 15, письмо 73.

349 – Келейные письма, том 15, письмо 70.

350 – Келейные письма, том 15, письмо 11.

351 – Требник, последование исповеди.

352 – Прп. авва Дорофей, Поучение 1.

353 – «Смеси с нами Себе, и возмеси тело Свое в нас». Эти слова св. Иоанна Златоуста приводят святые Ксанфопулы в 92 главе своего сочинения о безмолвии и молитве. Доброт., ч. 2.

354 – Требник, последование исповеди.

355 – Лествица, слово 4, гл. 53.

356 – Обличениями Господом злочестия иудеев наполнены страницы Евангелия, особенно 23 глава от Матфея и 8 глава от Иоанна.

357 – Лествицы Слово 29, гл. 5.

358 – Слово 85.

359 – Беседа 8, гл. 4, 5.

360 – Житие великомученика Димитрия Солунского, Георгия Победоносца и др.

361 – Histoire du Christianisme par Fleury, Livre V, chap. XVII.

362 – По русскому переводу издания 1822 г.

363 – Добротолюбие, ч. 3, книга 1, статьи под заглавием «Яко без смиренномудрия невозможно спастись».

364 – Алфавитный Патерик.

365 – Житие прп. Симеона, Нового Богослова. Рукопись. Житие это напечатано иждивением Оптиной Пустыни.

366 – По совету св. Петра Дамаскина. См. статью под заглавием: «Нужное и изрядное показание седми телесных деланий». Доброт., Книга 1, ч. 3.

367 – Слово 14, гл. 30.

368 – Лествица, слово 14, гл. 52.

369 – Лествица, гл. 29.

370 – См. Житие его. Четьи-Минеи, 13 декабря.

371 – Слово 14, гл. 22.

372 – Алфавитный Патерик.

373 – Слово 14, гл. 21.

374 – Там же, гл. 21.

375 – Преподобный Симеон, Христа ради юродивый, указал в отвержении Креста Христова причину заблуждения и погибели Оригена. Четьи Минеи, 21 июля.

376 – Алфавитный Патерик.

377 – Поучение о еже не составляти свой разум.

378 – Добротолюбие, ч. 1, о законе Духовном, гл. 2.

379 – Изречение преподобного Памвы. Патерик Алфавитный.

380 – Святые отцы называют состояние по сотворении естественным, состояние по падении – нижеестественным, состояние по искуплении – сверхъестественным. Святой Исаак Сирин. Слово 4; Прп. Дорофея Поучение.

381 – Прп. аввы Дорофея поучение 1.

382 – Священномученик Петр Дамаскин, исчисляя благодатные духовные видения, представляющиеся уму подвижника Христова при постепенном его очищении, помещает между этими видениями и видение падения, которому подверглось человечество. Св. Петр Дамаскин, книга 1-я о восьми умных видениях. Добротолюбие, ч. 3.

383 – Сл. 4, гл. 16. Это явствует из запрещений, совершаемых перед святым таинством Крещения. Падший человек сделался жилищем не только греха, но и сатаны; таинством св. Крещения изгоняется сатана из человека, но при нерадивой и греховной жизни крещеного сатана возвращается в него, как это будет объяснено далее. См. последование св. Крещения в требнике.

384 – Слово 4, гл. 5.

385 – Прп. Макарий Великий, Беседа 21, гл. 1.

386 – 16-е поучение преподобного Синклитикия, Достопамятные сказания.

387 – Ответ на вопрос 210.

388 – Гл. 49, Доброт., ч. 2. Эта цитата полнее приведена в Слове об Иисусовой молитве.

389 – Беседа 21, гл. 3 и 4.

390 – Поучение 13 о том, как переносить искушения. Наш российский подвижник, старец Серафим Саровский, говорит: «Должно снисходить душе своей в ее немощах и несовершенствах и терпеть свои недостатки, как терпим другим, но не облениться, а побуждать себя к лучшему. Употребил ли пищи много, или что другое подобное сему, сродное слабости человеческой, сделал – не возмущайся сим и не прилагай ко вреду вред, но мужественно подвигни себя к исправлению, а между тем старайся со-

хранить мир душевный, по слову Апостола: «Блажен не осуждаяй себе, о немже искушается». Сказание о жизни и подвигах Старца Серафима. Москва, 1884 г.

391 – Слово 4, гл. 6–8.

392 – Св. Григорий Синаит, гл. 117. Добротолюбие, ч. 1.

393 – Прп. Макарий Великий, беседа 27, главы 4, 5 и 18.

394 – Слово 7, гл. 14.

395 – Слово 31. Здесь употреблено слово «делание», потому что Отцы наиболее так называют мысленный и сердечный подвиг, чаще обозначая словом «подвиг» телесные труды. Прп. Варсоноф. Отв. 210. Исаака Сирина. Слово 56.

396 – Прп. Макарий Великий, Слово 1, гл. 1.

397 – Доброт., ч. 1, деятельных и Богословских глав 43.

398 – Прп. авва Дорофей, поучение 1.

399 – Трудолюбивых. – АВ.

400 – Он (Господь) освободил нас св. Крещением, подав нам прощение грехов, и дал нам свободу делать добро, если пожелаем, и не увлекаться уже, так сказать, насильственно к злому; ибо того, кто порабощен грехами, они отягощают, и увлекают, как и сказано (в Писании), что каждый связывается узами своих грехов (Притч. V, 22). Прп. аввы Дорофея поучение 1-е об отвержении мира: «Самовластия и самопроизволения нашего не отнимает Крещение: оно доставляет нам свободу, при которой диавол уже не насилует нас, когда мы не соизволяем ему. Нам предоставляется по крещении на произвол, или пребывать в заповедях Христа, Владыки и Бога, в Которого мы крестились, и ходить по пути повелений Его, или снова возвратиться лукавыми деяниями к супостату и врагу нашему, диаволу». Преподобный Симеон, Новый Богослов, гл. 109. Доброт., ч. 1.

401 – «Крещением изгоняется нечистый дух и обходит безводные и безверные души, но в них не обретает покоя: ибо покой для беса состоит в том, чтобы смущать лукавыми делами крещеных – некрещенные принадлежат ему от начала (зачатия) – и он возвращается на крещенного с семью духами. Как семь даров Духа, так семь и лукавых

злых духов. Когда диавол возвратится на крещенного и найдет его праздным, то есть, по причине лености не имеющим той деятельности, которая сопротивляется супостатам, тогда взошедши в него, злодействует лютее прежнего. Очистившемуся крещением, потом (осквернившемуся) нет надежды на второе крещение: разве есть надежда на многотрудное покаяние». Объяснение Блаженным Феофилактом Болгарским приведенного здесь евангельского текста. Преподобный Григорий Синаит сказал: «Держи неудержимый ум, то есть обуреваемый и рассеваемый сопротивною силою, возвратившеюся снова по крещении, по причине нерадения, с иными лукавейшими духами, в ленивую душу, как говорит Господь». Св. Григорий Синаит, гл. 3. Доброт., ч. 1. Прп. Макарий Великий, беседа 27, гл. 11

402 – Слово 3 о Крещении.

403 – «Прозябоша грешницы яко трава, и проникоша вси делающии беззаконие, яко да потребятся в век века»

404 – О законе духовном, глава 2.

405 – По русскому переводу: «разве только вы не то, чем должны быть».

406 – Здесь выписаны слова Апостола в русском переводе, изд. 1822 г., для большей ясности.

407 – По-славянски: «Елицы во Христа Иисуса крестихомся, в смерть Его крестихомся» (погружались). Крещение и погружение – однозначные слова. Во всей Вселенской Церкви Крещение совершалось через погружение до 12 столетия. В 12 столетии начали заменять в Риме погружение обливанием.

408 – Перевод издания 1822 года. См. объяснение этих слов Св. Иоанна Златоуста.

409 – Прп. Макарий Великий, Слово 7. гл. 26.

410 – «Через Крещение крещаемый изменяется в уме, в слове и деле и, по данной ему силе, делается тем же, что Родивший его». 20 нравственное правило св. Василия Великого. Творения Св. Отцов.

411 – Прп. Марк Подвижник, Слово о Крещении; Святые Каллист и Игнатий Ксанфопулы, главы 1–6. Добротолюбие, ч. 2.

412 – Ioanni Chrisotomi in Epistola 11 ad Cor. Homila VII, cap. 5.

413 – Скобель – плотничный инструмент, которым скоблят дерево.

414 – Церковная История Флери, книга 8, гл. 49. Подобная этой повести помещена в Четьих-Минеях, сентября в 15 день. Комедиант Порфирий, погрузясь в воду для насмешки над крещением, был претворен святым Таинством в христианина. Это произошло перед взорами императора Юлиана Отступника. Порфирий исповедал Христа, обличил царя в нечестии, за что был жестоко мучен и потом казнен.

415 – Св. Григорий Богослов, Слово 18. Творения Св. Отцов.

416 – Св. Григорий Богослов, Слово 40-е. Творения Св. Отцов.

417 – Четьи Минеи, 1 января.

418 – Слово 4 о послушании.

419 – См. сочинения св. Григория Богослова, св. Кирилла Иерусалимского, св. Иоанна Златоуста и других.

420 – «Закон свободы, – сказал преподобный Марк, – разумением истинным чтется; деланием же заповедей (евангельских) разумеется», глава 32, О Законе Духовном.

421 – Заключение слова о Крещении.

422 – Слово 21.

423 – Слово 7.

424 – Слово 5. Советы ума душе.

425 – Слово 1.

426 – Слово к иноку Николаю.

427 – В славянском последнее предложение читается так: «якоже предприятию обрестися таковой памяти» (гл. 152). «Предприятием» называют деятельные Отцы приятие (обновление) в мысли и ощущении греха, совершенного некогда на самом деле. Предприятия более или менее продолжительно мучат кающегося подвижника по оставлении им греховных дел. Это ясно можно видеть из житий прп. Моисея Мурина, прп. Марии Египетской и других.

428 – Слово «О думающих оправдаться делами». Главы 193, 197, 150–156.
429 – Слово 36.
430 – Житие преподобной Марии Египетской. Четьи Минеи, 1 апреля. Преподобная Мария сказала о себе святому Зосиме, между прочим, и следующее: «Я – жена грешная, но огражденная святым Крещением».
431 – Слово 1-е, гл. 13.
432 – Прп. Исаак Сирин, Слово 1.
433 – Св. Петр Дамаскин. Доброт., ч. 3, книга 1, статья 1.
434 – По русскому переводу 1822 г.
435 – Прп. Исаия Отшельник, Слово 11 о зерне горчичном.
436 – По объяснению блаженного Феофилакта Болгарского.
437 – Доброт., ч. 2. Св. Каллист и Игнатий, гл. 92.
438 – В первые времена христианства язычники, видя в таинстве Крещения только наружную сторону его и не понимая сущности, насмехались над ничтожностью, по их мнению, наружности. Св. Кирилл Иерусалимский.
439 – Четьи Минеи, 7 апреля.
440 – Там же, 5 апреля.
441 – Там же.
442 – Алфавитный Патерик.
443 – «Тщательное блюдение (евангельских заповедей) научает человека «немощи его». Св. Симеон Новый Богослов, 4 глава Деятельная и Богословская, Доброт., ч. 1. Это значит: Тщательное блюдение заповедей вводит в первое блаженство, именуемое духовной нищетой, от которой рождается духовный плач, рождающий из себя кротость. Последовательность Блаженств изложена с особенной ясностью священномучеником Петром, митрополитом Дамаска. Доброт., ч. 3, книга 1.
444 – Слово 48.
445 – Слово 89; Рим. 5, 6–8.
446 – Там же.
447 – Беседа 9.
448 – Слово 55 к прп. Симеону.
449 – Слово 26.

450 – Слово 27.
451 – Доброт., ч. 3, о семи телесных деяниях.
452 – Там же о восьми видениях ума.
453 – Молитва прп. Ефрема Сирина, употребляемая в св. Четыредесятницу.
454 – Св. Феолипт, митрополит Филадельфийский, Слово о сокровенном делании. Доброт., ч. 2.
455 – Начатком состава, то есть залогом завета с Богом здесь разумеется благодать Крещения, насаждаемая в нас при вступлении в сочетание со Христом подобно зерну горчичному. Сохранение дара благодати есть развитие его: «иже не собирает со Мною, расточает»

## *Православная библиотека – Orthodox Logos*

- *Добротолюбие (Том I • Том II • Том III • Том IV • Том V)*
- *Откровенные рассказы странника духовному своему отцу*
- *Семь слов о жизни во Христе* – праведный Николай (Кавасила)
- *О молитве* – святитель Игнатий (Брянчанинов)
- *Об умной или внутренней молитве* – преподобный Паисий (Величковский)
- *В помощь кающимся* – святитель Игнатий (Брянчанинов)
- *Христианство по учению преподобного Макария Египетского* – преподобный Иустин (Попович), Челийский
- *Философские пропасти* – преподобный Иустин Челийский (Попович)
- *Священное Предание: Источник Православной веры* – митрополит Каллист (Уэр)
- *Толкование на Евангелие от Матфея* – святой Феофилакт Болгарский, архиепископ Охридский
- *Толкование на Евангелие от Марка* – святой Феофилакт Болгарский, архиепископ Охридский
- *Толкование на Евангелие от Луки* – святой Феофилакт Болгарский, архиепископ Охридский
- *Толкование на Евангелие от Иоанна* – святой Феофилакт Болгарский, архиепископ Охридский
- *Таинство любви* – Павел Евдокимов
- *Мысли о добре и зле* – святитель Николай Сербский (Велимирович)
- *Миссионерские письма* – святитель Николай Сербский (Велимирович)
- *Живой колос* – праведный Иоанн Кронштадтский (Сергиев)
- *Дидахе. Учение Господа, переданное народам через 12 апостолов*
- *Домострой* – протопоп Сильвестр

- *Лествица или Скрижали духовные* – преподобный Иоанн Лествичник
- *Слова подвижнические* – преподобный Исаак Сирин Ниневийский
- *Миссионерские письма* – святитель Николай Сербский (Велимирович)
- *Точное изложение православной веры* – преподобный Иоанн Дамаскин
- *Беседы на псалмы* – святитель Василий Великий
- *О цели христианской жизни* – преподобный Серафим Саровский (Мошнин)
- *Аскетические опыты (Том I • Том II )* – святитель Игнатий (Брянчанинов)
- *Смысл жизни* – Семён Людвигович Франк
- *Философия свободы* – Николай Александрович Бердяев
- *Философия свободного духа* – Николай Александрович Бердяев
- *Песня церкви - Праведники наших дней* – Артём Перлик
- *Сказки* – Артём перлик
- *Патристика* – Артём Перлик
- *Ты нужен мне* – Артём Перлик
- *Следом за овцами - Отблески внутреннего царства* – Монахиня Патрикия

www.orthodoxlogos.com

www.ingramcontent.com/pod-product-compliance
Lightning Source LLC
LaVergne TN
LVHW041616060526
838200LV00040B/1307